# Microsoft Project 2016 管理实践

刘俊哲 刘中正 刘瑞恒 编著

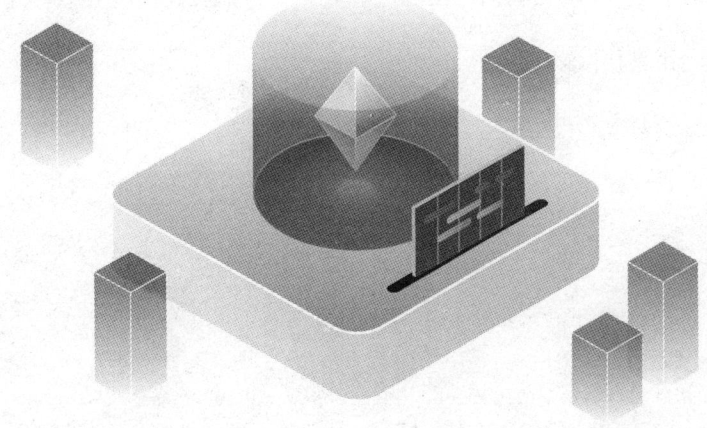

清華大学出版社
北京

## 内 容 简 介

本书通过部署和使用Microsoft Project 2016，可以帮助你了解与掌握各种项目管理相关的信息与资源。

本书共分为 17 章，详细讲解 Project 2016 相关概念、安装与部署、项目范围管理、项目资源计划编制、项目成本计划编制、权限管理、协作与管理沟通、关键路径、更新项目进度、项目组合分析、时间表管理、项目变更控制、项目文档管理、备份与还原、管理员的周期性任务等。

本书适合各种项目的项目经理、项目总监、企业项目管理软件实施和管理人员阅读，也适合高等院校项目管理相关专业的师生教学参考。



**图书在版编目（CIP）数据**

Microsoft Project 2016管理实践/刘俊哲，刘中正，刘瑞恒编著.—北京：清华大学出版社，2019

ISBN 978-7-302-51939-3

Ⅰ．①M… Ⅱ．①刘… ②刘… ③刘… Ⅲ．①企业管理－项目管理－应用软件 Ⅳ．①F272.7

中国版本图书馆CIP数据核字（2018）第295785号

**责任编辑**：夏毓彦
**封面设计**：王 翔
**责任校对**：闫秀华
**责任印制**：从怀宇

**出版发行**：清华大学出版社
**网　　址**：http://www.tup.com.cn，http://www.wqbook.com
**地　　址**：北京清华大学学研大厦A座　　**邮　　编**：100084
**社 总 机**：010-62770175　　**邮　　购**：010-62786544
**投稿与读者服务**：010-62776969，c-service@tup.tsinghua.edu.cn
**质 量 反 馈**：010-62772015，zhiliang@tup.tsinghua.edu.cn

**印 装 者**：清华大学印刷厂
**经　　销**：全国新华书店
**开　　本**：190mm×260mm　　**印　　张**：20.5　　**字　　数**：525千字
**版　　次**：2019年2月第1版　　**印　　次**：2019年2月第1次印刷
**定　　价**：69.00元

产品编号：075528-01

# 前言

项目管理是项目的管理者在有限的资源约束下，运用系统的观点、方法和理论，对项目涉及的全部工作进行有效的管理，即从项目的投资决策开始到项目结束的全部过程进行计划、组织、指挥、协调、控制和评价，以实现项目的目标。

微软公司的 Microsoft Project 2016 可以帮助项目管理者轻松协作、快速启动项目并圆满交付项目。Microsoft Project 2016 包含 Microsoft Office Project Professional 2016、Project Server 2016、Project Professional Online 和 Project Online 等资源。这个项目管理软件设计的目的在于协助项目经理发展计划、为任务分配资源、跟踪进度、管理预算和分析工作量，在各类 IT 集成及软件开发项目、新产品研发、房地产开发项目、设计项目、工程建设项目、投资项目等项目管理中发挥着巨大的作用，它将先进的项目管理思想与信息技术完美结合，帮助企业规范项目管理的流程和增强执行效果。

本书内容基于 Project 2016 产品的主要功能，结合编者实际工作中的项目管理经验，以及融合编者在学习 MBA 期间所积累的项目管理理论，让读者了解和掌握切合企业需求的 Project 管理精髓。

本书涉及 SharePoint 的基础知识，必要时可以参照编者早期出版的图书：

- 《SharePoint Server 2016 IT Pro 部署指南》
- 《Office 365 管理实践》

## 本书彩图文件下载

本书的彩图文件可扫描右侧的二维码获取。

## 读者对象

本书可供企业项目经理、企业发展决策者、企业项目组成员、IT 管理人员阅读参考，读者可以从项目管理角度了解如何使用 Project Professional、Project Server 和 SharePoint 相关管理来简化项目、资源和项目组合管理，帮助企业有效跟踪项目并保持井井有条，从而提高团队的工作效率。

本书编者为刘俊哲、刘中正、刘瑞恒。由于编者能力有限，书中可能存在疏漏之处，欢迎广大读者批评指正。如果读者有意见或建议，请联系 booksaga@163.com，邮件主题为“Microsoft Project 2016 管理实践”。

编者

2019 年 1 月

# 目录

## 第一篇 综合篇



## 第二篇 Microsoft Project Server 规划与部署

## 第三篇 Project 管理规划阶段

## 第四篇　Project 安全、协作与沟通管理

## 第五篇 Project 管理执行阶段

## 第六篇 Project 管理结束阶段



## 第七篇 运营和维护

# 第一篇　综合篇

# 第 1 章

# ◀ 理论基础 ▶

为了更好地帮助大家理解本书，在系统地介绍 Project Server 知识点之前，将为大家介绍一些项目管理领域的核心概念。希望大家通过阅读本章知识点，可以从中了解和掌握：

- 什么是项目
- 什么是项目管理
- 项目团队
- 项目生命周期
- 项目阶段

## 1.1　什么是项目

项目是为创造独特的产品、服务或成果而进行的临时性工作，项目包括（但不限于）：

- 开发一种新的产品、服务或成果。
- 更改一个组织的结构、流程、人员配备。
- 开发或购买一套新的信息系统（硬件或软件）。
- 执行一项研究（例如某研究项目所创造的知识，可以判断某种趋势是否存在）。
- 建造一座大楼、工厂或基础设施。
- 实施、改进现有的业务流程和程序。

由多个单个项目可以构成一个或多个项目集，为了实现某种战略目标，可以将项目、项目集、子项目组合和一些运营工作组合在一起构成项目组合。虽然项目组合中的项目或项目集不一定彼此依赖或直接相关，但是可以通过项目组合与组织战略规划联系在一起，如图 1-1 所示。

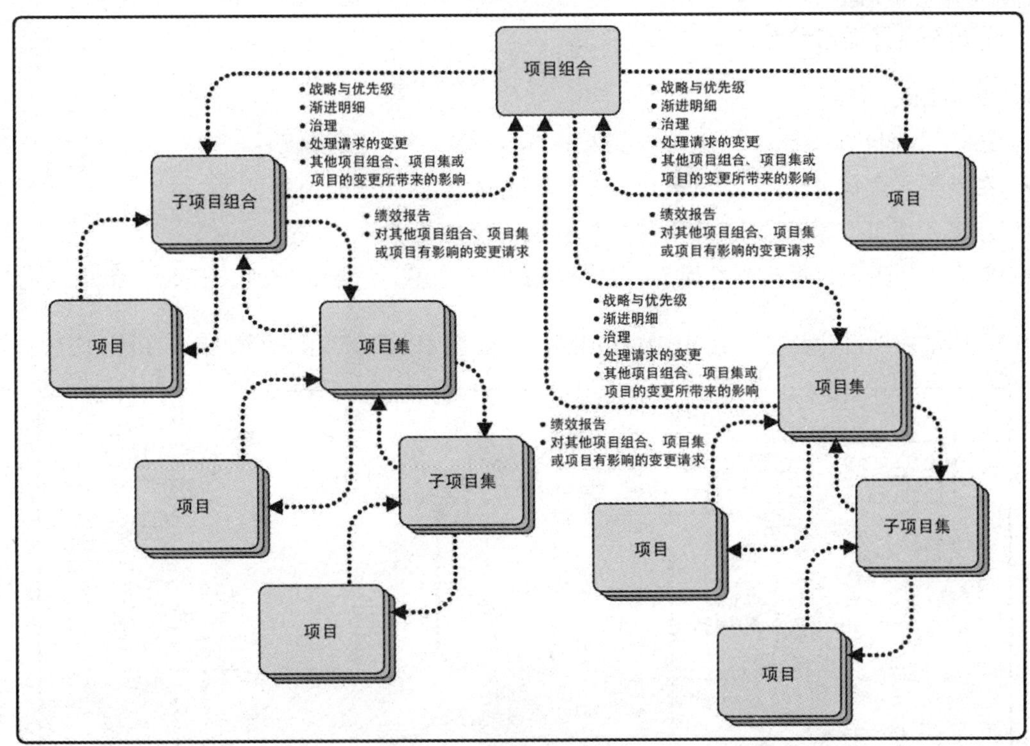


图 1-1 项目组合、项目集与项目管理间的关系

## 1.2 什么是项目管理

项目管理就是将知识、技能、工具与技术应用于项目活动，以满足项目的需求，可划分为五大过程组，如图 1-2 所示。

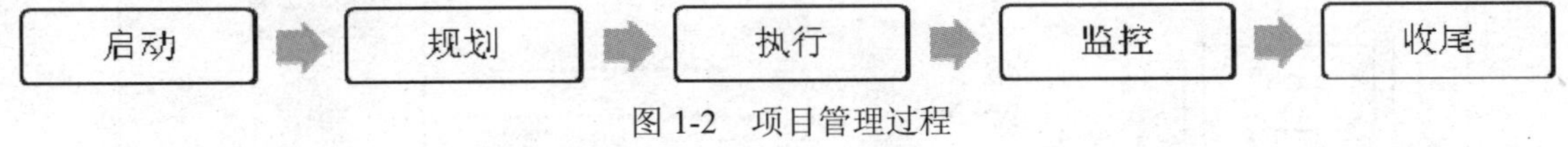


图 1-2 项目管理过程

下面对这五大过程组做简要阐述。

- 启动过程组：包含定义一个新项目或现有项目的一个新阶段，授权开始该项目或阶段的一组过程。
- 规划过程组：包含明确项目范围，定义和优化目标，为实现目标制定行动方案的一组过程。
- 执行过程组：包含完成项目管理计划中确定的工作，以满足项目规范要求的一组过程。
- 监控过程组：包含跟踪、审查和调整项目进展与绩效，识别必要的计划变更并启动相应变更的一组过程。
- 收尾过程组：包含完结所有项目管理过程组的所有活动，正式结束项目、阶段或合同责任的一组过程。

管理一个项目通常包含（但不限于）：

- 识别需求。
- 在规划和执行项目时，处理干系人的各种需求、关注和期望。
- 在干系人之间建立、维护和开展积极、有效、合作性的沟通。
- 为满足项目需求和创建项目可交付成果而管理干系人。
- 平衡相互竞争的项目制约因素，包含但不限于范围、质量、进度、预算、资源、风险。

图 1-3 所示为项目管理过程中的相互作用图，可参考《PMBOK 相关管理知识习题指南》一书。

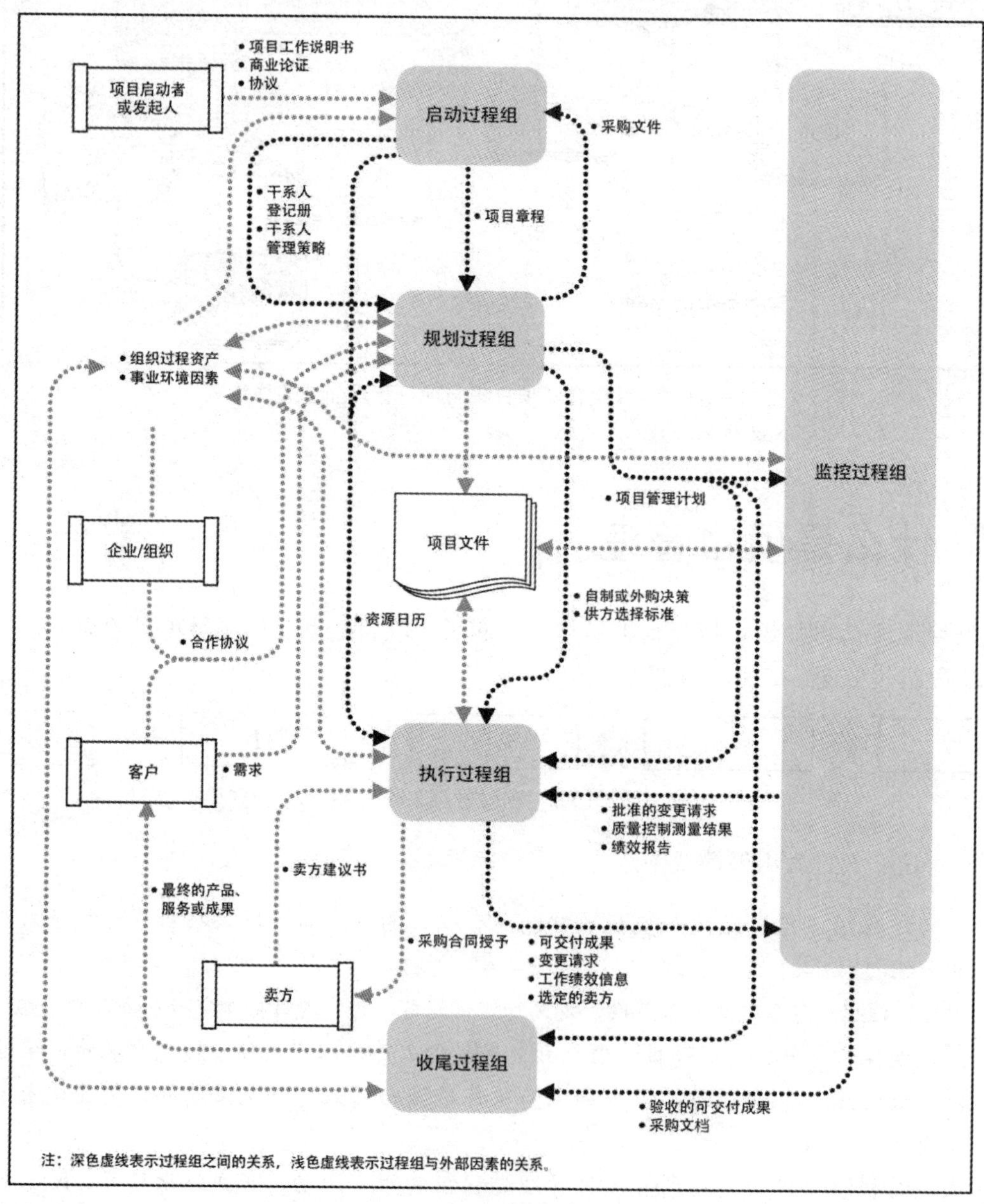


图 1-3　项目管理过程中的相互作用

## 1.3 项目团队

项目的成功与项目团队的组成息息相关。项目团队包含项目经理、项目管理人员以及其他执行项目工作但不一定参与项目管理的团队成员。项目团队由来自不同团体的个人组成，他们拥有执行项目工作所需的专业知识或特定技能。项目经理和团队之间的关系因项目经理的权限而异，一些情况下，项目经理是团队的直接经理，能全权管理团队成员，另一些情况下，项目经理几乎或者完全没有管理团队成员的职权，可能只是兼职领导项目。

项目团队的角色有以下几种。

- 项目管理人员：开展项目管理活动的团队成员，例如规划进度、制定预算、报告与控制、管理沟通、管理风险、提供支持。
- 项目人员：执行工作以创造项目可交付成果的团队成员。
- 支持专家：为项目管理计划的制定或执行提供支持，如合同、财务管理、物流、法律、安全、工程、测试或质量控制等方面的支持。取决于项目的规模大小和所需的支持程度，支持专家可以全职参与项目工作，或者只在项目需要他们的特殊技能时才参与团队工作。
- 用户或客户代表：将要接受项目可交付成果或产品的组织，可以派代表或联络员参与项目，协调相关工作，提出需求建议，或确认项目结果的可接受性。
- 供应商：根据合同协议为项目提供组件或服务的外部公司。通常，由项目团队负责监管供应商的工作绩效，并验收供应商的可交付成果或服务。如果供应商对交付项目结果承担着大部分风险，那么他们就在项目团队中扮演着重要角色。
- 业务伙伴成员：业务伙伴组织可以派代表参与项目团队，协调相关工作。

## 1.4 项目生命周期

项目生命周期指项目从启动到收尾所经历的一系列阶段。项目阶段通常按照顺序排列，阶段的名称和数量取决于参与项目的一个或多个组织的管理与控制需要、项目本身的特征及其所在的应用领域。可以在总体工作范围内或根据财务资源的可用性，按照职能目标或分项目标、中间结果或可交付成果来划分阶段。阶段通常都有时间限制，有一个开始点、结束点或控制点。图 1-4 所示为比较通用的项目周期结构中典型的成本与人力投入水平介绍。

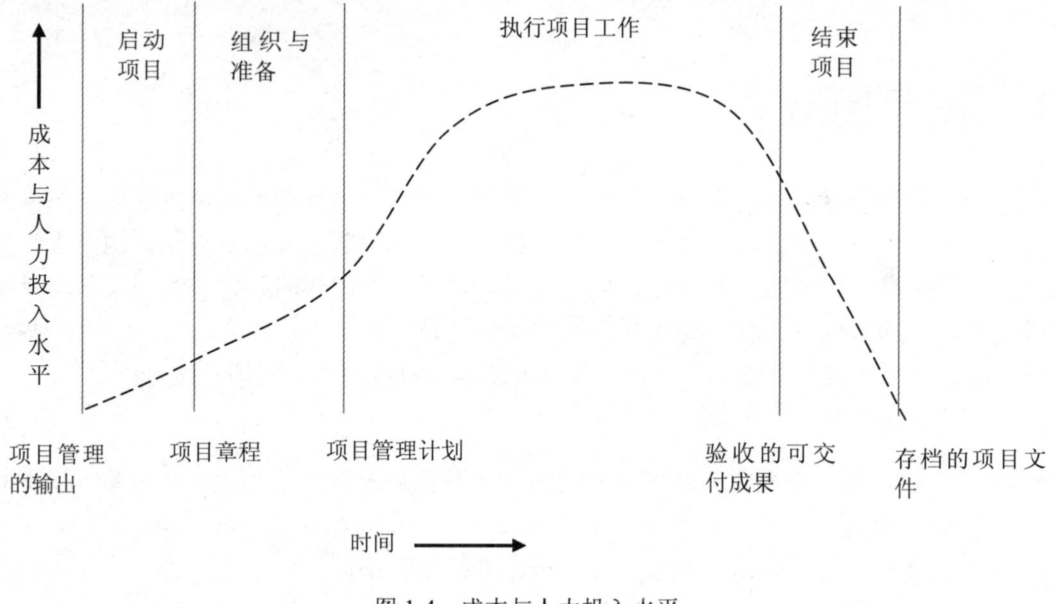


图 1-4　成本与人力投入水平

从图 1-4 中可以得知，生命周期结构的特征如下：

- 成本与人力投入在开始时较低，在工作执行期间达到最高，并在项目快要结束时迅速回落。
- 图 1-4 不适用于所有项目，有的项目生命周期早期支出较大，以确保所需资源到位，例如在生命周期很早的时间点就配备全部人员。
- 风险与不确定性在项目开始时最大，并在项目的整个生命周期中随着决策的制定与可交付成果的验收而逐步降低。
- 在不显著影响成本的前提下，改变项目产品最终特性的能力，在项目开始时最大，并随着项目的进展而减弱。

# 1.5　项目阶段

一个项目可以划分为任意数量的阶段。项目阶段是一组具有逻辑关系的项目活动的集合，通常以一个或多个可交付成果的完成为结束。

如果待执行的工作具有某种独特性，就可以把它们当作一个项目阶段，采用项目阶段结构，把项目划分为合乎逻辑的子集，有助于项目的管理、规划和控制。阶段划分的数量和必要性及每个阶段所需的控制程度取决于项目的规模、复杂程度和潜在影响。但不论项目被划分为几个阶段，所有的项目阶段都具有以下特点：

- 各阶段的工作重点不同，通常涉及不同的组织，处于不同的地理位置，需要不同的技能组合。

- 为了成功实现各阶段的主要可交付成果或目标，需要对各个阶段及其活动进行独特的控制或采用独特的过程。
- 阶段的结束以作为阶段性可交付成果的工作产品的转移或移交为标志。阶段结束点是重新评估项目活动，并变更或终止项目的一个时点，这个时点可称为阶段关口、里程碑、阶段审查、关键决策点，在很多情况下，阶段收尾需要得到某种形式的批准，阶段才算结束。

# 第 2 章

# ◂Microsoft Project Server 2016概述▸

Microsoft Project Server 2016 是一个灵活的本地解决方案，适用于项目组合管理和日常工作。通过本章的介绍，读者可以了解和掌握：

- Project Server 概述
- Microsoft Project Server 2016 的优势
- Microsoft Project Server 2016 的新功能和弃用功能
- Microsoft Project Server 2016 客户案例

## 2.1 Project Server 概述

Project Server 可以帮助企业实现项目和资源信息的集中化和标准化，提供完善的项目管理功能：企业资源管理、项目时间和状态报告、项目资产，性能和健康状况视图、资产组合分析和建模，同时也支持与业务应用系统进行客制化和集成。

Microsoft Project Server 2016 作为 SharePoint Server 2016 的一部分（独立获得许可证），可以使项目管理者、参与者以及业务决策者随时随地快速开展工作，划分和管理项目的日常工作并实现预期的商业价值。

## 2.2 Microsoft Project Server 2016 的优势

Microsoft Project Server 2016 的优势体现在以下几点。

- 智能化：迅速入门，帮助项目成员完成更多工作。
    - ◆ 利用 Project Web App 访问 Project Server，从而迅速启动或调整项目组合管理功能。

  - 支持使用多种设备和浏览器（IE、Firefox、Safari、Chrome 等）查看、编辑、提交和协作处理项目的日常工作。
- 采取行动：协调工作，以排列计划的优先级，选择最优项目组合并执行业务战略。
  - 有效评估项目或衡量彼此冲突的需求，以调整和简化项目启动工作。
  - 轻松在 Visio 和 SharePoint Designer 中创建工作流，标准化项目进展或改进监管管理。
  - 迅速将 SharePoint 任务列表升级为 PWA 中的企业项目。
- 灵活的项目组合管理：在不同的位置、不同的设备上管理项目，把握最新项目动态。
  - 查看并处理个人业务。
  - 借助全新的日程安排功能，有效规划和管理任务。
  - 在项目管理网站中，项目团队成员可以查看项目摘要、文档、任务、新闻源和日历。
- 有效地管理资源：简化资源管理，即使团队成员在 SharePoint 中管理日程或临时项目时，也可以了解到他们的当前工作情况。
  - 在 SharePoint 任务列表中记录团队想法，然后在 PWA 中评估，从而更好地管理项目管道和团队工作情况。
  - 准确衡量资源利用率，更好地分配和管理资源，保证与战略协调一致。
  - 将 Exchange 中的团队成员日历信息无缝传送到 Project Server 2016，简化项目日程安排和任务状态更新，同时加强任务共享能力。
- 无缝沟通：利用 Skype for Business 无缝沟通，突破时间和空间限制，共享对话内容，改进整体团队合作。
  - 将鼠标悬停在项目规划中的姓名上，查看是否可以通过 Skype for Business 与团队成员交谈或发送即时消息（IM）。
  - 将团队成员拖曳到 Skype for Business 会议中，召开群组会议，收发即时消息，共享屏幕和工作区，从而迅速开展协作。
- 提高敏捷性和控制力：为团队成员即时提供高效工作所需要的信息，根据数据来驱动决策。
  - PWA 不是唯一的，通过 PWA 资源中心，可以根据组织的资源需求分析来规划并合理分配以优化其利用率。
  - 利用摘要仪表板帮助深入理解并制定明智的决策。
  - 通过 Excel Services 自助式访问聚合多个维度的数据。
- 简化 IT：通过与 SharePoint 集成的管理体验简化 IT。
  - 利用 PWA 中的 Active Directory 同步，选择你所需要参与项目的 AD 组。
  - 通过 PWA 中全新的 SharePoint 集成安全模型，轻松为团队和可信的业务合作伙伴提供相应的访问权限。
  - 利用 ODATA（开发数据协议）等行业标准进行数据挖掘，提供商业智能。
- 创新：利用灵活的 PPM 平台快速创新。

    - ◆ 利用全新的 SharePoint 商店里的应用满足独特的业务需求。
    - ◆ 迅速开发和交付应用，帮你节省各流程的时间，或者连接到专有软件系统。
    - ◆ 利用跨 Project Server、SharePoint、Exchange、Skype for Business 和 Office 的集成化体验帮助你迅速把握商机。
    - ◆ 通过可扩展的 PPM（Project Portfolio Management）平台整合其他平台，比如 ALM、NPD 和 IPM。
- 轻松管理。
    - ◆ Active Directory 集成：管理用户凭据和权限。
    - ◆ PowerShell：易于使用和控制，只需几分钟即可添加和删除用户。
    - ◆ 治理：无须写代码，就可以轻松在 Visio 和 SharePoint Designer 中新建 Workflow，标准化项目进展，改进监管和控制。
- 协调和沟通。
    - ◆ 协作：通过企业社交功能加强团队协作并促进项目成功，通过即时消息、团队网站和其他易用的协作功能轻松进行沟通。
    - ◆ 随时实现访问：在几乎任何位置利用任何设备保持高效率工作。
- 跨所有任务进行管理。
    - ◆ 工作管理：以团队形式轻松管理和协作不具备项目结构的工作，同时仍然能获得规划和报告所需的相关见解。
    - ◆ 需求管理：深入了解项目、经营活动和日常工作。通过应用相应的治理和控制简化项目发起和进展。
    - ◆ 时间和任务管理：使用一种集中而通用的方法来记录时间和管理任务。
    - ◆ 资源管理：通过员工创造佳绩并着眼未来，以管理规划范围内的盈亏。
    - ◆ 日程管理：准时交付项目，绘出执行和交付框架，以便跟踪进展和管理更改。
    - ◆ 计划管理：在多个正在进行的基础项目中取得整体计划的预期收益。
- 高级项目组合管理。
    - ◆ 财务管理：采取财务管理流程有效跟进成本业绩，以确保预算内交付且项目组合达到预期收益。
    - ◆ 项目组合分析和选择：有效地识别、选择和交付最符合组织的业务战略并选择最大化你的投资回报的项目组合。
- 根据数据做出决策。
    - ◆ 问题和风险管理：防止、识别和减轻潜在的业务相关或项目相关的风险和问题。
    - ◆ 报告和商业智能：收集、分类、了解项目数据并做出有关项目数据的决策，使用商业智能（BI）提供可见性和决策支持，以主动管理项目、计划和项目组合。

# 2.3 Project Server 2016 的新功能和弃用功能

## 2.3.1 新功能

### 1. Project Server 2016 系统安装

相对于 Project Server 2013 而言，Project Server 2016 中最重要的变化就是安装流程，全新的 Project Server 2016 将作为服务应用程序在 SharePoint Server 2016 Enterprise 中运行。由于 SharePoint Server 2016 Enterprise MSI 文件还包含 Project Server 2016 的安装软件，因此不再需要像旧版 Project Server 一样进行单独安装，激活 Project Server 2016 需要的密钥即可，该部分将在第 4 章详细介绍。

### 2. 资源计划

在 Project Server 2016 中，之前 Project Server 2013 中的资源计划已经更改为资源预定，这为 Project Manager 提供了便捷的管理方式：通过使用 Project Professional 2016 或者 Project Online 桌面客户端可以系统地提出、修改、接受或者拒绝资源请求。

| 说　明 |
| --- |
| 资源计划图在 Project Professional 2016 中不再可用。 |

### 3. 一个数据库用于多个实例

在 Project Server 2013 中，为每个 Project Web App 实例创建单独的 Project Content Database；在 Project Server 2016 中，一个 Content Database 将用于所有 PWA 实例，即所有数据都保存到一个 Content Database 中，每个实例的数据仍与其他实例分离。

| 说　明 |
| --- |
| （1）将 Project 数据保存在一个 Content Database 中可简化数据库操作，如备份、还原以及迁移等。<br>（2）只有当存储一个 Content Database 时，才支持直接访问报表架构。 |

### 4. 自定义字段限制

为了实现 Project Server 2016 报表的最佳性能，对于存储在报表架构中的每种类型的字段数量做了一定的限制，如表 2-1 所示。

表 2-1　字段数量限制表

| Project 自定义字段 | 时间表自定义字段 | 任务和资源自定义字段组合 |
|---|---|---|
| 450 个文本字段 | 450 个文本字段 | 450 个文本字段 |
| 450 个查找表 | 450 个查找表 | 450 个查找表 |
| 450 个其他所有类型自定义字段（成本、日期、持续时间、编号、标记） | 450 个其他所有类型自定义字段（成本、日期、持续时间、编号、标记） | 450 个其他所有类型自定义字段（成本、日期、持续时间、编号、标记） |

### 5. Project Web App 更改

Project Server 2016 简化了项目的创建方式，同时 Project Web App 日程表的使用方式也有一些改变：

- 多个日程表。可以通过项目中心或“日程安排”页添加其他日程表。
- 调整日程表的日期范围。可以调整日程表的开始日期和结束日期。

### 6. 语言包

SharePoint Server 2016 语言包可以匹配 Project Server 2016 和 SharePoint Server 2016 的语言，尚无适用于 Project Server 2016 的语言包。

由于 Project Server 2016 无法提供与所有可用 SharePoint Server 2016 语言包一致的语言，因此提供了备用语言。表 2-2 列出了 SharePoint Server 2016 语言包与 Project Server 2016 备用语言的对应关系。

表 2-2　语言包

| SharePoint Server 2016 语言包 | Project Server 2016 语言 |
|---|---|
| 阿塞拜疆语（拉丁语） | 英语 |
| 巴斯克语 | 西班牙语 |
| 波斯尼亚语 | 英语 |
| 保加利亚语 | 英语 |
| 加泰罗尼亚语 | 西班牙语 |
| 克罗地亚语 | 英语 |
| 达里语 | 英语 |
| 爱沙尼亚语 | 英语 |
| 盖尔语 - 爱尔兰语 | 英语 |
| 加利西亚语 | 西班牙语 |
| 印地语 | 英语 |
| 印度尼西亚语 | 英语 |

（续表）

| SharePoint Server 2016 语言包 | Project Server 2016 语言 |
|---|---|
| 哈萨克语 | 俄语 |
| 拉脱维亚语 | 英语 |
| 立陶宛语 | 英语 |
| 马其顿语 | 英语 |
| 马来语 | 英语 |
| 塞尔维亚语（拉丁语） | 英语 |
| 泰语 | 英语 |
| 越南语 | 英语 |
| 威尔士语 | 英语 |

### 2.3.2　弃用功能

#### 1. 任务

“我的任务”和关联“Exchange 任务同步”的功能已从 SharePoint Server 2016 中删除，所以这两个功能的 WorkManagementServiceApplication（工作管理服务应用程序）也被删除。

#### 2. Project Server 2016 中不支持 PSI（Project Server Interface）中的 Project 类

对于所有客制化开发，请使用“Project 客户端对象模型（CSOM）”。

## 2.4　Microsoft Project Server 2016 客户案例

表 2-3 所示为 Project Server 的成功案例，阅读并了解企业客户如何使用最新的本地项目组合管理解决方案，实现业务价值。

表 2-3　Project Server 的成功案例

| 客户名称 | 案例描述 |
|---|---|
| //ABANCA | ABANCA 是西班牙提供零售和公司银行服务的大型金融机构，其希望改善对各种项目的管理，同时能够灵活地适应市场趋势。该组织已采用 Microsoft Project Server，以便进一步集中管理其公司项目组合并提高报告的便捷性 |

（续表）

| 客户名称 | 案例描述 |
| --- | --- |
| AIRBUS GROUP | AIRBUS GROUP 是一家欧洲的航空航天和国防公司，它利用全球布局、多元化人才库和技术来推动创新。<br>AIRBUS 选择了 Microsoft Project 来优化其复杂的国际项目管理并加强对流程和成本的深入了解，通过使用 Microsoft Project，AIRBUS 得以在 SAP 与项目管理、日程安排与财务系统之间无缝集成，能更好地深入了解各项目活动，从而使项目经理可以更快地确认问题，以及使用标准化的最佳做法和工具来提高流程实现的成功率 |
| ANi Agencia Nacional de Infraestructura | 哥伦比亚国家基础设施机构（ANI）隶属于交通运输部，位于哥伦比亚波哥大，该机构负责哥伦比亚交通基础设施的设计、施工、维护和运营。该机构的目标是在 2035 年之前完成所有公路、铁路、港口和机场的整合，连接全国 32 个省。<br>在进行多个大型政府项目的过程中，道路施工资金越来越多，ANI 同时管理超过 75 个公路和基础设施项目，该机构部署了 Microsoft Project Online，以提高其项目和项目组合管理的能力和协作。 |
| ARUP | ARUP 是建筑环境中许多全球卓越项目的核心创造性力量，ARUP 在全球拥有超过 90 个办事处，其规划师、设计师、工程师和顾问可在全球范围内交付创新型项目。<br>ARUP 的全球 IT 项目组合管理办公室不得不使用来自地区办事处的电子表格和电子邮件更新来手动创建状态报告，通过使用 Microsoft 项目以及项目组合管理，ARUP 可快速深入了解项目状态，拥有简单、有效的平台，可随处访问项目数据，还可以利用该平台进行数据更改 |

# 第二篇

# Microsoft Project Server 规划与部署

# 第 3 章

# Project Server 2016的规划

在部署 Project Server 2016 之前，IT 专业人员需要规划 Project Server 所需要的软件要求、用户使用权限以及整个 Project Server 的体系结构内容，用于配置 Project Server 2016 的功能、服务器和拓扑。通过本章的介绍，读者可以了解和掌握：

- Microsoft Project Server 2016 的软件要求
- 规划 Project Server 中的用户权限
- 项目规划部署
- Project Server 体系结构

## 3.1 Project Server 2016 的软件要求

### 1. 关键软件要求

由于 Project Server 2016 不同于 Project Server 2013，不需要单独安装，属于 SharePoint Server 2016 Enterprise 安装过程的一部分，因此关键的软件要求与 SharePoint Server 2016 一致，如表 3-1 所示。

| 说明 |
| --- |
| 只能在 SharePoint Server 2016 Enterprise 版本上启用 Project Server 2016，不能在 Standard 版本的 SharePoint Server 2016 上启用 Project Server 2016。 |

表 3-1 关键软件要求

| 软件 | 要求 |
| --- | --- |
| 操作系统 | Windows Server 2016 Standard 或 Datacenter<br>Windows Server 2012 R2 |
| 数据库服务器 | Microsoft SQL Server 2016 RTM<br>64 位版 SQL Server 2014 Service Pack 1 (SP1)<br>**说明**：如果要在 Project Server 2016 中使用多维数据集生成服务，还必须安装 SQL Analysis Services |
| 浏览器 | Microsoft Edge<br>Microsoft Internet Explorer 11<br>Microsoft Internet Explorer 10<br>Google Chrome（最新公开发行版本）<br>Mozilla Firefox（最新公开发行版本以及前一个版本）<br>Apple Safari（最新公开发行版本） |

### 2. 客户端兼容性

Project Server 2016 支持使用 Project Professional 2016、Project Online、Project Professional 2013 桌面客户端进行连接。

要使用 Project Server 2016 中的资源预订，用户必须安装 Project Professional 2016 才能使用资源计划视图，Project Professional 2013 不支持。

### 3. 多维数据集生成服务要求

如果计划在 Project Server 2016 中使用多维数据集生成服务，就需要在 SharePoint Server 2016 Enterprise 所部署的 SQL Server 服务器上安装 Analysis Services。

### 4. 项目组合分析要求

在 Project Server 2016 中使用项目组合分析时，必须在 SharePoint 场中运行 State Service，才能在浏览器中正确呈现图表。

## 3.2 规划 Project Server 中的用户访问权限

Project Server 提供两种安全模式：SharePoint 权限模式和 Project 权限模式，以控制用户对网站和项目的访问权限类型。

### 1. SharePoint 权限模式

在此模式下，一组特殊的 SharePoint 组会在 Project Server 关联的网站中被创建。这些组授予用户对项目和 Project Server 功能的不同级别的访问权限。表 3-2 所示为 Project Server 中安全模式的功能比较。

表 3-2　Project Server 中安全模式的功能比较

| 功能 | SharePoint 权限模式 | Project Server 权限模式 |
| --- | --- | --- |
| 在 Project Web App 和 SharePoint Server 中使用一组安全组 | × | |
| PWA 和 Project 网站的权限继承 | × | |
| 根据 Active Directory 安全组的直接授权 | × | |
| 基于声明的授权 | × | × |
| 基于角色组管理授权 | × | × |
| 可扩展和可自定义 | × | × |
| 用户委派 | | × |
| 保护工作资源的能力 | | × |
| 模拟 | | × |
| 使用资源细分结构的安全筛选 | | × |
| 自定义类别 | | × |

### 2. Project 权限模式

在此模式下，Project Server 提供一组可自定义的安全组，具有不同于 SharePoint 组的其他功能。

**说　明**

这两种安全模式下，Project Web App 网站上的 SharePoint 管理员也是 Project Web App 管理员。

默认情况下，新的 Project Web App 实例使用 SharePoint 权限模式。如果用户具有多个 Project Web App 实例，那么每个网站可以使用不同的权限模式。

在 SharePoint 权限模式和 Project Server 权限模式之间切换会删除所有与安全相关的设置。如果要从 SharePoint 权限模式切换到经典的 Project Server 权限模式，就必须在 Project Server 中手动配置安全权限结构。若从 Project Server 权限模式切换回 SharePoint 权限模式，则会从 Project Server 中删除安全权限信息。

### 3. 更改 Project Web App 权限模式

在 Project Server 本地安装中，可以使用 Microsoft PowerShell cmdlet ：Set-

SPProjectPermissionMode 更改 Project Web App 实例的权限模式。

# 3.3 Project Server IT 专业人员部署规划

在部署 Microsoft Project Server 之前，需要企业内部 Project Server 的 IT 专业人员提前确认好项目管理需求、用户数和用户类型、计划项目生命周期、计划报表和商业智能来为日后的安装做准备。

## 3.3.1 确定 Project Server 中的项目管理需求

IT 人员确定组织的项目管理需求至关重要，这将决定如何规划 Project Server 2016 配置。

大多数企业需要管理规模和工期不同的项目，差异在于组织的规模和组织所执行工作的类别，比如一家大型的咨询和培训公司可以管理上千个项目，小项目小到仅包含 10 个任务，只需要两周时间完成，大项目包括上千个任务，需要 1 年时间来完成。为了便于规划，需确保组织使用 Project Server 2016 充分支持开展的项目类型：企业项目管理、时间跟踪、需求管理。

表 3-3 具体介绍了每种项目类型的特点、考虑因素、客户端应用程序和 Power Web App 使用的频率。

**表 3-3 项目类型介绍**

| 项目类型 | 特点 | 考虑因素 | 客户端应用程序 | Power Web App |
|---|---|---|---|---|
| 企业项目管理 | • 关注 PMO<br>• 广泛使用 Project Professional 2016<br>• 使用工时跟踪程序 | • 要跟踪的细节级别<br>• 分级别作用过程<br>• 如何确定优先级 | 使用率高：<br>• Project Professional<br>• Project Web App | 使用率高：<br>• 工时跟踪程序<br>• 方案<br>• 主项目<br>• 问题管理<br><br>使用率中等：<br>• 时间表<br>• 项目组合管理<br>• 风险管理<br>• 文档管理<br>• 资源管理<br>• 任务管理<br><br>使用率低：<br>• 项目工作环境网站 |

（续表）

| 项目类型 | 特点 | 考虑因素 | 客户端应用程序 | Power Web App |
|---|---|---|---|---|
| 时间跟踪 | • 很少使用 Project Professional 2016<br>• 时间和材料记账<br>• 大量包含多个任务的项目<br>• 与 Project Web App 中计划时间表项对应的使用高峰期 | • 要使用的时间分类<br>• 要使用的时间段<br>• 日历和加班设置<br>• 要使用的财政周期<br>• 成本数据来源<br>• 自定义字段配置<br>• 货币配置<br>• 审核 | 使用率高：<br>• Project Web App<br><br>使用率中等：<br>• Project Professional | 使用率高：<br>• 工时跟踪程序<br>• 时间表<br>• 资源管理<br><br>使用率中等：<br>• 任务管理<br><br>使用率低：<br>• 项目组合管理<br>• 主项目<br>• 项目工作环境网站<br>• 风险管理<br>• 问题管理<br>• 文档管理 |
| 需求管理 | • 拥有大量包含多个任务的项目<br>• 项目经理所占比例较高<br>• 频繁使用 Project Professional 2016 | • 要跟踪的资源数据级别<br>• 要使用的项目提名过程<br>• 要使用的审阅过程类型<br>• 报告的周期<br>• 工作流程要求<br>• 要跟踪的工作类型<br>• 管理过程的人员<br>• 捕获的需求 | 使用率高：<br>• Project Web App<br><br>使用率中等：<br>• Project Professional | 使用率高：<br>• 项目组合管理<br><br>使用率中等：<br>• 时间表<br>• 协作<br>• 文档管理<br>• 风险管理<br>• 问题管理<br>• 资源管理<br>• 项目工作环境网站<br><br>使用率低：<br>• 工时跟踪程序<br>• 方案<br>• 管理项目 |

## 3.3.2 确定访问 Project Server 的用户数和用户类型

组织中使用 Project Server 功能的用户数和类型直接影响组织的可伸缩性和性能要求。

### 1. Project Server 的用户数

Project Server IT 管理员确定组织需要支持的 Project Server 用户数量时，还需要考虑并发用户的最大数目，同时也要确定用户的类型以及对应的用户数量，比如使用 Project Professional 的项目经理将在系统上产生最大负载，观察者则产生最小负载。

### 2. Project Server 的用户类型

需要支持的用户类型以及每种用户类型的数量占用户总数的百分比将对规划过程中所做的配置决策产生影响，每个用户类型都会对系统施加一个负载。表 3-4 所示为用户类型以及需要完成的任务。

表 3-4 用户类型和任务

| 用户类型 | 任务 |
| --- | --- |
| 项目经理 | 项目经理使用 Project Professional 完成以下工作：<br>●创建项目并将其发布到 Project Web App<br>●根据反馈信息修改项目<br>●向工作组成员分配项目任务<br>●通过合并来自工作组成员的任务更新来跟踪进度<br>●确定目标、项目的实际日程表和成本 |
| 资源经理 | 资源经理使用 Project Web App 进行以下工作：<br>●按项目查看一段时间内的工作负荷和可用性<br>●按资源查看一段时间内的工作负荷和可用性<br>●向项目工作组添加工作组成员<br>●公布问题和上载文档<br>●使用项目组合建模器确定资源可用性<br>●修改资源技能和其他代码 |

（续表）

| 用户类型 | 任务 |
| --- | --- |
| 团队成员 | 团队成员可使用 Project Web App 执行以下操作：<br>●通过确定当前任务和将要执行的任务来对日常工作设置优先级，以在规定的期限内完成任务<br>●通过在时间表中输入进度来报告执行各项任务所需的时间<br>●分配和添加任务<br>●记录和响应与项目相关的问题和风险<br>●将问题链接到任务<br>●提交状态报告<br>●与其他工作组成员协同处理跟项目相关的文档<br><br>工作组成员使用 Outlook 进行以下工作：<br>●查看分配的任务<br>●报告分配的任务 |
| 项目组合查看者 | 项目组合查看者使用 Project Web App 进行以下工作：<br>●在项目组合分析器中查看项目和资源报告<br>●将问题提交给项目经理和资源经理 |
| 管理员 | 管理员使用 Project Web App 执行以下操作：<br>●定义时间表视图<br>●锁定时间表中的报告提交时间段和实际值<br>●为项目组合分析器视图创建标准化报告<br>●向企业资源库中添加工作组成员以及从中删除工作组成员 |

### 3.3.3 在 Project Web App 中规划项目生命周期

Project Server 管理员需要借助 Project Server 2016 平台为组织创建项目并有效地管理项目，还要规划好项目的生命周期，否则可能会导致创建过程混乱，从而增加额外的企业成本，降低效率，导致资源分配不当、主次不清楚、工作重复等问题。下面从管理员角度介绍使用 Project Server 2016 为组织创建项目时应考虑的一些要点。

#### 1. 将任务列表项目迁移到 Project Web App 中

Project Server 2016 支持将 SharePoint 列表创建的项目导入 Project Web App 实例中，但需要管理员做好规划，在初期项目规模较小时，可以快速启动并轻松管理项目，随着项目的范围逐渐扩大，需要逐步进行迁移，使其成为完整的 Project Server 项目。

**说 明**

Project Server 只支持每个网站集的单个 Project Web App 实例。在规划时要考虑彼此相关的项目导入同一个 Project Web App 实例中。

### 2. 在 Project Web App 中规划资源

企业资源是指用于完成企业项目任务的人员、设备和材料，是组织资源池的一部分，集中存储在每个 Project Web App 实例中。

对于大型组织，最初填充企业资源库的过程与保持企业资源库准确和最新的过程同等重要，对在企业资源库中存储和管理的资源信息所做的重大更改进行跟踪是一项全职工作。

在为 Project Web App 创建企业资源库之前，必须确定起始点。将资源添加到企业资源库的过程有所不同，它取决于是新项目还是要创建企业资源库，如表 3-5 所示。

表 3-5 资源管理方案

| 资源种类 | 导入管理方案 |
| --- | --- |
| 新项目 | 列出书面形式清单，从 Active Directory 或成员资源存储区导入标识的资源。<br>将 Excel 收集来的资源信息导入 Project Professional 2016，并将其保存到 Project Web App 中 |
| 企业资源库 | 在 Project Professional 2016 中创建企业资源库。<br>使用 Project Professional 2016 连接到 Project Web App 后，将在 Project Professional 2016 新建的企业资源库中的资源签出到 Project Web App 中，供服务器端的其他项目使用这些资源 |

### 3. 在 Project Web App 中规划自定义字段

Project Web App 包括可自定义的查找表和字段（包括有关任务、资源或分配的信息），字段类型种类包括文本、标记、数字、日期、成本、开始和完成日期以及持续时间，可以使用公式、特定值计算或用图形指示符来自定义这些字段，从而获取所需的信息。

### 4. 在 Project Web App 中停用项目

在废弃项目时，执行一些基本的清理操作可以节省数据库服务器上的磁盘空间，同时还有助于提高 Project Server 的性能，可在“数据库管理”部分的相应页面上执行删除操作。

### 5. 在 Project Web App 中规划存档

在 Project Web App 中可以备份多个企业对象：项目、企业资源库和日历、企业自定义域、企业全局设置、视图定义、系统设置、类别和组设置。备份是在 Project Web App 中的 Project Server 设置页上完成的，可用的备份方法有两种，即日程安排备份和管理性备份，推荐使用管理性备份，因为可以随时备份企业对象。

| 说　明 |
| --- |
| 备份的对象会保存到 Project Web App 所在的 SharePoint 内容数据库中的存档区域。 |

6. 将项目放在一个特定的 Project Server 类别中

若只允许特定用户查看废弃的项目，则可以创建一个特定的 Project Web App 类别，添加此项目和你不希望拥有此项目访问权限的所有用户，并将这些用户的权限设置为拒绝。

| 说　明 |
| --- |
| 若要创建类别，则 Project Web App 必须在 Project Server 权限模式下。 |

## 3.3.4　在 Project Web App 中规划报告和商业智能

在 Project Server 中，项目信息存储在 Project Web App 数据库中，此信息可以通过链接 SQL Server 数据库的任何报表工具进行查询，还可以通过 OData 源访问此类数据。

商业智能中心是 Project Web App 网站的子网站，继承 Project Web App 主网站的权限，若组织中有需要访问 Project Web App 报表的用户，则可以执行下列操作之一：

- 中断商业智能中心与 Project Web App 主网站的权限继承关系。这样便可以向商业智能中心添加用户，而不会向他们提供对 Project Web App 网站的访问权限。
- 在与 Project Web App 相同的网站集中创建网站，但提供不同权限，并将一个或多个仪表板页部署到该网站，以使所需报告可用。

表 3-6 所示为 SharePoint Server 2016 网站的权限级别，这些角色为用户提供了对网站内的一组项的访问权限。这些项可以是报表、报表模板和 Office 数据连接。对于 Office 数据连接这样的项，用于给定 ODC 的 Secure Store Service 凭据，提供对 Project Web App 数据库和 OLAP 数据库中数据的访问权限。

表 3-6　SharePoint Server 2016 网站的权限级别

| Group | 权限级别 | 对 OData 源的访问权限 |
| --- | --- | --- |
| Project Web App 的管理员 | 完全控制 | 是 |
| Project Web App 的项目组合经理 | 设计 | 是 |
| Project Web App 的项目组合查看者 | 设计 | 是 |
| Project Web App 的项目经理 | 读取 | 否 |
| Project Web App 的资源经理 | 读取 | 否 |
| Project Web App 的工作组领导 | 禁止访问 | 否 |
| Project Web App 的工作组成员 | 禁止访问 | 否 |

## 3.4 Project Server 2016 体系结构

Project Server 2016 体系结构包含 Project Application Service 与 SharePoint 网站集的关联、用于远程访问的客户端对象模型（CSOM）、用于报表的 OData 接口以及可由多个 Project Server 安装访问的远程事件接收器。

- 前端层包括 Project Professional 2016、Project Web App 和第三方应用。
- 客户端应用程序通过 Project Server Interface（PSI）或 CSOM 终结点与中间层通信。
- 数据库访问权限集成在业务对象中。
- Project Server 事件系统可以访问本地事件处理程序和远程事件接收器。
- Projcct Calculation Service 在 Project Server 中实现 Project 计划引擎。

图 3-1 所示为 Project Server 2016 体系结构图，包括 Project Service Application 和 Project Professional 2016 等多个客户端应用程序。

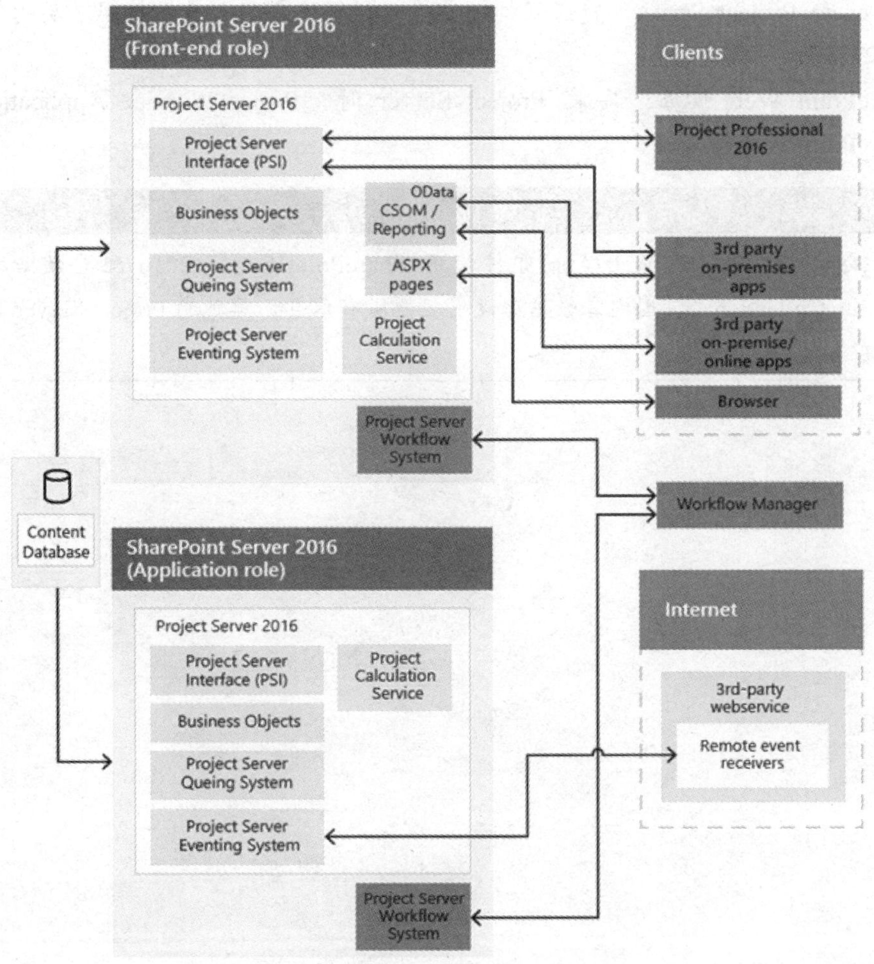


图 3-1　Project Server 2016 体系结构图

- Project Online: 可以创建使用 SCOM、REST 和 OData 接口的应用，不支持第三方本地解决方案、WCF 接口、ASMX 接口或者本地事件处理程序。
- Remote Event Receiver（事件接收器）：也称为“事件处理程序”，可供云中的 Project Web App 实例或本地 Project Server 安装使用，本地 Project Server 支持远程事件接收器和本地完全信任的事件处理程序。
- Programmatic interfaces（程序）：对于本地第三方客户端应用程序，可将 WCF 接口用于 PSI，也可以通过 HTTP 使用 CSOM、OData 和 REST 接口。Project Web App 和 Project Professional 2016 客户端都使用 WCF 服务。用于报表的 OData 服务由内部 WCF 服务 OData.svc 实现，可以使用 http://ServerName/ProjectServerName/_api/ProjectData/$metadata 作为报表数据获取服务元数据文档。
- Workflow Manager（工作流管理器）：工作流管理器可在 SharePoint 场中的单独服务器、云中的 Microsoft Azure 或单个 Project Server 计算机上运行，以供测试或演示。
- DMZ（外围网络）：图 3-1 中并未说明本地前端服务器可以被 DMZ 中的附加防火墙隔离，属于网络层的配置。DMZ 可以允许 Internet 客户端跨防火墙访问 SharePoint Server 和 Project Server，建议架构师部署时与网络部门人员做好网络层的部署，防止黑客入侵。
- SharePoint Web 服务：安装 Project Server 时，Project Service Application 添加到 SharePoint Web 服务中。

**说 明**

Project Server 的 Project Web App 组件使用 SharePoint Server 2016 配置数据库设置 Project Site Collection，使用内容数据库设置其他所有信息。单独的 Project Server 数据库不再存在。

# 第 4 章

# Project Server 2016的安装和部署

本章主要介绍如何部署 Project Server 2016 和如何升级到 Project Server 2016 两部分，IT 管理员可以从中了解和掌握：

- 安装 Project Server 2016 的关键步骤
- 安装 SharePoint Server 2016
- 配置 Project Server 2016
- 创建 Project Web App 网站
- 配置 Project Web App 的 OLAP 多维数据集
- 升级到 Project Server 2016 的流程概述

## 4.1 安装 Project Server 2016 的关键步骤

安装 Project Server 2016 时需要执行的步骤如图 4-1 所示。

安装SharePoint Server 2016 → 配置 Project Server 2016 → 创建Project Web App网站

图 4-1 安装 Project Server 2016 的步骤

步骤 01 安装 SharePoint Server 2016：Project Server 2016 属于 SharePoint Server 2016 企业版的一部分，必须优先安装 SharePoint Server 2016，然后才能配置 Project Server 2016。

步骤 02 配置 Project Server 2016：与旧版 Project Server 不同，Project Server 2016 不需要与 SharePoint Server 2016 分开安装，安装 SharePoint Server 2016 后便可以配置 Project Server 2016。

步骤 03 创建 Project Web App 网站：完成 SharePoint Server 2016 中的初始 Project Server 2016 配置后，便可以创建 Project Web App 网站了。

# 4.2 安装 SharePoint Server 2016

关于 SharePoint 的部署方式，微软根据企业级客户的需求提供了多种解决方案：单一部署企业数据搜索功能，文档管理与商业智能化以及工作流等若干种功能联合部署。

SharePoint Server 2016 的部署阶段总体包含如图 4-2 所示的过程。

预置环境需求

安装SharePoint Server 2016

配置SharePoint Server 2016

图 4-2 部署过程

通过本节的学习，读者可以了解和掌握：

- 安装 SharePoint Server 2016 的账户需求
- 安装和配置 SQL Server
- SharePoint Server 2016 服务器体系结构
- SharePoint Server 2016 预置环境需求
- SharePoint Server 2016 服务器安装部署过程
- SharePoint Server 2016 安装后的基本设置

## 4.2.1 安装 SharePoint Server 2016 的账户需求

本节主要介绍部署 SharePoint Server 2016 所需要的服务账户和管理账户的细节信息。

SharePoint 与 SQL Server、活动目录有着密不可分的依赖关系。活动目录提供身份和身份认证服务，同时存储用户信息（用户名和密码）并验证用户登录的有效性，这些服务可以支持用户登录和访问 SharePoint 网站。

SQL Server 存储几乎所有 SharePoint 中的配置信息和内容信息，所有运行 SQL Server 服务的用户都来自于活动目录提供的身份。

运行 SharePoint 服务的用户也来自于活动目录提供的身份，这个用户被 SharePoint 用来到 SQL Server 中读取数据。该用户必须对 SQL Server 拥有访问权限。用户权限说明如表 4-1 所示。

**表 4-1 用户权限说明**

| 用户 | 说明 |
| --- | --- |
| SQL Server 账户 | SQL Server 服务所需要的用户与 Windows 服务一样，需对系统、网络服务、本地服务均有权限，如果 SQL Server 与 SharePoint 安装在不同的系统中，微软推荐使用域账户 |

（续表）

| 用户 | 说明 |
| --- | --- |
| SharePoint 账户 | 在安装和配置 SharePoint 的过程中，SharePoint 账户需自动在 SQL Server 中完成一些任务，所以需要保证账户具备如下角色：<br>● 域账户<br>● 本地管理员组的成员<br>● SQL Server 中 dbcreator、security admin 的角色 |
| 应用程序池用户 | 每个 Web 应用程序均在应用程序池里运行，所以应用程序池的用户需要是域账户 |

**说 明**

请严格按照所列出的权限配置，否则安装和部署过程中可能会失败。

### 1. 部署活动目录域服务

安装和配置 SharePoint 的账户以及 SQL Server 账户均是域用户，所以需在创建域用户之前成功部署域环境，部署步骤如下：

步骤 01 打开服务器管理器，在仪表板界面单击“添加角色和功能”，然后单击“下一步”按钮，如图 4-3 所示。

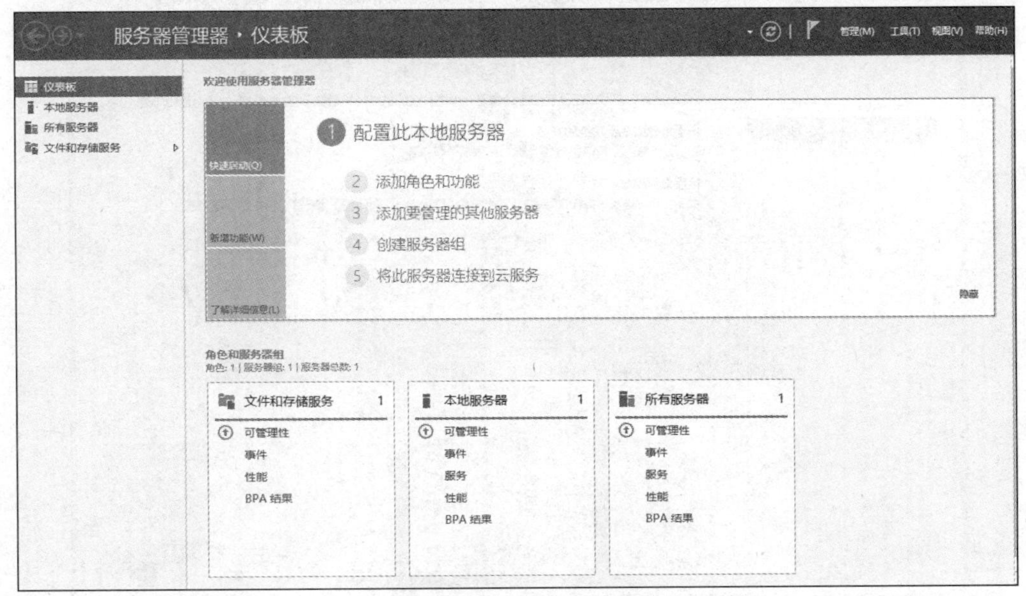


图 4-3 添加角色和功能

步骤 02 添加角色和功能向导的“开始之前”界面无须任何更改，直接单击“下一步”按钮，如图 4-4 所示。

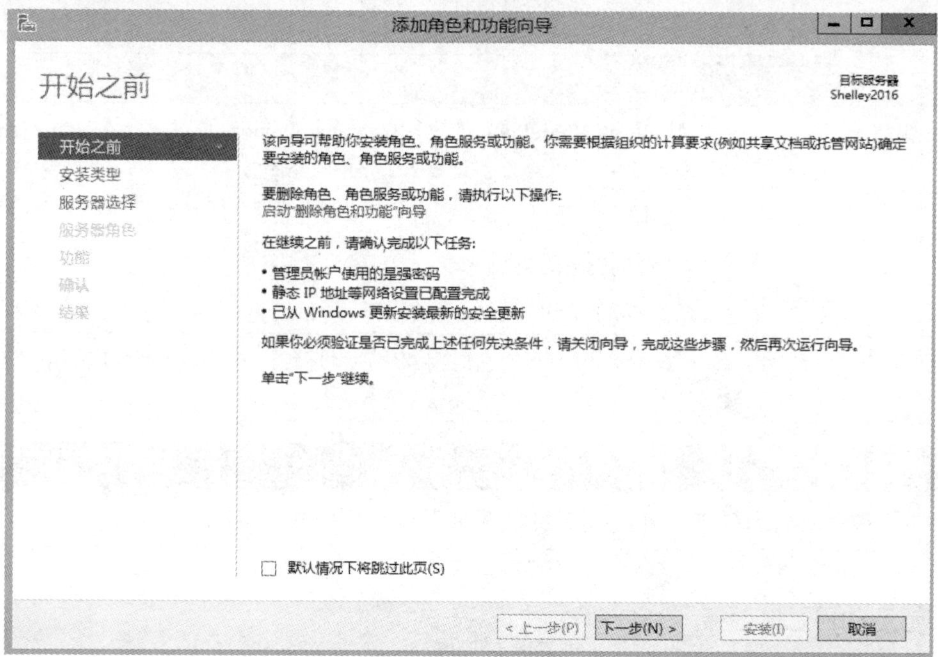


图 4-4　开始之前

步骤 03　选择“基于角色或基于功能的安装”安装类型，单击“下一步”按钮，如图 4-5 所示。

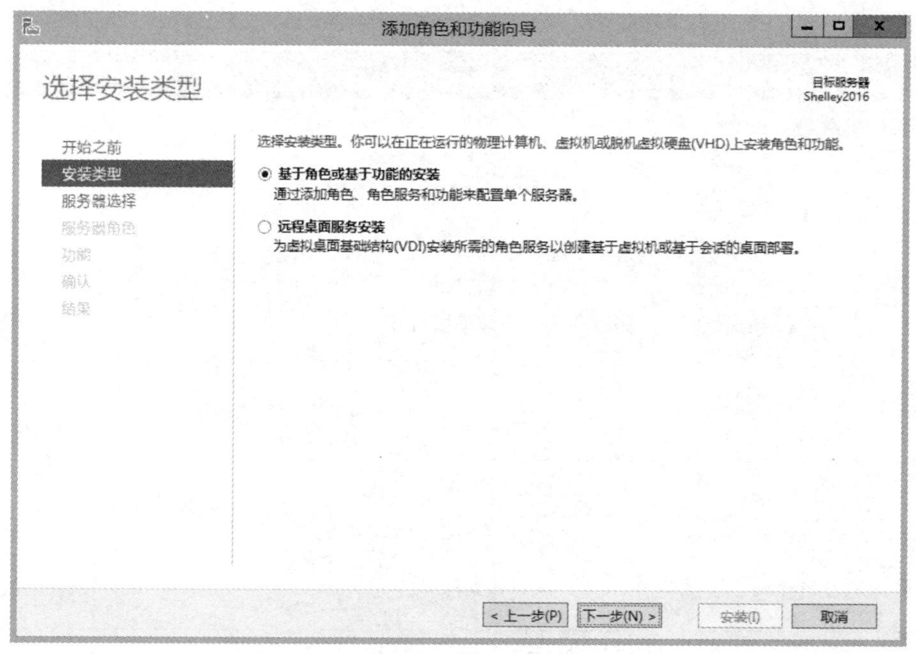


图 4-5　安装类型

步骤 04　在“服务器选择”界面中选择“从服务器池中选择服务器”，单击“下一步”按钮，如图 4-6 所示。

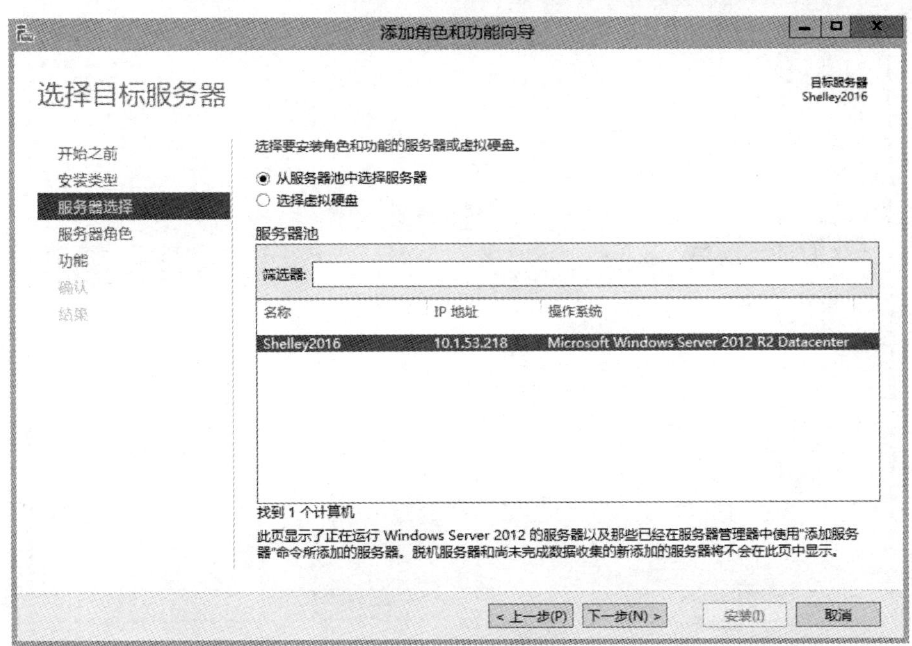


图 4-6　服务器选择

步骤 05　在"服务器角色"界面中勾选"Active Directory 域服务"复选框，单击"下一步"按钮，如图 4-7 所示。

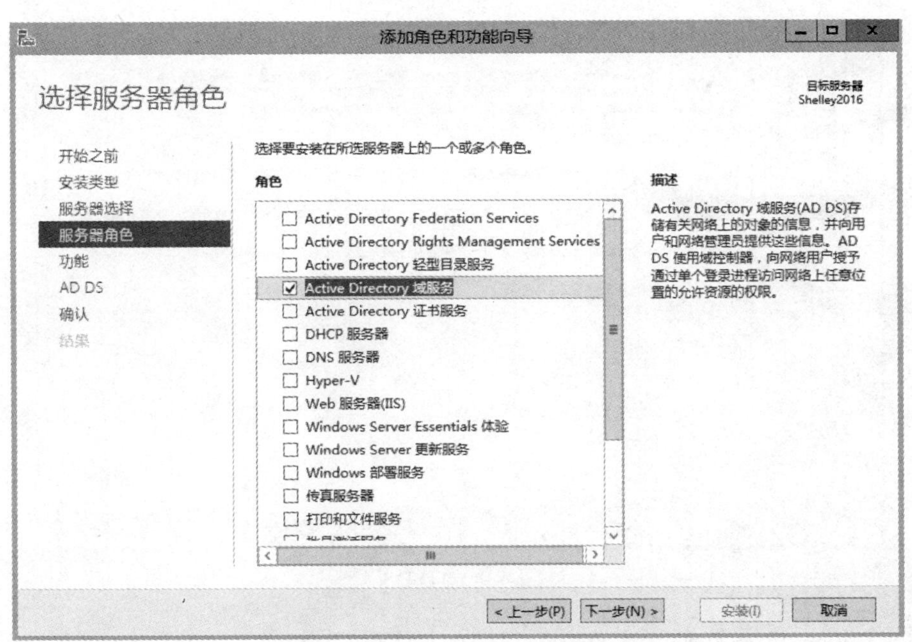


图 4-7　服务器角色

步骤 06　在"功能"界面中选择".Net Framework 3.5 功能"和".Net Framework 4.5 功能"，单击"下一步"按钮，如图 4-8 所示。

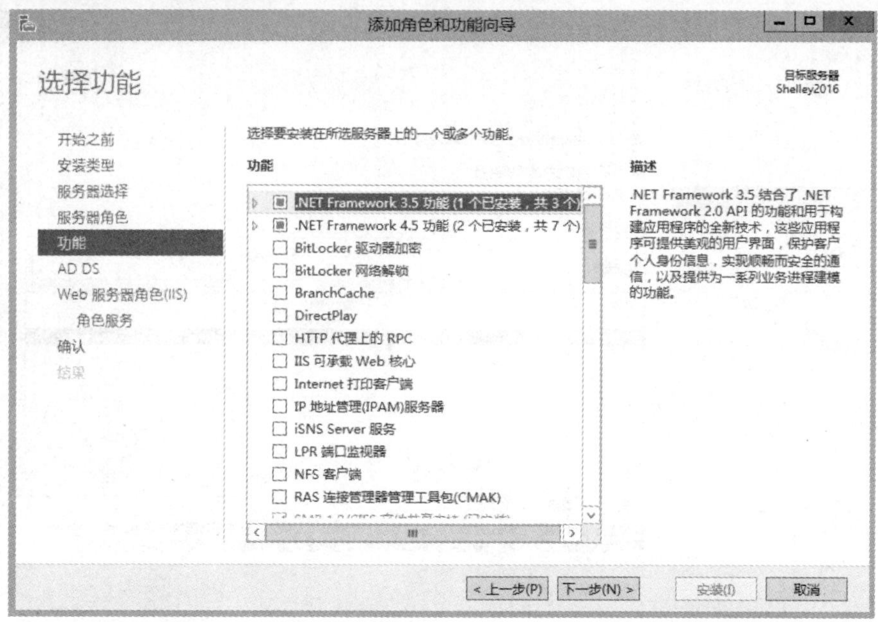


图 4-8　功能

步骤 07　在 AD DS 界面中无须任何选择，单击“下一步”按钮，如图 4-9 所示。

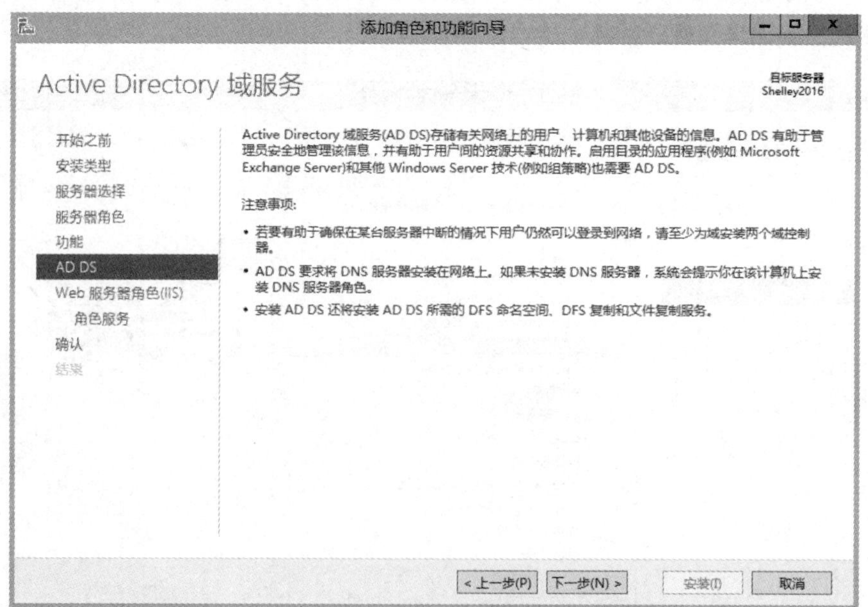


图 4-9　AD DS

步骤 08　在“Web 服务角色”界面中无须任何选择，单击“下一步”按钮，如图 4-10 所示。

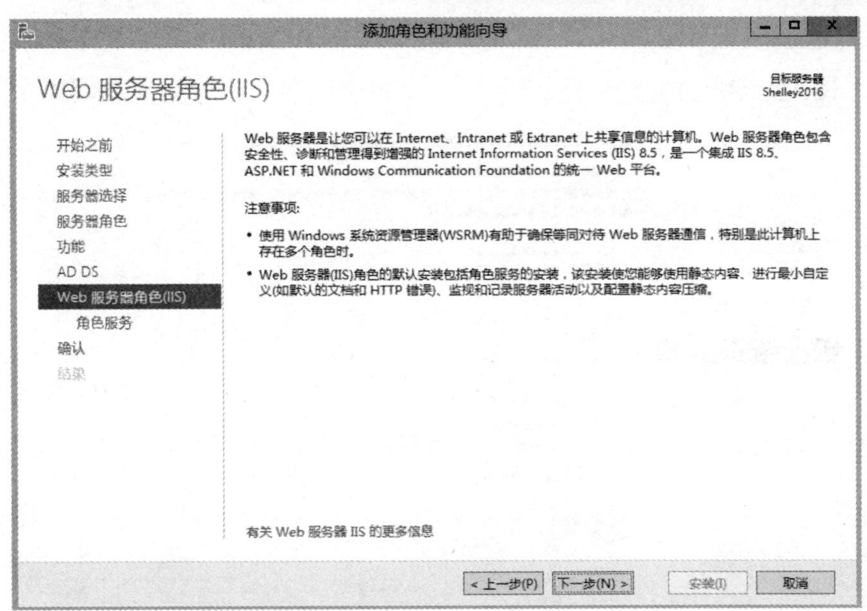


图 4-10　Web 服务器角色

步骤 09　在“角色服务”界面中按图 4-11 进行选择，单击“下一步”按钮。

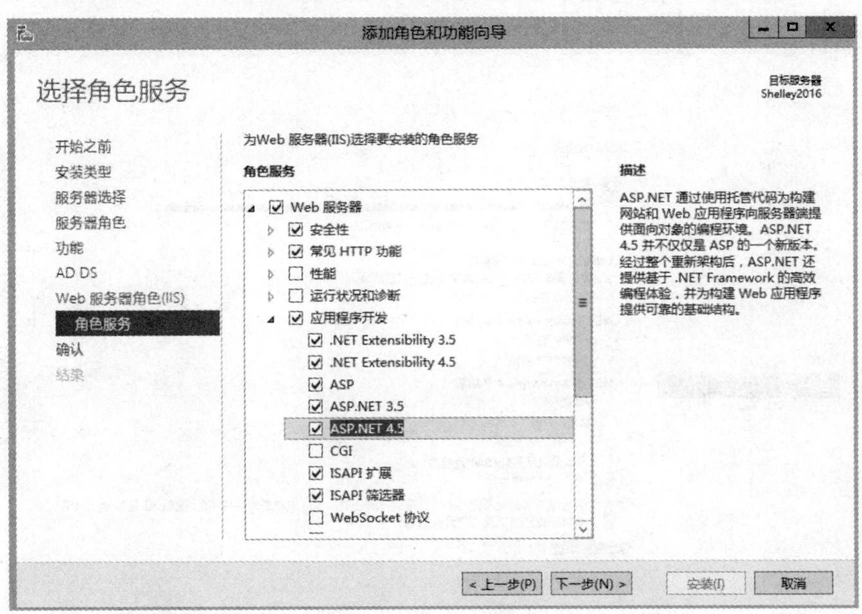


图 4-11　角色服务

步骤 10　在“确认”界面中无须任何选择，单击“下一步”按钮，如图 4-12 所示。

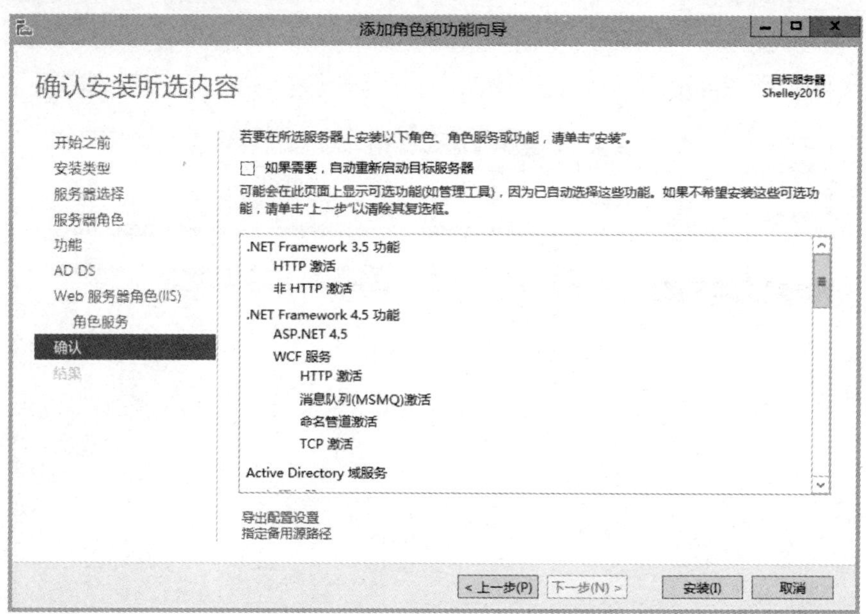


图 4-12 确认

步骤 11 在“结果”界面中等待安装完成，如图 4-13 所示。

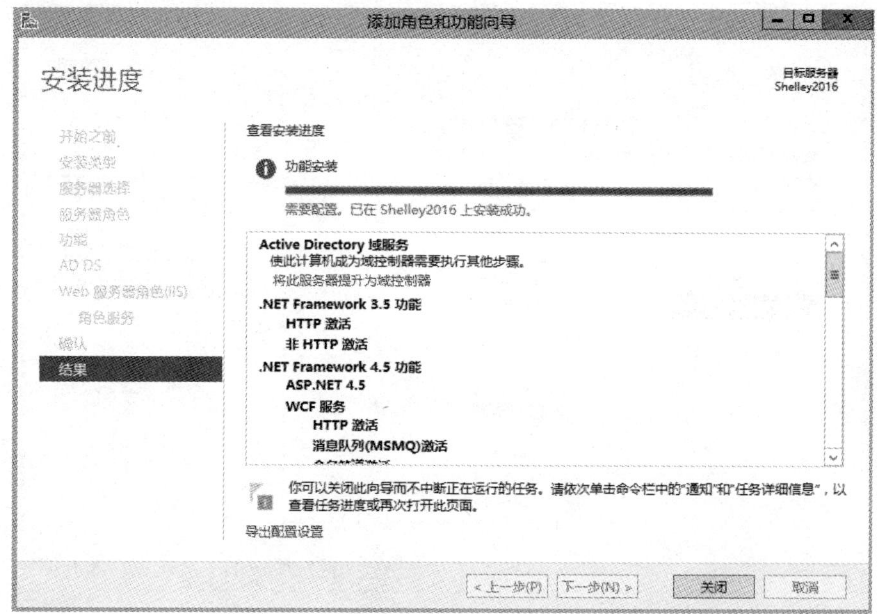


图 4-13 结果

### 2. 配置域控服务器

前面详细介绍了如何安装活动目录域服务，下面将为读者介绍如何在活动目录域服务中配置域控服务器，配置步骤如下：

步骤 01　打开服务器管理器，在仪表板找到 AD DS 服务，单击 AD DS 服务，在 ⚠ 处单击"更多"选项，如图 4-14 所示。

图 4-14　AD DS 配置界面

步骤 02　在所有服务器任务详细信息界面中单击"操作"处的"将此服务器提升为域控制器"，如图 4-15 所示。

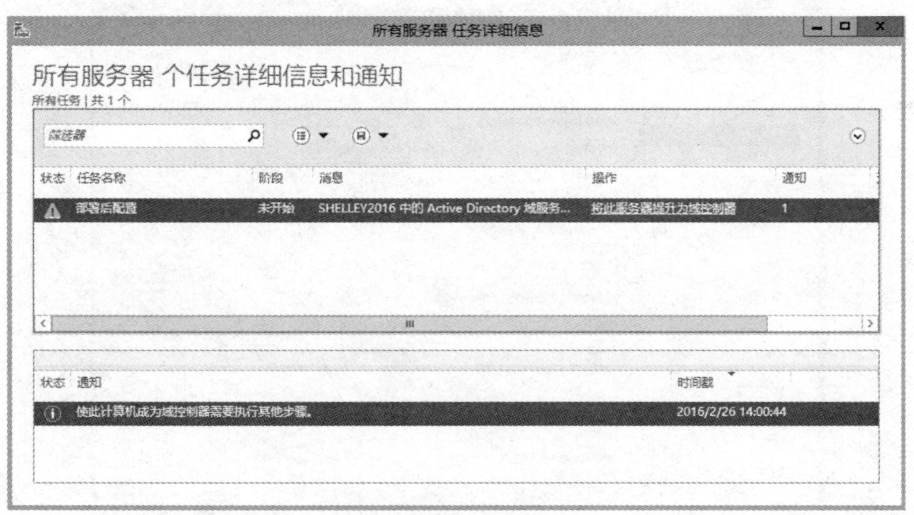

图 4-15　所有服务器任务详细信息

步骤 03　在 Active Directory 域服务配置向导的"部署配置"界面中，选中"添加新林"单选按钮，输入根域名，以 contoso 为例，可输入"contoso.net"，单击"下一步"按钮，如图 4-16 所示。

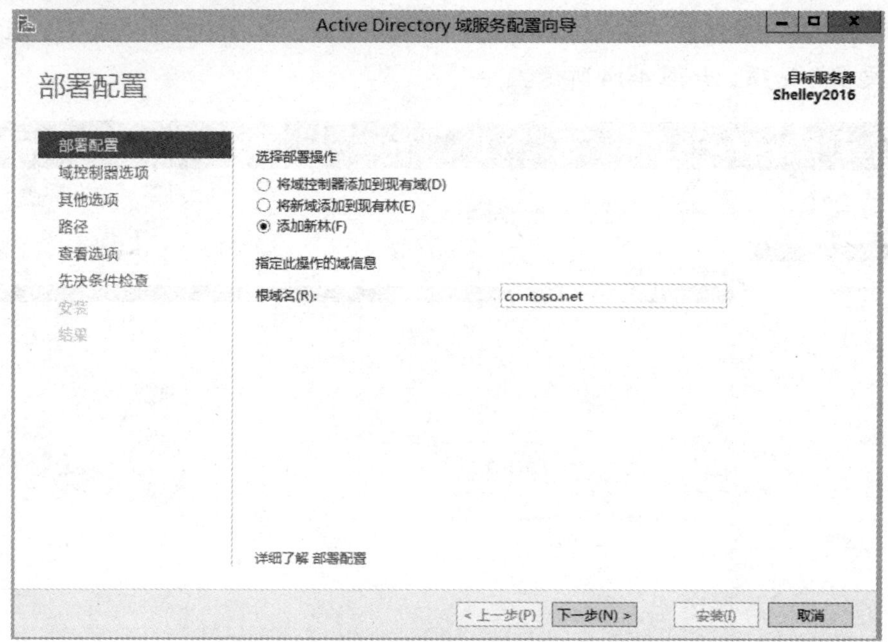


图 4-16　Active Directory 域服务配置向导

步骤 04　在 Active Directory 域服务配置向导的“域控制器选项”界面中，输入目录服务还原模式密码，单击“下一步”按钮，如图 4-17 所示。

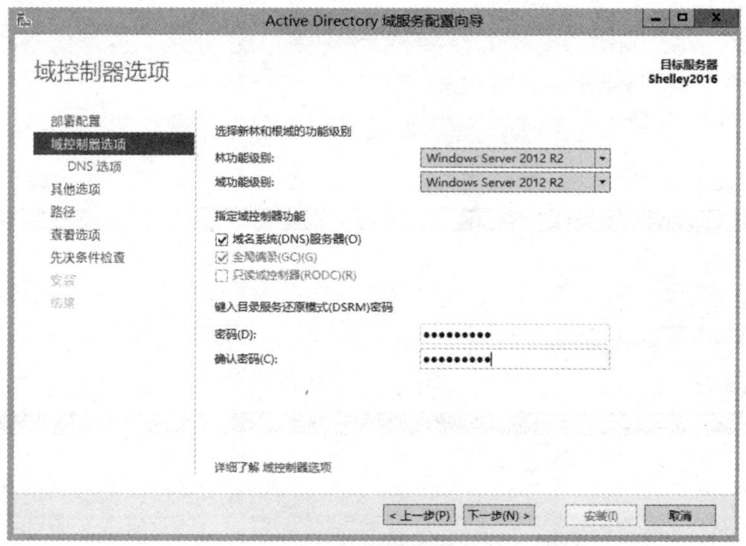


图 4-17　域控制器选项

步骤 05　在 Active Directory 域服务配置向导的“其他选项”界面中，待成功加载 NetBIOS 域名后，无须任何操作，单击“下一步”按钮，如图 4-18 所示。

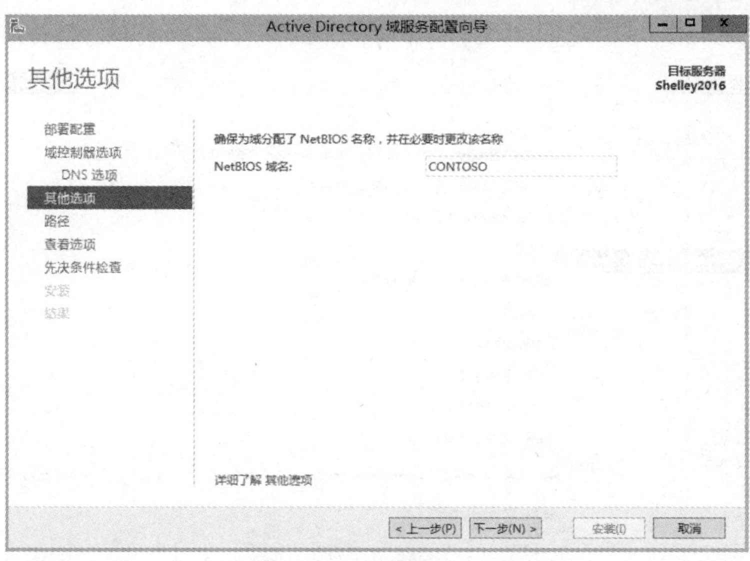


图 4-18 其他选项

步骤 06 在 Active Directory 域服务配置向导的"路径"界面中，可以根据需求更换默认提供的"指定 AD DS 数据库、日志文件和 SYSVOL 的位置"，一般情况下不做任何修改，单击"下一步"按钮，如图 4-19 所示。

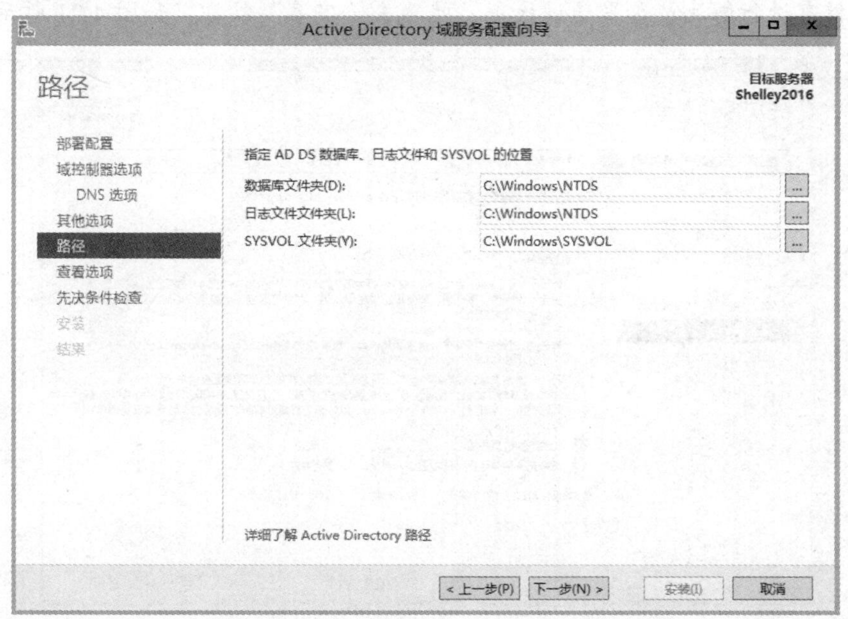


图 4-19 路径

步骤 07 在 Active Directory 域服务配置向导的"查看选项"界面中，检查配置过程中所做的选择是否正确。如果有修改，就单击"上一步"按钮进行更改；如果无须修改，就单击"下一步"按钮，如图 4-20 所示。

图 4-20　查看选项

步骤 08　在 Active Directory 域服务配置向导的“先决条件检查”界面中，系统自动按照先决条件检查该服务器是否满足配置域控制器的标准。如果没有通过检查，就根据提示信息进行解决；如果通过检查，就单击“安装”按钮，如图 4-21 所示。

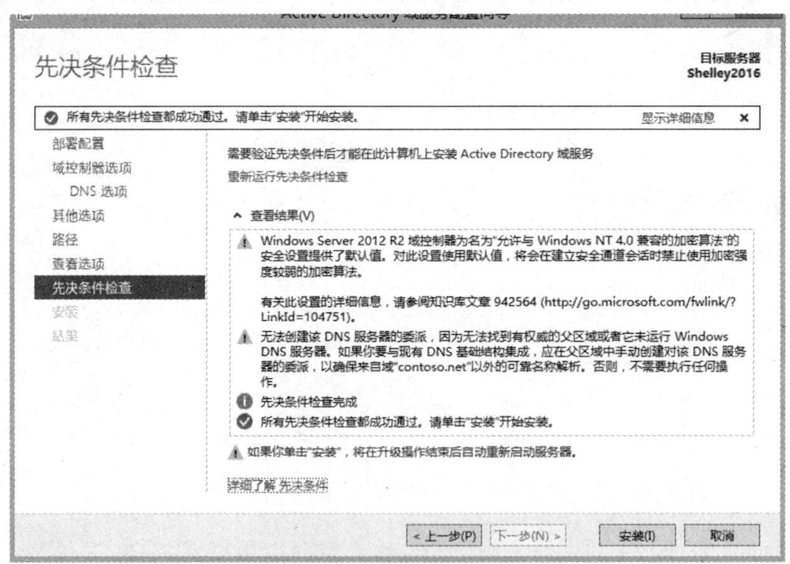


图 4-21　先决条件检查

步骤 09　在 Active Directory 域服务配置向导的“安装”界面中，查看域控制器的每一步安装过程，直至安装成功，如图 4-22 所示。

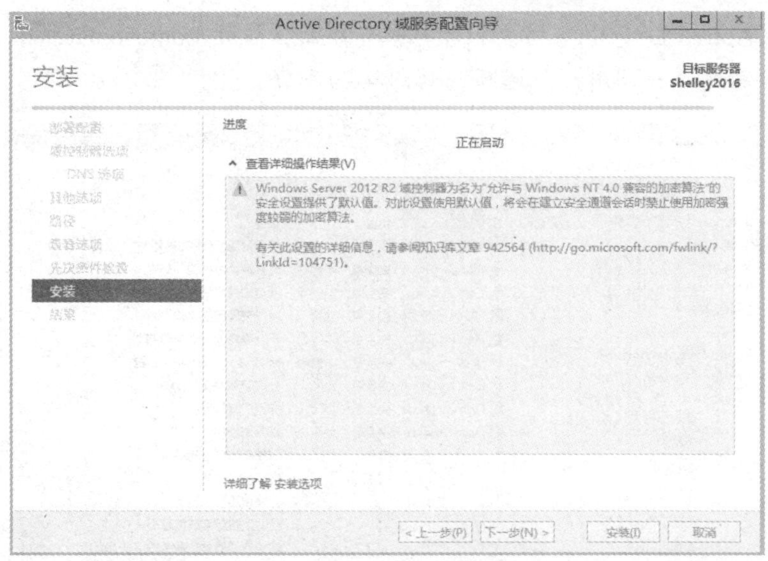


图 4-22　安装

| 提　示 |
| --- |
| 在成功安装域控制器之后，重启操作系统，并在登录界面选择用域账户登录。 |

### 3. 添加域用户

成功配置域控制器后，需在活动目录中添加域用户，为接下来安装和配置 SQL Server 以及 SharePoint Server 做准备，添加域用户的步骤如下：

步骤 01　在“开始”界面，单击“应用”选项，在管理工具列表中，单击“Active Directory 用户和计算机”选项，如图 4-23 所示。

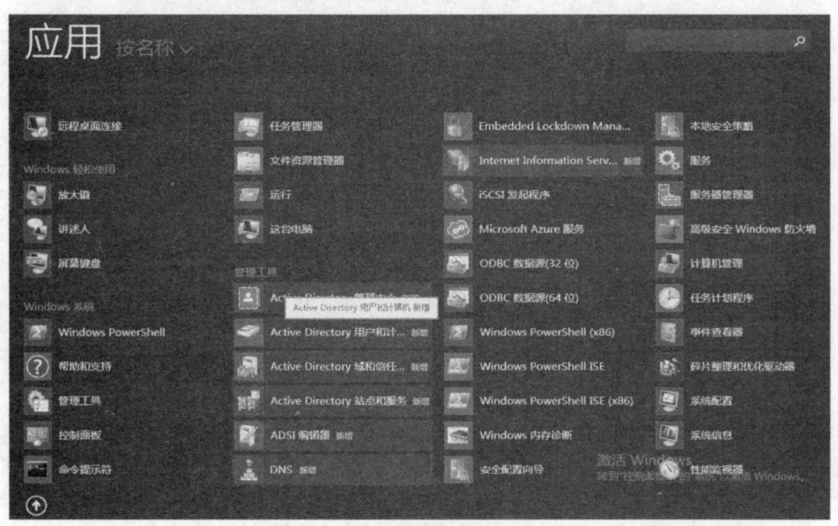


图 4-23　应用

步骤 02 进入“Active Directory 用户和计算机”界面，展开 contoso.net，在 Users 处右击，选择“新建”→“用户”选项，如图 4-24 所示。

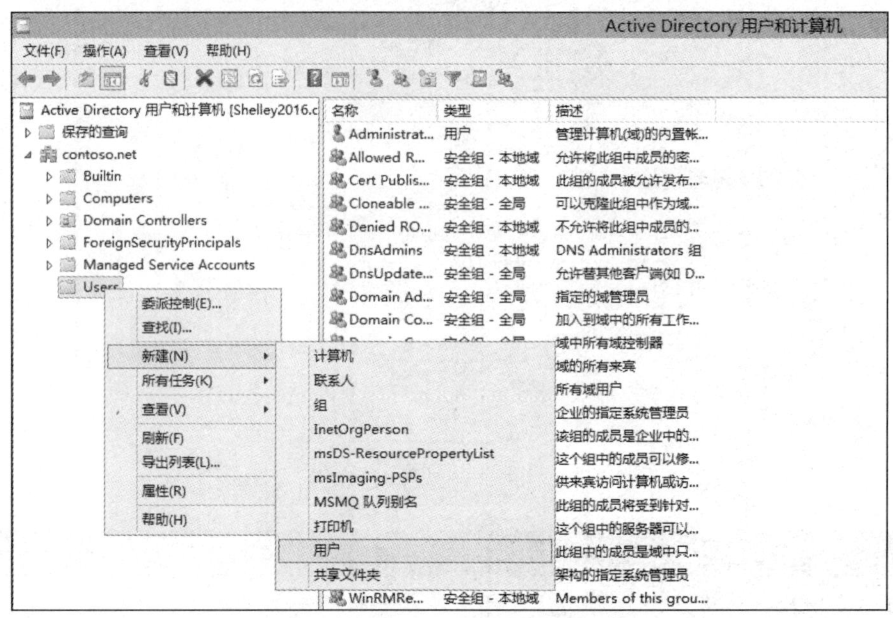


图 4-24 Active Directory 用户和计算机

步骤 03 在“新建对象-用户”界面中，填写个人信息，单击“下一步”按钮，如图 4-25 所示。

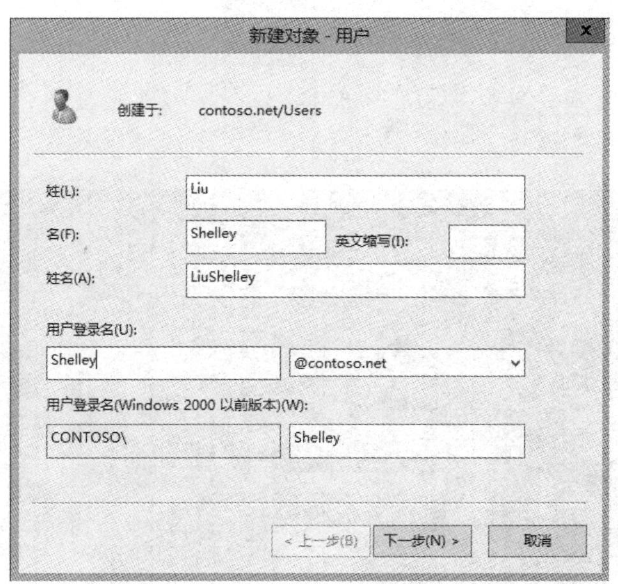


图 4-25 填写个人信息

步骤 04 为所创建的用户配置密码，并根据客户需求选择正确的密码策略，单击“下一步”按钮，如图 4-26 所示。

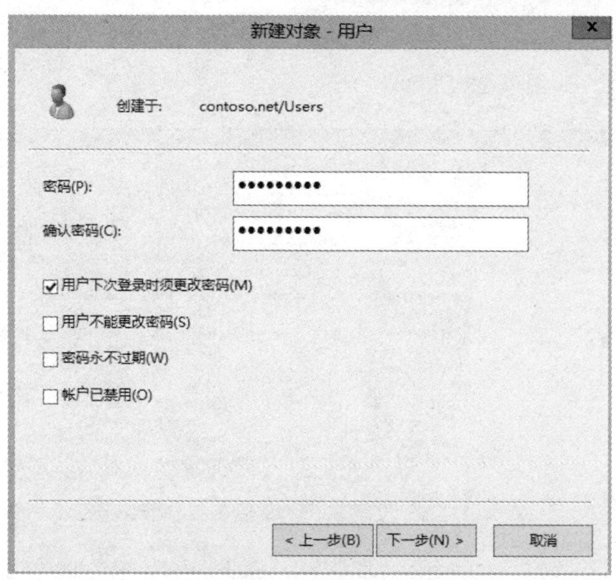


图 4-26　配置密码

步骤 05　最后检查所配置的用户和密码策略是否正确，如果配置正确，就单击“完成”按钮，如图 4-27 所示。

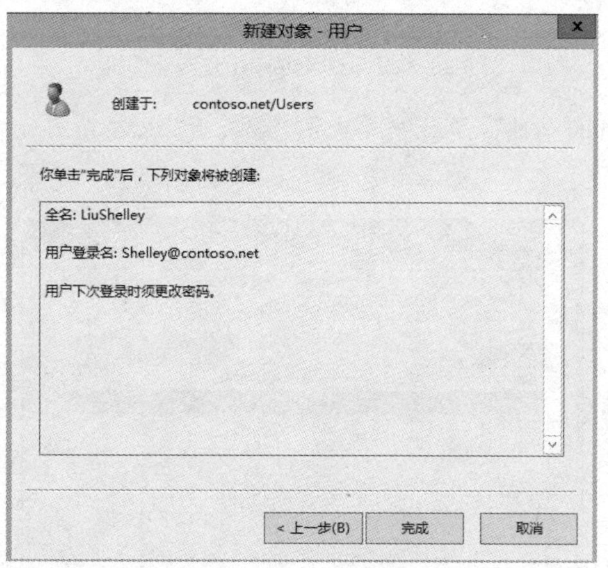


图 4-27　检查配置的用户和密码策略是否正确

### 4. 配置本地管理员组的成员

SQL Server 服务所需要的用户与 Windows 服务一样，需对系统、网络服务、本地服务均有权限，所以用户需将安装 SQL Server 的域账户配置成本地管理员组的成员，具体步骤如下：

步骤 01 在活动目录的 Users 中找到要配置的域用户（以 LiuShelley 为例），右击，选择“属性”选项，如图 4-28 所示。

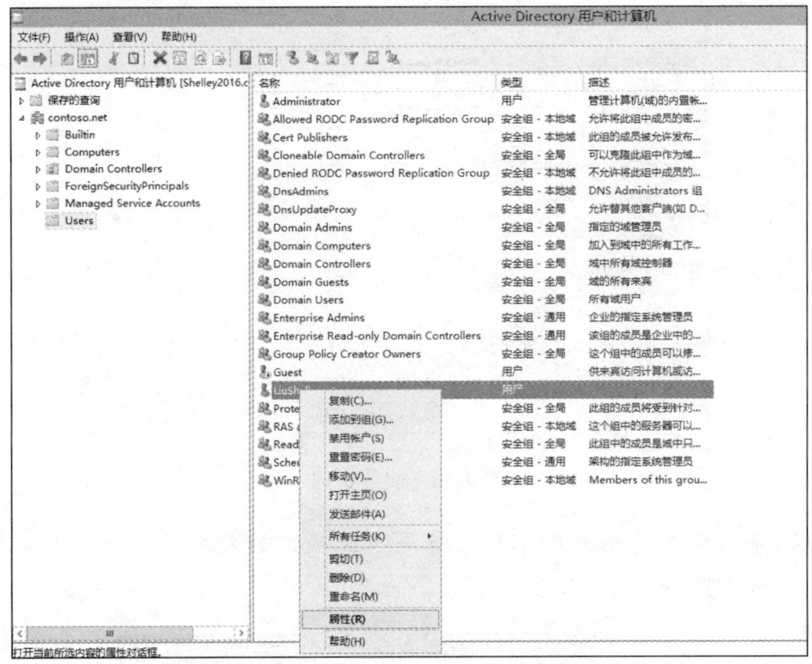


图 4-28 Active Directory 用户和计算机

步骤 02 在“LiuShelley 属性”界面中，单击“隶属于”标签，然后单击“添加”按钮，如图 4-29 所示。

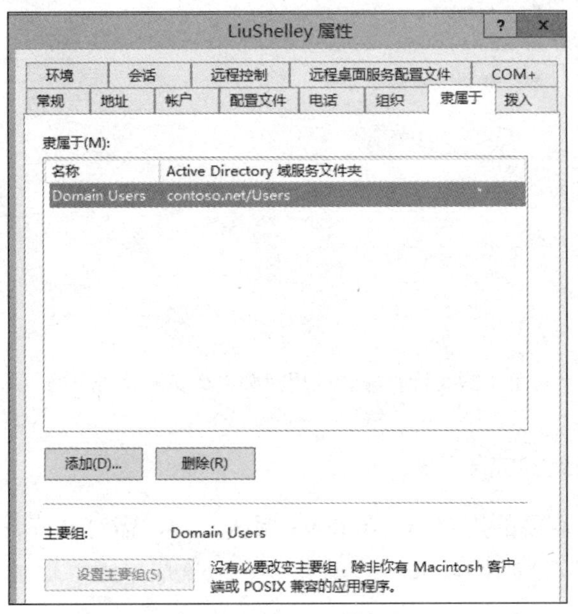


图 4-29 用户属性

步骤 03　在“选择组”界面中，在“输入对象名称来选择”文本框中输入“Administrators”，单击“检查名称”按钮，待成功加载后，单击“确定”按钮，如图 4-30 所示。

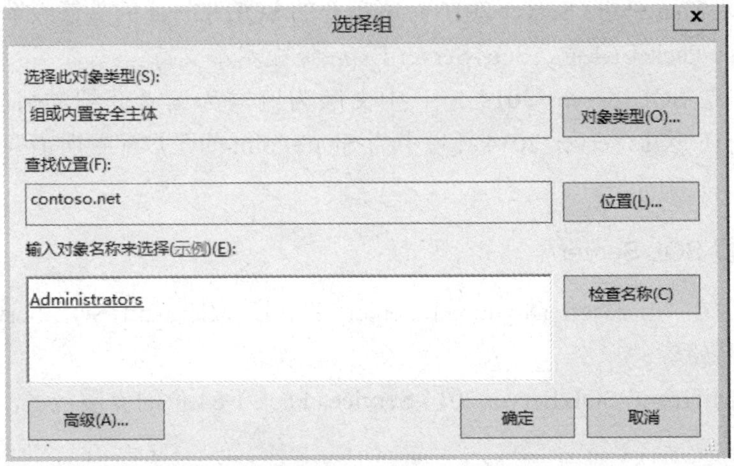

图 4-30　选择组

步骤 04　在“LiuShelley 属性”界面中，Administrators 组已成功添加到“隶属于”列表中，单击“应用”和“确定”按钮，如图 4-31 所示。

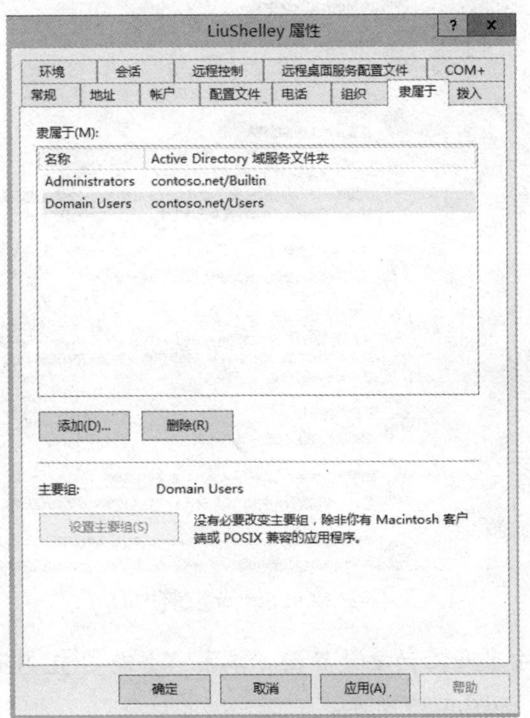


图 4-31　用户属性

## 4.2.2 安装和配置 SQL Server

微软要求安装 SharePoint Server 2016 时所需要的 SQL Server 的最低版本为 Microsoft SQL Server 2014 Service Pack 1 64 位，SQL Server Express 版本不支持。

本节将以安装 SQL Server 2014 SP1 中文版为例，为读者介绍如何安装和配置 SQL Server，以及如何在 SQL Server 2014 环境中为 SharePoint 的账户配置所需要的 SQL Server 权限。

### 1. 安装和配置 SQL Server

首先，用户需在 Microsoft Download Center 中下载 Microsoft SQL Server 2014 Services Pack 1 64 位的安装镜像。

然后，导入 Microsoft SQL Server 2014 Services Pack 1 64 位的安装镜像，进入具体的安装步骤。

步骤 01 进入 SQL Server 安装中心界面，单击“安装”列表，如图 4-32 所示。

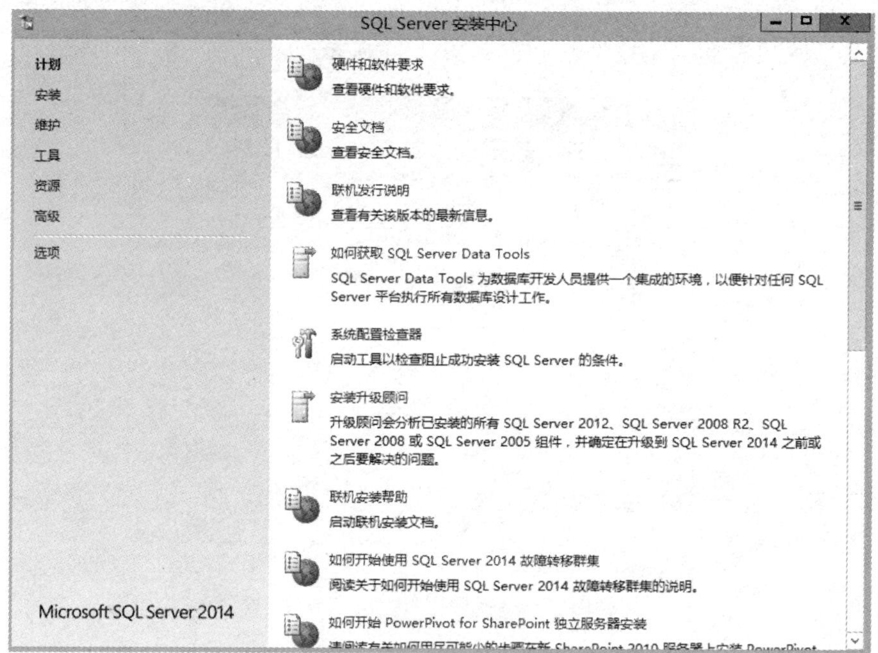


图 4-32 SQL Server 安装中心

步骤 02 在 SQL Server 安装中心的安装界面，单击“全新 SQL Server 独立安装或向现有安装添加功能”，如图 4-33 所示。

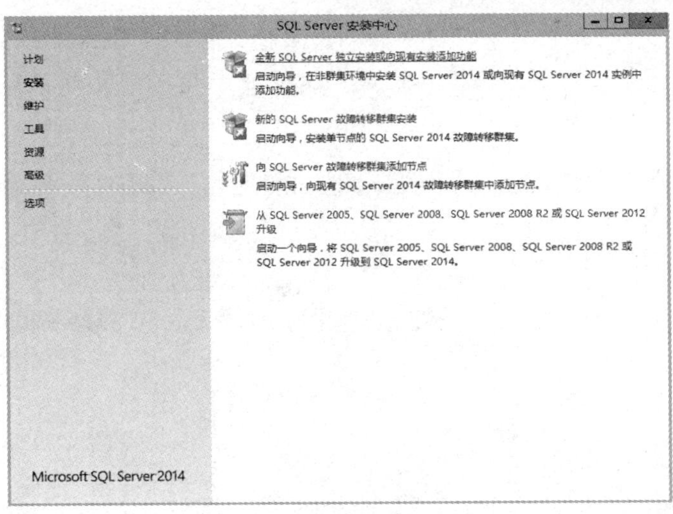


图 4-33　安装界面

步骤 03　在弹出的 SQL Server 2014 界面中，安装程序将自动检测当前服务器是否满足安装条件，如图 4-34 所示。如果没有通过检测结果，按照提示信息进行调整；如果通过检测，进入产品密钥界面。

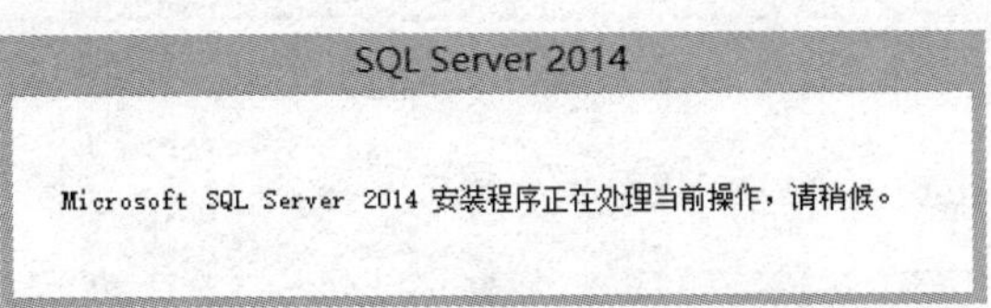


图 4-34　自动检测

步骤 04　输入产品密钥后，在“许可条款”界面中阅读 Microsoft 软件许可条款细则，并勾选“我接受许可条款”复选框，单击“下一步”按钮，如图 4-35 所示。

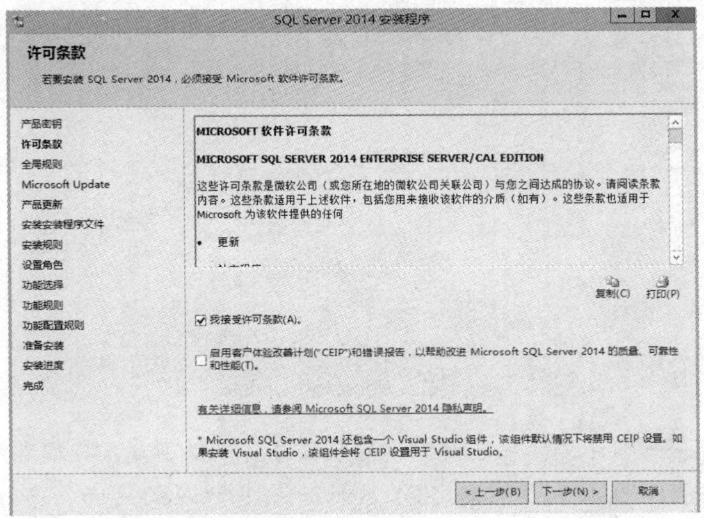


图 4-35　许可条款

步骤 05 在“全局规则”界面中，将自动检测用户在安装 SQL Server 程序支持文件时可能发生的问题。如果检测结果显示失败，需更正所显示的失败；如果检测结果显示成功，单击“下一步”按钮，如图 4-36 所示。

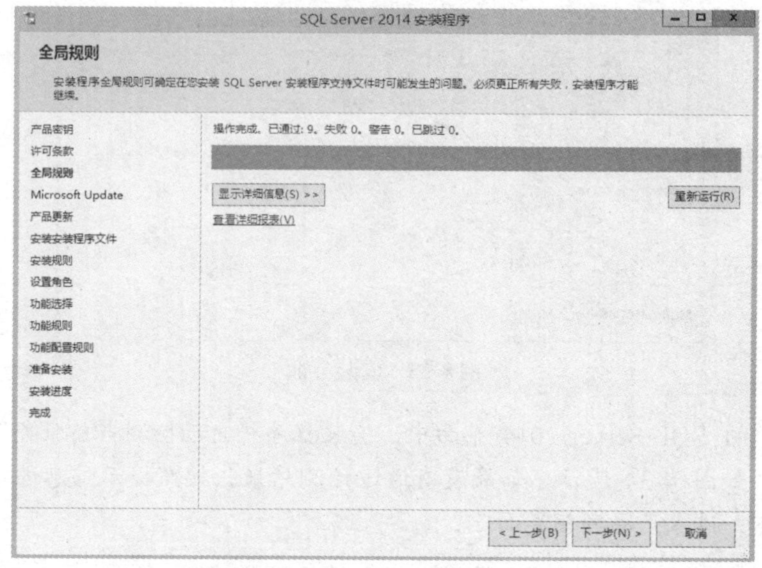


图 4-36 全局规则

步骤 06 在 Microsoft Update 界面中无须任何更改，单击“下一步”按钮，如图 4-37 所示。

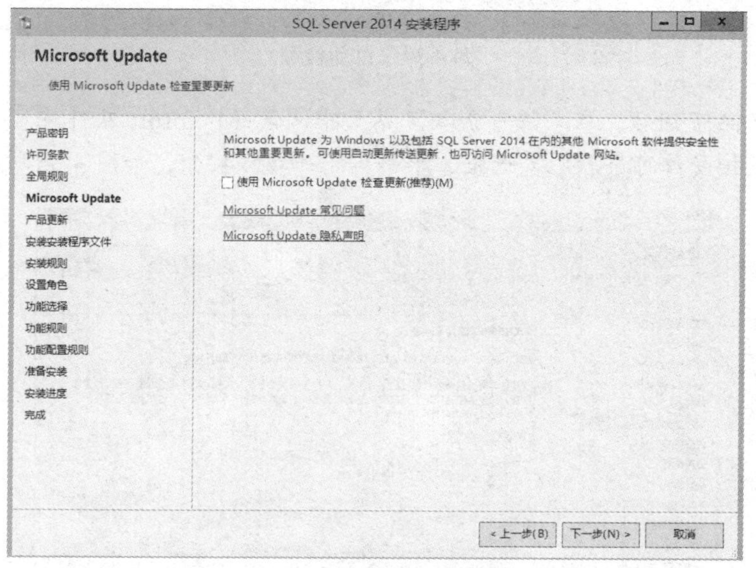


图 4-37 Microsoft Update

步骤 07 在“安装安装程序文件”界面中，安装程序将提供下载、提取和安装这些安装程序文件的进度。若找到了针对 SQL Server 安装程序的更新，并且指定了包括该更新，则将安装该更新，单击“下一步”按钮，如图 4-38 所示。

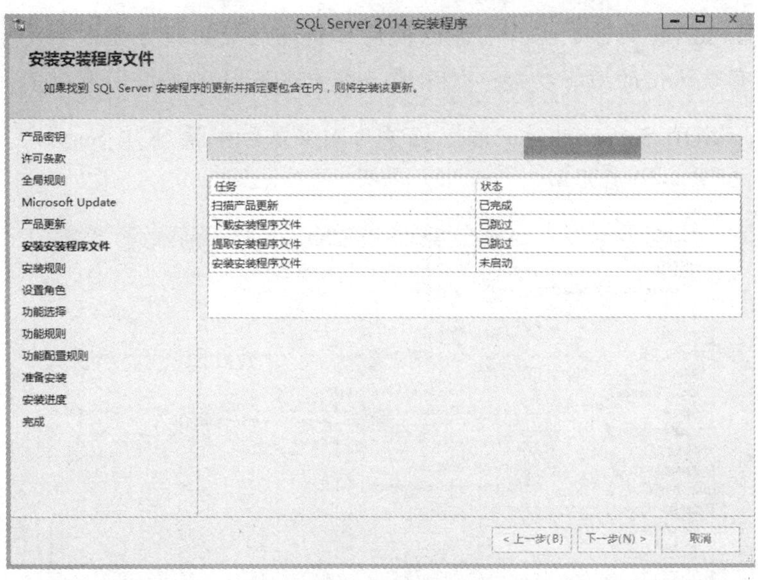


图 4-38　安装程序文件

步骤 08　在“安装规则“界面中，自动检测运行安装程序时可能发生的问题。如果检测结果显示失败，用户将必须更正所有失败；如果检测结果显示成功，单击“下一步”按钮，如图 4-39 所示。

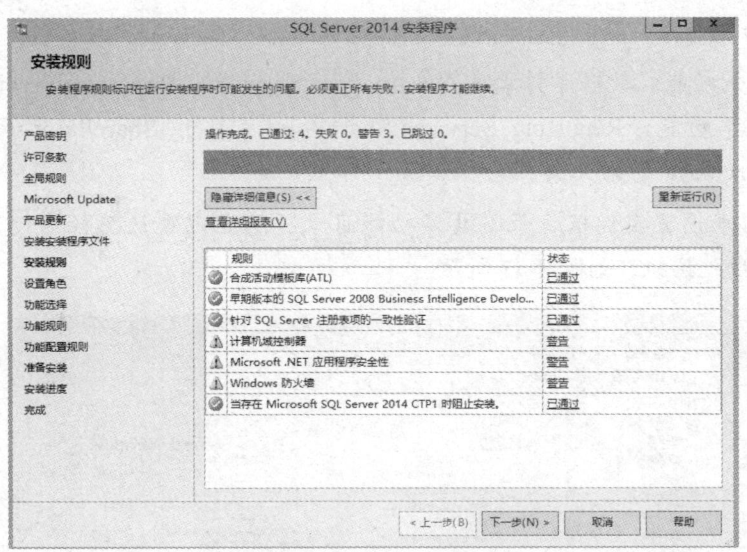


图 4-39　安装规则

步骤 09　在“设置角色”界面中，用户可以看到以下三个选项。

- SQL Server 功能安装：安装 SQL Server 数据库引擎服务、Analysis Services、Reporting Services、Integration Services 和其他功能。
- SQL Server PowerPivot for SharePoint：在新的或者现有的 SharePoint 服务器上安装 PowerPivot for SharePoint 以支持场中的 PowerPivot 数据访问。或者，添加

SQL Server 关系数据库引擎以使用作新场的数据服务器。

- 具有默认值的所有功能：使用服务账户的默认值安装所有功能。

这里以“SQL Server 功能安装”选项为例安装和配置 SQL Server，单击“下一步”按钮，如图 4-40 所示。

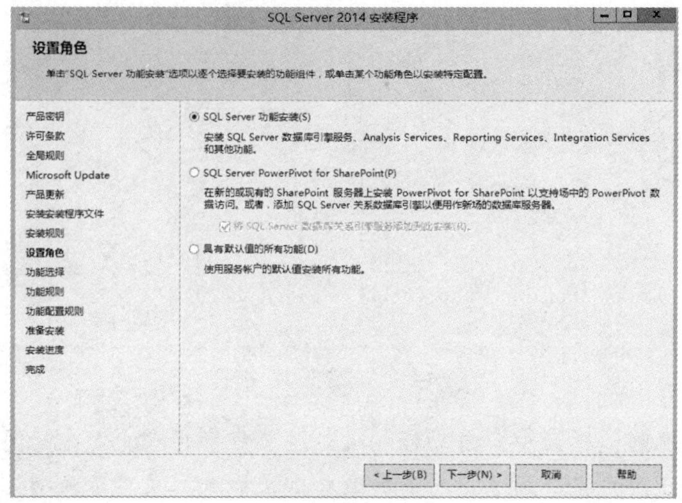


图 4-40　设置角色

步骤 10　在“功能选择”界面中，勾选以下功能选项。

- 实例功能：数据库引擎服务、Analysis Services、Reporting Services-本机。
- 共享功能：Reporting Services-SharePoint、用于 SharePoint 产品的 Reporting Services、管理工具。

根据需求设置实例根目录、共享功能目录，这里以默认路径为例进行介绍，单击“下一步”按钮，如图 4-41 所示。

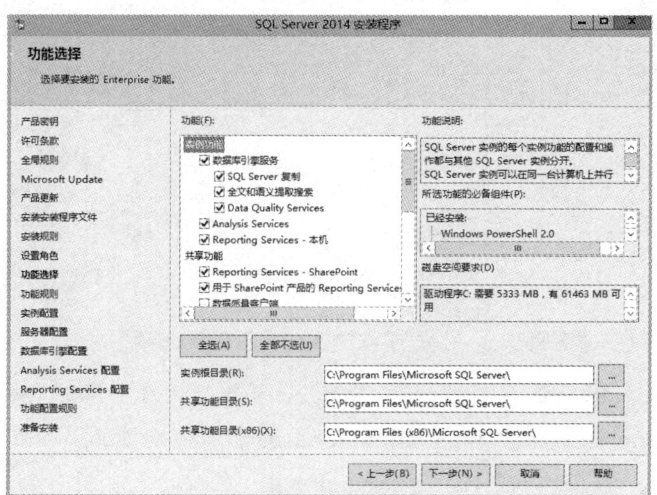


图 4-41　功能选择

步骤 11 在“实例配置”界面中，用户可以指定 SQL Server 实例的名称和 ID。

- 默认实例：选择该实例，默认以计算机的机器名为该实例名称。
- 命名实例：选择该实例，将以用户所填写的名称为实例名称，但访问 SQL Server 时选择实例名称的格式为：计算机名称\命名实例名称。

这里以“默认实例”配置方式进行安装，单击“下一步”按钮，如图 4-42 所示。

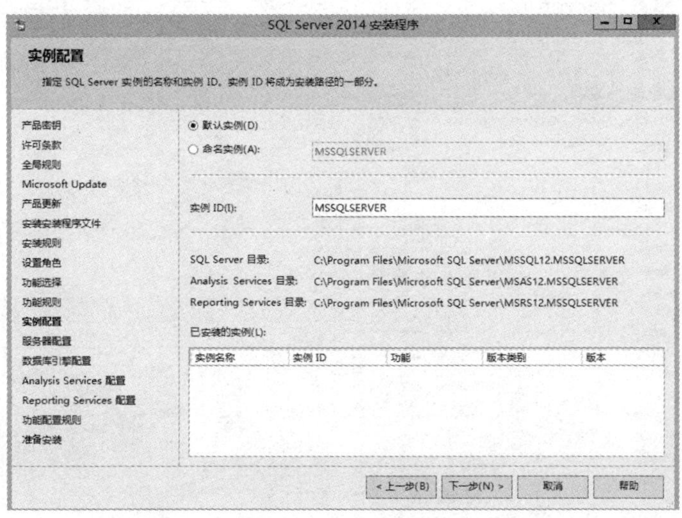


图 4-42 实例配置

步骤 12 在“服务器配置”界面中，分别为 SQL Server 代理、SQL Server 数据库引擎、SQL Server Analysis Services、SQL Server Reporting Services 配置账户名、密码以及启动类型，这里为所有服务统一配置一个账户，如图 4-43 所示。

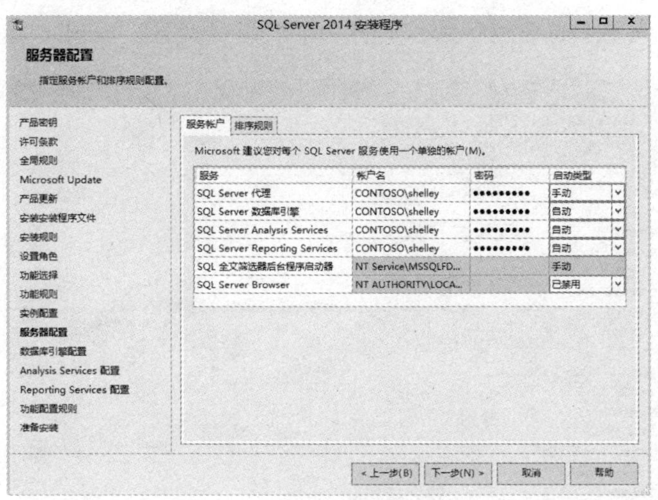


图 4-43 服务器配置

步骤 13 在“数据库引擎配置”界面中，用户需指定数据库引擎身份验证安全模式、管理员和数据目录。身份验证模式分为以下两种：

- Windows 身份验证模式。
- 混合模式（SQL Server 身份验证和 Windows 身份验证）。

推荐选择混合模式，一旦用户无法利用 Windows 身份验证访问 SQL Server 时，可以采用 SQL Server 身份（sa 账户）验证访问 SQL Server，以保证数据能正常访问。这里以“混合模式”为身份验证模式，并为 SQL Server 系统管理员账户指定密码，同时指定 SQL Server 管理员，单击“下一步”按钮，如图 4-44 所示。

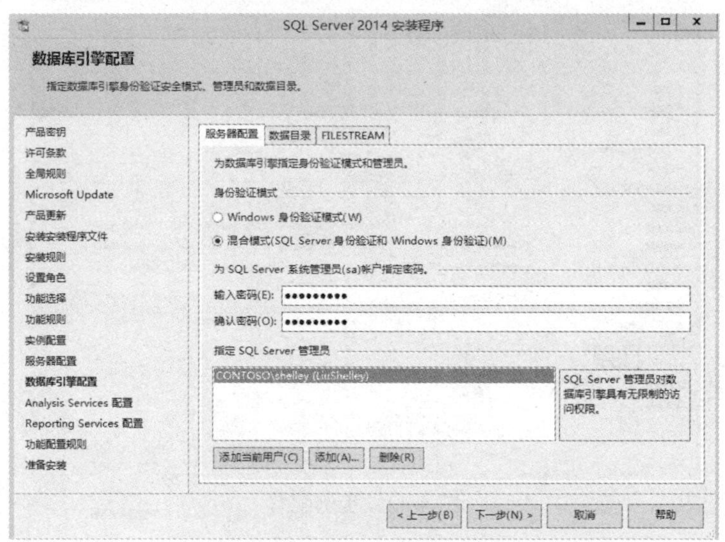


图 4-44　数据库引擎配置

步骤 14　在“Analysis Services 配置”界面中，用户需指定 Analysis Services 服务器模式、管理员和数据目录。这里以“多维和数据挖掘模式”为数据库模式，指定用户对 Analysis Services 的管理权限，单击“下一步”按钮，如图 4-45 所示。

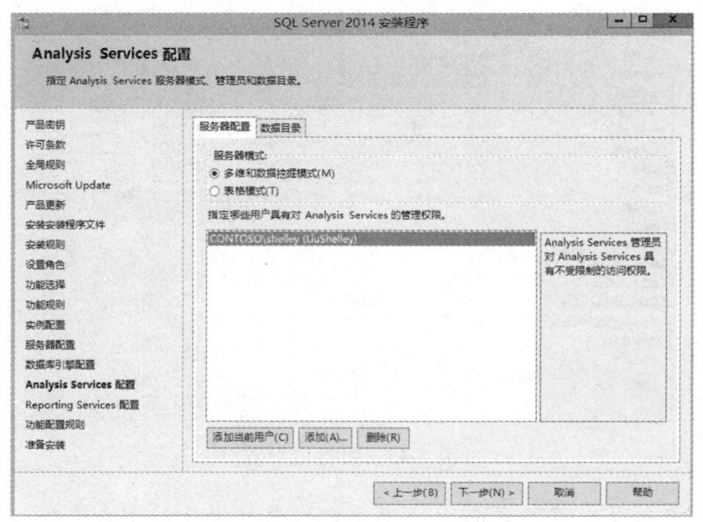


图 4-45　Analysis Services 配置

步骤15 在“Reporting Services 配置”界面中，用户需指定 Reporting Services 的配置模式。配置模式如下：

- Reporting Services 本机模式。
  - 安装和配置：在本机模式中安装和配置报表服务器，报表服务器将在安装完成后正常运行。
  - 仅安装：安装报表服务器文件，安装完成后，使用 Reporting Services 配置管理器配置报表服务器用于本机模式。
- Reporting Services SharePoint 集成模式。
  - 仅安装：安装报表服务器文件。安装完成后，使用 SharePoint 管理中心完成配置。确认 SQL Server Reporting Services 服务已启动并且创建至少一个 SQL Server Reporting Services 服务应用程序。

这里选择默认的配置模式，单击“下一步”按钮，如图 4-46 所示。

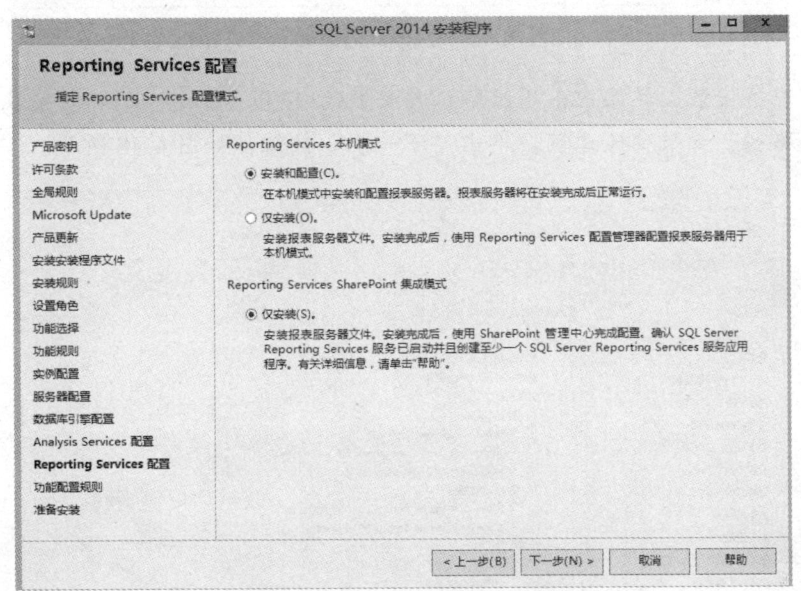


图 4-46　Reporting Services 配置

步骤16 在“功能配置规则”界面中，无须任何修改，单击“下一步”按钮，如图 4-47 所示。

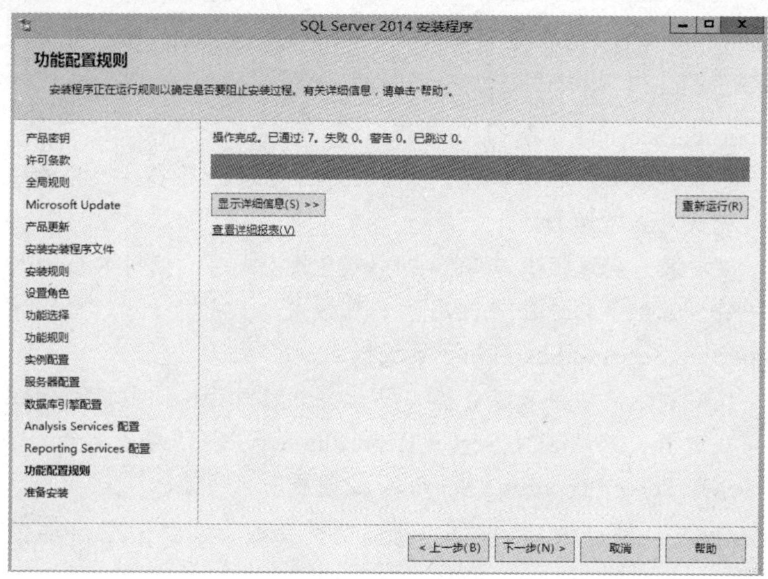


图 4-47　功能配置规则

步骤 17　在“准备安装”界面中，用户验证要安装的 SQL Server 2014 的安装功能以及配置文件路径，如果确认正确，单击“下一步”按钮，如图 4-48 所示。

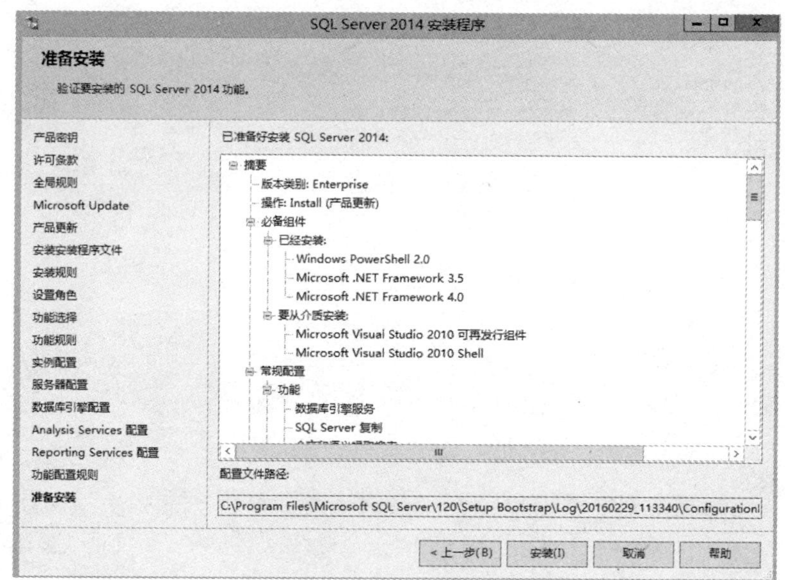


图 4-48　准备安装

步骤 18　在“安装进度”界面中，等待 SQL Server 安装，整个安装过程至少需要 30 分钟，如图 4-49 所示。

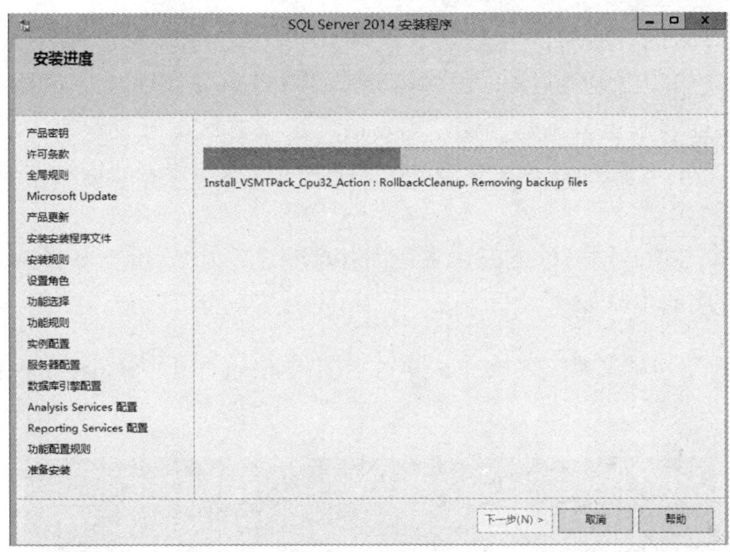


图 4-49　安装进度

步骤 19　在“完成”界面中，可以查看各个功能的安装结果以及安装的日志文件的位置，如图 4-50 所示。

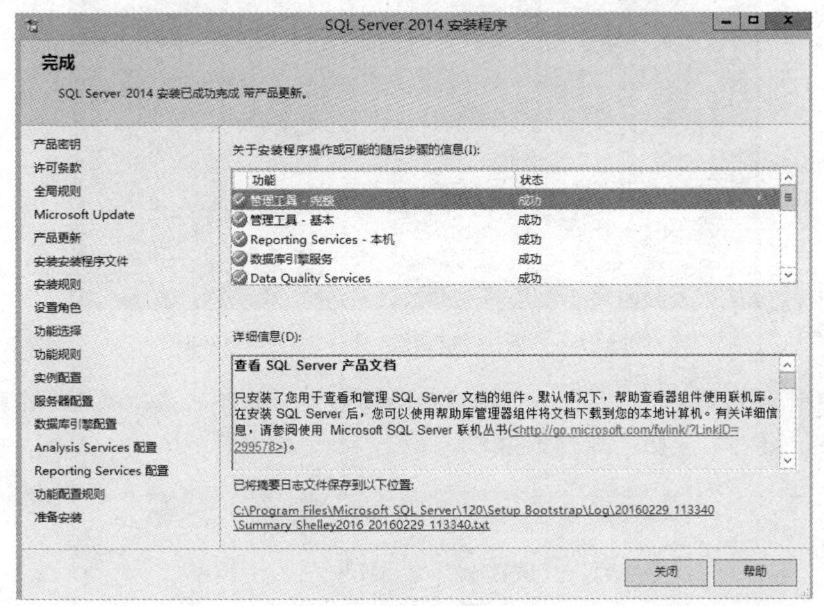


图 4-50　完成

最后，单击“关闭”按钮完成 SQL Server 的安装，如果用户日后根据需求想要安装其他组件，比如 PowerPivot for SharePoint 等，需按照步骤 1~19 重新配置。

### 2. 配置最大并行度服务器配置选项

当 SQL Server 实例在具有多个微处理器或 CPU 的计算机上运行时，它将为每个并行计划的执行检测最佳并行度（运行一个语句所使用的处理器数）。用户可以使用最大并行度选项来限制并行计划执行时所用的处理器数。SQL Server 考虑为查询、索引数据定义语言（DDL）操作、静态的和由键集驱动的游标填充实施并行执行计划。

若要使服务器能够确定最大并行度，则需将此选项的默认值设置为 0。如果将最大并行度设置为 0，SQL Server 将能够使用至多 64 个可用的处理器。若要取消生成并行计划，则需将最大并行度设置为 1。

SharePoint Server 2016 要求 SQL Server 将最大并行度设置为 1，否则安装 SharePoint 会失败。

设置最大并行度的步骤如下。

步骤 01 在“开始”→“应用”界面中，单击 SQL Server 2014 Management Studio，如图 4-51 所示。

图 4-51　SQL Server 2014 Management Studio

步骤 02 在“连接到服务器”界面中，选择服务器类型、服务器名称以及身份验证等信息，单击“连接”按钮，如图 4-52 所示。

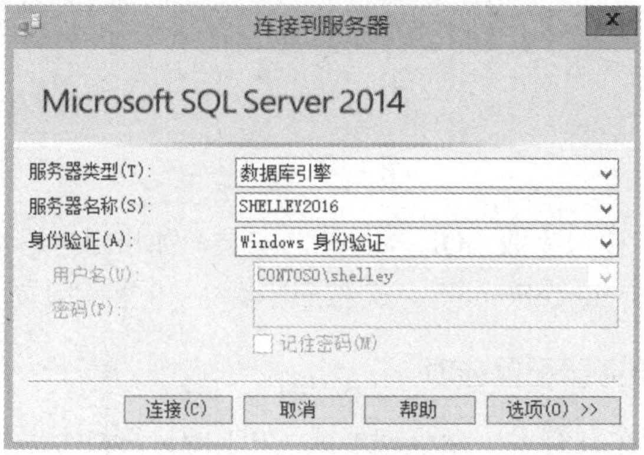

图 4-52　连接到服务器

步骤 03 在“对象资源管理器”界面中，选择 SQL Server 实例，右击选择“属性”选项，如图 4-53 所示。

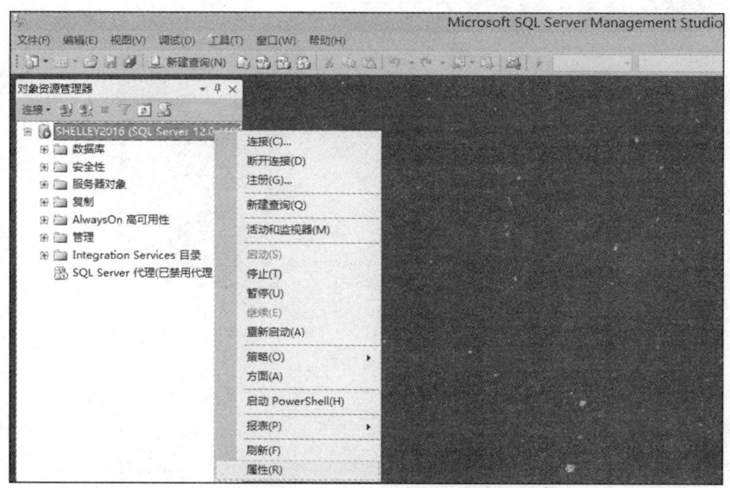

图 4-53 对象资源管理器

步骤 04 在服务器属性界面中，选择“数据库设置”选项，在“并行”列表中将“最大并行度”的值改为“1”，单击“确定”按钮完成设置，如图 4-54 所示。

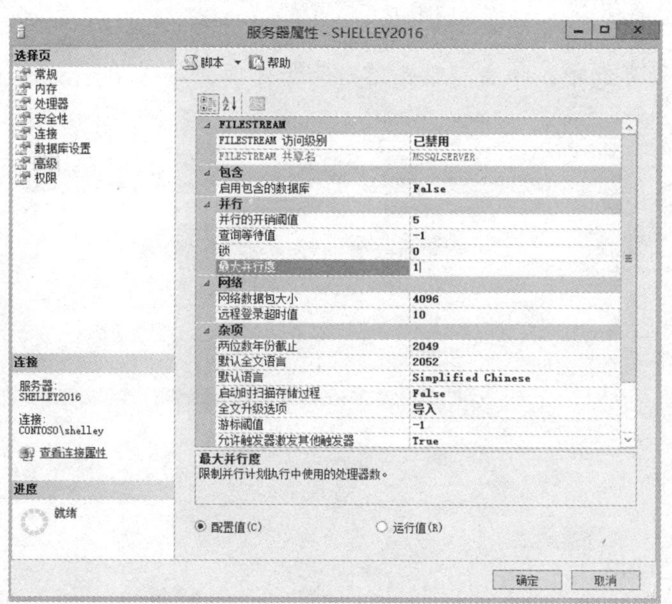

图 4-54 服务器属性

### 3. 配置 SharePoint 的账户权限

完成 SQL Server 的安装之后，需在 SQL Server 中为 SharePoint 的配置账户添加两个权限，即 dbcreator 和 security admin，具体步骤如下：

步骤 01 访问 SQL Server 2014 Management Studio，在 SQL Server 实例中，展开“安全性”→“登录名”，选择指定的账户，这里以 CONTOSO\shelley 为例，右击，选择“属性”选项，如图 4-55 所示。

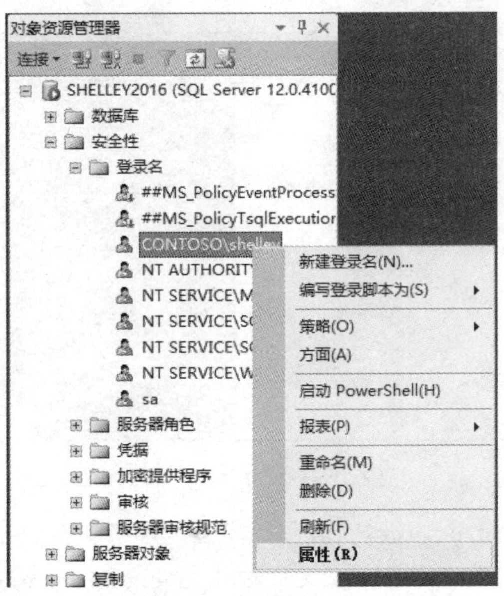


图 4-55　用户属性

步骤 02 在登录属性界面中，单击“服务器角色”选项，勾选 dbcreator 和 securityadmin 两个角色，单击“确定”按钮，如图 4-56 所示。

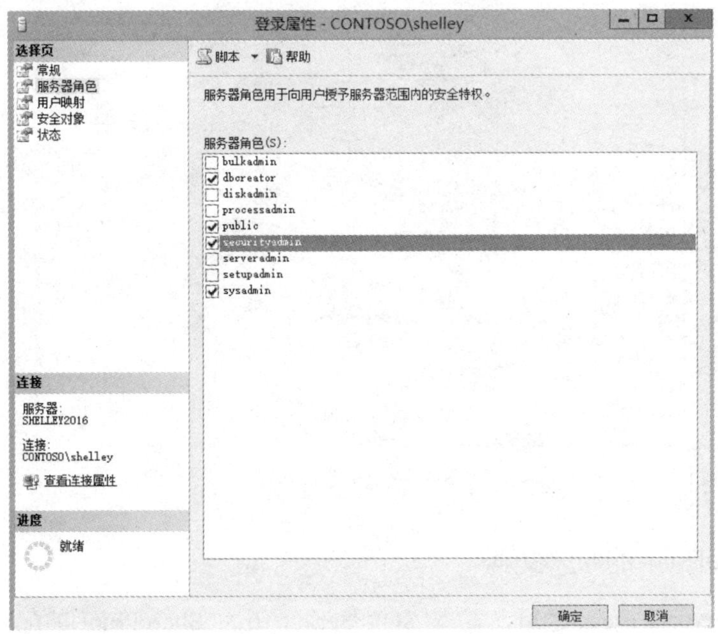


图 4-56　登录属性

### 4.2.3 SharePoint Server 2016 服务器体系结构

为了正确安装和部署 SharePoint Server，在安装之前，读者需对 SharePoint 2016 环境中的关键结构性元素以及物理体系结构有一些基本了解。

#### 1. 关键结构性元素

- 服务器场：SharePoint 2016 的逻辑体系结构设计的顶级元素。
- Web 应用程序：SharePoint 2016 创建和使用的 IIS 网站。
- 内容数据库：用来存储 Web 应用程序的内容。可以在网站集级别将内容分散到多个内容数据库中。
- 网站集：具有相同所有者并共享管理设置的网站的集合。
- 网站：在网站集中承载的一个或多个相关网页以及其他项的总和（如列表、库和文档）。

#### 2. 物理体系结构

物理体系结构由一台或多台服务器及网络基础结构组成，通常通过两种方法来描述物理体系结构：按其大小或按其拓扑。

（1）大小

大小使用用户数和内容项目数作为基本计量方法来表示服务器场的规模是小型、中型还是大型，具体指标如下：

- 小型服务器场通常由至少两台 Web 服务器和一台数据库服务器组成。其中一台 Web 服务器承载管理中心网站，另一台处理其他与服务器场相关的任务，例如向用户提供内容。
- 中型服务器场通常包含两台或两台以上 Web 服务器、两台应用程序服务器和多台数据库服务器。
- 大型服务器场可以通过扩展中型服务器场来满足容量和性能要求。

（2）拓扑

拓扑使用层的概念作为模型，根据场服务器承载的组件或它们在服务器场中的角色对这些服务器进行合理安排。SharePoint 2016 服务器场可以部署在单层、双层或三层上。

- 在单层部署中，SharePoint 2016 所需的应用程序、组件和数据库服务器安装在一台计算机上，一般推荐开发和测试人员使用。
- 在双层部署中，SharePoint 2016 组件和数据库安装在不同的服务器上。此部署类型适用于小型服务器场。前端 Web 服务器位于第一层，数据库服务器位于第二层。在计算机行业中，第一层通常称为 Web 层，数据库服务器所在的层通常称为数据库层或数据库后端。

- 在三层部署中，前端 Web 服务器位于第一层，应用程序服务器位于第二层（通常称为应用程序层），数据库服务器位于第三层。三层部署用于大中型服务器场，如图 4-57 所示。

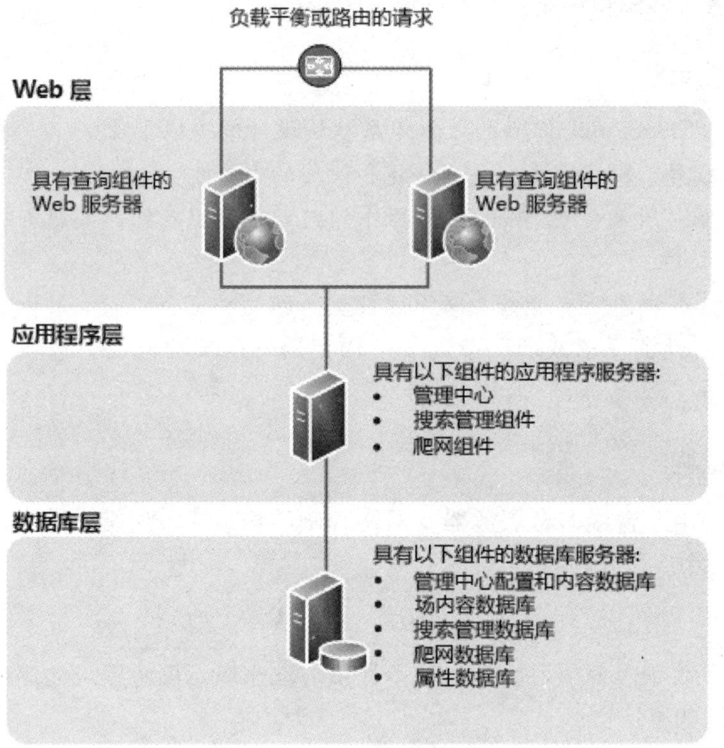


图 4-57 三层服务器场配置

### 4.2.4 SharePoint Server 2016 预置环境需求

本节将列出安装和运行 SharePoint Server 2016 需要满足的最低硬件和软件需求。

#### 1．硬件需求：Web 服务器、应用程序服务器和单台服务器安装

对于在多服务器场中安装 SharePoint Server 2016 的 Web 服务器、应用程序服务器和单台服务器，表 4-2 中的值是最小需求。

表 4-2 Web 服务器、应用程序服务器和单台服务器安装的最小需求

| 安装方案 | 部署类型和规模 | RAM | 处理器 | 硬盘空间 |
|---|---|---|---|---|
| 使用 SQL Server 的单服务器角色 | 建议用于开发环境的最低服务的 SharePoint Server 2016 的开发和评估安装 | 12GB~16 GB | 64 位，4 个内核 | • 80 GB（用于系统驱动器）<br>• 100 GB（用于第二个驱动器） |

（续表）

| 安装方案 | 部署类型和规模 | RAM | 处理器 | 硬盘空间 |
|---|---|---|---|---|
| 使用 SQL Server 的单服务器角色 | 用于开发环境的所有可用服务的 SharePoint Server 2016 的试验或用户验收测试安装 | 16GB~24 GB | 64 位，4 个内核 | ● 80 GB（用于系统驱动器）<br>● 100 GB（用于第二个驱动器和其他驱动器） |
| 三层服务器场中的 Web 服务器或应用程序服务器 | 具有最低数量的服务的 SharePoint Server 2016 的开发或评估安装 | 8GB~12 GB | 64 位，4 个内核 | ● 80 GB（用于系统驱动器）<br>● 80 GB（用于第二个驱动器 |
| 三层服务器场中的 Web 服务器或应用程序服务器 | 所有可用服务的 SharePoint Server 2016 的试验、用户验收测试或生产部署 | 12GB~16 GB | 64 位，4 个内核 | ● 80 GB（用于系统驱动器）<br>● 80 GB（用于第二个驱动器和其他驱动器） |

对于所有安装方案，必须具有足够的硬盘空间进行基本安装和诊断，例如日志记录、调试、创建内存转储等。若要满足生产用途，还必须为日常操作提供额外的可用磁盘空间。此外，可用空间应维持在用于生产环境的 RAM 的两倍。

部署要求：MinRole。

表 4-3 中的需求适用于 SharePoint Server 2016 的 MinRole 功能及其支持的拓扑。

表 4-3 部署类型

| 部署类型和规模 | 说明 |
|---|---|
| 两个计算机场，其中包含：<br>● 一台使用单服务器角色的 SharePoint 服务器<br>● 一个 SQL Server | 这是 MinRole 功能中的单服务器场角色。使用此角色可以测试安装、创建服务器场并使用更改最少的常见功能，这对进行 SharePoint Server 2016 的基本评估很有用 |
| 4 个或 5 个计算机场，其中包含：<br>● 一个 SQL Server<br>● 一台前端 Web 服务器<br>● 一台应用程序服务器<br>● 一台分布式缓存服务器<br>● 一台搜索服务器 | 适用于测试比较复杂的拓扑和所有服务 |

### 2. 软件需求

以下是服务器场安装部署情况：

- 服务器场中具有一台服务器的服务器场。
- 服务器场中具有多台服务器的服务器场。

服务器场中的数据库服务器的最低需求：

- Microsoft SQL Server 2014 Service Pack 1 (SP1) 的 64 位版本，不支持 SQL Server Express。
- Windows Server 2012 R2 Standard 或 Datacenter 的 64 位版本。

服务器场中 SharePoint 服务器的最低需求：

- Windows Server 2012 R2 Standard 或 Datacenter 的 64 位版本或 Windows Server 2016 Technical Preview 4。

Microsoft SharePoint 产品准备工具会为服务器场中的前端 Web 服务器和应用程序服务器安装以下必备软件：

- Web 服务器（IIS）角色。
- 应用程序服务器角色。
- Microsoft .NET Framework v4.6。
- Microsoft SQL Server 2012 Native Client。
- Microsoft WCF Data Services v5.6。
- Microsoft Information Protection and Control 客户端（MSIPC）。
- Microsoft Sync Framework Runtime v1.0 SP1（x64）。
- Windows Server AppFabric v1.1。
- Microsoft AppFabric v1.1 for Windows Server 累积更新包 7（KB 3092423）。
- Microsoft ODBC Driver 11 for SQL Server。
- 适用于 Visual Studio 2012 的 Visual C++ 可再发行组件包。
- 适用于 Visual Studio 2015 的 Visual C++ 可再发行组件包。

表 4-4 汇总了常用 Web 浏览器的支持级别。

**表 4-4　浏览器支持列表**

| 浏览器 | 支持 | 不支持 |
|---|---|---|
| Microsoft Edge | √ | |
| Internet Explorer 11 | √ | |
| Internet Explorer 10 | √ | |
| Internet Explorer 9 | | × |
| Internet Explorer 8 | | × |
| Internet Explorer 7 | | × |

（续表）

| 浏览器 | 支持 | 不支持 |
| --- | --- | --- |
| Internet Explorer 6 | | × |
| Google Chrome（最新公开发行版本） | √ | |
| Mozilla Firefox（最新公开发行版本以及前一个版本） | √ | |
| Apple Safari（最新公开发行版本） | √ | |

### 3. 可选软件

此部分中的可选软件安装后能帮助用户更好地应用 SharePoint，但不安装也不会影响 SharePoint 的使用。某些功能（例如商业智能）可能要求安装该软件。

- 用于 SQL Server 的 .NET Framework 数据提供程序（Microsoft .NET Framework 的一部分）。
- 用于 OLE DB 的.NET Framework 数据提供程序（Microsoft .NET Framework 的一部分）。
- 工作流管理器。用户可以将工作流管理器安装到专用计算机上。
- 用于 Microsoft SharePoint 技术的 Microsoft SQL Server 2008 R2 Reporting Services 外接程序。Access Services 可将此外接程序用于 SharePoint Server 2016。
- Microsoft SQL Server 2012 Data-Tier Application（DAC）Framework 64 位版本。
- Microsoft SQL Server 2012 Transact-SQL ScriptDom 64 位版本。
- Microsoft System CLR Types for Microsoft SQL Server 2012 64 位版本。
- Microsoft SQL Server 2012 SP1 LocalDB 64 位版本。
- 用于 .NET Framework v4 和 Silverlight v4 的 Microsoft Data Services（以前称为 ADO.NET Data Services）。
- Exchange Web Services 托管 API v1.2 版。
- Microsoft SQL Server 2008 R2 远程 Blob 存储，是 Microsoft SQL Server 2008 R2 功能包的一部分。
- SQL Server 2008 R2 Analysis Services ADOMD.NET。

## 4.2.5 SharePoint Server 2016 预置环境需求安装

安装了 SharePoint Server 2016 所需的 Windows Server 和 SQL Server 之后，接下来需安装预置环境需求组件，它的安装方式分为两种：在线安装和离线安装。

本节以“在线安装”方式为例（推荐使用“在线安装”方式，因为预置环境准备需要安装的组件众多且存在一定的顺序关系，采用离线安装会增加部署失败的风险），为读者介绍如何通过 SharePoint Server 2016 产品准备工具在线安装预置环境需求组件，具体步骤如下。

步骤 01 在 Microsoft Download Center 下载 SharePoint Server 2016 安装镜像。

步骤 02 导入 SharePoint Server 2016 安装镜像，在 SharePoint Server 2016 Preview 界面，单击安装列表下的“安装必备软件”，如图 4-58 所示。

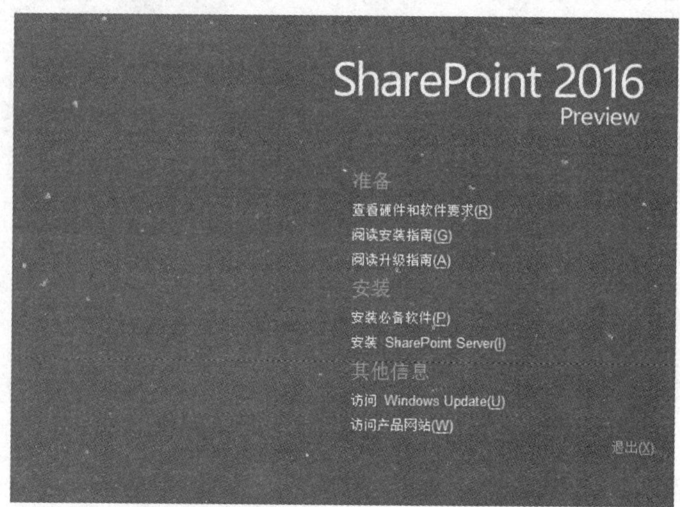


图 4-58　SharePoint Server 2016 Preview

步骤 03 在“欢迎使用 Microsoft ® SharePoint ® 2016 产品准备工具”界面中，无须任何操作，单击“下一步”按钮，如图 4-59 所示。

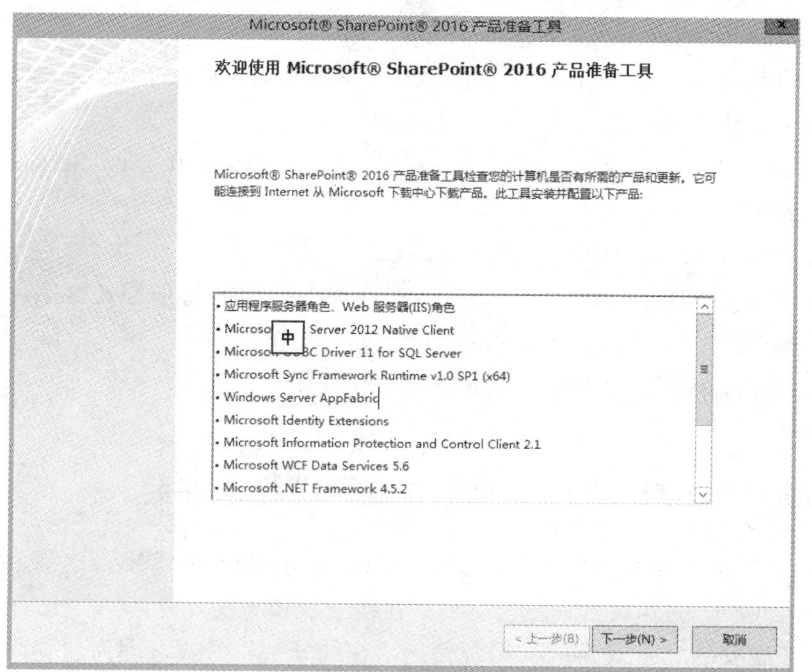


图 4-59　欢迎使用 Microsoft ® SharePoint ® 2016 产品准备工具

步骤 04 在“软件产品的许可条款”界面中，阅读 Microsoft 软件许可条款，并勾选“我接受许可协议的条款”复选框，单击“下一步”按钮，如图 4-60 所示。

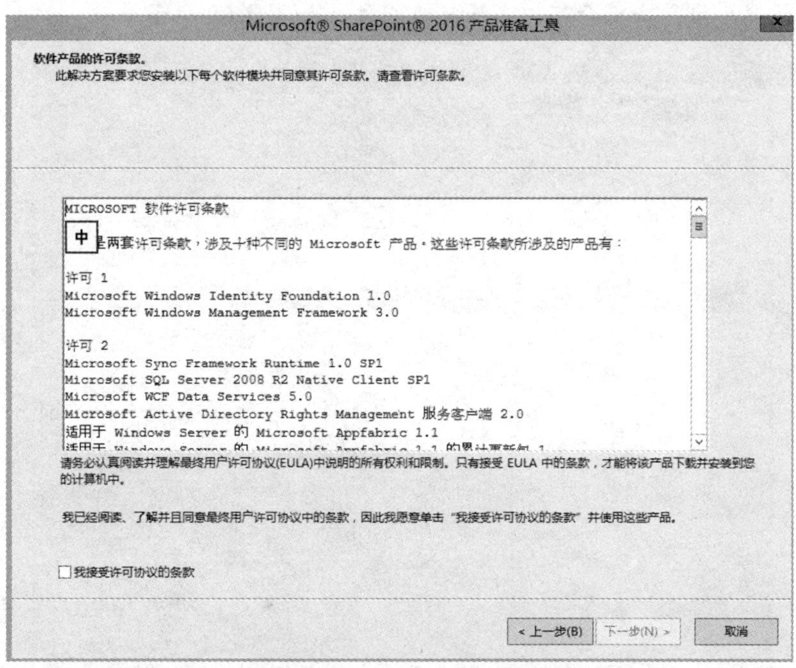


图 4-60 软件产品的许可条款

步骤 05 在“Microsoft ® SharePoint ® 2016 产品准备工具”界面中，按照所需的组件进行在线安装，如图 4-61 所示。

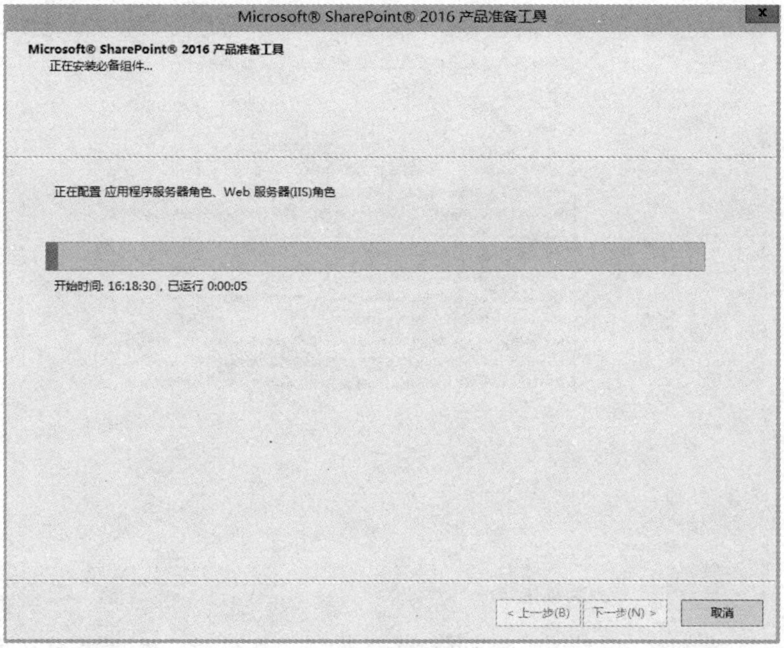

图 4-61 进行在线安装

步骤 06 安装配置"Web 服务器（IIS）角色"和"应用程序服务器角色"组件后，需重启系统，然后重复步骤 2~5，安装其他组件，如图 4-62 所示。

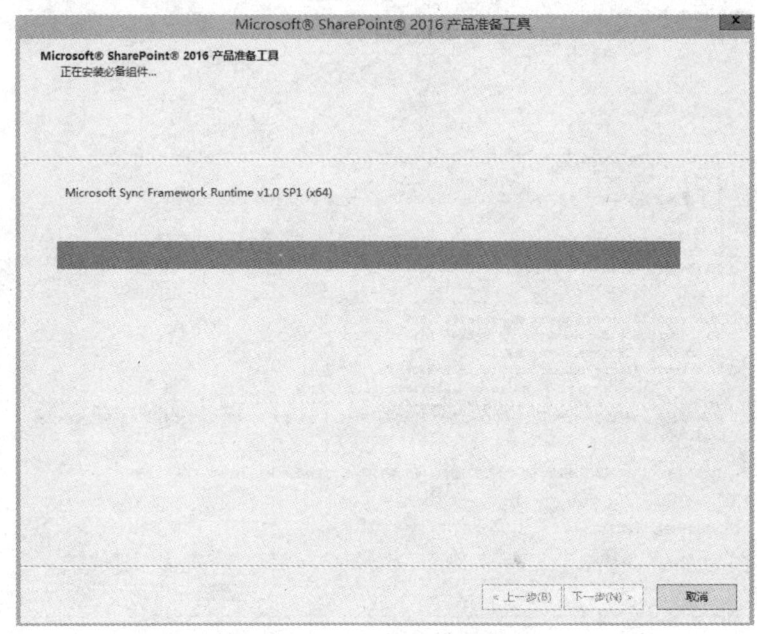


图 4-62　安装其他组件

步骤 07 待所需组件全部安装成功后，需再次重启系统，单击"完成"按钮，如图 4-63 所示。

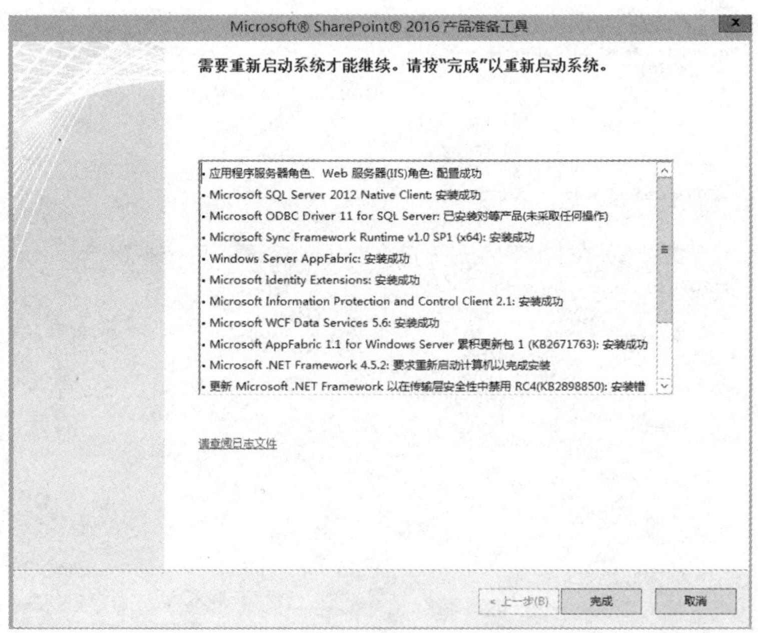


图 4-63　组件安装完毕

### 4.2.6 SharePoint Server 2016 服务器安装部署过程

前面为读者讲解了 SharePoint 服务器场的拓扑结构，本节将以新服务器场为例，为大家介绍如何安装和配置 SharePoint Server 2016 服务器。

安装 SharePoint Server 2016 新服务器场之前：

- 确保部署 SharePoint Server 2016 的服务器满足所有硬件和软件的最低要求，必须具有 64 位版本的 Windows Server 2012 R2。对于服务器场，还必须具有 64 位版本的 SQL Server 2014。
- 确保安装和配置 SharePoint 的账户已具备相应的权限：dbcreator 和 securityadmin。
- 确保 SQL Server 最大并行度设置为 1。
- 确保 SharePoint Server 2016 预置环境需求软件安装完成。

安装 SharePoint Server 2016 新服务器场的步骤如下。

步骤 01 在 Microsoft Download Center 中下载 SharePoint Server 2016 的安装镜像。

步骤 02 导入安装镜像，在安装界面中选择“安装 SharePoint Server”选项，如图 4-64 所示。

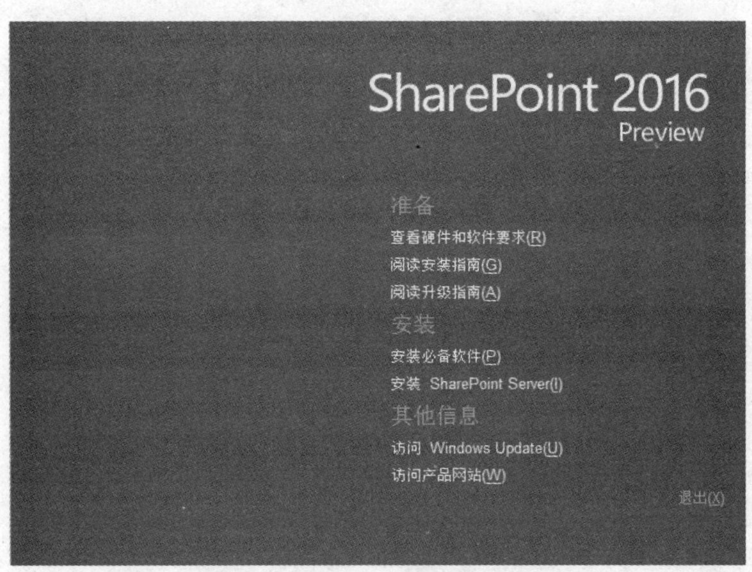


图 4-64 安装界面

步骤 03 在“输入您的产品密钥”界面中，输入试用版的密钥（此密钥有 180 天的试用期），单击“继续”按钮，如图 4-65 所示。

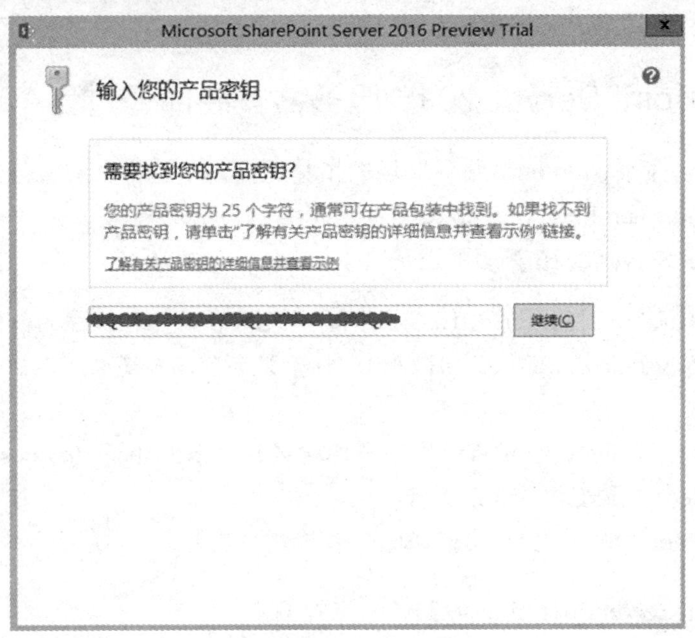


图 4-65　产品密钥

步骤 04　在“阅读 Microsoft 软件许可证条款”界面中，阅读许可条款细则，勾选“我接受此协议的条款”复选框，单击“继续”按钮，如图 4-66 所示。

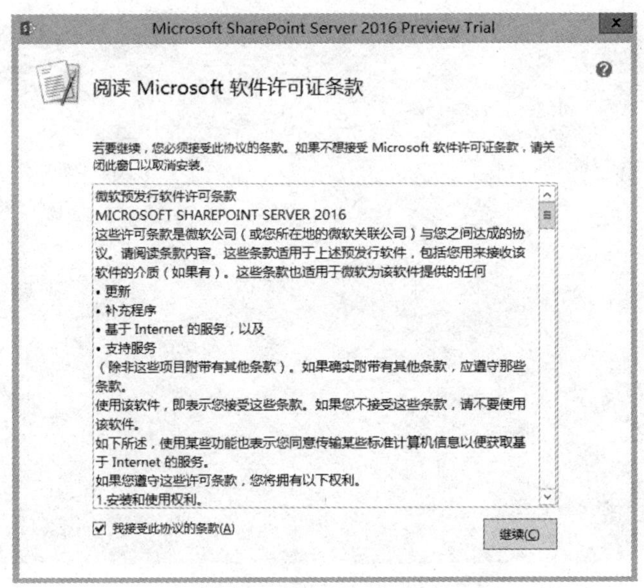


图 4-66　许可证条款

步骤 05　在“选择文件位置”界面中，选择 SharePoint 要安装的产品路径，此处以默认路径为例，单击“立即安装”按钮，如图 4-67 所示。

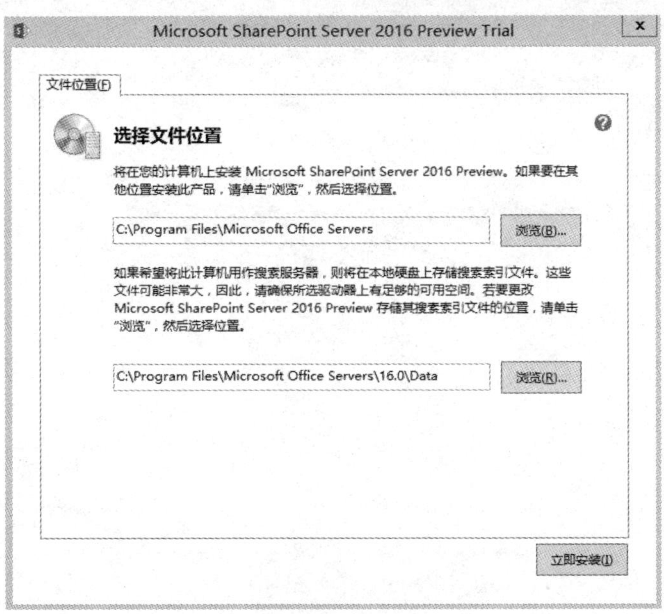


图 4-67　文件位置

步骤 06　在安装进度界面，可以查看 SharePoint 的安装进度，如图 4-68 所示。

图 4-68　安装进度

步骤 07　SharePoint Server 安装完成后需要运行配置向导进行 SharePoint 的配置工作，保留默认勾选的"立即运行 SharePoint 产品配置向导(R)"，单击"关闭"按钮，如图 4-69 所示。

图 4-69　运行配置向导

配置 SharePoint 2016 新服务器场的步骤如下。

步骤 01　在“欢迎使用 SharePoint 产品”界面中，显示了配置所需的概览信息，单击“下一步”按钮即可，如图 4-70 所示。

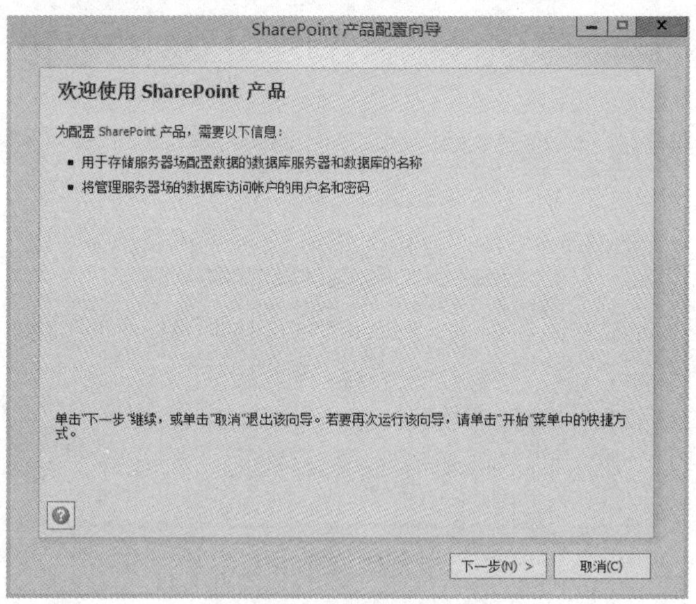


图 4-70　欢迎使用 SharePoint 产品

步骤 02　在配置 SharePoint 的过程中，可能会重新启动或重置 Internet Information Services、SharePoint Administration Services、SharePoint 定时服务，单击“是”按钮继续配置向导，如图 4-71 所示。

图 4-71 提示信息

步骤 03 在“连接到服务器场”界面中，有以下两个选择。

- 连接到现有服务器场：如果用户要将安装的 SharePoint Server 添加到已有的服务器场中，就选择此选项，单击“下一步”按钮，并输入已有服务器场的 SharePoint Config DB 名称。
- 创建新的服务器场：如果用户想重新创建一个新的服务器场，那么选择此项，单击“下一步”按钮即可。

这里以选择“创建新的服务器场”为例，单击“下一步”按钮，如图 4-72 所示。

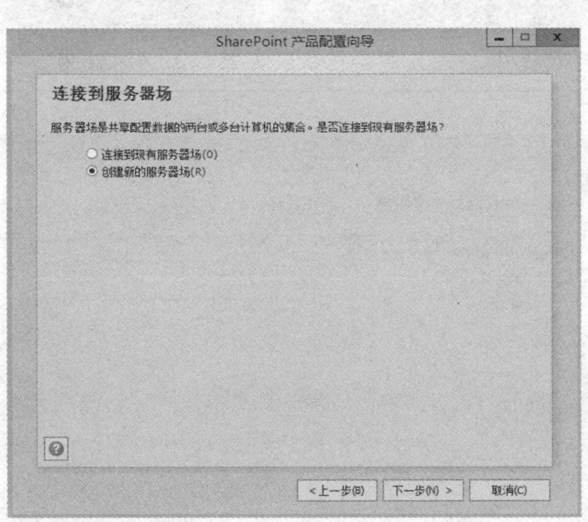


图 4-72 连接到服务器场

步骤 04 在“指定配置数据库设置”界面中，输入数据库服务器以及数据库名称，并且指定配置 SharePoint 的域账户，单击“下一步”按钮，如图 4-73 所示。

**说 明**

（1）服务器场中的所有服务器都必须共享一个配置数据库。若数据库不存在，则系统将创建该数据库。

（2）如果服务器场所使用的 SQL Server 是命名实例，那么数据库服务器名称处填写的格式为：SQL Server 机器名\命名实例名称。

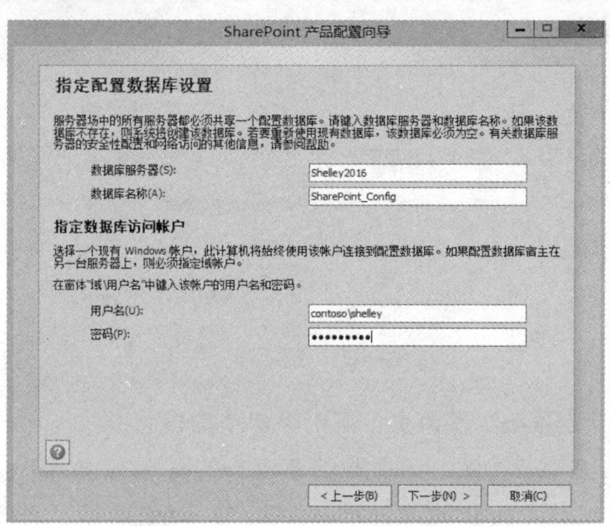


图 4-73　指定配置数据库设置

步骤 05　在“指定服务器场安全设置”界面中，输入 SharePoint 产品服务器场的密码，单击“下一步”按钮，如图 4-74 所示。

| 说　明 |
| --- |
| 此密码用来保护配置数据库，并且需要在新服务器加入场时使用，一定要妥善保存。 |

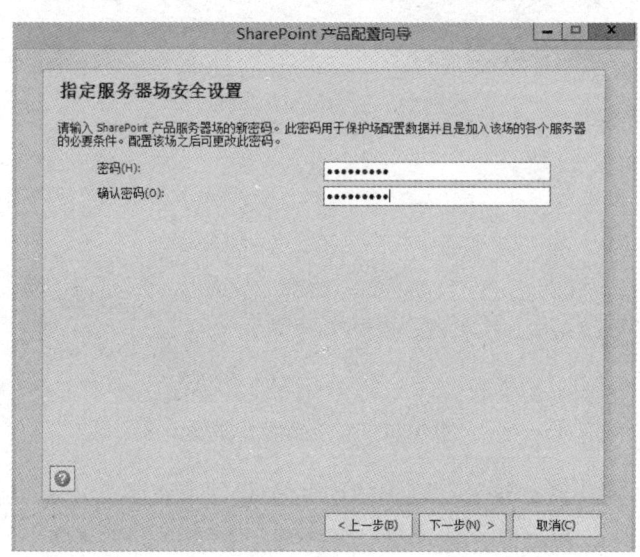


图 4-74　指定服务器安全设置

步骤 06　在“指定服务器角色”界面中，选择该服务器作为什么角色加入场中，不同的角色将会运行不同的服务，这里以“单一服务器场”为例进行安装，单击“下一步”按钮，如图 4-75 所示。

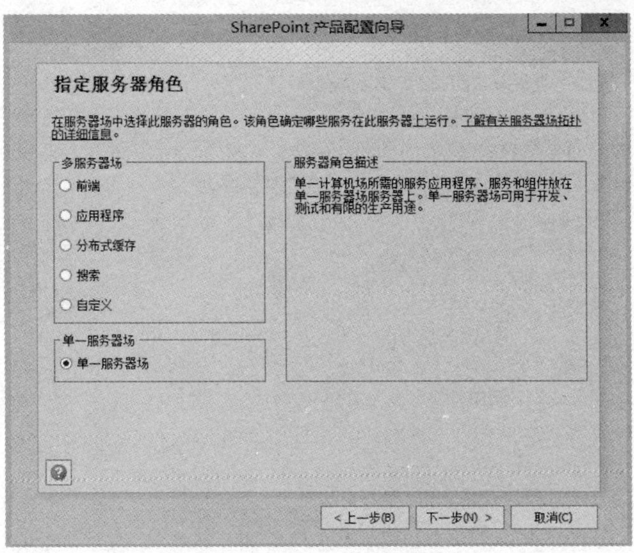


图 4-75 指定服务器角色

步骤 07 在“配置 SharePoint 管理中心 Web 应用程序”界面中，用户可以指定 Web 应用程序端口号，端口号要介于 1~65535 之间，并选择“配置安全设置”，此处以默认设置为例，不做任何更改，单击“下一步”按钮，如图 4-76 所示。

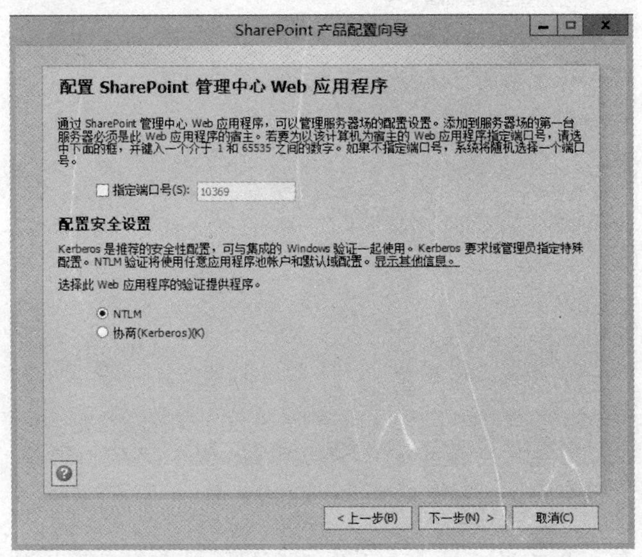


图 4-76 配置 SharePoint 管理中心 Web 应用程序

步骤 08 预览所选择的设置是否正确，如果正确，就单击“下一步”按钮，否则单击“上一步”按钮重新进行配置，如图 4-77 所示。

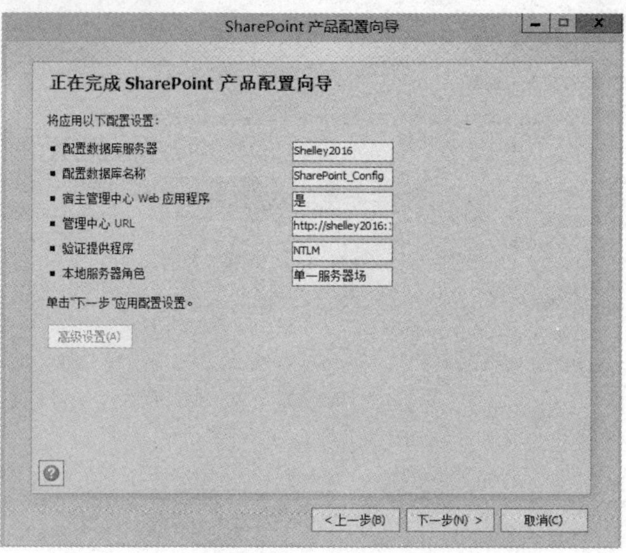


图 4-77　预览配置是否正确

步骤 09　正在配置 SharePoint 产品，共 10 项，配置过程大概需要 1 小时，如图 4-78 所示。

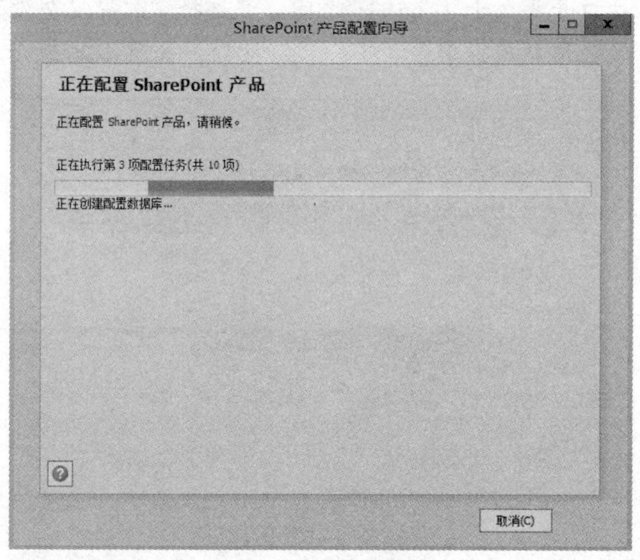


图 4-78　配置产品界面

步骤 10　在"配置成功"界面中，单击"完成"按钮，配置向导程序将打开默认浏览器来访问管理中心，如图 4-79 所示。

步骤 11　自动跳转到 SharePoint 管理中心初始场配置向导界面，如图 4-80 所示。

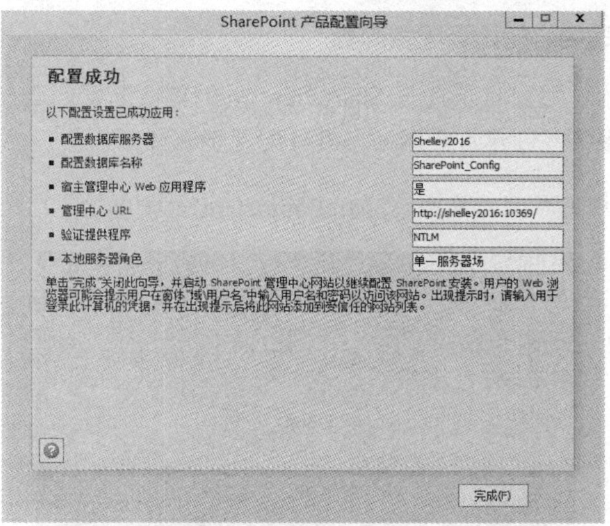


图 4-79 配置成功

图 4-80 SharePoint 管理中心初始场配置向导

## 4.2.7 SharePoint Server 2016 安装后的基本设置

安装和配置 SharePoint Server 2016 之后，界面将自动跳转到 SharePoint 管理中心的初始场配置向导界面，可以根据用户的需求在管理中心进行一些基本设置，如表 4-5 所示。

表 4-5 基本设置

| 基本设置 | 说明 |
| --- | --- |
| 初始向导 | 配置 SharePoint 场计划使用的若干服务 |
| 配置传入电子邮件 | 可以配置传入电子邮件，以便 SharePoint 网站接受传入电子邮件并对其进行存档 |
| 配置传出电子邮件 | 可以配置传出电子邮件，以便 SharePoint 里的一些功能（比如工作流）可以借助传输协议（SMTP）服务器向网站用户发送电子邮件通知 |

### 1. SharePoint 管理中心初始场配置向导

用户可以通过初始场配置向导完成 SharePoint 场的首次配置。选择在 SharePoint 场中使用的服务应用程序和服务并创建首个网站，具体配置步骤如下：

步骤 01　进入计算机应用界面，单击“SharePoint 2016 管理中心”选项，如图 4-81 所示。

图 4-81　应用界面

步骤 02　进入 SharePoint 管理中心界面，单击“配置向导”选项，如图 4-82 所示。

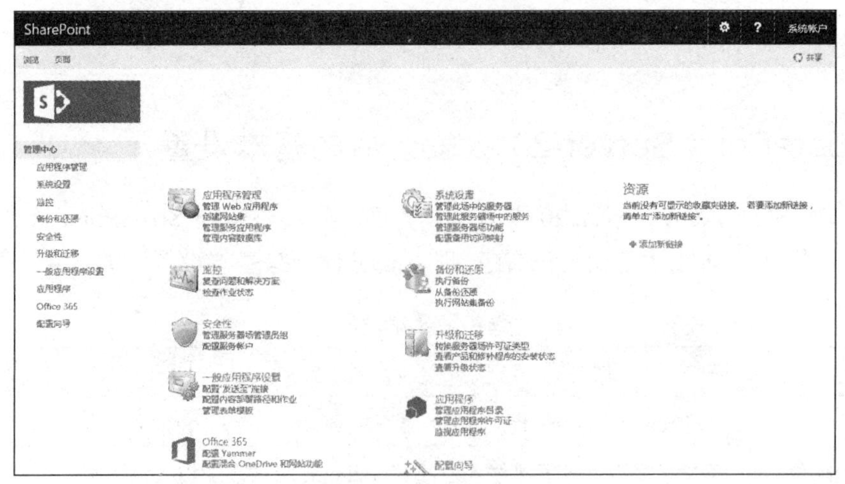


图 4-82　配置向导

步骤 03　在配置向导界面中，单击“启动服务器场配置向导”选项，如图 4-83 所示。

图 4-83 配置向导

步骤 04 进入初始化配置向导界面，如图 4-84 所示，单击“启动向导”按钮。

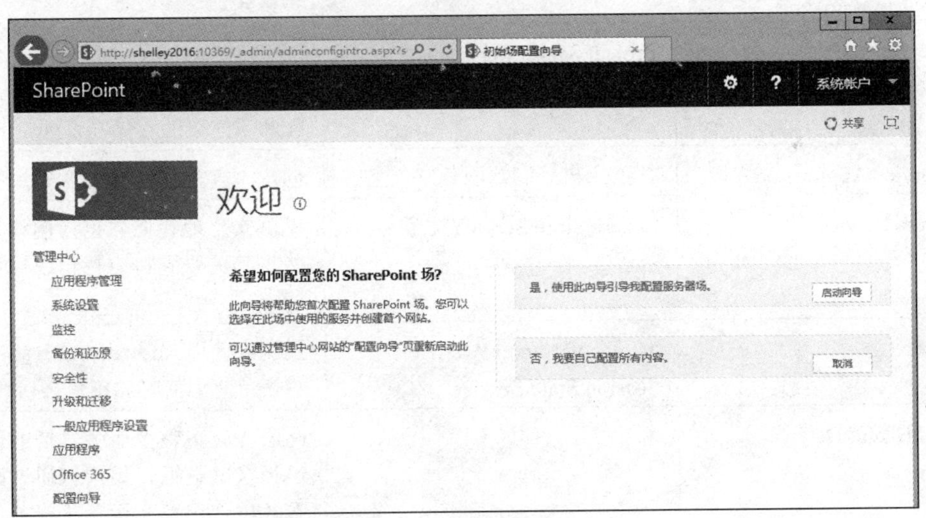


图 4-84 初始化配置向导

步骤 05 在服务应用程序和服务界面中，客户可根据需求配置该服务器场的服务账户、服务应用程序以及服务，具体的服务与服务应用程序的对应关系如表 4-6 所示。

表 4-6 服务与服务应用程序的对应关系

| 服务应用程序 | 服务器场的服务 | 其他信息 |
|---|---|---|
| Access Services 2010 | Access Database Service 2010 | 允许在浏览器中查看、编辑以及与 Access Services 2010 数据库交互 |

（续表）

| 服务应用程序 | 服务器场的服务 | 其他信息 |
|---|---|---|
| Access Services | Access Services | 允许在浏览器中查看、编辑以及与 Access Services 数据库交互 |
| Business Data Connectivity Service | Business Data Connectivity Service | 启用此服务使 SharePoint 场能够上载描述企业业务系统部门的接口的 BDC 模型，从而能够访问这些系统中的数据 |
| Lotus Notes 连接器 | Lotus Notes 连接器 | 搜索连接器以对 Lotus Notes 服务器中的数据进行爬网 |
| Managed Metadata Service | Managed Metadata Web Service | 通过该服务可访问受管理的分类层次结构、关键词和社会性标签基础架构以及在整个网站集上发布的内容类型 |
| PerformancePoint Service 应用程序 | PerformancePoint Service | 支持 PerformancePoint Services 的监视和分析功能，如仪表板和相关内容的存储和发布 |
| PowerPoint Conversion Service Application | PowerPoint 转换服务 | 支持将 PowerPoint 演示文稿转换为各种格式 |
| Project Server Service Application | Project Server Service | Project Services 支持协作工作管理功能，包括项目、资源、任务、工作分配和时间表的存储和管理 |
| Search Service Application | 搜索主机控制器服务 | 创建内容索引和提供搜索查询服务 |
| Secure Store Service | Secure Store Service | 提供安全地存储数据（例如凭据集）并将其关联到特定标识或标识组的功能 |
| State Service | Microsoft Server ASP.Net Session State Service | 控制当使用 InfoPath Forms Services 填写表单时如何存储用户会话数据 |
| Usage and Health Data Collection | | 此服务收集整个服务器场的使用率和运行状况数据，用户可通过此服务查看各种使用率和运行状况报告。此服务应用程序在服务器上没有关联的服务 |
| User Profile Service Application | User Profile Service | 添加我的网站、配置文件页、社会标记和其他社会计算功能的支持。此服务提供的某些功能要求设置 Search Service 应用程序和 Managed Metadata Services |
| Visio Graphics Service | Visio Graphics Service | 启用查看和刷新 Visio Web 绘图 |

（续表）

| 服务应用程序 | 服务器场的服务 | 其他信息 |
|---|---|---|
| Word Automation Services | Word Automation Services | 提供用于执行自动文档转换的框架 |
| 工作流服务应用程序 | | 工作流服务 |
| 机器翻译服务 | 机器翻译服务 | 执行自动机器翻译 |
| 应用程序管理服务 | | 允许用户从 SharePoint 应用商店或应用程序目录添加 SharePoint 应用程序 |
| | Microsoft SharePoint Foundation 沙盒代码服务 | 支持在服务器场中的计算机上运行沙盒代码。计算机可以包括 Web 服务器和应用程序服务器 |
| | Microsoft SharePoint Foundation Subscription Settings Service | 存储你组织的设置和配置数据 |
| | Microsoft SQL Server Reporting Services SharePoint 集成诊断 | |
| | Microsoft SQL Server Reporting Services 诊断 | |
| | Microsoft SharePoint Foundation 工作流定时服务 | 对于计时工作流事件通过配置设置支持 Microsoft SharePoint Foundation 计时器服务 |
| | 分布式缓存 | 在 SharePoint 服务器中提供缓存功能。微博功能和源依赖于分布式缓存存储数据，以便在所有实体中快速检索 |
| | 请求管理 | 根据传入的用户请求评估逻辑规则以确定要执行的操作，并确定服务器场中应处理这些请求的计算机 |
| | 声明为 Windows 令牌服务 | 将用户声明令牌转换为 Windows 令牌。此服务用于不支持声明身份验证的服务 |
| | 文档转换负载平衡器服务 | 跨服务器场平衡文档转换请求 |
| | 文档转换启动器服务 | 在服务器上计划和启动文档转换 |

在“服务应用程序和服务”界面中，这里选择“使用现有管理账户”服务账户，也可以根据需求选择新建管理账户，并输入用户名和密码（用户应为已存在的域用户），如图 4-85 所示。

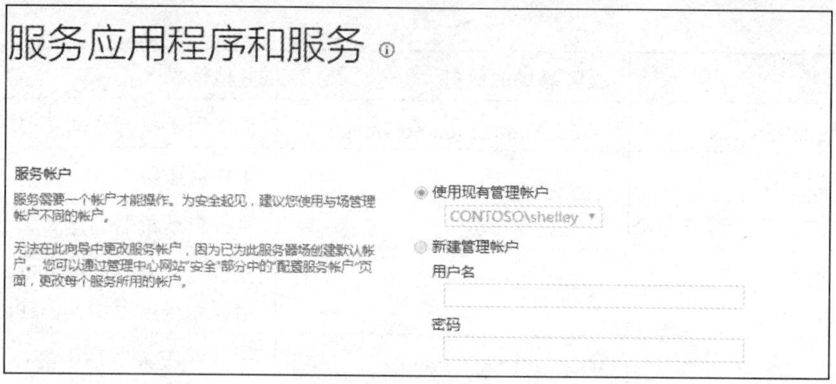

服务应用程序和服务

服务帐户

服务需要一个帐户才能操作。为安全起见，建议您使用与场管理帐户不同的帐户。

无法在此向导中更改服务帐户，因为已为此服务器场创建默认帐户。您可以通过管理中心网站"安全"部分中的"配置服务帐户"页面，更改每个服务所用的帐户。

使用现有管理帐户

CONTOSO\shelley

新建管理帐户

用户名

密码

图 4-85　服务账户

在"服务应用程序和服务"界面的"服务应用程序"处，用户可根据需求选择 SharePoint 场要使用的服务应用程序，如图 4-86 所示。

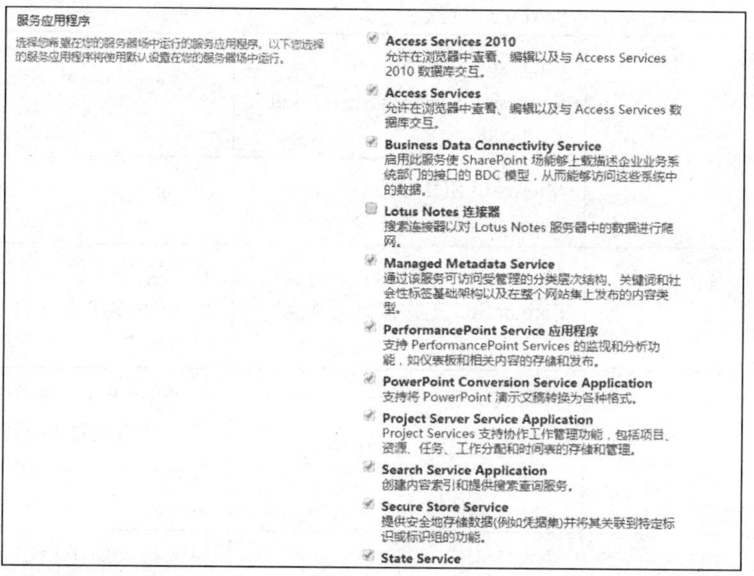


图 4-86　服务应用程序

在"服务应用程序和服务"界面的"服务"处，用户可根据需求选择 SharePoint 场要使用的服务，单击"下一步"按钮，如图 4-87 所示。

步骤 06　等待服务账户、服务应用程序以及服务的配置，如图 4-88 所示。

步骤 07　配置完成后，将进入"创建网站集"界面，如图 4-89 所示。

服务

选择您希望在您的服务器场中运行的服务。

- Microsoft SharePoint Foundation Sandboxed Code Service
  支持在服务器场中的计算机上运行沙盒代码。计算机可以包括 Web 服务器和应用程序服务器。
- Microsoft SharePoint Foundation Subscription Settings Service
  存储你组织的设置和配置数据。
- Microsoft SharePoint Foundation Workflow Timer Service
  对于计时工作流事件通过配置设置支持 Microsoft SharePoint Foundation 计时器服务。
- Microsoft SQL Server Reporting Services SharePoint 集成诊断
- Microsoft SQL Server Reporting Services 诊断
- SharePoint Server ASP.NET Session State Service
  控制当使用 InfoPath Forms Services 填写表单时如何存储用户会话数据。
- 分布式缓存
  在 SharePoint 服务器中提供缓存功能。微博功能和源依赖于分布式缓存来存储数据，以便在所有实体中快速检索。
- 请求管理
  根据传入的用户请求评估逻辑规则以确定要执行的操作，并确定服务器场中应处理这些请求的计算机。
- 声明为 Windows 令牌服务
  将用户声明令牌转换为 Windows 令牌。此服务用于不支持声明身份验证的服务。
- 文档转换负载平衡器服务
  跨服务器场平衡文档转换请求。
- 文档转换启动器服务
  在服务器上计划和启动文档转换。

图 4-87　服务

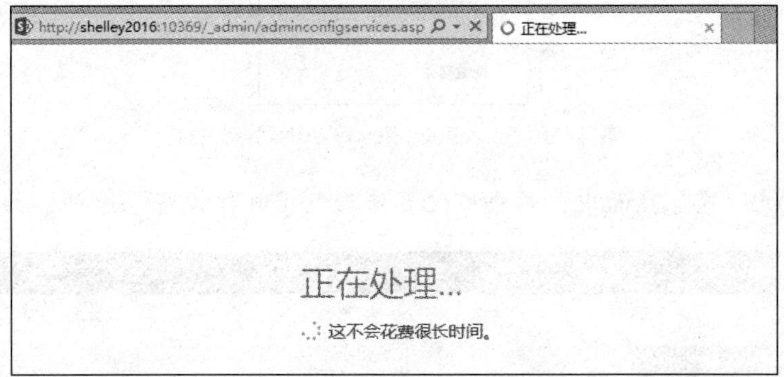


图 4-88　配置过程

创建网站集

标题和说明

请键入新网站的标题和说明。该标题将显示在网站的每一页中。

标题:

Contoso

说明:

网站地址

指定 URL 名称和 URL 路径，以便创建一个新网站，或者选择在特定路径上创建网站。

若要添加新 URL 路径，请转到"定义管理路径"页。

URL:

http://shelley2016 /

模板选择

选择模板:

协作　企业　发布　自定义

工作组网站

博客

图 4-89　创建网站集

## 2. 配置传入电子邮件设置

配置传入电子邮件后，SharePoint 网站就可以接收电子邮件，并将传入的邮件存储在列表中。具体配置过程如下：

步骤 01 进入 SharePoint Server 2016 管理中心界面，单击“系统设置”选项，如图 4-90 所示。

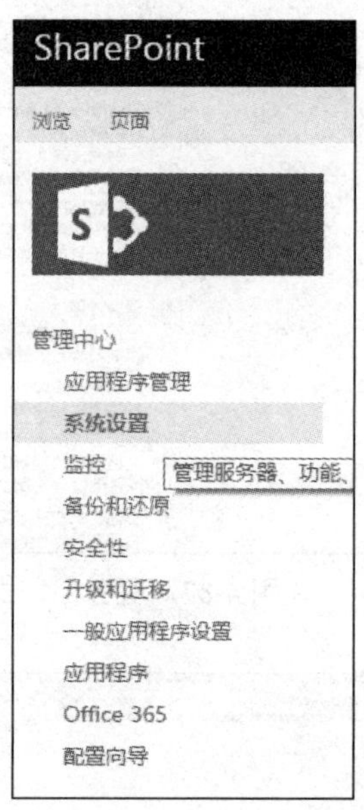


图 4-90 SharePoint Server 2016 管理中心

步骤 02 在“系统设置”界面中，单击“配置传入电子邮件设置”选项，如图 4-91 所示。

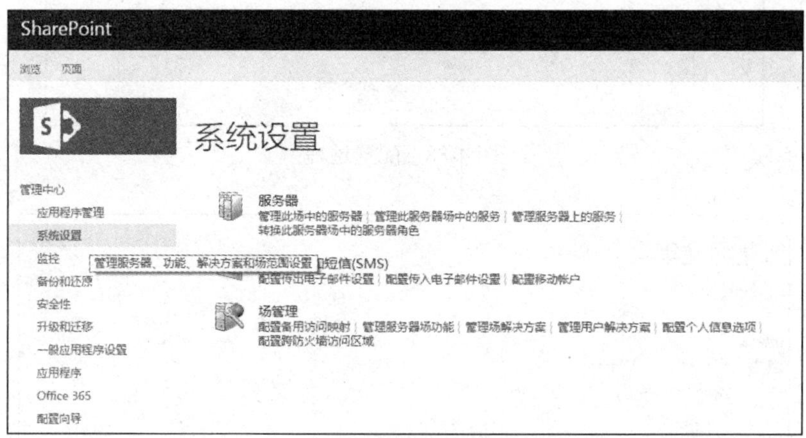


图 4-91 系统设置

步骤 03 在配置传入电子邮件界面的“启用传入电子邮件”处，“是否为此服务器上的网站启用电子邮件接收功能？”选择“是”；“设置模式”根据需求选择“自动”或者“高级”，推荐“自动”模式，这样环境将自动检索所有必要设置，“高级”模式需要配置较为复杂的环境，这里不做详细说明，如图 4-92 所示。

启用传入电子邮件

如果启用该设置，则 SharePoint 网站可以接收电子邮件，并将传入的邮件存储在列表中。需要分别为网站、列表和用户组配置电子邮件地址。

在自动模式下，将自动检索所有必需设置。仅当不使用 SMTP 服务接收传入电子邮件时，才需要采用高级模式。使用高级模式时，需要指定电子邮件投递文件夹。

是否为此服务器上的网站启用电子邮件接收功能?
是 否
设置模式:
自动
高级

图 4-92　启用传入电子邮件

在配置传入电子邮件界面的“目录管理服务”处，“是否使用 SharePoint 目录管理服务创建通讯组和联系人？”选择“是”，按照如图 4-93 配置 Active Directory 容器以及 SMTP 邮件服务器等信息。

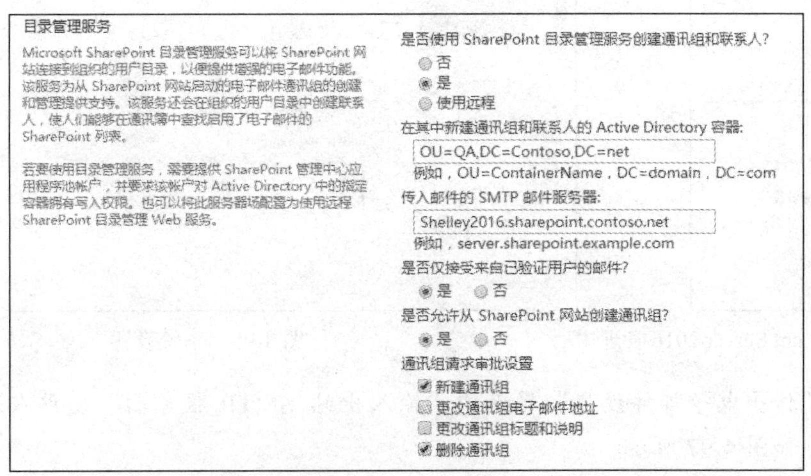


图 4-93　目录管理服务

在配置传入电子邮件界面中，配置“传入电子邮件服务器显示地址”以及“电子邮件投递文件夹”，单击“确定”按钮关闭页面，如图 4-94 所示。

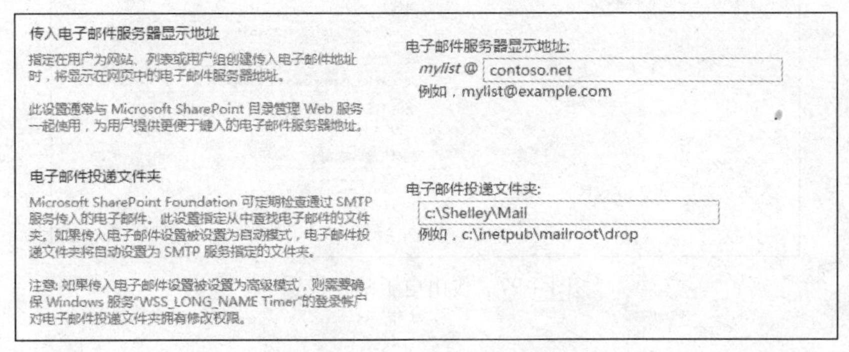


图 4-94　电子邮件配置

### 3. 配置传出电子邮件设置

传出电子邮件服务器需要被设置为能够使 SharePoint Server 在许多不同的情况（比如要对状态变更、监测或工作流等进行信件通知时）下可以寄送到企业内部电子邮件系统的电子邮件服务器。具体配置步骤如下：

步骤 01 进入 SharePoint Server 2016 管理中心界面，单击“系统设置”选项，如图 4-95 所示。

步骤 02 在系统设置界面，单击“配置传出电子邮件设置”选项，如图 4-96 所示。

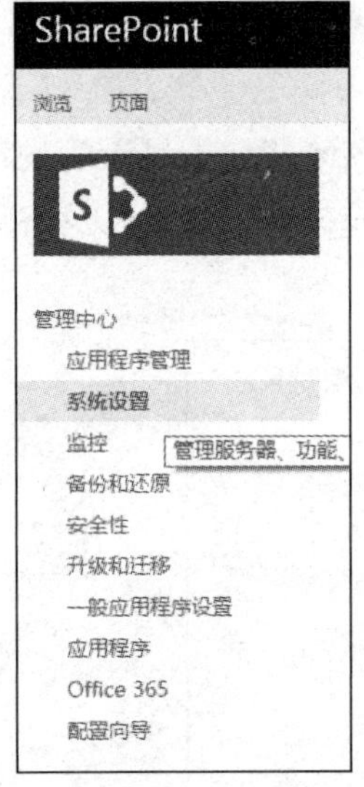


图 4-95 SharePoint Server 2016 管理中心

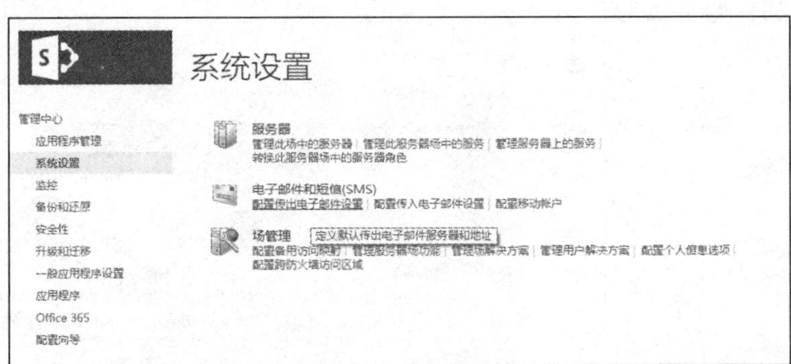


图 4-96 系统设置

步骤 03 在“传出电子邮件设置”界面中，输入出站 SMTP 服务器、发件人地址和答复地址，如图 4-97 所示。

图 4-97 传出电子邮件设置

## 4.3 配置 Project Server 2016

尽管 Project Server 需要单独授权，但它已经包含在 SharePoint Server 2016 Enterprise 安装内，并作为服务应用程序在 SharePoint Server 2016 下运行，请确保安装完 SharePoint Server

2016 之后，在 SharePoint 场中运行 State Service。

由于 Project Server 2016 需要许可证才能运行，因此必须在创建 Project Web App 网站前使用许可证密钥启用 Project Server 2016。

## 4.3.1 激活 Project Server 2016

在进行激活 Project Server 2016 的操作之前，需使用 Get-ProjectServerLicense cmdlet 检查一下当前环境是否已经激活了 Project Server 2016。

激活 Project Server 2016 的具体操作步骤如下。

步骤 01 以管理员身份打开 SharePoint 2016 命令行管理程序，如图 4-98 所示。

图 4-98 打开 SharePoint 2016 命令行管理程序

步骤 02 输入命令“Enable-ProjectServerLicense -Key <LicenseKey>”来启用 Project Server 2016，如图 4-99 所示。

图 4-99 激活 Project Server 2016

## 4.3.2 创建服务应用程序

由于 Project Server 2016 作为服务应用程序在 SharePoint Server 2016 中运行，因此首先要检查是否已配置 Project Server Service Application。

检查 Project Server Service Application 的步骤如下：

步骤 01 在 SharePoint 管理中心网站的“应用程序管理”下单击“管理服务应用程序”选项。

步骤 02 检查服务应用程序列表中是否有 Project Server Service Application。

| 说　明 |
|---|
| 如果已有 Project Server Service Application，就可以配置 Project Web App 网站；否则创建 Project Server Service Application 的第一步是注册一个管理账户，需要使用域账户来运行 Project Server Service Application 的应用程序池。 |

注册管理账户的具体步骤如下：

步骤 01 在管理中心主页的左侧导航部分单击“安全性”选项，如图 4-100 所示。

步骤 02 在“安全性”页的“一般安全性”部分单击“配置管理账户”选项，如图 4-101 所示。

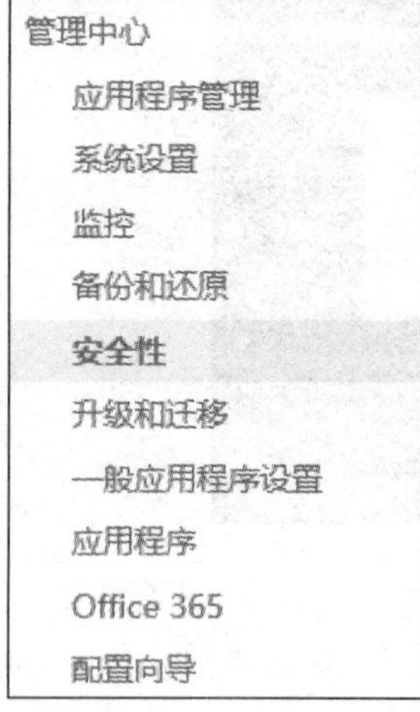


图 4-100　安全性

图 4-101　配置管理账户

步骤 03 在“管理账户”页面上，单击“注册管理账户”选项，如图 4-102 所示。

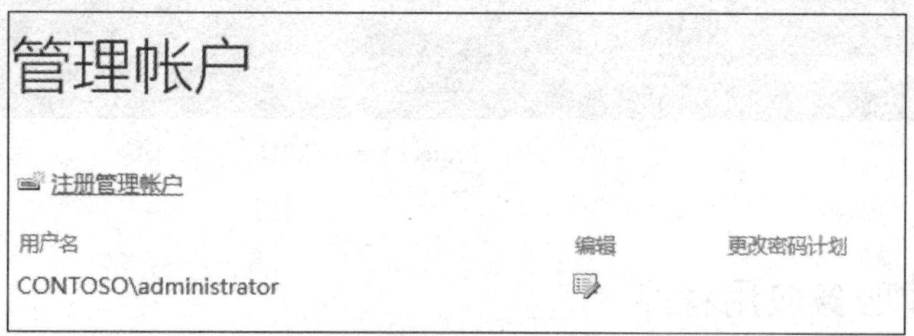


如 4-102　注册管理账户

步骤 04 输入你正注册的域账户的用户名和密码，如图 4-103 所示。

注册管理帐户

警告: 未对此网页进行加密以进行安全通讯。将以明文形式发送用户名、密码和任何其他信息。有关详细信息，请与管理员联系。

帐户注册

服务帐户由各种场组件使用。帐户密码可设置为按计划自动更改以及在任何计划的 Active Directory 强制更改密码事件之前更改。

输入服务帐户凭据。

服务帐户凭据
用户名
Contoso\Shelley
密码
••••••••••

自动更改密码

自动更改密码使 SharePoint 能够按您制定的计划自动生成新的强密码。选择"启用自动更改密码"复选框可允许 SharePoint 管理选定帐户的密码。

如果检测到帐户基于帐户策略的到期日期，且将在计划的日期和时间之前到期，则将在到期日期之前定期计划的时间的配置天数上更改密码。

选择以启用电子邮件通知，以便该系统生成有关即将发生的更改密码事件的警告通知。

指定系统自动更改密码的时间和日程。

☐ 启用自动更改密码
若检测到密码到期策略，则更改密码
2 强制实施到期策略之前的天数
☐ 通过电子邮件启动通知
5 更改密码前的天数
◯ 每周
◉ 每月

图 4-103　注册管理账户

步骤 05　如果你希望 SharePoint Server 管理此账户的密码更改，就选中“启用自动更改密码”复选框（可选）。

步骤 06　单击“确定”按钮。

在向 SharePoint Server 中注册应用程序池账户之后，下一步是创建 Project Server 服务应用程序，步骤如下。

步骤 01　在管理中心主页的“应用程序管理”部分单击“管理服务应用程序”选项，如图 4-104 所示。

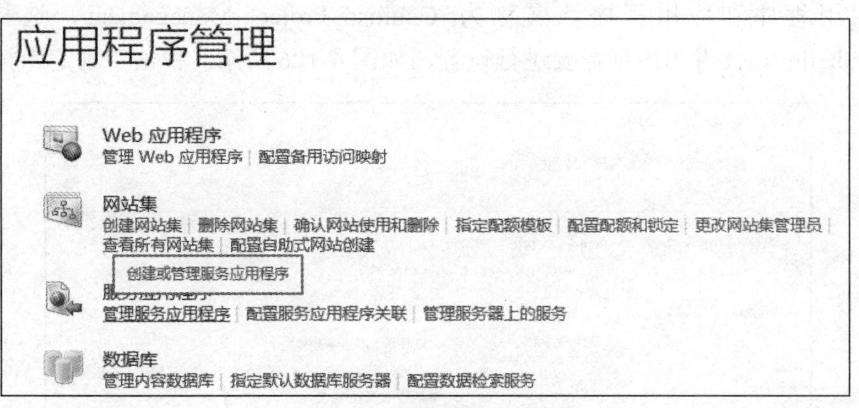


图 4-104　管理服务应用程序

步骤 02　在“服务应用程序”页上的功能区中单击“新建”按钮，然后单击“Project Server Service Application”选项，如图 4-105 所示。

图 4-105　新建 Project Server Service Application

步骤 03　在“创建 Project Server 应用程序”页上：

- 在“Project Server 应用程序名称”框中输入服务应用程序的名称。
- 在“应用程序池”部分，在“应用程序池名称”框中输入要创建的应用程序池的名称。
- 选择“可配置”选项，然后选择要用于运行应用程序池的管理账户。

这里应用程序和应用程序池名称为 Contoso_Project Management，选择安全账户 CONTOSO\Shelley，读者可根据需要进行设置，如图 4-106 所示，单击“确定”按钮。

图 4-106　配置 Project Server Service Application 信息

# 4.4 新建 Project Web App

在 Project Server 2016 中，Project Web App 网站是使用 Microsoft PowerShell 创建的。SharePoint 管理中心网站中不再提供“创建 Project Web App 实例”的模板。

有两个部署 Project Web App 的方式：

- 可以将 Project Web App 网站创建为新网站集的最高级别。
- 在现有网站集中添加 Project Web App 网站。

## 4.4.1 新网站集部署 Project Web App

使用新网站集部署 Project Web App 的操作步骤如图 4-107 所示。

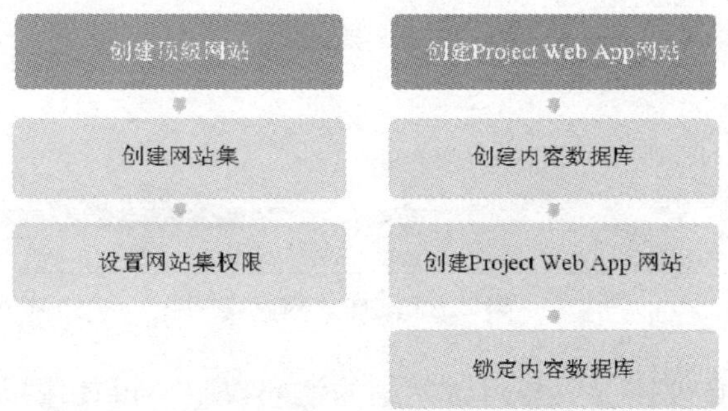


图 4-107 使用新网站集部署 Project Web App 的操作步骤

创建网站集的操作步骤如下。

步骤 01 在 SharePoint 管理中心网站的“应用程序管理”部分，单击“创建网站集”选项，如图 4-108 所示。

图 4-108 创建网站集

步骤 02 在“创建网站集”界面上：

- 从“Web 应用程序”下拉菜单中选择一个 Web 应用程序。
- 在“标题”框中为网站集输入标题。
- 在“模板选择”部分，选择一个网站模板，Project Server 2016 不要求使用特定模板。

- 在“网站集主管理员”部分，输入要用于网站管理员的账户的名称。
- 单击“确定”按钮。

这里以标题为“Project Web App SC”、模板为“工作组网站”为例进行介绍，如图 4-109 所示。

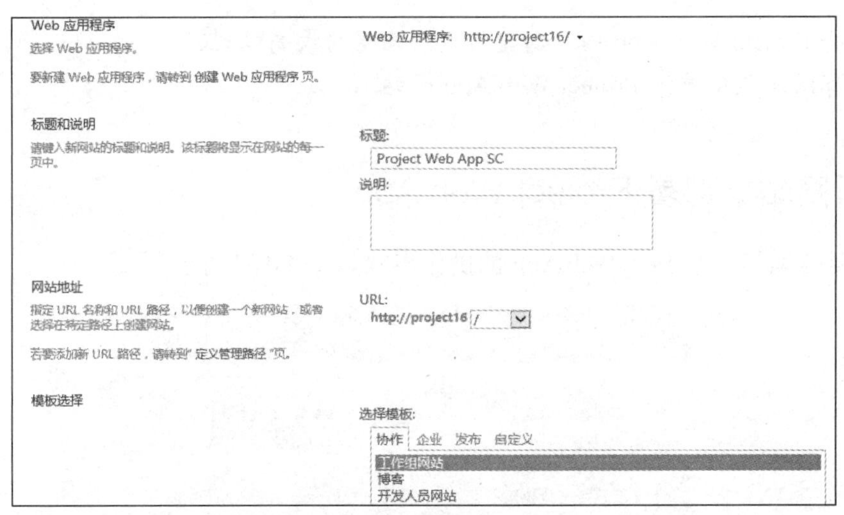


图 4-109　新建网站集

在创建网站集后，必须授予用户对该网站的访问权限，可使用以下步骤授予用户对网站的读取访问权限。

步骤 01　访问网站集“http://project16”，输入用户名和密码。

步骤 02　在该网站集页面顶部单击“共享”按钮，如图 4-110 所示。

图 4-110　共享

步骤 03　在“共享”对话框中，单击“显示选项”，如图 4-111 所示。

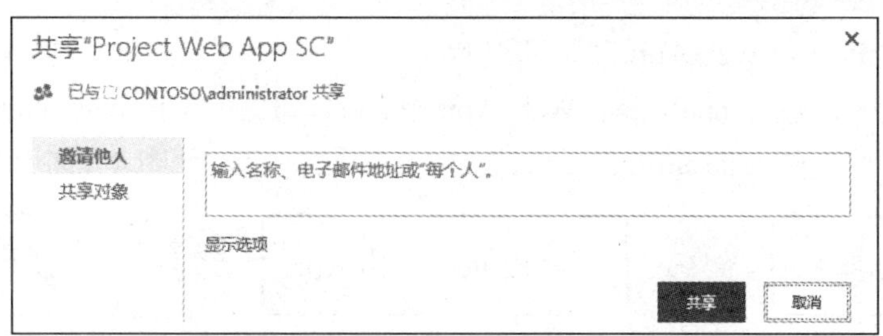


图 4-111 显示选项

步骤 04 从“选择一个组或权限级别”中选择“<网站>访问者[读取]”，如图 4-112 所示。

图 4-112 访问者[读取]

步骤 05 在“输入名称、电子邮件地址或‘每个人’”文本框中输入 CONTOSO\project_contoso（该组为 ADGroup），如图 4-113 所示，单击“共享”按钮。

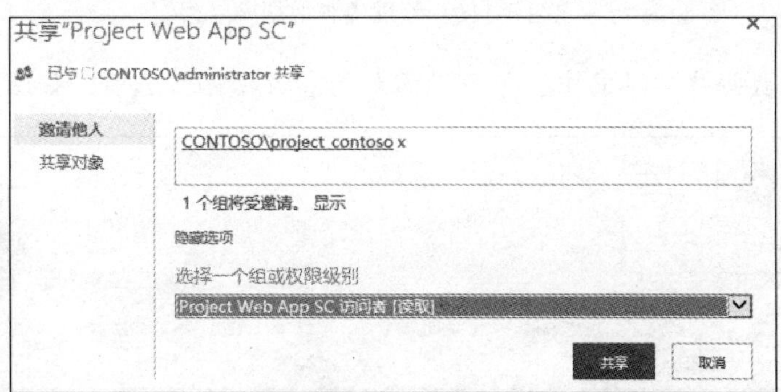


图 4-113 输入所有者

**说 明**

SharePoint 组不能包含其他 SharePoint 组，会弹出提示，如图 4-114 所示。

很抱歉，出现了问题

SharePoint 组不能包含其他 SharePoint 组。请从"用户"框中删除 SharePoint 组并重试。

图 4-114 SharePoint 组不能嵌套

下面介绍创建 Project Web App 网站的过程。

在与新网站集一起创建新 Project Web App 网站时，建议为 Project Web App 网站及其关联项目工作区使用单独的 SharePoint Server 2016 内容数据库，如图 4-115 所示。

创建内容数据库  创建Project Web App  锁定内容数据库

图 4-115　创建 Project Web App 网站的 3 个基本步骤

创建内容数据库具体的操作步骤如下。

步骤 01　在 SharePoint 管理中心的“应用程序管理”部分单击“管理内容数据库”选项，如图 4-116 所示。

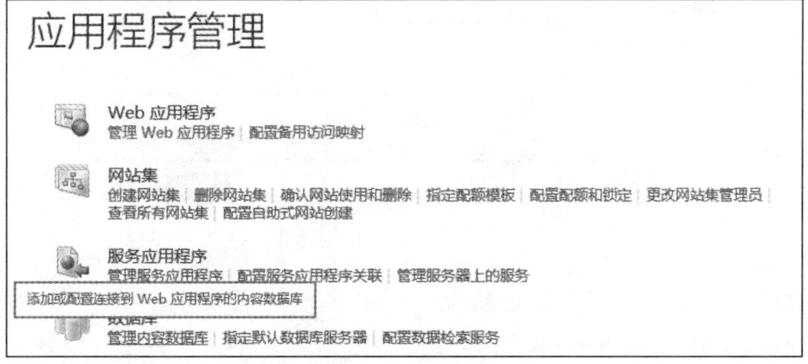


图 4-116　管理内容数据库

步骤 02　在“内容数据库”界面中，单击“添加内容数据库”选项，如图 4-117 所示。

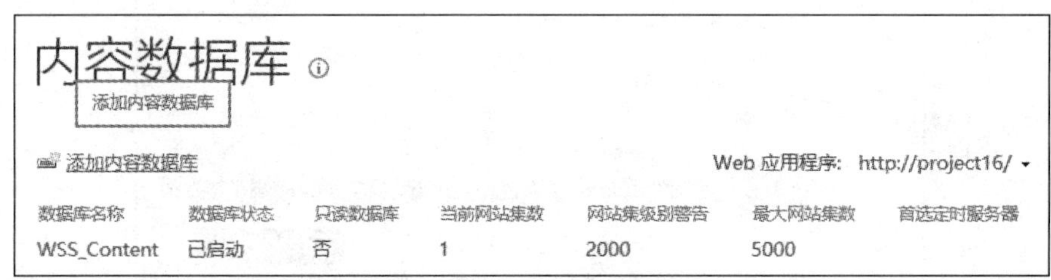


图 4-117　添加内容数据库

步骤 03　在添加内容数据库界面：

- 在“Web 应用程序”部分，选择计划部署 Project Web App 网站的 Web 应用程序。
- 在“数据库名称和验证”部分，输入计划部署 Project Web App 数据库的数据库服务器名称，然后输入数据库名称。
- 单击“确定”按钮。

以新添加的数据库“WSS_Content_PWA DB”及“Windows 验证”为例进行介绍，如图

4-118 所示。

Web 应用程序

选择 Web 应用程序。

Web 应用程序: http://project16/ ▾

数据库名称和验证

大多数情况下，建议使用默认的数据库服务器和数据库名称。有关需要指定数据库信息的高级方案，请参阅管理员指南。

强烈建议使用 Windows 身份验证。若要使用 SQL 身份验证，请指定将用于连接到数据库的凭据。

数据库服务器

Project16

数据库名称

WSS_Content_PWA DB

数据库验证

◉ Windows 验证(推荐)

○ SQL 验证

帐户

密码

故障转移服务器

可以选择将数据库和与 SQL Server 数据库镜像配合使用的特定故障转移服务器关联。

故障转移数据库服务器

数据库容量设置

请指定此数据库的容量设置。

生成警告事件之前允许的最多网站数

2000

此数据库中允许创建的最多网站数

5000

图 4-118　添加内容数据库信息

新建 Project Web App 网站的具体操作步骤如下：

步骤 01　使用 PowerShell 命令“New-SPSite”新建 Project Web App 网站，如图 4-119 所示。

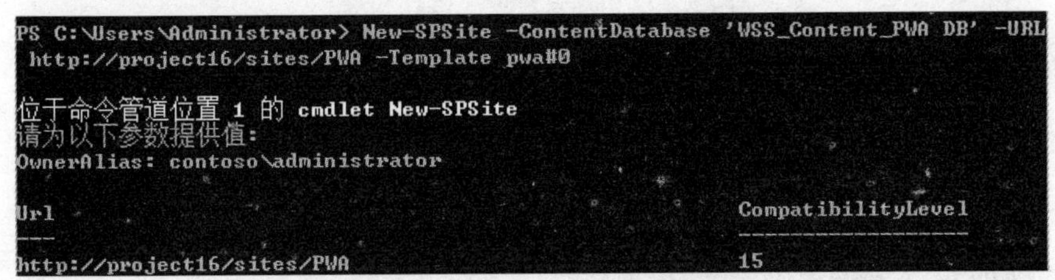


图 4-119　新建 Project Web App 网站

步骤 02　使用 PowerShell 命令“Enable-SPFeature”启用 Project Web App 网站集功能，如图 4-120 所示。

```
PS C:\Users\Administrator> Enable-SPFeature pwasite -URL http://project16/sites/
PWA
```

图 4-120　启用 Project Web App 网站集功能

**说　明**

（1）对于每个内容数据库，只能创建一个 Project Web App 网站。

（2）使用命令“Get-SPSite –ContentDatabase”验证 Project Web App 网站的位置。

步骤 03　访问 PWASite，如图 4-121 所示。

图 4-121 PWASite 主页面

锁定内容数据库的具体操作步骤如下：

步骤 01 在 SharePoint 管理中心的“应用程序管理”→“内容数据库”页面，单击 WSS_Content_PWA DB的内容数据库的链接，如图 4-122 所示。

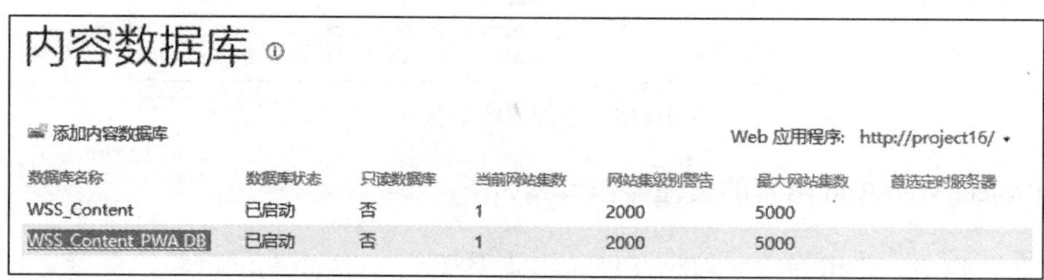


| 数据库名称 | 数据库状态 | 只读数据库 | 当前网站集数 | 网站集级别警告 | 最大网站集数 | 首选定时服务器 |
|---|---|---|---|---|---|---|
| WSS_Content | 已启动 | 否 | 1 | 2000 | 5000 | |
| WSS_Content_PWA DB | 已启动 | 否 | 1 | 2000 | 5000 | |

图 4-122 内容数据库链接设置

步骤 02 在“数据库容量设置”部分：

- 在“生成警告事件之前允许的最多网站数”框中输入 0。
- 在“此数据库中允许创建的最多网站数”框中输入 1。

如图 4-123 所示，单击“确定”按钮。

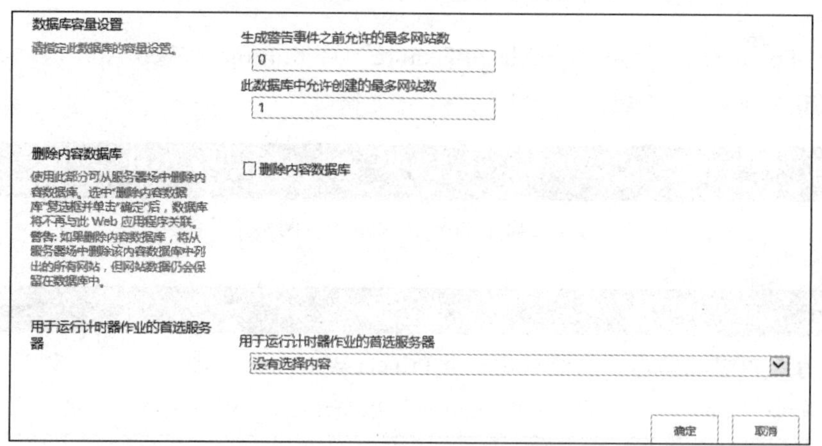


图 4-123 数据库容量设置

### 4.4.2 现有的网站集新建 Project Web App 网站

将 Project Web App 实例部署到现有网站集的步骤如图 4-124 所示。

创建Project Web App网站

启用Project Web App网站集功能

图 4-124 将 Project Web App 实例部署到现有网站集的步骤

在现有的网站集新建 Project Web App 网站的具体操作步骤如下：

步骤 01 使用 PowerShell 命令“New-SPweb”新建 Project Web App 网站，如图 4-125 所示。

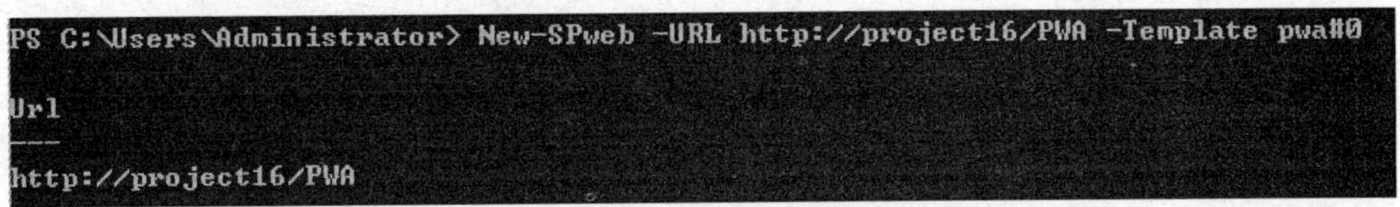


图 4-125 新建 Project Web App 网站

步骤 02 使用 PowerShell 命令“Enable-SPFeature”启用 Project Web App 网站集功能，如图 4-126 所示。

```
PS C:\Users\Administrator> Enable-SPFeature pwasite -URL http://project16
```

图 4-126 启用 Project Web App 网站集功能

**说 明**

此功能应用于整个网站集，不是特定的某个子网站。

## 4.5 升级到 Project Server 2016

Project Server 2016 的升级分为 6 个步骤，如图 4-127 所示（此图来源于 Microsoft 官方网站）。

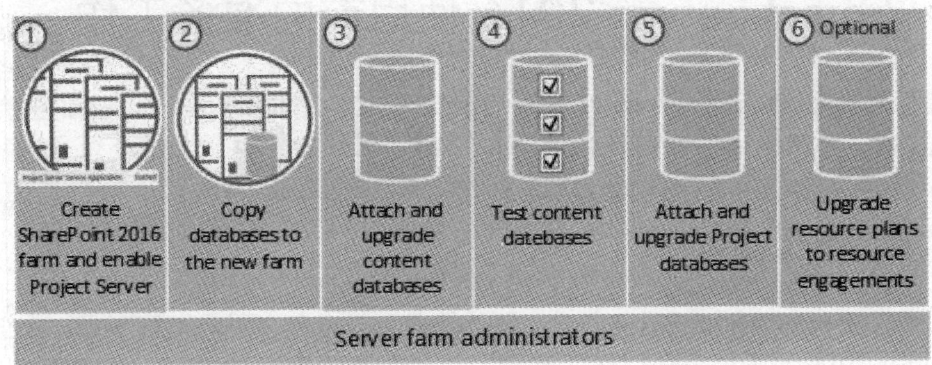


图 4-127 Project Server 2016 升级流程

从图 4-127 中可得出：

- 首先部署 SharePoint Server 2016 场并启用 Project Server 2016，然后需要启动 Project Server Service Application。

> **说　明**
>
> 只能在 SharePoint Server 2016 企业版上启用 Project Server 2016，不能在带标准许可的 SharePoint Server 2016 上启用 Project Server 2016。

- 将数据库从 Project Server 2013 数据库服务器复制并迁移到托管 Project Server 2016 安装的数据库服务器，这些数据库包括 Project Server 2013 数据库和包含项目网站集的 SharePoint 2013 内容数据库。
- 使用 PowerShell cmdlet：Mount-SPContentDatabase 将包含项目网站数据的 SharePoint 2013 内容数据库附加并升级到 Project Server 2016。
- 使用 PowerShell cmdlet：Test-SPContentDatabase 检查已升级的 SharePoint 内容数据库。
- 使用 PowerShell cmdlet：Migrate-SPProjectDatabase 将 Project Server 2013 数据库附加并升级到 Project Server 2016 场。
- 使用 PowerShell cmdlet（可选步骤）：Migrate-SPProjectResourcePlans 将 Project Server 2013 资源计划迁移到资源预订。

> **说　明**
>
> 资源预订是 Project Server 2016 中的一项新功能，有助于项目经理和资源经理就与项目相关联的特定资源的具体工作量和工作时段达成一致。资源预订取代了资源计划功能，因为在 Project Server 2016 中资源计划功能将不再可用，可以选择在升级流程中将现有 Project Server 2013 资源计划迁移到 Project Server 2016 中的资源预订。

## 4.6　Project Server 2016 使用前的准备工作

安装和配置完 Project Server 2016 之后，需要建立基本账户信息，验证连接 Project Professional 端的可用性并进行项目网站的预配设置。

### 4.6.1　建立基本账户

安装完成 Project Server 2016 之后，默认情况下只有一个用户：管理员。在正式使用 Project Server 2016 之前，需要建立项目经理、资源经理、团队成员、项目组合查看者、管理员等最常见的用户类型，每种用户类型在项目管理中承担的任务见 3.3.2 节，确定访问 Project Server 的用户数和用户类型。

### 4.6.2 验证连接 Project Professional 2016 端的可用性

下载 Project Professional 2016.iso 进行安装，安装结束后，系统管理员可以在 Project Server 端新建角色为项目经理的账户，并用来进行 Project Server 2016 与 Project Professional 2016 的连接测试。

具体操作步骤如下。

步骤 01 打开 Project Professional 2016，选择“文件”→“信息”→“管理账户”，在弹出的对话框中建立访问 Project Server 的用户，如图 4-128 所示。

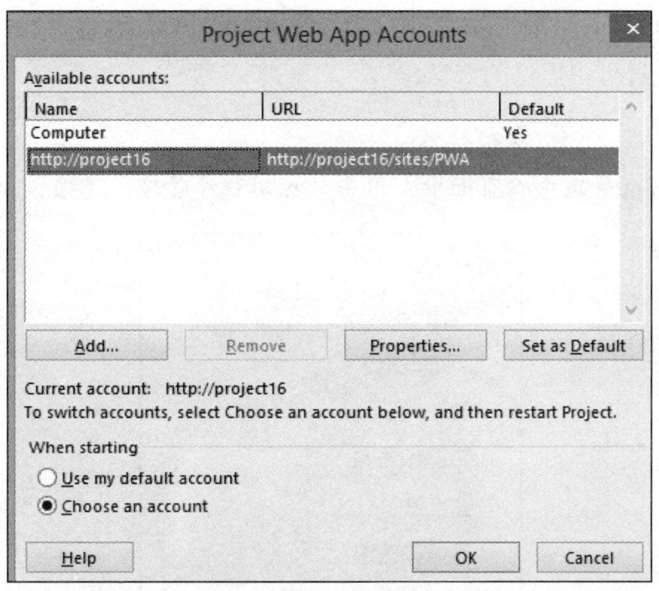


图 4-128 管理账户

步骤 02 重新启动 Project Professional 2016 之后，将出现如图 4-129 所示的对话框，选择关联的 PWAProfile http://project16，并单击 OK 按钮。

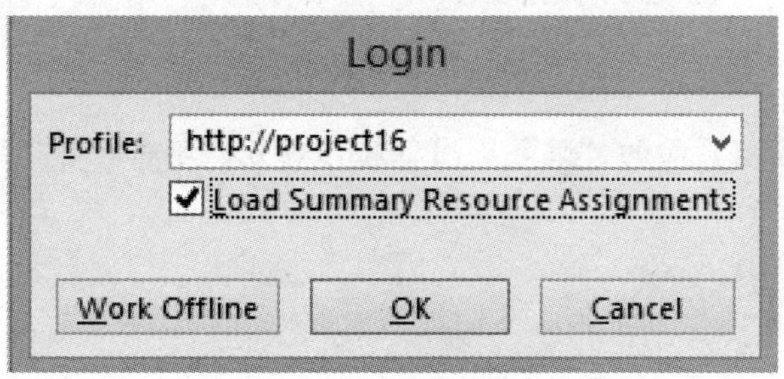


图 4-129 登录对话框

### 4.6.3 项目网站预配设置

“项目网站提供设置”是 Project Server 服务器设置操作策略的一部分。在 Project Server 2016 中，这些设置是在 SharePoint 管理中心使用的，若要访问此设置，则必须拥有服务器场管理员权限。

配置“项目网站提供设置”包含：

- 网站的 URL。
- 默认网站属性。
- 网站创建设置。
- 网站 URL 设置。

允许用户在默认的 Web 应用程序中创建项目网站，网站 URL 信息基于在 Project Web App 实例的资源调配过程中提供的信息。

具体操作步骤如下：

步骤 01 在 SharePoint 管理中心页面中，单击“应用程序管理”选项，如图 4-130 所示。

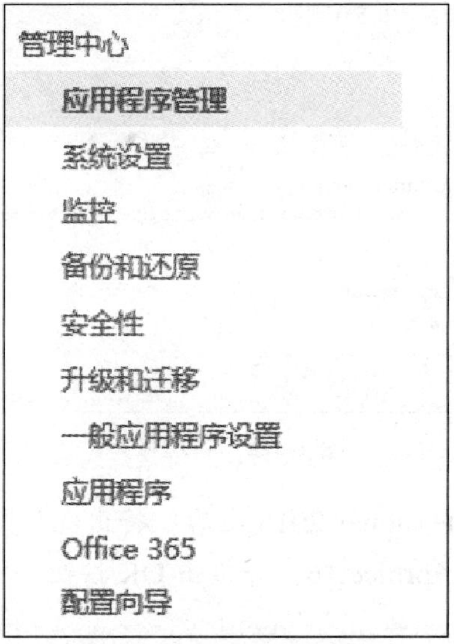


图 4-130 应用程序管理

步骤 02 在应用程序管理页面的“服务应用程序”部分，单击“管理服务应用程序”选项，如图 4-131 所示。

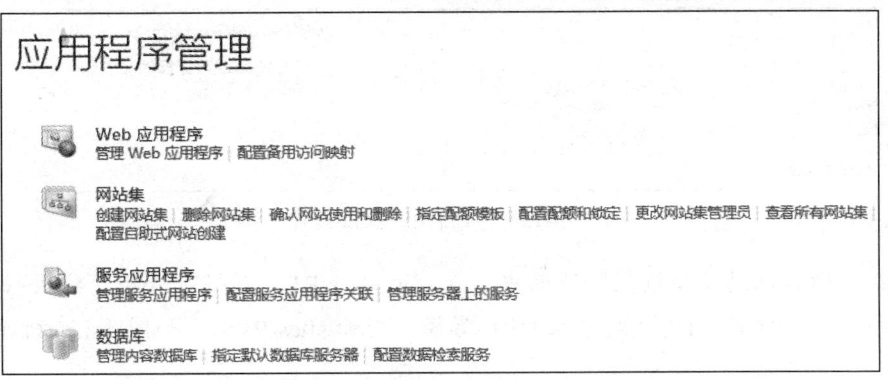


图 4-131　管理服务应用程序

步骤 03　在服务应用程序页面中，单击“Project Server Service Application”选项，该服务包含要访问其网站提供设置的 Project Web App 实例，如图 4-132 所示。

图 4-132　Project 应用程序服务

步骤 04　在“管理 Project Web Apps”页面中，单击要访问的站点，单击 PWA 实例的下拉菜单，单击“管理”按钮，如图 4-133 所示。

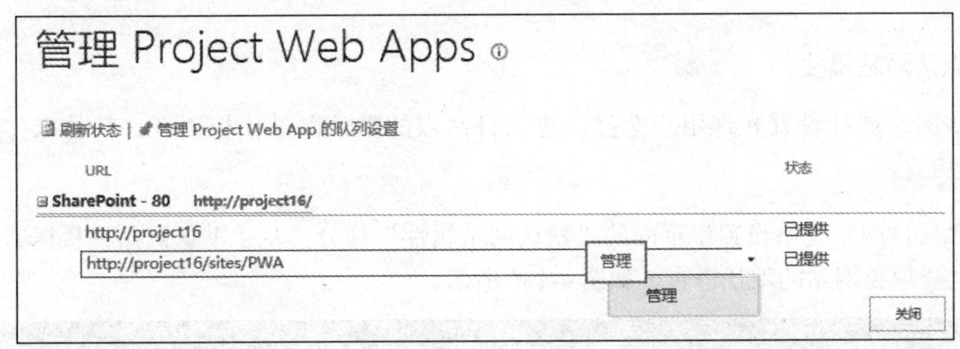


图 4-133　管理

步骤 05　在服务器设置页面的“操作策略”部分，单击“项目网站提供设置”选项，如图 4-134 所示。

Project Web App 实例：http://project16/sites/PWA

队列和数据库管理
管理队列作业
每日日程安排备份
管理性备份
管理性还原
OLAP 数据库管理

操作策略
其他服务器设置
服务器端事件处理程序
项目网站提供设置
批量更新连接的 SharePoint 网站

工作流和项目详细信息页面
项目工作流设置

图 4-134　项目网站提供设置

步骤 06　在“项目网站提供设置”页面中，在“网站 URL”属性部分指定默认 Web 应用程序，在“网站 URL”处输入 URL 路径，例如 sites/PWA，如图 4-135 所示。

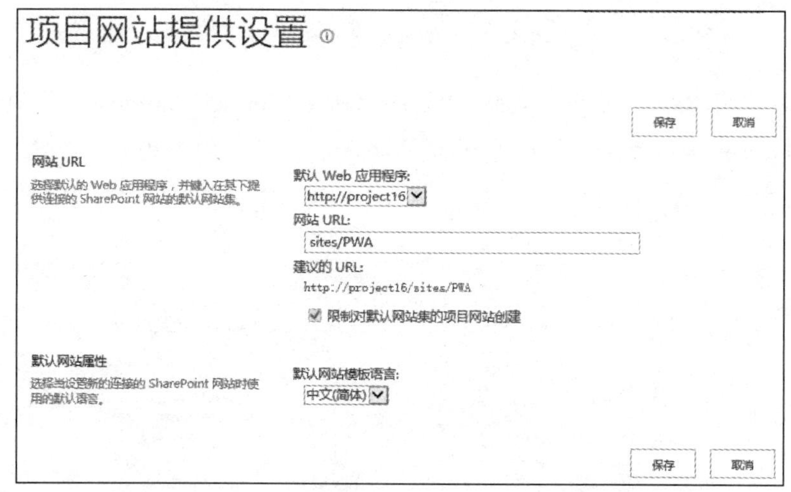


图 4-135　网站 URL

**说　明**

如果希望仅对指定设置的网站创建项目网站，就选中“限制对默认网站集的项目网站创建”复选框。

### 1. 默认网站属性

默认网站属性设置允许用户选择创建项目站点的默认网站模板语言。具体操作步骤如下：

在“项目网站提供设置”页面的“默认网站属性”部分，从“默认网站模板语言”下拉列表中选择项目网站的默认语言，如图 4-136 所示。

**说　明**

在“默认网站模板语言”下拉列表中，可用的语言有 Project Server 2016 基本安装语言和 SharePoint Server 2016 语言包。

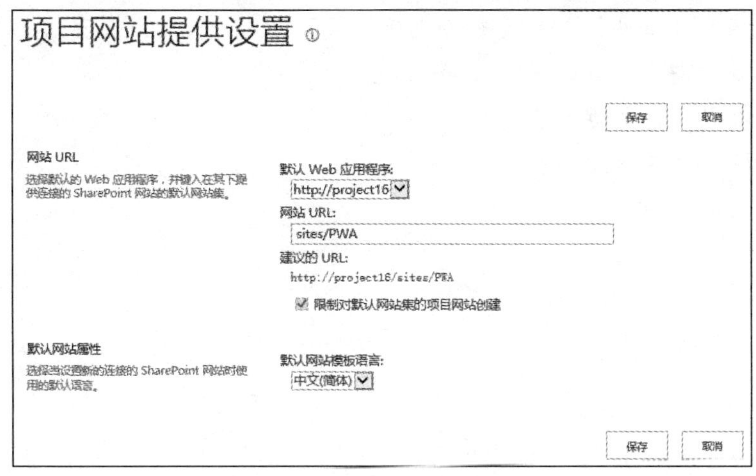


图 4-136 网站模板语言

## 2. 网站创建设置

网站创建设置用于用户在 Project Server 2016 创建新项目并发布到服务器时新建项目网站。具体操作步骤如下：

步骤 01 登录项目管理网站的页面（http://project16/sites/PWA/Projects.aspx），在 PWA 设置界面中单击右下方“操作策略”中的“连接的 SharePoint 网站”选项，如图 4-137 所示。

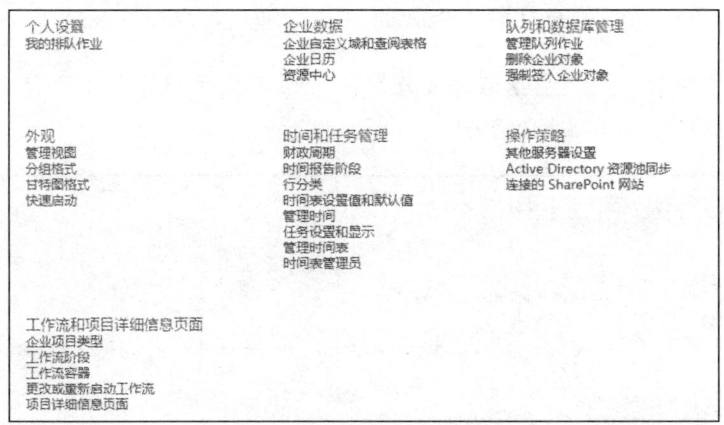


图 4-137 连接的 SharePoint 网站

步骤 02 在“连接的 SharePoint 网站”页面中，单击“设置”按钮，如图 4-138 所示。

连接的 SharePoint 网站

创建网站 | 编辑网站地址 | 删除网站 | 转至项目网站设置 | 设置

图 4-138 设置

步骤 03 在“设置”页面中，“当发布企业项目时”有三种模式，如图 4-139 所示，选择一种后单击“确定”按钮完成设置。

- 首次发布时自动创建网站。
- 允许用户选择。
- 不创建网站。

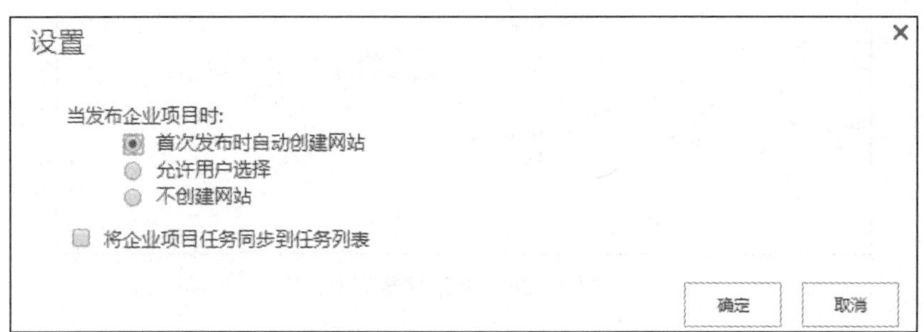


图 4-139　网站创建设置

## 4.6.4　管理 Project Web App 的队列设置

在 Project Server 2016 中，队列设置不再适用于个别情况的 Project Web App，将应用于 Project 服务应用程序中创建的所有 Project Web App 实例。此外，由于队列位于项目服务级别，因此管理队列在 SharePoint 管理中心设置，而不是在 Project Web App 中。

访问“管理队列设置”的具体操作步骤如下。

步骤 01 在“管理中心”→“应用程序管理”→“服务应用程序”下，单击“管理服务应用程序”选项，如图 4-140 所示。

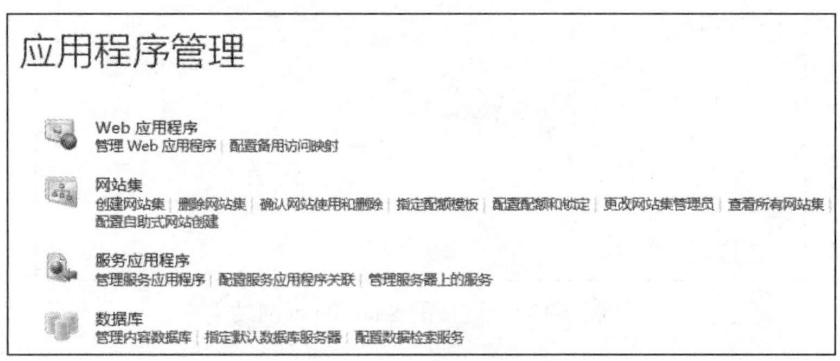


图 4-140　管理服务应用程序

步骤 02 在“服务应用程序”页面中，单击“Project Server Service Application”选项，如图 4-141 所示。

图 4-141 Project 服务应用程序

步骤 03 在“管理 Project Web Apps”页面中，单击“管理 Project Web App 的队列设置”选项，如图 4-142 所示。

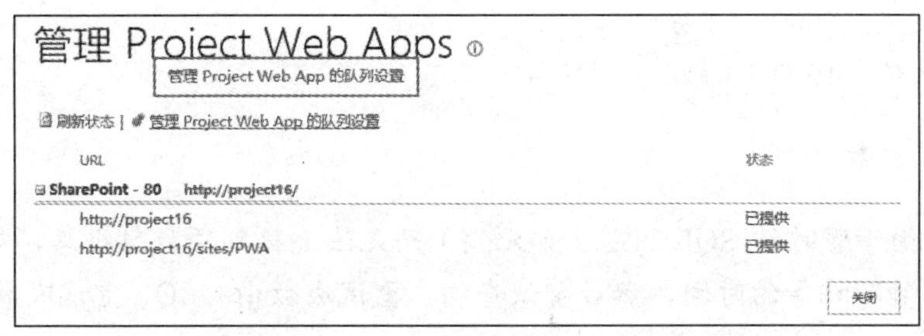


图 4-142 管理 Project Web App 的队列设置

步骤 04 在“管理 Project Web App 的队列设置”页面中，允许管理员更改以下队列设置：

- 最大并发程度。

队列是多线程的，可同时处理多个作业。此设置限制队列的并发度。注意，此设置因 Project Web App 服务应用程序而异。

- ◆ 最小值：1。
- ◆ 最大值：10。
- ◆ 默认值：4。

- 重试间隔（毫秒）。

如果由于暂时的问题而导致作业处理失败，那么队列将等待与“重试间隔”相等的时间，然后重试作业。

- ◆ 最小值：0（立即重试）。
- ◆ 最大值：60000（1 分钟）。
- ◆ 默认值：1000（1 秒）。

- 重试次数限制。

如果由于暂时的问题而导致作业处理失败，那么队列将重试作业，而不是放弃作业，重试次数由“重试次数限制”限定。

- ◆ 最小值：0（无重试次数）。
- ◆ 最大值：100。
- ◆ 默认值：5。

- SQL 重试间隔（毫秒）。

如果该查询由于暂时的 SQL 问题（如死锁）而无法连接到项目数据库，那么队列会等待与“SQL 重试间隔”相等的时间，然后重试查询。

- ◆ 最小值：0（立即重试）。
- ◆ 最大值：60000（1 分钟）。
- ◆ 默认值：1000（1 秒）。

- SQL 重试次数限制。

如果该查询由于暂时的 SQL 问题（如死锁）而无法连接到项目数据库，那么队列会等待与“SQL 重试间隔”相等的时间，然后重试查询，重试次数由“SQL 重试次数限制”限定。

- ◆ 最小值：0（无重试次数）。
- ◆ 最大值：100。
- ◆ 默认值：5。

- SQL 超时（秒）。

通过此队列，SQL 可以调用检索和执行作业，此设置可以控制所有此类调用的超时值。如果由于 SQL 超时错误而导致作业失败，那么管理员可以增加此设置的值，并重试作业。

- ◆ 最小值：30。
- ◆ 最大值：86400（1 天）。
- ◆ 默认值：1800（30 分钟）。

- 成功作业的清理期限（小时）。

此设置确定运行队列清理作业时可以清除的成功作业的期限阈值。例如，若某项作业于 2018 年 2 月 1 日 10:41 PM 成功，而队列清理作业的运行时间是 2018 年 2 月 2 日 11:55 PM，则此项作业将被清除（假定成功作业的清理期限为 1 天）。由于成功作业的数量通常很多，因此成功作业的清理期限通常被设置为一个较小的值：24（1 天）。

- ◆ 最小值：1。
- ◆ 最大值：100000。

- ◆ 默认值：24（1 天）。

- 未成功作业的清理期限（小时）。

此设置确定运行队列清理作业时可以清除任何处于已完成、未成功状态（例如，失败但不阻止互联）的作业的期限阈值。每项作业的期限取决于完成的日期和时间。例如，若某项作业于 2018 年 2 月 1 日 10:41 PM 被取消，而队列清理作业的运行时间是 2018 年 2 月 2 日 11:55 PM，则此项作业将不会被清除（假定清理未成功作业的清理期限为 7 天）。由于已完成、未成功作业的数量通常不多，因此未成功作业的清理期限通常设置为一个比较大的值：168（7 天）。

- ◆ 最小值：1。
- ◆ 最大值：100000。
- ◆ 默认值：168（7 天）。

- 记账间隔（毫秒）。

队列系统执行一系列的记账任务。例如，唤醒某些处于“休眠”状态的作业，更新心跳时间戳，检查是否需要执行队列清理，等等。此设置可以控制这些任务运行的时间间隔。

- ◆ 最小值：500（1/2 秒）。
- ◆ 最大值：300000（5 分钟）。
- ◆ 默认值：10000（10 秒）。

- 队列超时（分钟）。

队列系统具有故障转移恢复功能，若服务器场中包含多台运行 Project Web App 服务应用程序的服务器，并且某台服务器上的队列服务出现故障，则系统会将作业自动重新分配到队列服务处于联机状态的其他服务器上。若某个队列服务超过了“队列超时”间隔仍无法从队列运行状况计时器作业中访问，则认为该队列服务已超时。

- ◆ 最小值：5。
- ◆ 最大值：60。
- ◆ 默认值：15。

# 第三篇 Project 管理规划阶段

# 第 5 章

# 项目范围管理

项目范围管理包括确保项目做且只做所需的全部工作，以成功完成项目的各个过程，主要在于定位和控制哪些工作应该包含在项目内，哪些不应该包含在项目内。

通过本章的介绍，你可以学习和掌握：

- 规划范围管理
- 收集需求
- 定义范围
- 创建 WBS
- 确认范围
- 控制范围

## 5.1 规划范围管理

规划范围管理是创建范围管理规划，用来描述如何定义、制定、监督、确认和控制项目范围的过程，为整个项目提供指南和方向，有助于降低项目范围蔓延的风险。

- 制定详细项目范围说明书。
- 根据详细项目范围说明书创建 WBS。
- 维护 WBS。
- 正式验收已完成的项目可交付成果。
- 处理对详细项目范围说明书的变更。

通常情况下，各个项目之间的管理都是独立的，所以项目管理人员在新建项目时，可以采用以下两种模式进行管理。

- 模式 1：PWA 新建项目进行管理。
- 模式 2：向 Project Web App 添加 SharePoint 网站进行项目管理。

如果项目比较大，周期比较长，推荐使用模式 2 进行项目规划管理，这样可以将项目相关的信息详细记录在 SharePoint 网站中，便于日后管理和查询。

模式 1：PWA 新建项目进行管理的具体操作如下。

步骤 01 项目管理人员登录 PWA 网站集，如 http://project16/sites/PWA/default.aspx。

步骤 02 在 PWA 网站主页面，单击“创建或导入项目”，如图 5-1 所示。

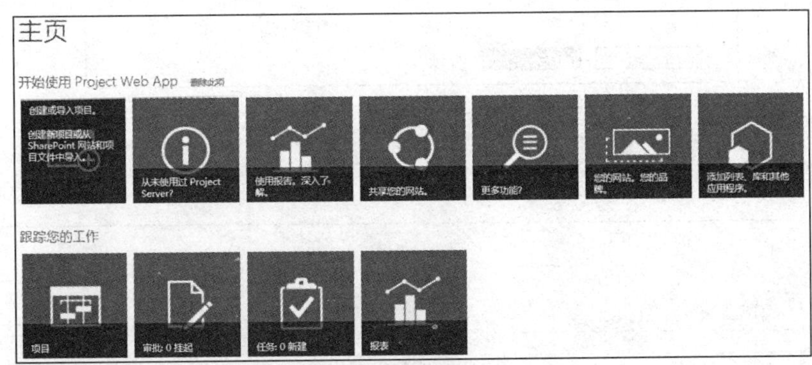


图 5-1　创建或导入项目

步骤 03 在创建新项目界面，以“企业项目”为例，单击“下一步”按钮，如图 5-2 所示。

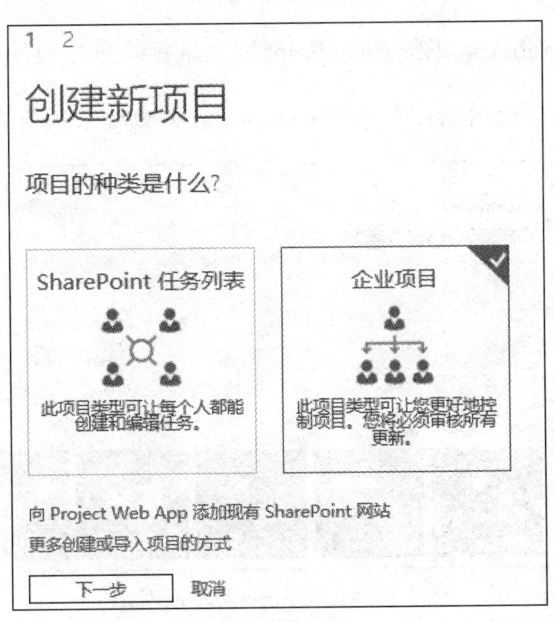


图 5-2　新建企业项目

步骤 04 在创建新项目界面，填写项目的名称、开始日期以及所有者，单击“完成”按钮，如图 5-3 所示。

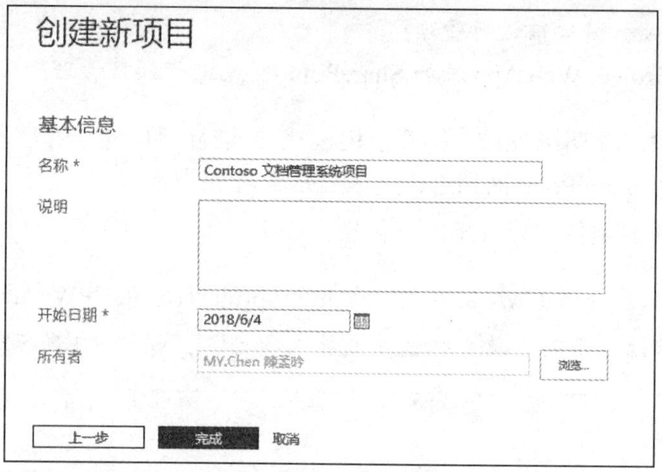
创建新项目
基本信息
名称 *
Contoso 文档管理系统项目
说明
开始日期 *
2018/6/4
所有者
MY.Chen 陈孟吟
浏览...
上一步
完成
取消

图 5-3　创建新项目

步骤 05　在项目中心界面，可以看到新建的项目，如图 5-4 所示。

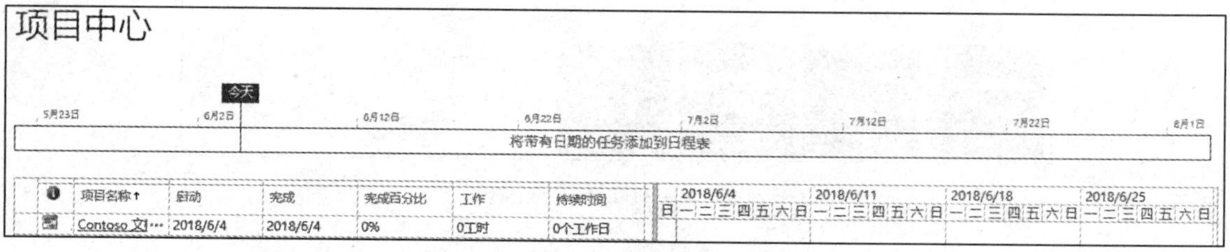
项目中心
今天
5月23日
6月2日
6月12日
6月22日
7月2日
7月12日
7月22日
8月1日
将带有日期的任务添加到日程表
项目名称 ↑
启动
完成
完成百分比
工作
持续时间
2018/6/4
2018/6/11
2018/6/18
2018/6/25
Contoso 文…
2018/6/4
2018/6/4
0%
0工时
0个工作日

图 5-4　Contoso 文档管理系统项目

模式 2：向 Project Web App 添加 SharePoint 网站进行管理项目的具体操作步骤如下。

步骤 01　新建 Project 类型的网站，命名为 Contoso 文档管理系统项目，如图 5-5 所示。

Contoso 文档管理系统项目
主页
文档
任务
日历
网站内容
项目摘要
条理分明。
编辑
任务列表。
今天
将带有日期的任务添加到日程表
开始使用您的网站

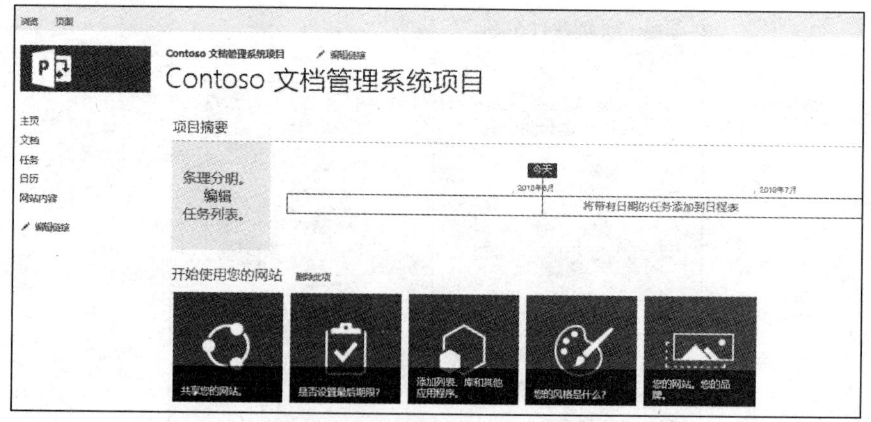

图 5-5　新建 Project 类型的网站

步骤 02　在 PWA 界面单击“创建或导入项目”进入创建新项目界面，单击项目工具中的“添加 SharePoint 网站”，如图 5-6 所示。

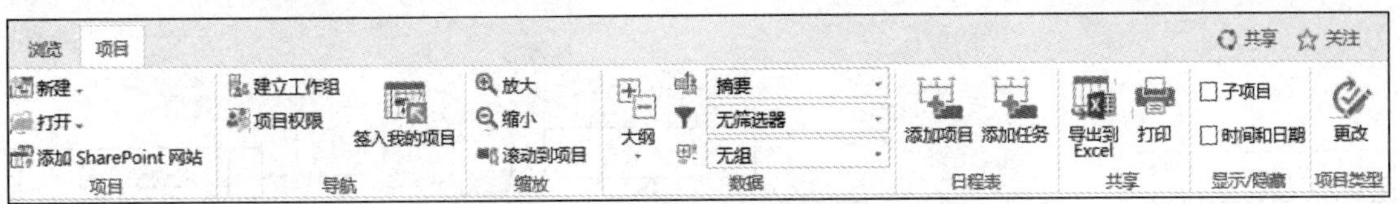


图 5-6 添加 SharePoint 网站

步骤 03 在向 Project Web App 添加 SharePoint 网站界面，选择之前新建的网站，单击“添加”按钮，如图 5-7 所示。

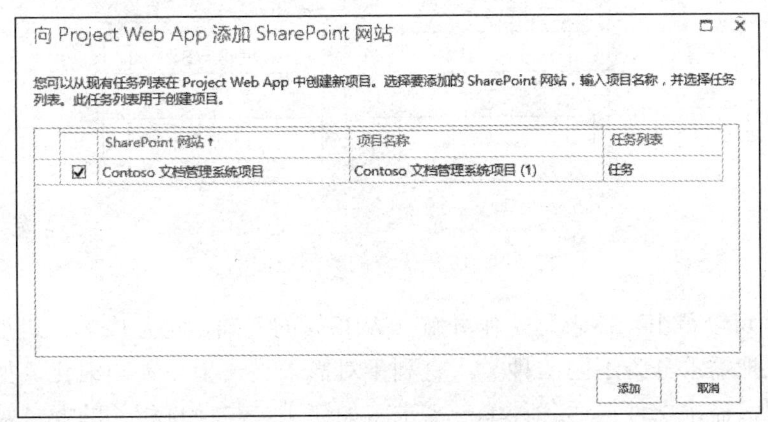


图 5-7 关联 SharePoint 网站

步骤 04 在项目中心界面，可以看到新建的项目：Contoso 文档管理系统项目，如图 5-8 所示。

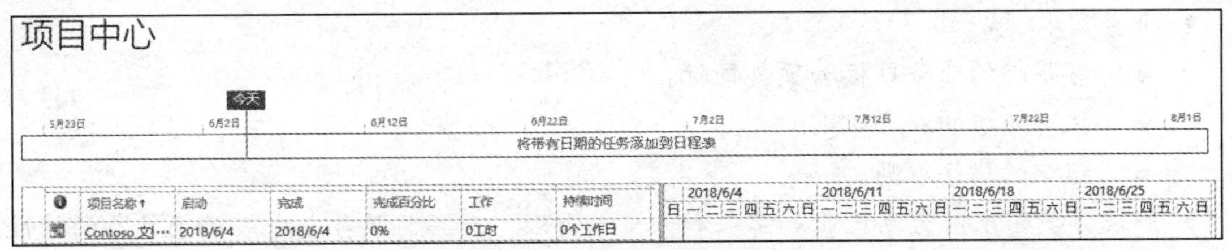


图 5-8 Contoso 文档管理系统项目

# 5.2 收集需求

项目开始的时候，可能只有高层次级别的需求，随着有关需求信息的增加而逐步细化，只有明确可跟踪的、完整的、相互协调的且主要干系人愿意认可的需求才能作为基准。

## 5.2.1 收集需求的数据流向图

收集需求是为实现项目目标而确定、记录并管理干系人的需要和需求的过程，主要作用是为定义和管理项目范围奠定基础。图 5-9 所示为 PMBOK 推荐的收集需求的数据流向图。

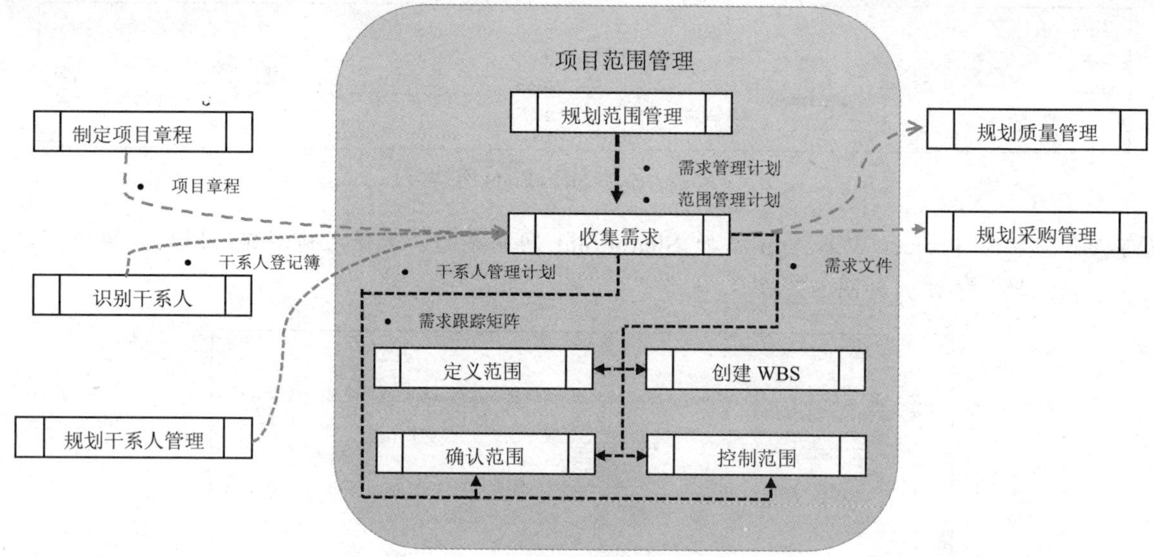


图 5-9　收集需求的数据流向图

从图 5-9 中可以得出，需求是工作分解（WBS）的基础，也是成本、进度和质量规划的基础，许多组织把需求分为不同的种类，有利于对需求进一步完善和细化，如业务解决方案和技术解决方案，需求文件描述各种单一需求将如何满足与项目相关的业务需求，需求文件的格式多种多样，既可以是一份按干系人和优先级分类列出全部需求的简单文件，也可以是一份包含内容提要、细节描述和附件等的详细文件，需求文件包含但不限于：

- 业务需求。
  - 可跟踪的业务目标和项目目标。
  - 执行组织的业务规则。
  - 组织的指导原则。
- 解决方案需求：为满足业务需求和干系人需求，产品、服务或成果必须具备的特性、功能和特征。解决方案需求包括以下几种。
  - 功能需求：关于产品能开展的行为，如流程、数据以及与产品的互动。
  - 非功能需求：对功能需求的补充，是产品正常运行所需的环境条件或质量，如可靠性、安防性、性能、安全性、服务水平、可支持性、保留\清除等。
  - 技术和标准合规性需求。
  - 支持和培训的需求。
  - 质量需求。
  - 报告需求。
- 项目需求。
  - 服务水平、绩效、安全合规等。
  - 验收标准。
- 过渡需求：从“当前状态”过渡到“将来状态”所需的临时能力，如数据转换和培训需求。

- 质量需求：用于确认可交付成果的成功完成或其他项目需求的实现的任何条件或标准。

### 5.2.2 需求跟踪

传统的 PMBOK 借助需求跟踪矩阵的方式来跟踪记录需求状态，这里我们推荐使用 SharePoint 任务列表来进行需求跟踪，是把产品需求从其来源连接到能满足需求的可交付成果的一种管理模式，可以有效地把每个需求与项目目标或业务目标进行关联，有助于确保每个需求都具有商业价值，最后可以为管理项目范围变更提供框架。

需求跟踪包含但不限于：

- 业务需求、机会、目的和目标。
- 项目目标。
- 项目范围/WBS 可交付成果。
- 产品设计。
- 产品开发。
- 测试策略和测试场景。
- 高级别需求到详细需求。

需要在需求跟踪中记录每个需求的相关属性，这些属性有助于明确每个需求的关键信息。比较典型的属性包括：唯一标识、需求的文字描述、收录该需求的理由、所有者、来源、优先级别、版本、当前状态（如活跃中、已取消、已推迟、新增加、已批准、被分配和已完成）和状态日期，为确保干系人满意，可能需要增加一些补充属性，如稳定性、复杂性和验收标准。

在 SharePoint 站点中实现上述需求跟踪的操作步骤如下。

步骤 01 项目负责人访问 Contoso 文档系统管理项目站点，单击“网站内容”，如图 5-10 所示。

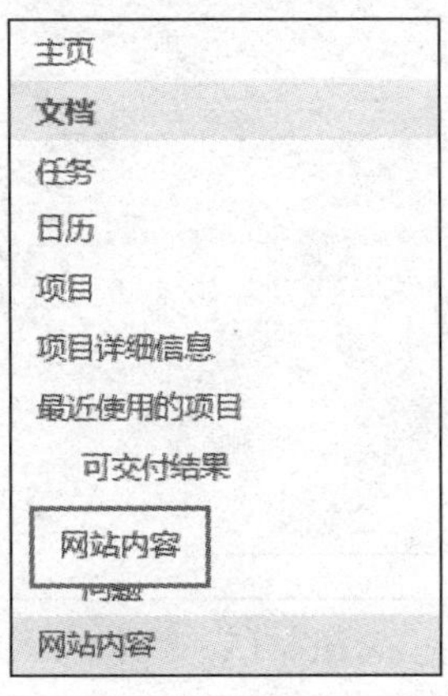


图 5-10 网站内容

步骤 02 在站点内容界面，单击“添加应用程序”，如图 5-11 所示。

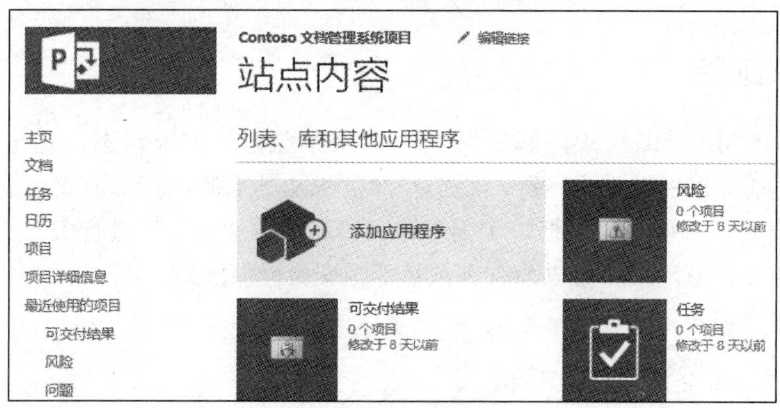


图 5-11　添加应用程序

步骤 03 在您的应用程序界面，单击“任务”，如图 5-12 所示。

图 5-12　任务

步骤 04 在新建界面，输入名称：需求跟踪，单击“创建”按钮，如图 5-13 所示。

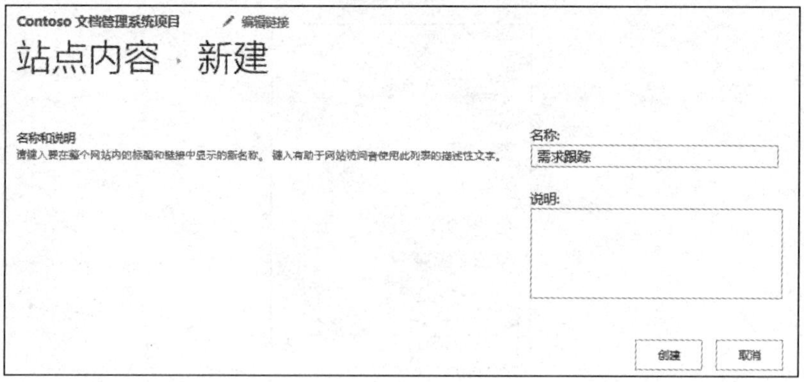

图 5-13　新建

步骤 05 在需求跟踪列表的工具栏，单击“列表设置”，如图 5-14 所示。

图 5-14 列表设置

步骤 06 在列表设置界面，在栏目设置中单击“创建栏”创建以下栏目，如图 5-15 所示。

- 唯一标识。
- 需求的文字描述。
- 收录该需求的理由。
- 来源。
- 稳定性。
- 复杂性。
- 验收标准。

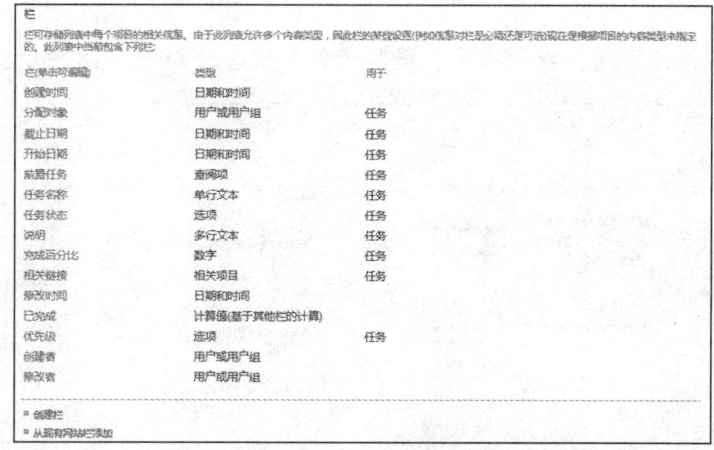

栏

栏可存储列表中每个项目的相关信息。由于此列表允许多个内容类型，因此栏的某些设置(例如信息对栏是必填还是可选)现在是根据项目的内容类型来指定的。此列表中当前包含下列栏:

| 栏(单击可编辑) | 类型 | 用于 |
|---|---|---|
| 创建时间 | 日期和时间 | |
| 分配对象 | 用户或用户组 | 任务 |
| 截止日期 | 日期和时间 | 任务 |
| 开始日期 | 日期和时间 | 任务 |
| 前置任务 | 查阅项 | 任务 |
| 任务名称 | 单行文本 | 任务 |
| 任务状态 | 选项 | 任务 |
| 说明 | 多行文本 | 任务 |
| 完成百分比 | 数字 | 任务 |
| 相关链接 | 相关项目 | 任务 |
| 修改时间 | 日期和时间 | |
| 已完成 | 计算值(基于其他栏的计算) | |
| 优先级 | 选项 | 任务 |
| 创建者 | 用户或用户组 | |
| 修改者 | 用户或用户组 | |

▫ 创建栏
▫ 从现有网站栏添加

图 5-15 创建栏

| 提 示 |
|---|
| 推荐先使用应用创建字段，再将字段标题改为中文名，以便于日后可能遇到的维护性工作。 |

项目负责人新建需求“文档搜索”，并对该需求加以描述，如图 5-16 所示。

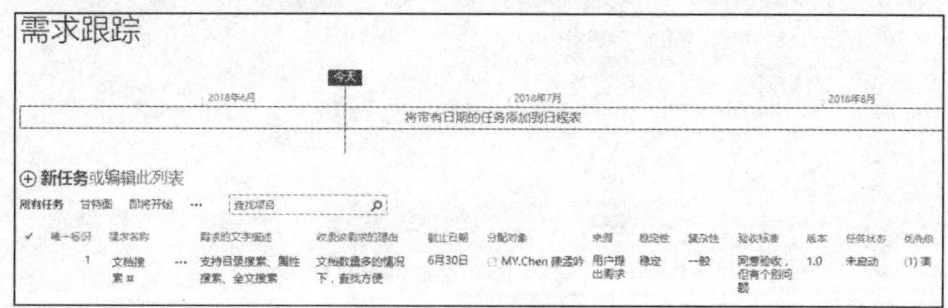


图 5-16 新建需求

在新需求中，又可以细化 N 个子需求，可以在当前需求的基础上衍生新建子需求，具体创建步骤如下。

步骤 01　打开“文档搜索”对话框，单击“创建子任务”按钮，如图 5-17 所示。

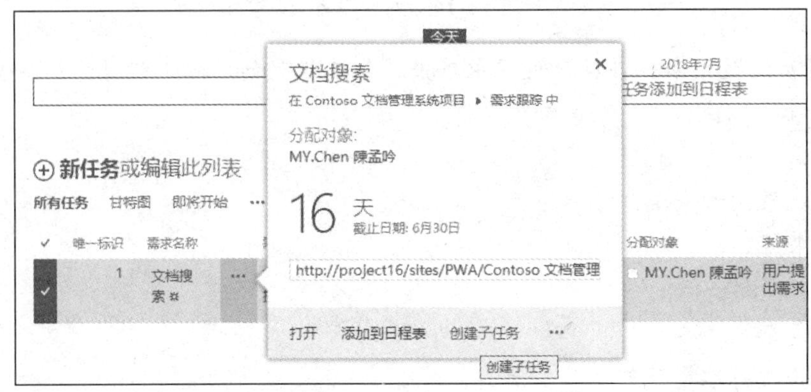


图 5-17　创建子任务

步骤 02　在创建子任务页面，以快捷方式填写子需求信息，如图 5-18 所示。

停止编辑此列表

所有任务　甘特图　即将开始　…　查找项目

| 唯一标识 | 需求名称 | 需求的文字描述 | 收录该需求的理由 | 截止日期 | 分配对象 | 来源 | 稳定性 | 复杂性 | 验收标准 |
|---|---|---|---|---|---|---|---|---|---|
| 1 | 文档搜索 | 支持目录搜索、属性搜索、全文搜索 | 文档数量多的情况下，查找方便 | 6月30日 | MY.Chen 陳孟吟 | 用户提出需求 | 稳定 | 一般 | 同意验收，但有个别问题 |
| 1.1 | 目录检索 | 以传统文件夹层级显示，文件夹支持层级嵌套 | 层级隶属关系醒目 | 2018/6/21 | MY.Chen 陳孟吟 | 用户提出需求 | 稳定 | 一般 | 同意验收 |

快捷方式 ⓘ

图 5-18　子需求信息

步骤 03　所有子需求编辑完毕后，单击停止编辑，可以看到子需求和主需求的隶属关系，如图 5-19 所示。

⊕ 新任务或编辑此列表

所有任务　甘特图　即将开始　…　查找项目

| 唯一标识 | 需求名称 | 需求的文字描述 | 收录该需求的理由 | 截止日期 | 分配对象 | 来源 | 稳定性 | 复杂性 | 验收标准 | 版本 | 任务状态 |
|---|---|---|---|---|---|---|---|---|---|---|---|
| 1.0 | 文档搜索 | 支持目录搜索、属性搜索、全文搜索 | 文档数量多的情况下，查找方便 | 6月30日 | MY.Chen 陳孟吟 | 用户提出需求 | 稳定 | 一般 | 同意验收，但有个别问题 | 1.0 | 未启动 |
| 1.1 | 目录检索 | 以传统文件夹层级显示，文件夹支持层级嵌套 | 层级隶属关系醒目 | 6月21日 | MY.Chen 陳孟吟 | 用户提出需求 | 稳定 | 一般 | 同意验收 | 1.0 | 未启动 |
| 1.2 | 全文检索 | 支持对Office 文件，PDF文件全文检索，并且搜索结果可以按类别显示 | 精准查找文档 | 6月28日 | MY.Chen 陳孟吟 | 用户提出需求 | 稳定 | 一般 | 同意验收 | 1.0 | 未启动 |

图 5-19　停止编辑子需求

步骤 04 单击“甘特图”可以直观查看各个需求的起止时间和分配对象等信息，如图 5-20 所示。

所有任务 甘特图 即将开始 ···

| 需求名称 | 开始日期 | 截止日期 | 分配对象 |
| --- | --- | --- | --- |
| ◢ 文档搜索 | 2018/6/20 | 2018/6/30 | MY.Chen 陳孟吟 |
| 目录检索 | | 2018/6/21 | MY.Chen 陳孟吟 |
| 全文检索 | | 2018/6/28 | MY.Chen 陳孟吟 |

18/6/18 2018/6/25 2018/7/2
二 三 四 五 六 日 一 二 三 四 五 六 日 一 二 三 四 五 六 日

图 5-20　甘特图跟踪需求

## 5.3 定义范围

定义范围是制定项目和产品详细描述的过程，主要作用是明确所收集的需求哪些将包含在项目范围内，哪些将排除在项目范围外，从而明确项目、服务或成果的边界。图 5-21 所示为 PMBOK 推荐的定义范围的数据流向图。

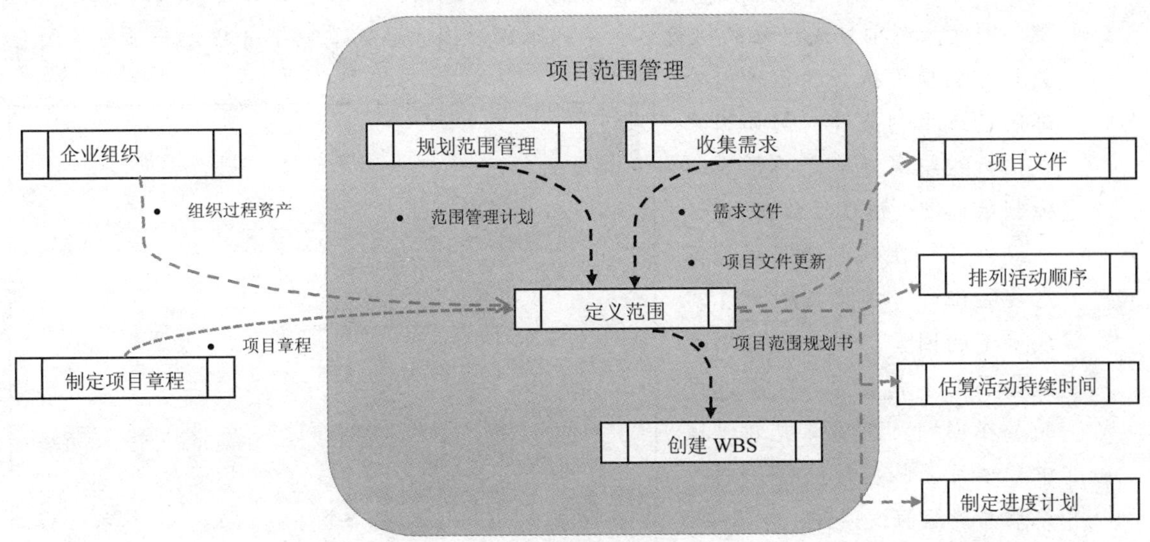


图 5-21　定义范围的数据流向图

由于在收集需求的过程中识别出的所有需求未必都包含在项目中，因此在定义范围的过程中要从需求文件中选取最终的项目需求，然后定制出关于项目及产品、服务或成果的详细描述。

准备好详细的项目范围说明书，对项目的成功至关重要。应根据项目启动过程中记载的主要可交付成果、假设条件和制约因素来编制项目范围说明书。在项目规划过程中，随着对项目信息了解得更多，应该更加详细具体地定义和描述项目范围，还需要分析现有风险、假设条件和制约因素的完整性，并做必要的增补或更新，需要多次反复开展定义范围的过程。在迭代型生命周期的项目中，先为整个项目明确一个高级别的愿景，再针对一个迭代期明确详细范围，通常，随着当前迭代期的项目范围和可交付成果的进展而详细规划下一个迭代期的工作。

### 5.3.1 项目范围说明书

项目范围说明书是对项目范围、主要可交付成果、假设条件和制约因素的描述，记录了整个范围，包括项目和产品范围。为了符合项目负责人的期望，项目范围说明书可明确指出哪些工作不属于本项目范围。项目范围说明书使项目团队能进行更详细的规划，在执行过程中指导项目团队的工作，并为评价变更请求或额外工作是否超过项目边界提供基准。

详细的项目范围说明书包含（但不限于）以下内容。

- 产品范围描述：逐步细化在项目章程和需求文件中所述的产品、服务或成果的特征。
- 验收标准：可交付成果通过验收前必须满足的一系列条件。
- 可交付成果：在某一过程、阶段或项目完成时，必须产出的任何独特并可核实的产品、成果或服务能力，如项目管理报告和文件，对可交付成果的描述可略可详。
- 项目的除外责任：明确说明哪些内容不属于项目范围，有助于项目负责人的管理。
- 制约因素：对项目或过程的执行有影响的限制性因素。需要列举并描述与项目范围有关且影响项目执行的各种内外部制约或限制条件，例如客户或执行组织事先确定的预算、强制性日期或进度里程碑。
- 假设条件：在制定计划时，不需要验证即可视为正确、真实或确定的因素。同时还应描述这些因素不成立时，可能造成的潜在影响，在项目规划过程中，项目团队应该经常识别、记录并确认假设条件。

根据项目需求，规划范围管理可以是正式或非正式的、非常详细或高度概括的。图 5-22 和图 5-23 所示均为范围管理规划文档模板，项目管理者可以制定一份或者多份范围管理规划模板，并发布或更新到 SharePoint 内容类型中，终端用户可以按照需要自行选择模板进行多人协同办公，制定出一份符合预期的详细项目范围说明书。

[贵公司]
项目范围
May 30, 2018

1. 概述项目背景和说明

描述这个项目是如何发生的，谁参与，以及目的。

2. 项目范围

项目范围 [项目范围定义项目的边界，将范围想象为一个假想的框，它将包含所有项目元素/活动，它不仅定义了您正在做的事情（进入框中的内容），而且为项目的一部分设置了限制（在框中不适合）。范围回答问题，包括将做什么，不做什么，结果会是什么样子。

3. 高级别需求

描述项目的高级别要求，例如：新系统必须包括以下内容：

- 允许内部和外部用户无需下载即可访问应用程序的功能
- 与现有的数据仓库应用程序进行接口
- 以便根据业务规则合并自动通知

4. 可交付结果

列表机构、利益干系人或部门将受到此项目的影响并描述它们将如何受项目影响

5. 受影响的缔约方

列出将受到此项目影响的业务流程或系统，并描述它们将如何受到影响

6. 受影响的业务流程或系统

描述从该项目中排除的任何特定组件

7. 范围中的特定排除

描述您计划如何实施项目，例如，项目的所有部分都将立即推出，还是会递增？每个版本中将包含哪些内容？

8. 实施计划

包括导致您提出的解决方案的建议，总结你打算做什么...。

9. 高级别时间线/时间表

描述高级别时间线/时间表将是计划、设计、开发和部署项目。一般情况下，您希望此项目何时完成？

图 5-22　范围管理规划文档模板一

**批准和授权**

我们批准上述项目，并授权小组继续进行。

| 名称 | 标题 | 日期 |
|---|---|---|
| | | |
| | | |
| | | |

审批者　　日期　　审批者　　日期

图 5-23　范围管理规划文档模板二

## 5.3.2　发布范围管理规划文档为内容类型

内容类型定义列表项目、文档或文件夹的属性，级别分为列表级别和网站级别。每种内容类型都可以指定与该类型文档（项目）相关联的栏，以及可以从该类型文档（项目）启动的工作流、文档模板（针对文档内容类型）、可用的文档转换（针对文档内容类型）等。用户可以将内容类型与列表或文档库相关联，当用户进行关联时，就说明该列表或文档库可以包含这种内容类型的项目，并且在该列表或者库的“新建”中允许用户新建此类型的文档（项目）。

文档库（列表）可以包含多个内容类型，比如，一个文档库可以同时包含多个项目相关的文档和图片，这样用户可以创建或存储所有关联的内容类型的文档或图片。

内容类型与栏的逻辑层次结构比较类似，也允许一种内容类型从另一种内容类型继承其特征。

需求：Contoso 项目相关的范围管理规划文档，用户都需要使用 5.3.1 节预先定义的范围管理规划文档模板来新建文档，以加强文档管理规范。

实现方案的步骤如下：

步骤 01　管理员预先创建网站级别的内容类型，将“范围管理规划文档”模板更新为内容类型默认的模板并保存。

步骤 02　将内容类型应用到存储和管理项目文档的文档库中，以供用户使用。

新建网站级别内容类型的具体操作步骤如下：

步骤 01　管理员访问 Contoso 文档系统管理项目网站，单击右上角的 ⚙ 按钮，展开并单击“网站设置”，如图 5-24 所示。

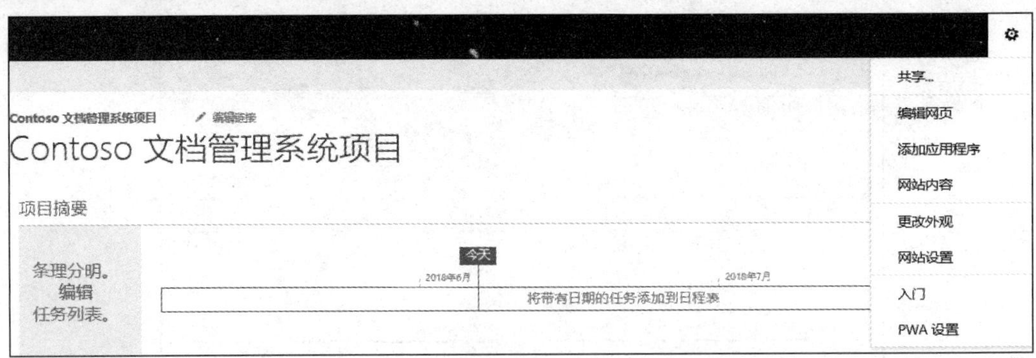


图 5-24　网站设置

步骤 02　在网站设置界面，单击 Web 设计器库中的“网站内容类型”，如图 5-25 所示。

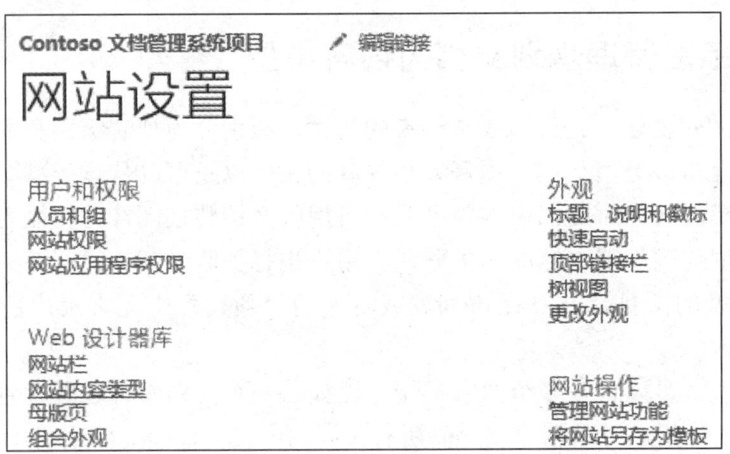


图 5-25　网站内容类型

步骤 03　在网站内容类型界面，单击“创建”，如图 5-26 所示。

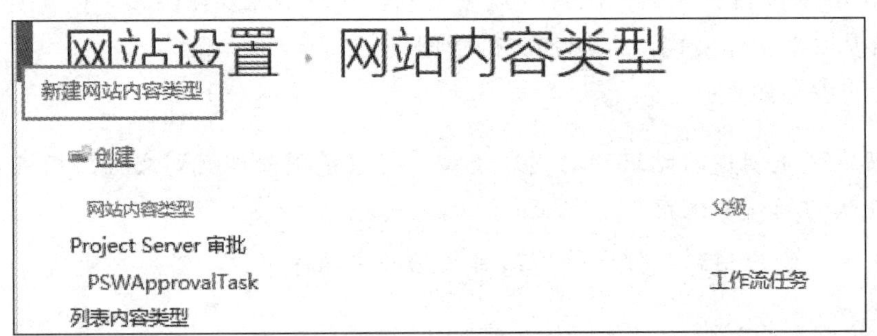


图 5-26　网站内容类型

步骤 04　在新建网站内容类型界面，输入名称：范围管理规划文档模板，选择父级内容类型：文档内容类型，单击“确定”按钮，如图 5-27 所示。

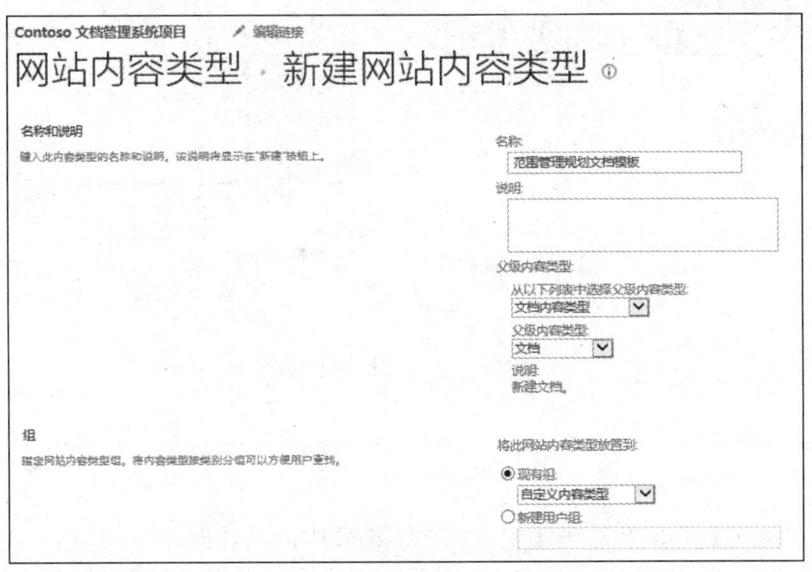


图 5-27 定义网站内容类型信息

步骤 05 新建完成后，进入“范围管理规划文档模板”内容类型设置界面，单击“高级设置”，如图 5-28 所示。

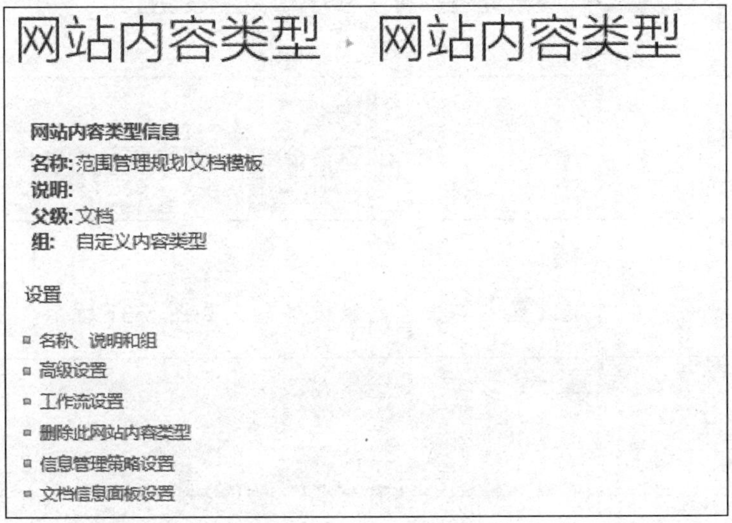

网站内容类型 · 网站内容类型

网站内容类型信息

名称:范围管理规划文档模板
说明:
父级:文档
组: 自定义内容类型

设置

- 名称、说明和组
- 高级设置
- 工作流设置
- 删除此网站内容类型
- 信息管理策略设置
- 文档信息面板设置

图 5-28 内容类型设置

步骤 06 在高级设置界面，选择“上载新文档模板”，单击“浏览”按钮选择目标模板，如图 5-29 所示。

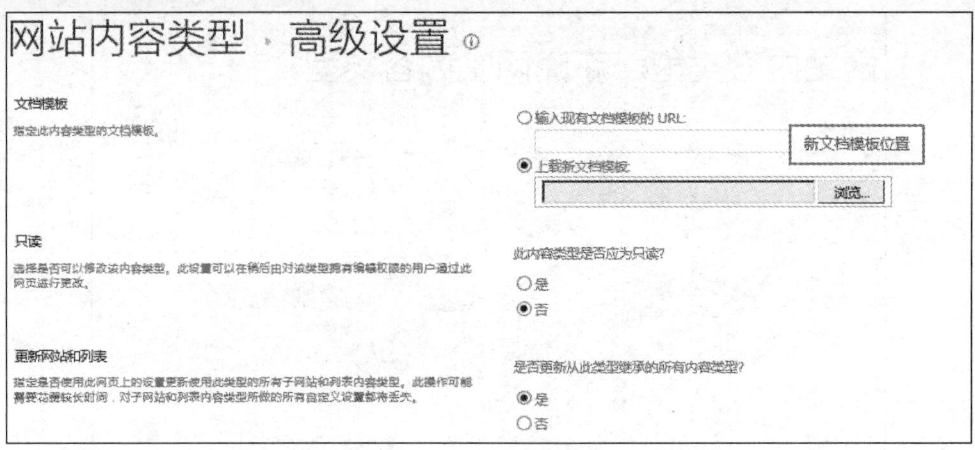


图 5-29　高级设置

将内容类型应用到存储和管理项目文档的文档库中的具体操作步骤如下：

步骤 01　文档库所有者单击文档库工具栏中的“库设置”，如图 5-30 所示。

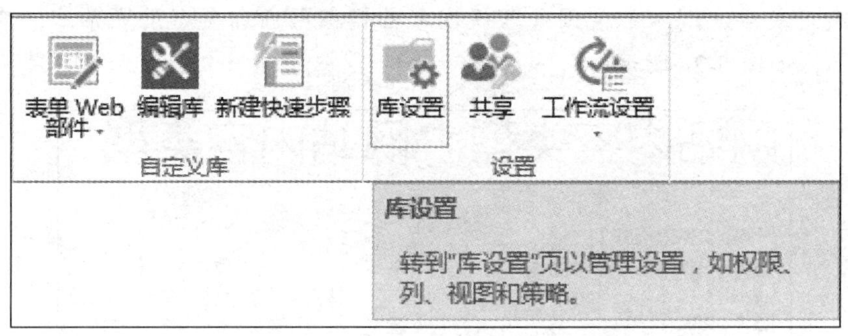


图 5-30　库设置

步骤 02　在设置界面，在常规设置中单击“高级设置”，如图 5-31 所示。

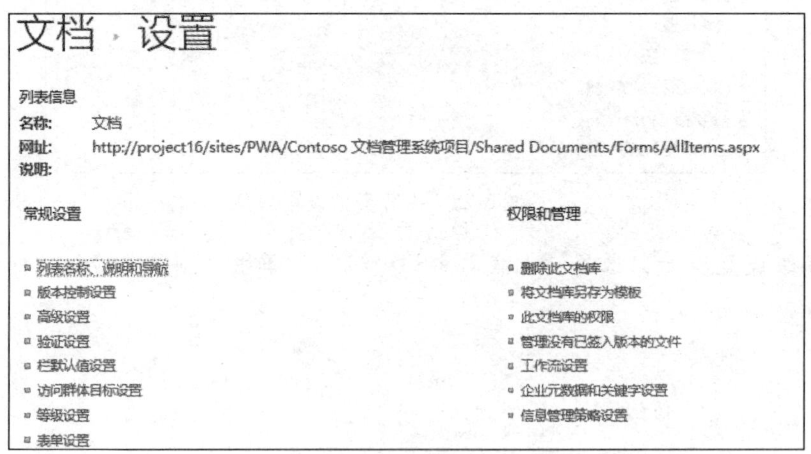


图 5-31　设置

步骤 03　在高级设置界面，是否允许管理内容类型，选择“是”，单击“确定”按钮，如图 5-32 所示。

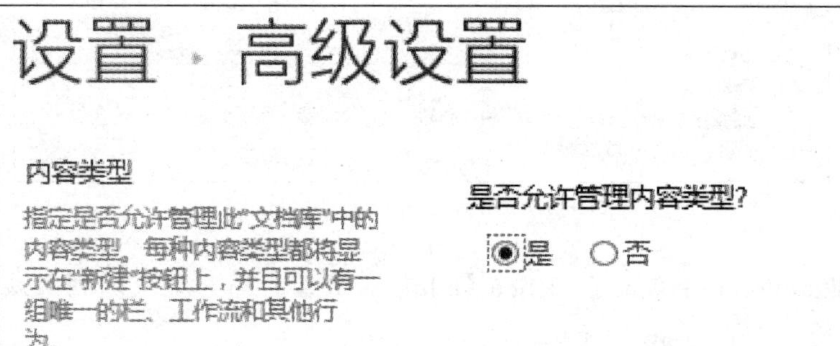


图 5-32　允许管理内容类型

步骤 04　在文档库设置界面，单击“从现有网站内容类型添加”，如图 5-33 所示。

内容类型

此文档库已配置为允许多个内容类型。使用内容类型可指定要显示的项目相关信息，以及项目策略、工作流或其他行为。

| 内容类型 | 在"新建"按钮上可见 |
| --- | --- |
| 文档 | ✓ |

- 从现有网站内容类型添加
- 更改"新建"按钮的顺序和默认内容类型

图 5-33　添加现有网站内容类型

步骤 05　在添加内容类型界面，从自定义内容类型组中选择“范围管理规划文档模板”，添加到“要添加的内容类型”中，单击“确定”按钮，如图 5-34 所示。

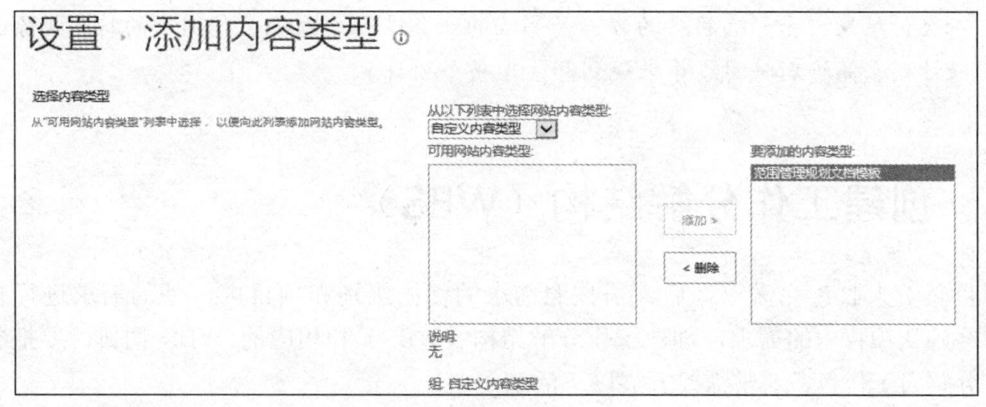


图 5-34　添加内容类型

步骤 06　在文档库的“文件”工具栏中，展开“新建文档”，单击“范围管理规划文档模板”，如图 5-35 所示。

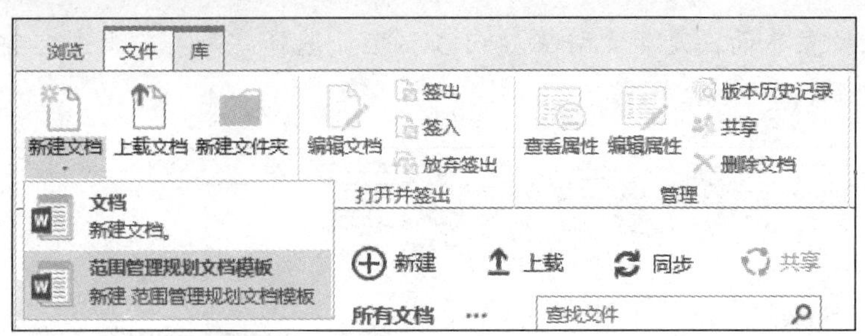


图 5-35　范围管理规划文档模板

步骤 07　如果 SharePoint 场配置了 Office Online 服务器，用户就可以利用该模板在线编辑文档并保存，如图 5-36 所示。

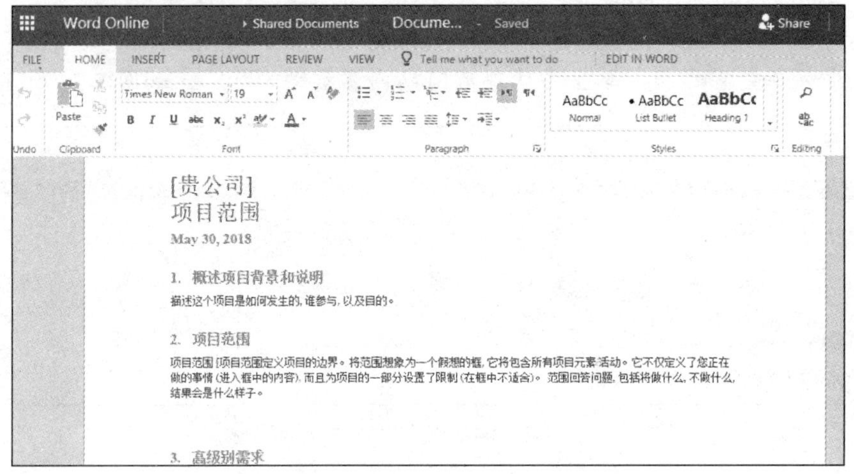


图 5-36　在线编辑

步骤 08　整个范围管理规划文档模板包含概述项目背景和说明、项目范围、高级别需求、可交付结果、受影响的缔约方、受影响的业务流程或系统、范围中的特定排除、实施计划、高级别时间线等来规划和管理整个项目。

## 5.4　创建工作分解结构（WBS）

项目负责人收集完需求之后，需按照需求的优先级别和项目内、外的需求进行整理分类，最终确认项目内的需求，创建工作分解结构（WBS）和相应的 WBS 词典。要把整个项目工作分解为工作包，通常需要开展以下活动：

- 识别和分析可交付成果及相关工作。
- 确定 WBS 的结构和编排方法。
- 自上而下逐层细化分解。
- 为 WBS 组件制定和分配标识编码。

- 核实可交付成果分解的程度是否恰当。

WBS 词典是针对每个 WBS 组件，详细描述可交付成果、活动和进度信息的文件，WBS 词典中的内容可能包括（但不限于）：

- 账户编码标识。
- 工作描述。
- 假设条件和制约因素。
- 负责的组织。
- 进度里程碑。
- 相关的进度活动。
- 所需资源。
- 成本估算。
- 质量要求。
- 验收标准。
- 技术参考文献。
- 协议信息。

## 5.4.1 任务分解的数据流向图

创建 WBS 是把项目可交付成果和项目工作分解成较小的、更易于管理的组件的过程，主要作用是对所要交付的内容提供一个结构化的视图。图 5-37 所示为 PMBOK 推荐的创建 WBS 的数据流向图。

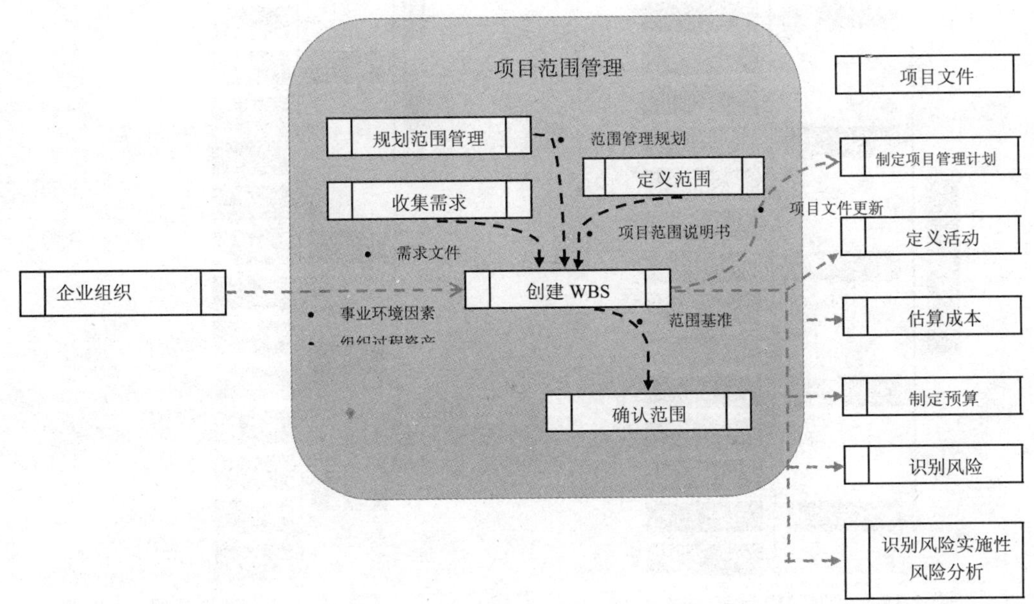


图 5-37 创建 WBS 的数据流向图

WBS 是项目团队为实现项目目标、创建可交付成果而需要实施的全部工作范围的层级分解，分解的程度取决于所需的控制程度，工作分解的越细致，对工作的规划、管理和控制就越有力。但过细的分解会造成管理的无效耗费、资源使用效率低下、工作实施效率降低，同时造成 WBS 各层的数据汇总困难。

### 5.4.2 任务分解的方法

创建 WBS 的方法多种多样，常用的方法包括自上而下的方法、使用组织特定的指南并使用 WBS 模板，WBS 的结构可以采用多种形式，例如：

- 以项目生命周期的各阶段作为分解的第二层，把产品或项目可交付成果放在第三层，如图 5-38 所示。
- 以主要可交付成果作为分解的第二层，如图 5-39 所示。

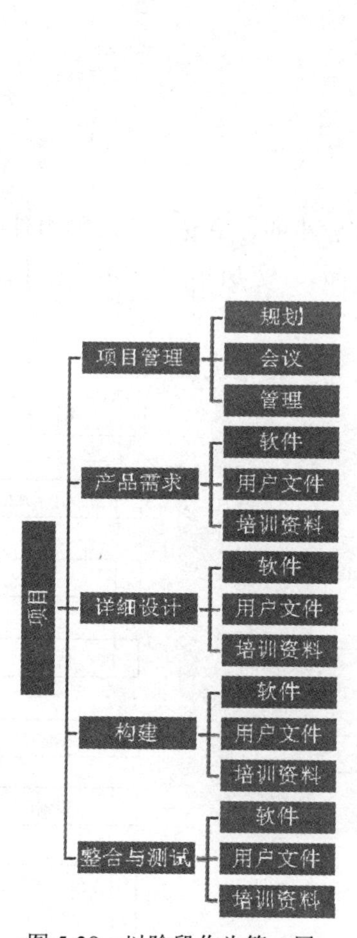


图 5-38　以阶段作为第二层

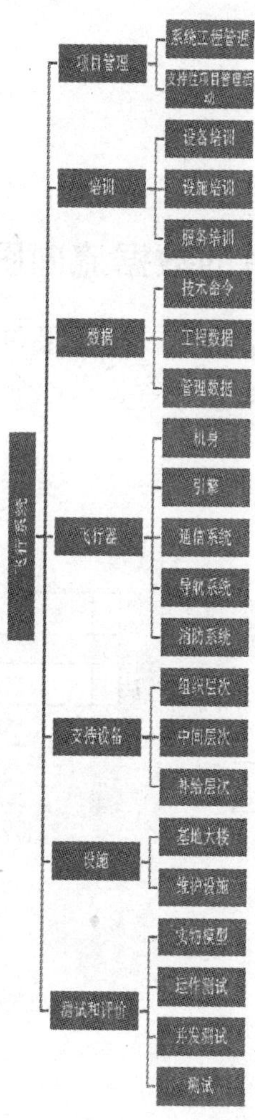


图 5-39　以主要可交付成果作为第二层

**说 明**

此 WBS 只作为示例，不代表任何具体项目的完整项目范围，也不意味着此类项目仅此一种 WBS 分解方式。

### 5.4.3 自动任务分解的管理

项目经理可以把 Project 2016 计划模板作为参考标准，对现有的项目进行任务分解，从而提高编制质量，以新产品开发为例，定制任务分解步骤如下：

步骤 01 打开 Project 2016，选择“文件”，如图 5-40 所示。

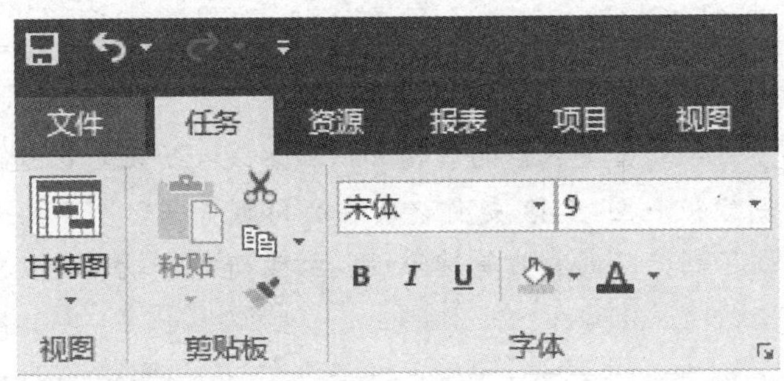


图 5-40 文件

步骤 02 在文件列表中，单击“新建”，在搜索框中输入关键字“新产品”，单击🔍在线搜索相应的计划模板，如图 5-41 所示。

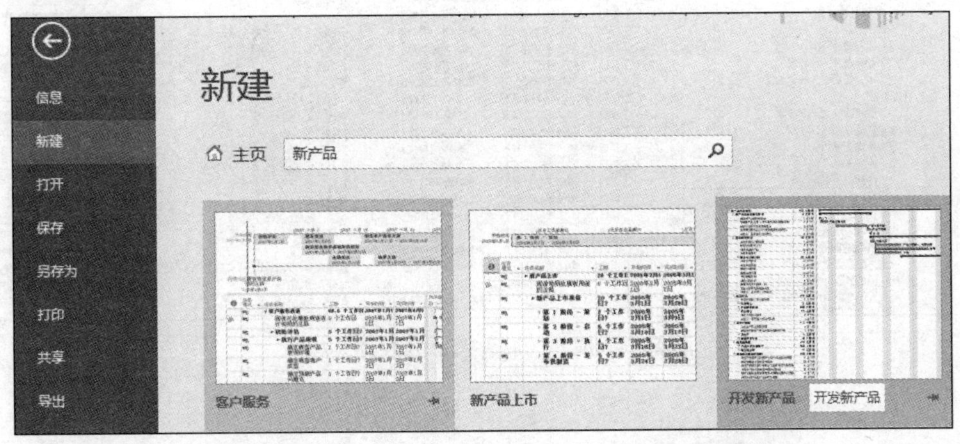


图 5-41 使用 Project Professional 2016 联机搜索计划模板

步骤 03 单击“开发新产品”的 Project 计划文件后，将会显示如图 5-42 所示的窗口。

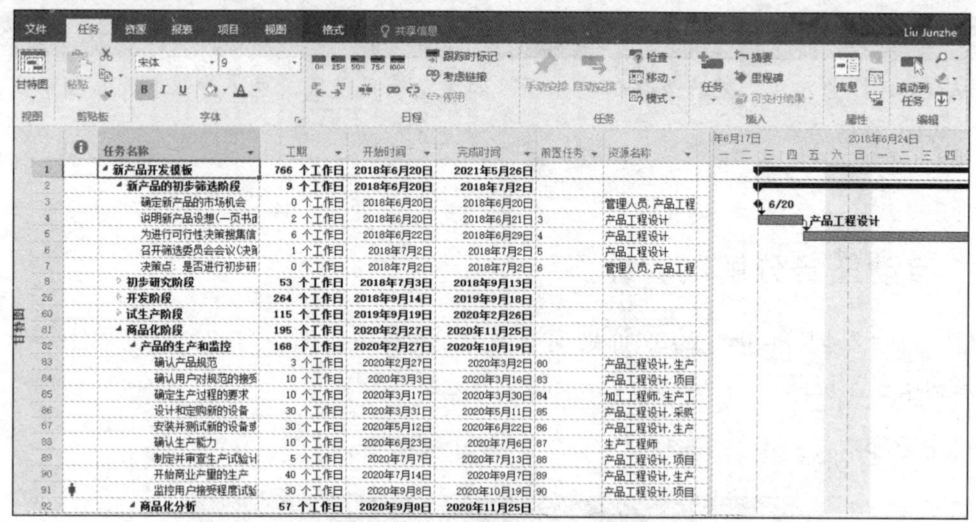

图 5-42 新产品研发计划模板

步骤 04 召集资深的项目经理借鉴权威的理论知识和实践经验确定出软件行业新产品研发的任务分解计划模板。图 5-43 是作者所在公司负责若干个产品开发定制的模板，该模板详细描述了新产品的初步筛选阶段、初步研究阶段、开发阶段、商品完成后的回顾情况。

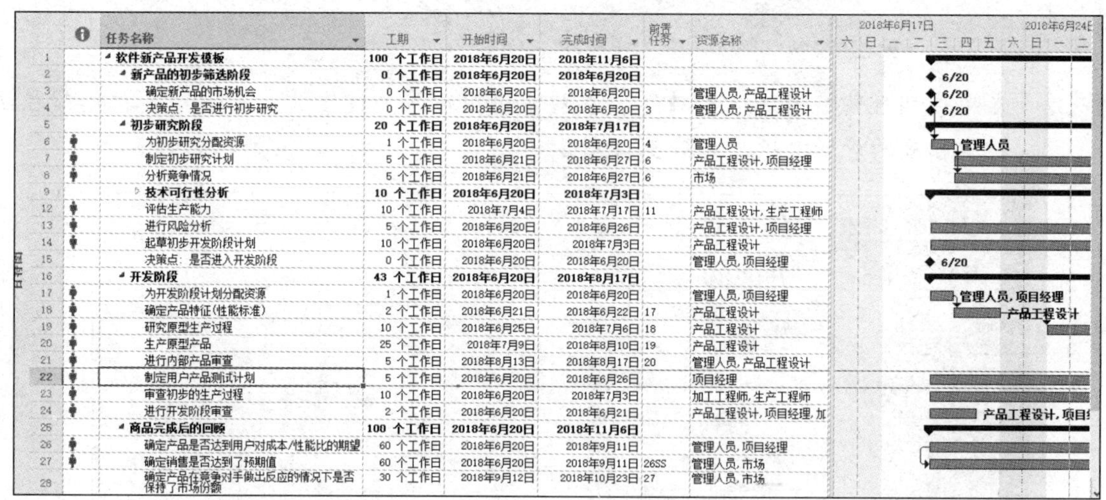

图 5-43 成熟的软件产品开发计划模板

### 5.4.4 手动任务分解的管理

如果 Project 2016 计划模板无法满足预期要求，或者项目负责人接收到项目信息后，编制项目阶段计划、工期以及阶段的开始时间和结束时间，都需要项目负责人使用“自上而下”的方法来手工录入任务分解：

- 录入任务信息。
- 设定周期性任务。
- 设定工期。
- 设定链接任务。

打开 Project 2016 进入录入任务信息工作，具体步骤如下：

步骤 01 打开新产品研发项目，单击“文件”→“选项”→“高级”，在“高级”选项卡页面，勾选“显示项目摘要任务”，单击“确定”按钮后，项目名称将自动呈现在任务名称中，不需要手动录入，如图 5-44 所示。

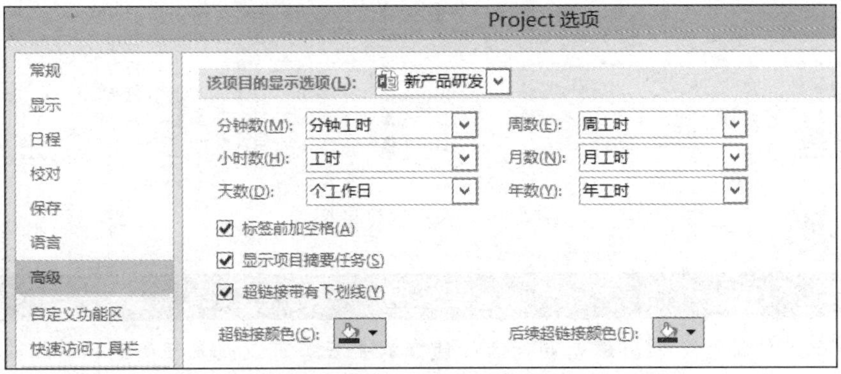

图 5-44 显示项目摘要任务

步骤 02 录入各个阶段的任务名称，如图 5-45 所示。

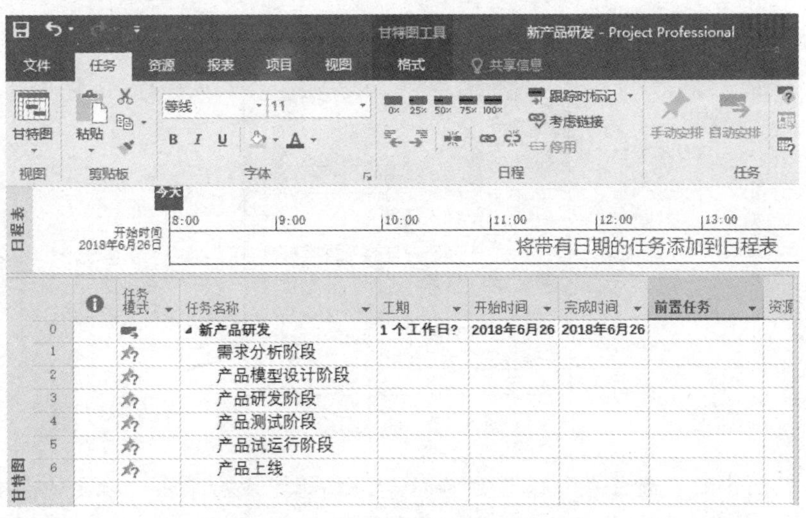


图 5-45 录入各个阶段的任务名称

**说 明**

标识该任务是“自动计划”模式，标识该任务是“手动计划”模式。

步骤 03 录入项目里程碑，如图 5-46 所示。

图 5-46 录入项目里程碑

| 说 明 |
| --- |
| 工期"一个工作日？"标识该工期是估计值，双击任务可以设置任务的估计工期。 |

步骤 04 如果项目负责人需要对每个阶段的任务进行细分，以需求分析阶段为例，单击"产品模型设计阶段"，再选择工具栏中的"任务"来插入任务，如图 5-47 所示。

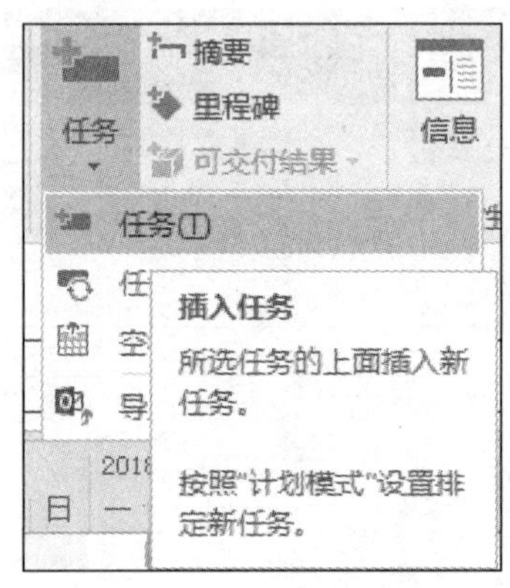


图 5-47 插入任务

步骤 05 双击界面中的"新任务"编辑任务信息，编辑完成后单击"确定"按钮，如图 5-48 所示。

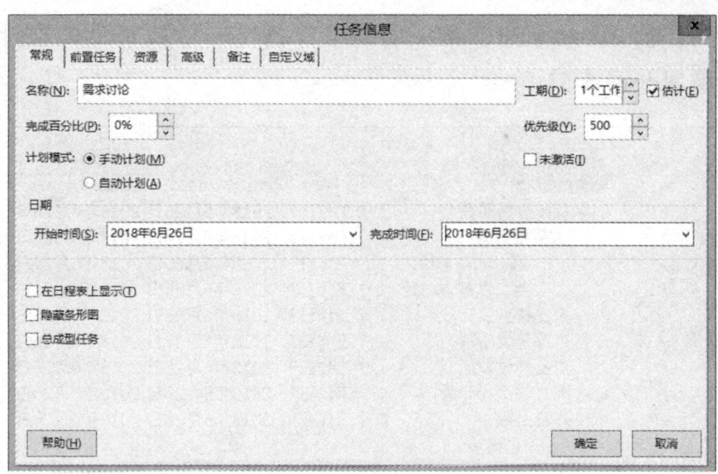


图 5-48　编辑任务信息

**步骤 06** 由于“需求讨论”是“需求分析阶段”衍生出的子任务，需要单击“需求讨论”，再单击工具栏中的 将“需求讨论”降级成子任务，如图 5-49 所示。

| 任务模式 | 任务名称 | 工期 | 开始时间 | 完成时间 | 前置任务 |
|---|---|---|---|---|---|
| | ◢ 新产品研发 | 1 个工作日? | 2018年6月26日 | 2018年6月26日 | |
| | 需求分析阶段 | 1 个工作日? | 2018年6月26日 | 2018年6月26日 | |
| | 需求讨论 | 1 个工作日? | 2018年6月26日 | 2018年6月26日 | |
| | 产品模型设计阶段 | 1 个工作日? | 2018年6月26日 | 2018年6月26日 | |
| | 产品研发阶段 | 1 个工作日? | 2018年6月26日 | 2018年6月26日 | |
| | 产品测试阶段 | 1 个工作日? | 2018年6月26日 | 2018年6月26日 | |
| | 产品试运行阶段 | 1 个工作日? | 2018年6月26日 | 2018年6月26日 | |
| | 产品上线 | 0 个工作日 | 2018年6月26日 | 2018年6月26日 | |

图 5-49　降级任务

**步骤 07** “需求讨论”已经降级为“需求分析阶段”的子任务，如图 5-50 所示。

| 任务模式 | 任务名称 | 工期 | 开始时间 | 完成时间 |
|---|---|---|---|---|
| | ◢ 新产品研发 | 1 个工作日? | 2018年6月26日 | 2018年6月26日 |
| | ◢ 需求分析阶段 | 1 个工作日? | 2018年6月26日 | 2018年6月26日 |
| | 需求讨论 | 1 个工作日? | 2018年6月26日 | 2018年6月26日 |
| | 产品模型设计阶段 | 1 个工作日? | 2018年6月26日 | 2018年6月26日 |
| | 产品研发阶段 | 1 个工作日? | 2018年6月26日 | 2018年6月26日 |
| | 产品测试阶段 | 1 个工作日? | 2018年6月26日 | 2018年6月26日 |
| | 产品试运行阶段 | 1 个工作日? | 2018年6月26日 | 2018年6月26日 |
| | 产品上线 | 0 个工作日 | 2018年6月26日 | 2018年6月26日 |

图 5-50　需求讨论降级为子任务

步骤 08　若“需求讨论”再细分为“第一次需求讨论”和“第二次需求讨论”，重复步骤 4~7，效果图如图 5-51 所示。

| | 任务模式 | 任务名称 | 工期 | 开始时间 | 完成时间 | 前置任务 |
|---|---|---|---|---|---|---|
| 0 | | ◢ 新产品研发 | 1 个工作日? | 2018年6月26日 | 2018年6月26日 | |
| 1 | | ◢ 需求分析阶段 | 1 个工作日? | 2018年6月26日 | 2018年6月26日 | |
| 2 | | ◢ 需求讨论 | 1 个工作日? | 2018年6月26日 | 2018年6月26日 | |
| 3 | | 第一次需求讨论 | 1 个工作日? | 2018年6月26日 | 2018年6月26日 | |
| 4 | | 第二次需求讨论 | 1 个工作日? | 2018年6月26日 | 2018年6月26日 | |
| 5 | | 产品模型设计阶段 | 1 个工作日? | 2018年6月26日 | 2018年6月26日 | |
| 6 | | 产品研发阶段 | 1 个工作日? | 2018年6月26日 | 2018年6月26日 | |
| 7 | | 产品测试阶段 | 1 个工作日? | 2018年6月26日 | 2018年6月26日 | |
| 8 | | 产品试运行阶段 | 1 个工作日? | 2018年6月26日 | 2018年6月26日 | |
| 9 | | 产品上线 | 0 个工作日 | 2018年6月26日 | 2018年6月26日 | |

图 5-51　多次分解子任务

对于项目或者产品中的周期性任务，比如典型的研发期间的产品迭代周例会，为了减少项目负责人重复录入的工作量，可以使用插入周期性任务的功能，具体操作步骤如下：

步骤 01　选择“产品测试阶段”，单击工具栏中的“任务”→“任务周期”，如图 5-52 所示。

如 5-52　插入任务周期

步骤 02　在弹出的“周期性任务信息”窗口，输入如下信息。

- 任务名称：产品迭代周会。
- 重复发生方式：每周一（根据需求调整发生频率：天、周、月、年）。
- 重复间隔为：如果输入数值 2，就表示每两周开一次迭代周会。
- 重复范围：共发生 6 次（根据需求调整）。

单击“确定”按钮，如图 5-53 所示。

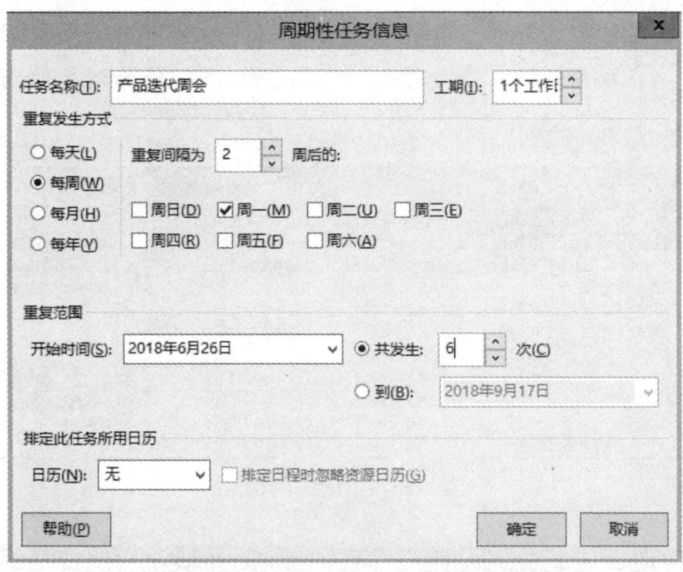


图 5-53　周期性任务信息

步骤 03　在新产品研发页面，可以看到新插入的周期性任务信息，“产品迭代周会”前面的符号表示该任务是周期性任务，如图 5-54 所示。

| | ℹ | 任务模式 | 任务名称 | 工期 | 开始时间 | 完成时间 |
|---|---|---|---|---|---|---|
| 0 | | | ◢ 新产品研发 | 26 个工作日? | 2018年6月26日 | 2018年7月31日 |
| 1 | | | ◢ 需求分析阶段 | 1 个工作日? | 2018年6月26日 | 2018年6月26日 |
| 2 | | | ◢ 需求讨论 | 1 个工作日? | 2018年6月26日 | 2018年6月26日 |
| 3 | | | 第一次需求讨论 | 1 个工作日? | 2018年6月26日 | 2018年6月26日 |
| 4 | | | 第二次需求讨论 | 1 个工作日? | 2018年6月26日 | 2018年6月26日 |
| 5 | | | 产品模型设计阶段 | 1 个工作日? | 2018年6月26日 | 2018年6月26日 |
| 6 | | | 产品研发阶段 | 1 个工作日? | 2018年6月26日 | 2018年6月26日 |
| 7 | ⟳ | | ◢ 产品迭代周会 | 26 个工作日 | 2018年6月26日 | 2018年7月31日 |
| 8 | | | 产品迭代周会 1 | 1 个工作日 | 2018年6月26日 | 2018年6月26日 |
| 9 | | | 产品迭代周会 2 | 1 个工作日 | 2018年7月3日 | 2018年7月3日 |
| 10 | | | 产品迭代周会 3 | 1 个工作日 | 2018年7月10日 | 2018年7月10日 |
| 11 | | | 产品迭代周会 4 | 1 个工作日 | 2018年7月17日 | 2018年7月17日 |
| 12 | | | 产品迭代周会 5 | 1 个工作日 | 2018年7月24日 | 2018年7月24日 |
| 13 | | | 产品迭代周会 6 | 1 个工作日 | 2018年7月31日 | 2018年7月31日 |
| 14 | | | 产品测试阶段 | 1 个工作日? | 2018年6月26日 | 2018年6月26日 |
| 15 | | | 产品试运行阶段 | 1 个工作日? | 2018年6月26日 | 2018年6月26日 |
| 16 | | | 产品上线 | 0 个工作日? | 2018年6月26日 | 2018年6月26日 |

甘特图

图 5-54　插入产品迭代周会的周期性任务界面

任务分解工作完成之后，项目负责人就可以将与团队确认好的任务工期在新产品开发 Project Professional 中设定。在 Project 2016 中，工期的单位包含月、周、日、时和分，任务和子任务都可以手动输入日期（包含中文的单位：日、月、周），任务工期录入分：

- 子任务工期计算。
- 摘要任务工期计算。

以新产品研发为例，子任务工期计算的具体操作步骤如下：

步骤 01 选择需要设置任务工期的任务的“工期”列，比如“第一次需求讨论”手动输入工期 1 周，就在该任务的工期处手动输入 1 周，同理输入概要的需求分析阶段任务的相应工期，如图 5-55 所示。

| 任务名称 | 工期 | 开始时间 | 完成时间 | 前置任 |
|---|---|---|---|---|
| ◢ 新产品研发 | 26 个工作日 | 2018年6月26日 | 2018年7月31日 | |
| ◢ 需求分析阶段 | 20 个工作日 | 2018年6月26日 | 2018年7月23日 | |
| ◢ 需求讨论 | 10 个工作日 | 2018年6月26日 | 2018年7月9日 | |
| 第一次需求讨论 | 1 周 | 2018年6月26日 | 2018年7月3日 | |
| 第二次需求讨论 | 3 个工作日 | 2018年7月3日 | 2018年7月5日 | |
| 第三次需求讨论 | 2 个工作日 | 2018年7月6日 | 2018年7月9日 | |
| 需求分析 | 2 个工作日 | 2018年7月10日 | 2018年7月11日 | |
| 需求设计文档 | 4 个工作日 | 2018年7月12日 | 2018年7月17日 | |
| 确认需求设计文档 | 4 个工作日 | 2018年7月18日 | 2018年7月23日 | |
| 产品模型设计阶段 | 1 个工作日 | 2018年6月26日 | 2018年6月26日 | |
| 产品研发阶段 | 1 个工作日 | 2018年6月26日 | 2018年6月26日 | |

图 5-55 不同工期设定

**说 明**

如果需要若干工作日，可以直接手动输入，比如 3 个工作日，月和年同理。

步骤 02 如果某个阶段的任务结束，需要在“工期”的列值中输入“0 个工作日”，该任务便可识别为“里程碑”，在甘特图中用符号◆显示，以需求分析阶段结束为例，如图 5-56 所示。

| 任务名称 | 工期 | 开始时间 | 完成时间 | 前置任 |
|---|---|---|---|---|
| ◢ 新产品研发 | 26 个工作日 | 2018年6月26日 | 2018年7月31日 | |
| ◢ 需求分析阶段 | 20 个工作日 | 2018年6月26日 | 2018年7月23日 | |
| ◢ 需求讨论 | 10 个工作日 | 2018年6月26日 | 2018年7月9日 | |
| 第一次需求讨论 | 1 周 | 2018年6月26日 | 2018年7月3日 | |
| 第二次需求讨论 | 3 个工作日 | 2018年7月3日 | 2018年7月5日 | |
| 第三次需求讨论 | 2 个工作日 | 2018年7月6日 | 2018年7月9日 | |
| 需求分析 | 2 个工作日 | 2018年7月10日 | 2018年7月11日 | |
| 需求设计文档 | 4 个工作日 | 2018年7月12日 | 2018年7月17日 | |
| 确认需求设计文档 | 4 个工作日 | 2018年7月18日 | 2018年7月23日 | |
| 需求分析阶段结束 | 0 个工作日 | 2018年7月23日 | 2018年7月23日 | |

图 5-56 里程碑

**说 明**

一般情况下，里程碑是代表重大项目阶段的完成日期的任务或特定报告的到期日期。

摘要任务工期是根据项目或者产品开始时间和完成时间自动计算生成的工期。如图 5-57 所示，以需求讨论为例，开始时间是 2018 年 6 月 26 日，完成时间 2018 年 7 月 9 日，那么摘要任务“需求讨论的总工期”就是开始时间和完成时间之间的有效期，自动生成 10 个工作日。

大多数项目并非只是一系列完全独立的任务，通常项目中有些任务在其他任务完成之后才能开始，在 Project Professional 2016 中，这些任务之间创建的这种类型关系称为“链接任务”。推荐大家使用链接任务设定来完成任务的时间排定，从而减少项目负责人手动修改时间的操作。

| 任务模式 | 任务名称 | 工期 | 开始时间 | 完成时间 |
|---|---|---|---|---|
| | **新产品研发** | **26 个工作日** | **2018年6月26日** | **2018年7月31日** |
| | **需求分析阶段** | **20 个工作日** | **2018年6月26日** | **2018年7月23日** |
| | **需求讨论** | **10 个工作日** | **2018年6月26日** | **2018年7月9日** |
| | 第一次需求讨论 | 1 周 | 2018年6月26日 | 2018年7月3日 |
| | 第二次需求讨论 | 3 个工作日 | 2018年7月3日 | 2018年7月5日 |
| | 第三次需求讨论 | 2 个工作日 | 2018年7月6日 | 2018年7月9日 |
| | 需求分析 | 2 个工作日 | 2018年7月10日 | 2018年7月11日 |

图 5-57 摘要任务工期

以“第一次需求讨论”“第二次需求讨论”“第三次需求讨论”为例，具体操作步骤如下：

步骤 01 选中三项任务，单击工具栏中的，如图 5-58 所示。

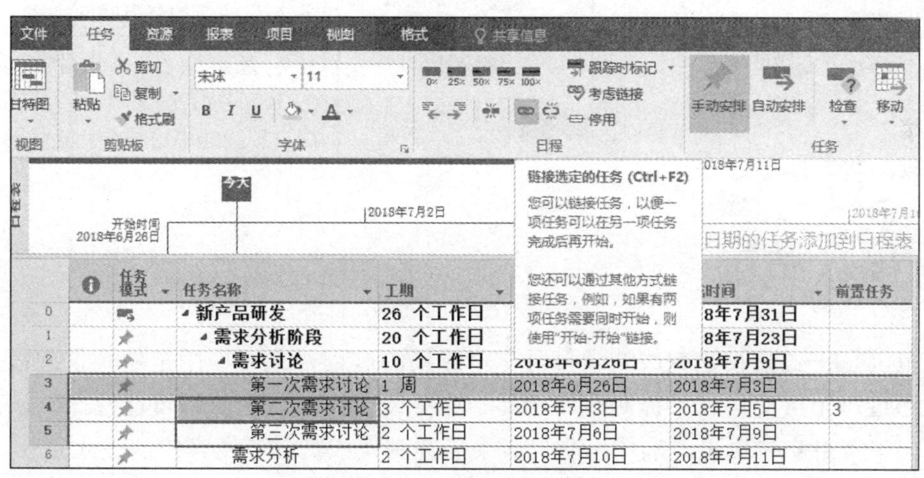


图 5-58 链接选定的任务

步骤 02 链接成功后，我们可以从甘特图上发现 3 个任务之间有了关联，如图 5-59 所示。

| 任务名称 | 工期 | 开始时间 | 完成时间 | 前置任务 |
|---|---|---|---|---|
| **新产品研发** | **26 个工作日** | **2018年6月26日** | **2018年7月31日** | |
| **需求分析阶段** | **20 个工作日** | **2018年6月26日** | **2018年7月23日** | |
| **需求讨论** | **10 个工作日** | **2018年6月26日** | **2018年7月9日** | |
| 第一次需求讨论 | 1 周 | 2018年6月26日 | 2018年7月3日 | |
| 第二次需求讨论 | 3 个工作日 | 2018年7月3日 | 2018年7月5日 | 3 |
| 第三次需求讨论 | 2 个工作日 | 2018年7月6日 | 2018年7月9日 | 4 |

图 5-59 任务关联成功展示图

**说 明**

图 5-59 是默认的任务关联类型：完成→开始链接。Project Professional 2016 提供的任务关联类型有 4 种：完成→开始链接、开始→开始链接、开始→完成链接、完成→完成链接，如表 5-1 所示。其中蓝色任务代表任务 A，橘色任务代表任务 B（可在下载资源中查看）。

表 5-1 4 种类型的任务关联

| 序号 | 任务关联类型 | 模型 | 描述 |
|---|---|---|---|
| 1 | 完成→开始链接（fs） | | 任务 A 完成之前任务 B 不能开始，这是 Project 中默认的链接类型，也是最常用的类型 |
| 2 | 开始→开始链接（ss） | | 任务 A 开始之前任务 B 不能开始，它们不可同时开始，任务 B 可以在任务 A 开始后的任何时间开始 |
| 3 | 完成→完成链接（ff） | | 任务 A 完成之前不能完成任务 B。它们不可能同时完成，任务 B 可以在任务 A 完成后的任何时间完成 |
| 4 | 开始→完成链接（sf） | | 任务 A 开始之前不能完成任务 B。任务 B 可在任务 A 开始后的任何时间完成，很少使用这种类型的链接 |

# 5.5 确认范围

确认范围是正式验收已完成的项目可交付成果的过程，主要作用是使验收过程具有客观性，同时通过每个可交付成果提高最终产品、服务或成果获得验收的可能性，确认范围包括与客户一起审查可交付成果，确保可交付成果已圆满完成，并获得客户的正式验收。图 5-60 所示为 PMBOK 推荐的确认范围的数据流向图。

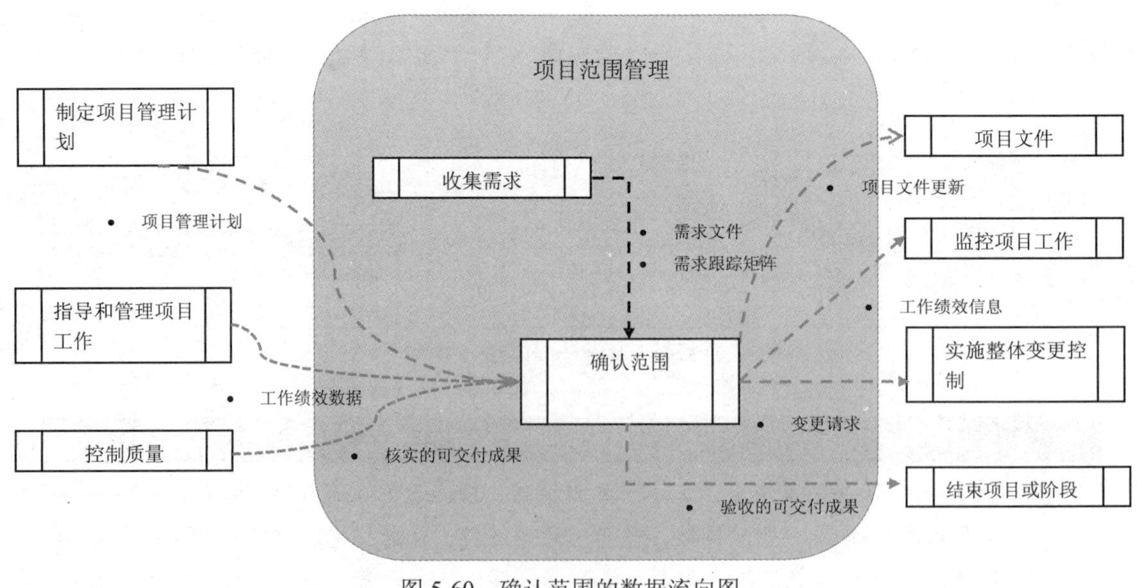


图 5-60 确认范围的数据流向图

确认范围应该贯穿项目的始终，如果是在项目的各个阶段对项目的范围进行确认，就要考虑如何通过项目协调来降低项目范围改变的频率，以保证项目范围的改变是有效率和适时的。确认范围的一般步骤如下：

步骤 01 确定需要进行范围确认的时间。

步骤 02 识别范围确认需要哪些投入。

步骤 03 确定范围正式被接受的标准和要素。

步骤 04 确定范围确认会议的组织步骤。

步骤 05 组织范围确认会议。

确认范围过程与控制质量过程的不同之处在于，确认范围过程关注可交付成果的验收，而控制质量过程关注可交付成果的正确性及是否满足质量要求。控制质量过程通常先于确认范围过程，但二者也可同时进行。

客户或者项目负责人可以通过开展一些测量、审查等活动来判断产品或者项目是否符合验收标准，可能需要更新的项目文件不限于定义产品或者报告产品完成情况的任何文件，都需要客户以签字或会签的形式进行批准。

对于已经完成但未通过正式验收的可交付成果以及未通过验收的原因应记录在案，需要针对这些交付成果提出变更需求以进行缺陷补救，变更请求应该由实施整体变更控制过程进行审查和处理。

### 5.5.1 确定范围管理

在参考大量的实践案例和文献的基础上，结合项目特征、客户需求以及当前业务实际制定验收标准，确定项目质量目标，为大家提供以下适用于公司所有类型项目，包括产品研发类、合同开发类、项目实施类以及系统集成类的比较通用的确定范围管理模板。

- 确定总体范围标准（可根据项目实际情况调整）
    - 测试用例不通过数的比例小于 1.5%
    - 不存在错误等级为 1 的错误
    - 不存在错误等级为 2 的错误
    - 错误等级为 3 的错误数量小于 5
    - 所有提交的错误都已经得到改正
- 确定范围标准的详细说明
- 项目验收标准：参照 GB/T 16260 标准
    - 功能测试
    - 业务流程测试
    - 非功能测试：容错测试、安全性测试、性能测试、压力测试、易用性测试、适应性测试
    - 安装测试：数据恢复测试、数据接入测试

- ◆ 文档测试
- ◆ 用户有特别要求的测试

- 验收资料
  - ◆ 解决方案
  - ◆ 合同
  - ◆ 需求规格说明书
  - ◆ 概要设计说明书
  - ◆ 数据及数据库设计要求说明书
  - ◆ 详细设计说明书
  - ◆ 操作手册
  - ◆ 用户手册
  - ◆ 项目用户评价过程意见
  - ◆ 软件接口规范
  - ◆ 安装方式和介绍

确定范围内容和模板之后，借鉴图 5-61 的项目验收单模板进行逐个项目任务的验收工作。

<table>
<tr><td>项目名称</td><td>XXX 平台</td><td>项目经理</td><td>XXX</td></tr>
<tr><td>验收时间</td><td>XXX 年 XX 月 XX 日</td><td>验收地点</td><td>XXX</td></tr>
<tr><td colspan="4">验收内容</td></tr>
<tr><td rowspan="4">XXX 平台系统</td><td>项目任务名称</td><td colspan="2">验收通过</td></tr>
<tr><td>XXX</td><td>是</td><td>否</td></tr>
<tr><td>XXX</td><td>是</td><td>否</td></tr>
<tr><td>XXX</td><td>是</td><td>否</td></tr>
<tr><td colspan="4">其他：</td></tr>
<tr><td colspan="4">承建方意见：<br>1. 经过双方代表对 XXX 平台进行测试，平台运行正常，功能符合项目验收标准要求。<br>2. 已完成针对系统的培训且效果良好。<br>3. 资料以及文档基本齐全。<br>项目经理签字：XXX<br>XXXX 年 XX 月 XX 日</td></tr>
<tr><td colspan="4">实施方意见：<br>项目经理签字：XXX<br>XXXX 年 XX 月 XX 日</td></tr>
</table>

图 5-61　项目 XXX 任务验收单

## 5.5.2 确定范围组织会议

项目负责人或项目经理确认范围模板后，确定组织会议可以借助 SharePoint 站点中的日历功能预订会议以及存储会议中产生的会议记录和文档。

比如以 Contoso 文档管理系统项目为例，需要固定每周一上午 8:00~10:00 时间段启动确定范围会议，若临时有变化，再个别更新会议时间，具体操作步骤如下：

步骤 01 项目管理员登录 Contoso 文档管理系统项目站点，单击左侧导航中的“日历”，如图 5-62 所示。

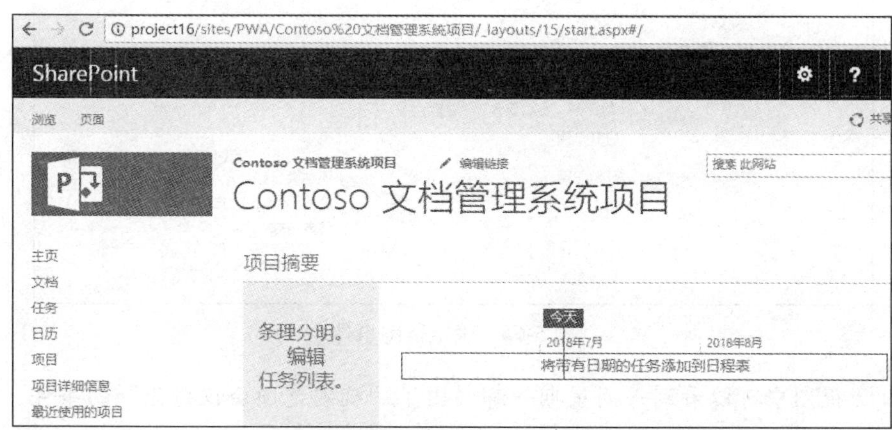


图 5-62 日历

步骤 02 进入日历界面，单击工具栏中的事件→新建事件，如图 5-63 所示。

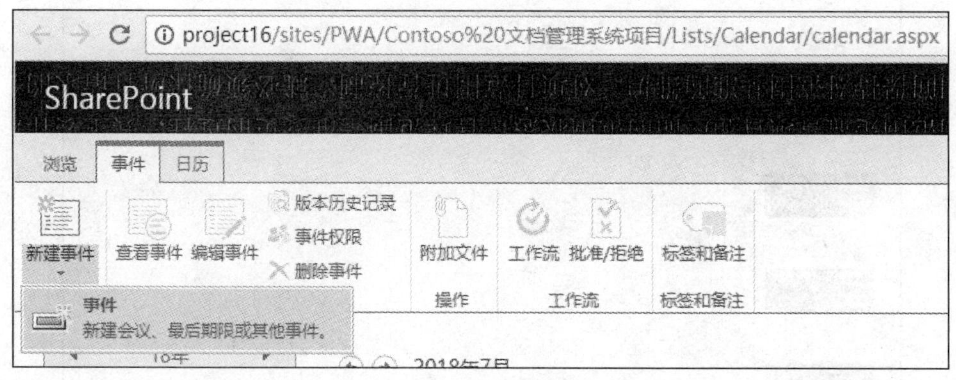


图 5-63 新建事件

步骤 03 在新建项目页面，输入事件名称和类别，由于会议是每周一固定时间启动，需要勾选“重复”选项，并选择按周发生重复事件：每 1 周星期一，开始日期和结束日期按照项目需求选择，单击“保存”按钮，如图 5-64 所示。

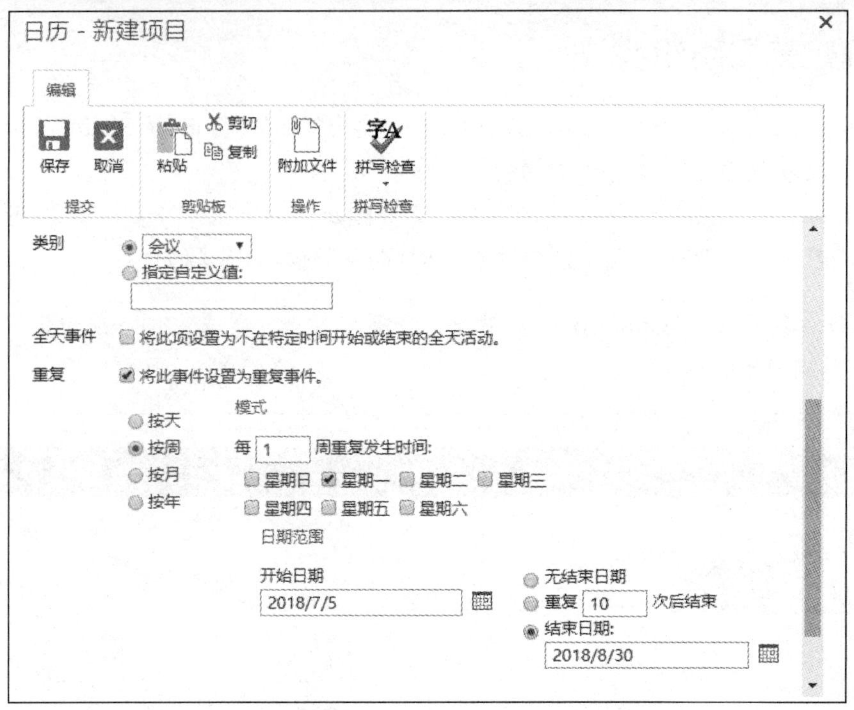


图 5-64　确定范围事件

步骤 04　日历视图中可以看到每周星期一都列出了“确定范围会议讨论”的事件，如图 5-65 所示。

| 星期一 | 星期二 | 星期三 | 星期四 | 星期五 | 星期六 | 星期日 |
|---|---|---|---|---|---|---|
| 25 | 26 | 27 | 28 | 29 | 30 | 1 |
| 2 | 3 | 4 | 5 | 6 | 7 | 8 +添加 |
| 9 16:00 - 17:00 确定范围会议讨 | 10 | 11 | 12 | 13 | 14 | 15 |
| 16 16:00 - 17:00 确定范围会议讨 | 17 | 18 | 19 | 20 | 21 | 22 |
| 23 16:00 - 17:00 确定范围会议讨 | 24 | 25 | 26 | 27 | 28 | 29 |
| 30 16:00 - 17:00 确定范围会议讨 | 31 | 1 | 2 | 3 | 4 | 5 |

图 5-65　日历视图

如果由于特殊原因，个别会议日期需要调整，以 23 号会议时间需调整为例，具体操作步骤如下：

步骤01 在日历视图中单击 23 号的事件，进入视图界面，单击“编辑项目”，如图 5-66 所示。

图 5-66　编辑项目

步骤02 在编辑界面，更改会议开始时间和说明，单击“保存”按钮，如图 5-67 所示。

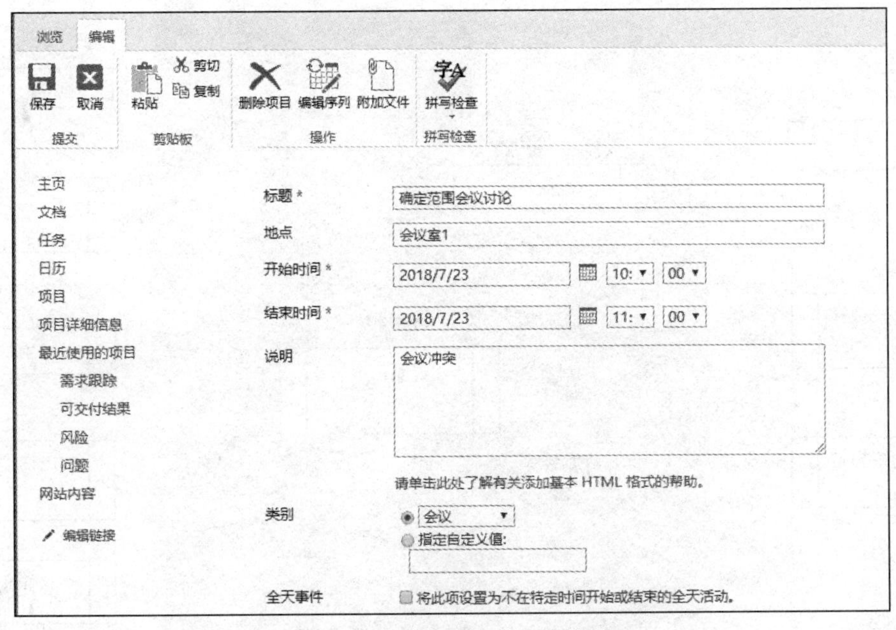


图 5-67　更改开始时间和说明

步骤03 如果某天的会议记录和产生的相关文档需记载，那么项目负责人可以进入某个项目的编辑界面，在说明处可记录会议摘要，并在工具栏中单击“附加文件”，选择需要上载的文档，单击“确定”按钮，如图 5-68 所示。

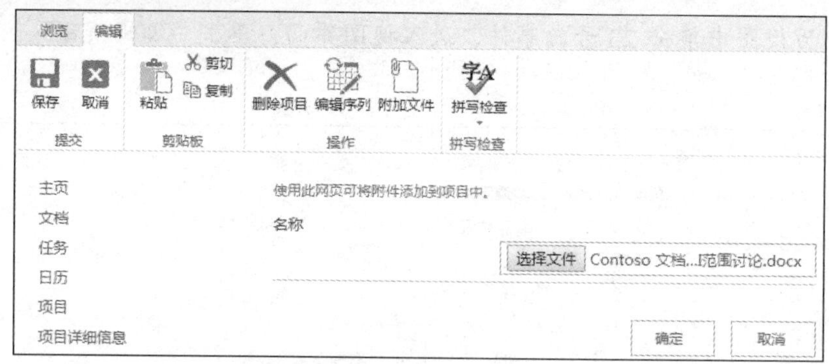


图 5-68　附加文件

# 5.6　控制范围

控制范围是监督项目和产品的范围状态，管理范围基准变更的过程，其主要作用是在整个项目期间保持对范围基准的维护。对项目范围进行控制，就必须确保所有请求的变更、推荐的纠正措施或预防措施都经过实施整体变更控制过程的处理，在变更实际发生时，也要采用范围控制过程来管理这些变更。图 5-69 所示为 PMBOK 推荐的控制范围的数据流向图。

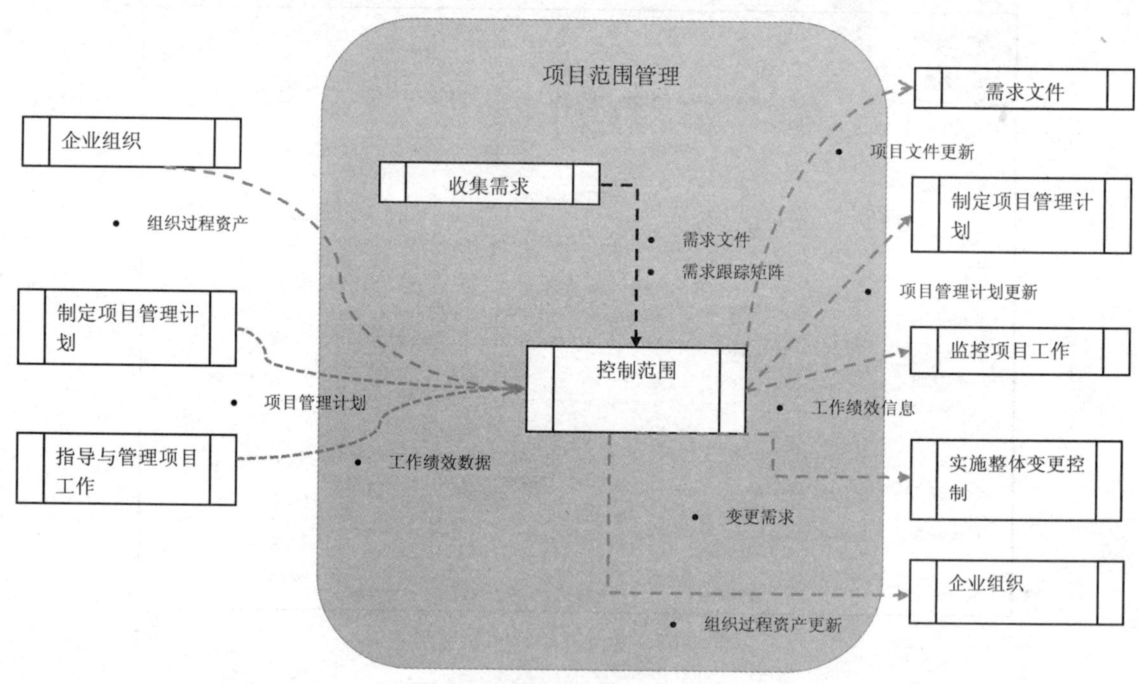


图 5-69　控制范围的数据流向图

在项目管理计划中可以控制范围的信息包括但不限于：

- 范围基准　用于范围基准与实际结果比较，以决定是否有必要进行变更、采取纠正措施或预防措施。

- 范围管理计划 描述如何监督和控制项目范围。
- 变更管理计划 定义管理项目变更的过程。
- 配置管理计划 定义哪些是配置项、哪些配置项需要正式变更控制以及针对这些配置项的变更控制过程。
- 需求管理计划 是项目管理计划的组成部分，描述如何分析、记录和管理项目需求。

下面重点介绍一下项目基准，可用于最初项目计划或者随着项目的进展在特定关键点的状态与项目的当前状态进行比较。

**说　明**

（1）在某些情况下，你可能不具备为项目设置比较基准的权限。

（2）如果你正在使用典型权限管理，那么管理员可以选择是否允许用户保存受保护或已撤销保护的比较基准。

（3）如果不具备设置比较基准的权限，当单击“设置比较基准”时会显示错误消息。

设置项目比较基准的具体操作步骤如下：

步骤 01 打开项目文件，单击“项目”标签中的“设置基线”，如图 5-70 所示。

步骤 02 在设置基线页面，选择要设置的比较基准并定义范围，如图 5-71 所示。

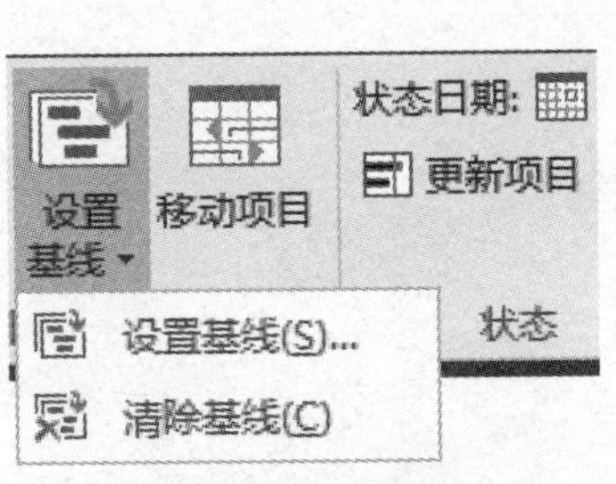


图 5-70　设置基线

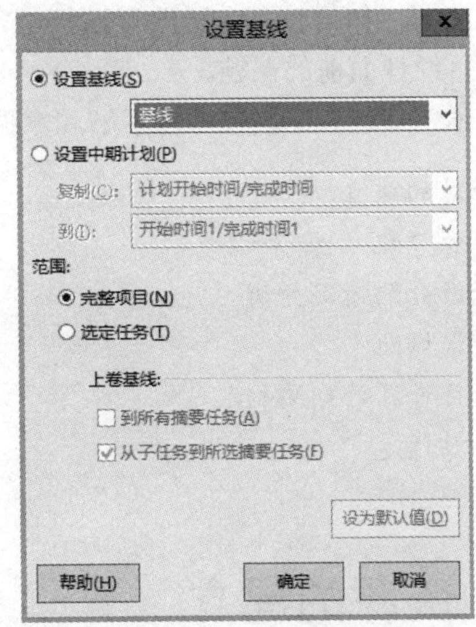


图 5-71 设置基线

**说　明**

在一个项目中最多可以设置 11 个基线，以获得项目进度的频繁快照。

# 第 6 章

# 项目资源计划编制

项目中的所有活动归根结底都是由人、设备、材料以及所涉及的相关费用来完成的。如何发挥资源的作用对于项目的成败起着至关重要的作用。

许多项目失败的原因都是项目资源的问题。例如，招募到的项目人力资源不符合当前项目的需要；团队的组成人员尽管富有才干，但是缺少或者根本没有彼此的合作经验；项目购买设备的费用不足等。

在 IT 行业，技术发展日新月异，管理高度复杂，客户需求多变，工作强度很大。在这样的行业环境下，如何获取合适的资源管理，充分地发挥团队的能力以成功完成项目，是摆在每一个项目经理面前的课题。

通过本章节的介绍，你可以了解和掌握：

- 资源的建立
- 资源分配
- 资源分配情况分析
- 资源调配
- 项目资源计划编制
- 资源预定

## 6.1 资源的建立

资源通常是项目计划中包含的人员，还可能包括用户完成项目的任何事物，其中包括设备和其他材料（如水泥或 Web 服务器）。

### 6.1.1 资源的建立

以“新产品开发”为例，项目经理使用 Project Professional 2016 打开.mpp 文件后，具体的操作步骤如下：

步骤 01 单击“资源”，展开“工作组规划器”，再单击“资源工作表”，如图 6-1 所示。

步骤 02 在资源工作表工具界面，单击“添加资源”，如图 6-2 所示。

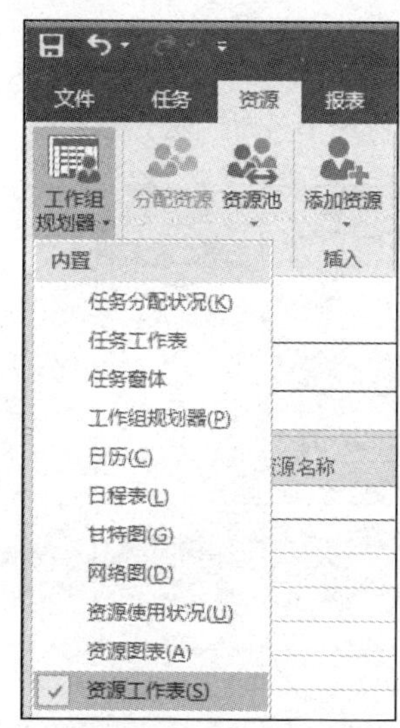


图 6-1 资源工作表

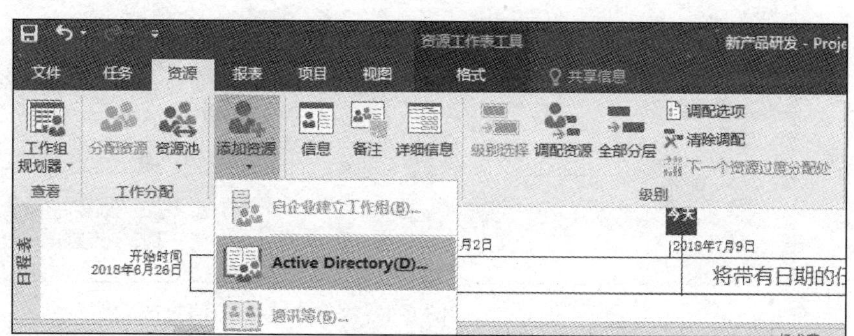


图 6-2 添加资源

默认情况下，Project Professional 2016 是通过资源工作表来建立资源的，共有以下 4 种建立方法。

- 自企业建立工作组：将资源从 Project Web App 添加到项目。
- Active Directory：添加来自 Active Directory 的资源。
- 通讯簿：从电子邮件通讯簿添加资源。
- 手动输入资源：通过手工的方式在资源工作表中一一输入资源信息。

前三种方式通常在导入数据量比较大的资源库时使用，如果所在组织有大量的资源信息，那么利用导入资源的方式可以减少很大的工作量。

步骤 01 以 Active Directory 为例，在弹出的界面输入人力资源名称：Leo（Leo@Contoso.net），单击“确定”按钮，如图 6-3 所示。

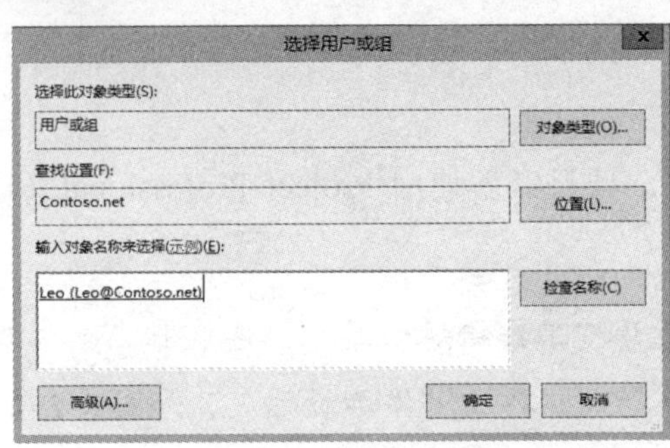


图 6-3　输入人力资源名称

步骤 02　添加完成之后，可以在资源工作表中看到 Leo 的资源信息，如图 6-4 所示。

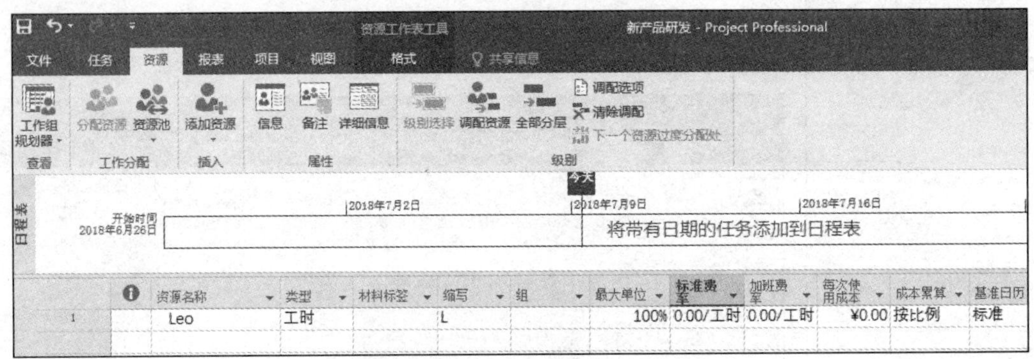


图 6-4　添加人力资源信息成功

## 6.1.2　资源的类型与设置

Project Professional 2016 包含的资源类型如下。

- 工时资源：是按照工时执行工作的人员和设备。
- 材料资源：是一种消耗品或供应品，如混凝土或钉子。将材料资源分配给任务时，请使用单位来表明材料资源的需求量。
- 成本资源：添加成本资源以将独立成本与任务相关联，比如，将机票成本资源分配给某个任务，来跟踪为此任务而购买机票的费用。

一般情况下，工时资源是面对执行任务的人员和设备而言的，尤其是做 IT 相关的项目，工时资源显得尤为重要，一旦资源的工作时间与项目中的某个任务时间发生冲突，编制出的项目计划就不准确。本节将以新建工时资源为例，项目经理使用 Project Professional 2016 打开.mpp 文件后，具体操作步骤如下：

步骤 01　单击“资源”，展开“工作组规划器”，进入资源工作表视图界面，单击“添加资源”→“工时资源”，如图 6-5 所示。

图 6-5 工时资源

步骤 02 在自动生成的工时资源信息中输入资源名称，比如 Shelley 或者 Leo，在类型中选择“工时”，如图 6-6 所示。

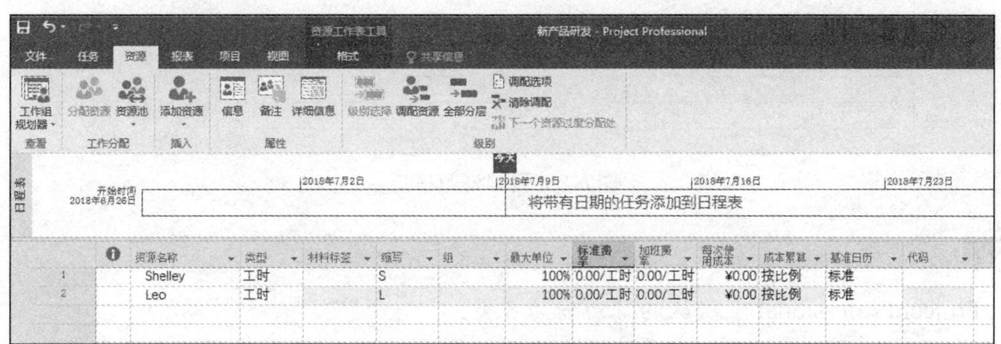


图 6-6 输入资源名称并选择类型

步骤 03 双击 Shelley 资源，弹出如图 6-7 所示的“资源信息”对话框。

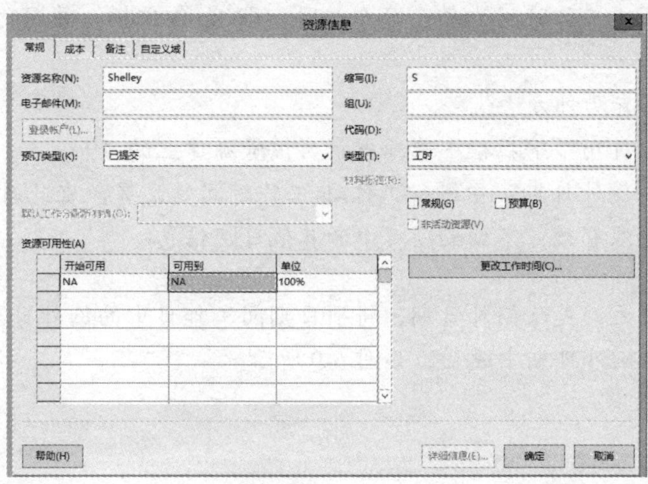


图 6-7 资源信息

步骤04 在图 6-7 所示的对话框中，单击“更改工作时间”按钮，弹出如图 6-8 所示的对话框，项目负责人/经理根据资源日历的实际情况进行设置。

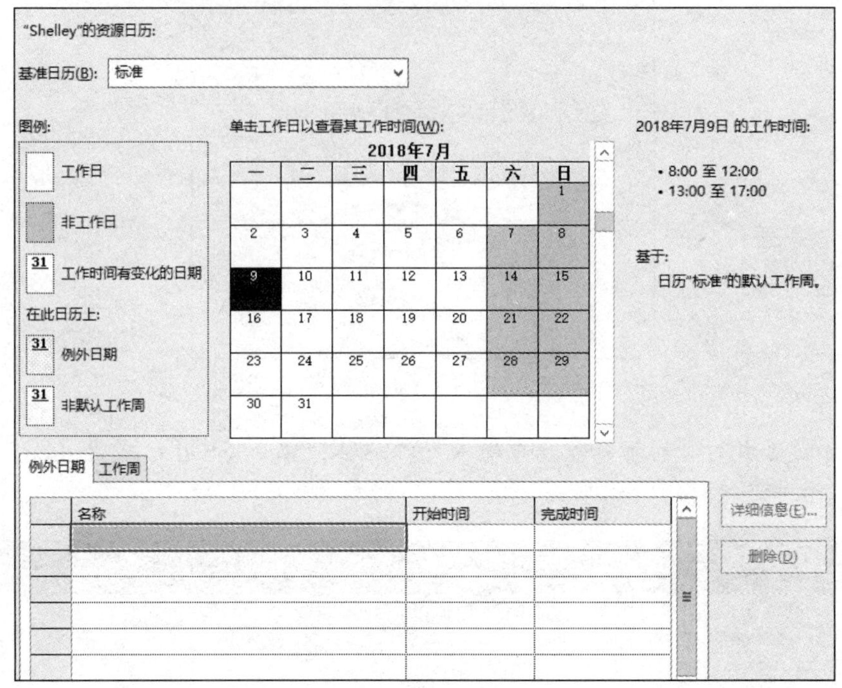


图 6-8 设置资源日历

**说明：**

- Project Professional 中默认的日历分为 3 类：
  - ◆ 标准日历，每周一到周五为工作日，周六和周日为非工作日，没有其他任何假日，每天工作时间为 8 个小时：8:00~12:00，13:00~17:00。
  - ◆ 24 小时日历，没有任何非工作日与工作日时间。
  - ◆ 夜班日历，工作时间为每天 8 个小时，即 0:00~8:00，每周的周六和周日为非工作日。
- 设置资源日历有两种方法：
  - ◆ 在“基准日历”下拉框中选择当初为该资源建立的日历。
  - ◆ 直接在“例外日期”中进行工作/非工作时间的设置，在此对话框中完成的修改仅对本资源有效，不影响项目中的其他日历信息。

步骤01 以标准日历为例更改例外日期，将项目期间工作日中的例外日期（如串休、节假日等）单独在例外日期中设置，如图 6-9 所示。

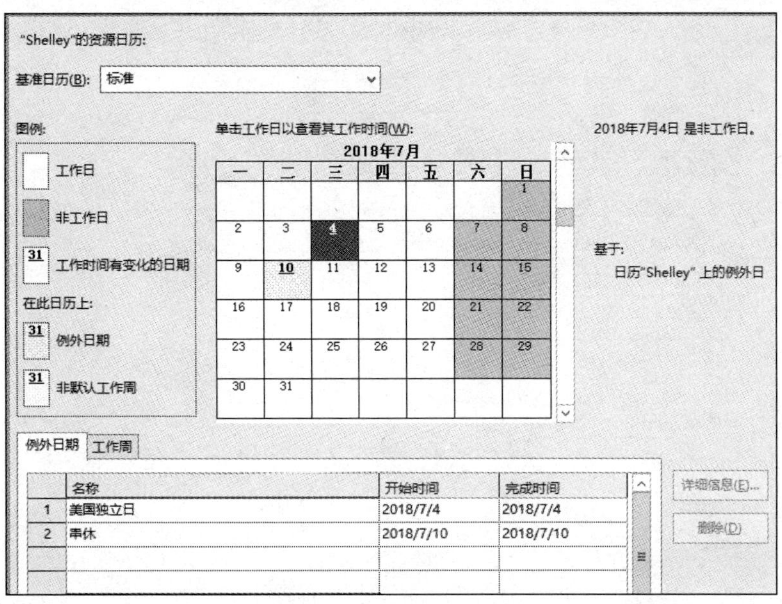


图 6-9 设置例外日期

步骤 02 单击图 6-7 中的成本选项卡，弹出如图 6-10 所示的对话框。

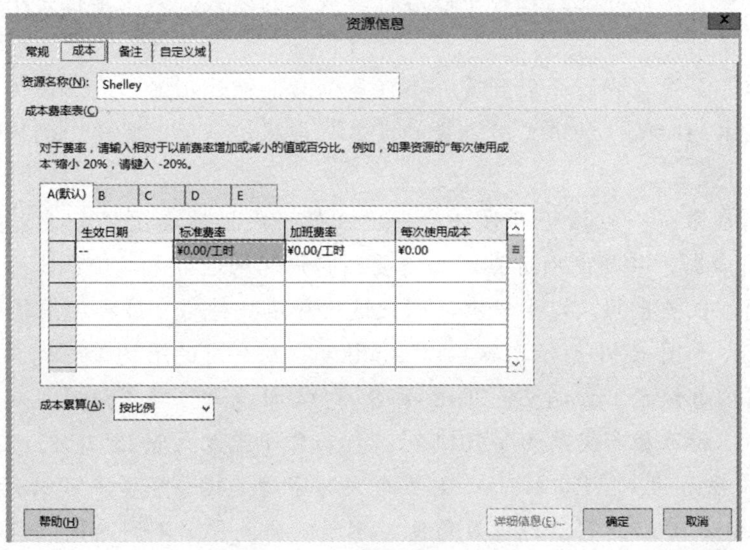


图 6-10 设置资源的成本信息

步骤 03 根据 Shelley 所在公司当前的平均工资来规划默认的标准费率：￥30/工时，加班费率：￥18/工时；生效日期为 2018 年 8 月 14 日，公司半年度平均工资增长，新的标准费率：￥40/工时，加班费率：￥25/工时，单击“确定”按钮，如图 6-11 所示。

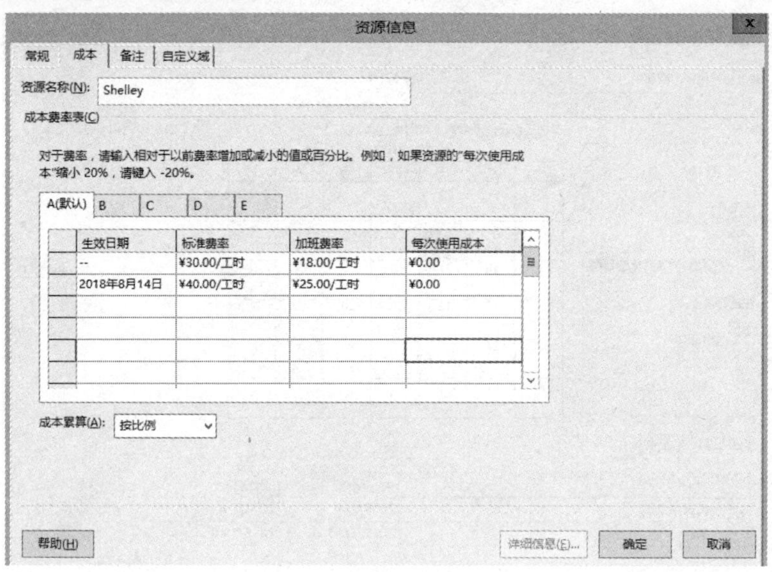


图 6-11　生效日期设置

**说明：**

- 标准费率：资源被分配到任务中以后计算成本的方式，默认单位是小时，也可以修改为天等单位。
- 加班费率：如果在资源分配到某一个任务以后，额外指定了“加班工时”，在计算该任务总成本的时候，加班工时部分的成本将按照该“加班费率”的输入值计算，默认单位是小时。
- 每次使用成本：一旦该资源被分配一次，便一次性地在该任务上发生的成本，比如 Shelley 负责新产品研发项目期间，需要到客户现场进行需求确认，那么往返的差旅和交通费用在出差期间只发生一次，因此这次费用被称为“每次使用费用”。
- 生效日期：如图 6-11 所示，默认以 Shelley 当前公司的平均工资计算标准费率等，但年中公司内部做了工资调整，2018 年 8 月 14 日生效，那么该日期起平均工资也做了调整，所以标准费率更改为￥40/工时，加班费率更改为￥25/工时。
- 图 6-11 中显示的 A、B、C、D、E 五个大写字母是指每个资源可以有 5 套费率标准，例如 Shelley 可以拥有多种项目角色，不同的角色费率不同，因此设定多套费率后，将资源分配到任务中时，可以选择该资源按照哪套费率进行计算。

# 6.2　资源的分配

一个完成的项目除了包含不同阶段的细分的任务之外，还需要项目负责人/经理为每个任务分配所需要的资源，不限于人力、成本或者设备等资源，以此来衡量该项目资源储备是否充足、预算是否超过预期标准、设备是否满足项目需求。

通过本节的学习，你可以了解和掌握在 Project Professional 2016 中资源分配的 3 种方法：

- 给一个任务分配一个资源。
- 给一个任务分配多个资源。
- 给多个任务分配多个资源。

## 6.2.1 给一个任务分配一个资源

在实际的项目管理中，为了方便日后统计每个任务的进展情况以及每个参与项目的人员能清晰明确地了解自己负责的任务列表，大多数情况下，项目负责人/经理会考虑给一个任务分配一个资源，以“新产品研发”项目为例，具体的操作步骤如下：

步骤 01 打开“新产品研发”项目文件，单击“任务”→“甘特图”，如图 6-12 所示。

步骤 02 以“第一次需求讨论”为例，展开“资源名称”属性的下拉列表，选择“Shelley”，如图 6-13 所示。

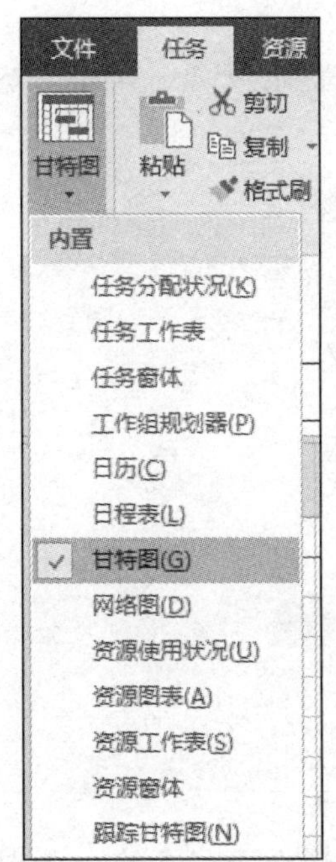


图 6-12 甘特图

| 任务模式 | 任务名称 | 工期 | 开始时间 | 完成时间 | 前置任务 | 资源名称 |
|---|---|---|---|---|---|---|
| | ◢ 新产品研发-任务 | 26 个工作日 | 2018年6月26日 | 2018年7月31日 | | |
| | ◢ 需求分析阶段 | 20 个工作日 | 2018年6月26日 | 2018年7月23日 | | |
| | ◢ 需求讨论 | 10 个工作日 | 2018年6月26日 | 2018年7月9日 | | |
| | 第一次需求讨论 | 5 个工作日 | 2018年6月26日 | 2018年7月2日 | | Shelley |
| | 第二次需求讨论 | 3 个工作日 | 2018年7月3日 | 2018年7月5日 | | |
| | 第三次需求讨论 | 2 个工作日 | 2018年7月6日 | 2018年7月9日 | | |
| | 需求分析 | 2 个工作日 | 2018年7月10日 | 2018年7月11日 | | |
| | 需求设计文档 | 4 个工作日 | 2018年7月12日 | 2018年7月17日 | | |
| | 确认需求设计文档 | 4 个工作日 | 2018年7月18日 | 2018年7月23日 | | |
| | 需求分析阶段结束 | 0 个工作日 | 2018年7月23日 | 2018年7月23日 | | |
| | 产品模型设计阶段 | 1 个工作日 | 2018年6月26日 | 2018年6月26日 | | |
| | 产品研发阶段 | 1 个工作日 | 2018年6月26日 | 2018年6月26日 | | |

☐Leo ☑Shelley ☐会议室 ☐刘恒 ☐刘晢 ☐王军 ☐专车

图 6-13 单一任务分配一个资源

## 6.2.2 给一个任务分配多个资源

在实际项目中，也会遇到一个任务由多个资源一起执行的情况，Project Professional 2016 有以下两种方式给一个任务分配多个资源：

- 在图 6-13 中，勾选多个资源实现给一个任务分配多个资源。
- 通过资源选项卡的方式选取多个资源，以第二次需求讨论为例，具体操作步骤如下：

步骤 01 双击“第二次需求讨论”任务，弹出如图 6-14 所示的对话框。

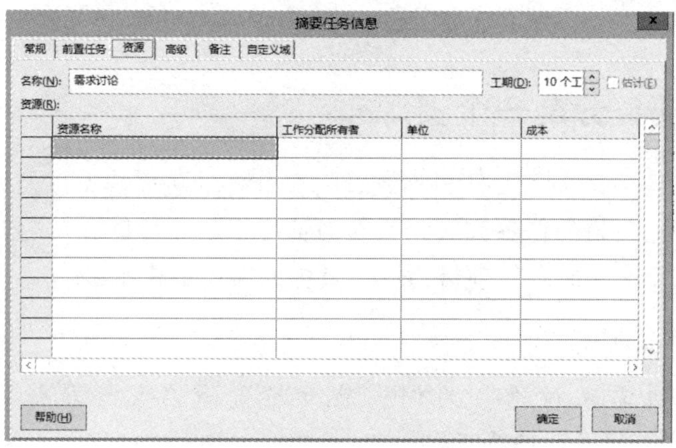

图 6-14　摘要任务信息—资源

步骤 02 在图 6-14 中的“资源名称”下拉菜单中，依次选择参与此任务的资源，单击“确定”按钮，如图 6-15 所示。

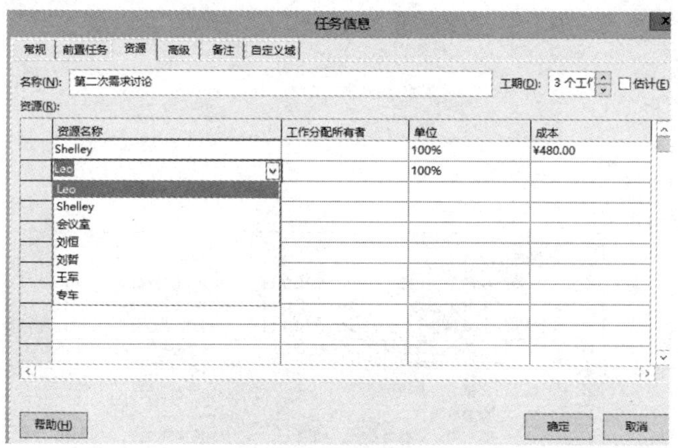

图 6-15　添加资源

步骤 03 在甘特图工具界面，可以看到 Leo 和 Shelley 两个资源分配到一个任务中，如图 6-16 所示。

| 任务模式 | 任务名称 | 工期 | 开始时间 | 完成时间 | 前置任务 | 资源名称 |
|---|---|---|---|---|---|---|
| | **新产品研发-任务** | **26 个工作日** | **2018年6月26日** | **2018年7月31日** | | |
| | **需求分析阶段** | **20 个工作日** | **2018年6月26日** | **2018年7月23日** | | |
| | **需求讨论** | **10 个工作日** | **2018年6月26日** | **2018年7月9日** | | |
| | 第一次需求讨论 | 5 个工作日 | 2018年6月26日 | 2018年7月2日 | | Shelley |
| | 第二次需求讨论 | 3 个工作日 | 2018年7月3日 | 2018年7月5日 | | Shelley,Leo |
| | 第三次需求讨论 | 2 个工作日 | 2018年7月6日 | 2018年7月9日 | | |

图 6-16　多个资源分配到一个任务

## 6.2.3 给多个任务分配多个资源

在实际项目管理中，会发生相同的多个资源同时参与多个任务的情况，为了简化项目负责人/经理的工作量，提高资源分配效率，推荐使用 Project Professional 2016 同时向多个任务分配多个资源的功能，以“新产品研发”为例，具体操作步骤如下：

步骤 01 打开“新产品研发”项目文件，进入甘特图视图中，按住 Ctrl 键的同时，依次选中需要同时分配相同资源的任务，如图 6-17 所示。

| 任务模式 | 任务名称 | 工期 | 开始时间 | 完成时间 | 前置任务 | 资源名称 |
|---|---|---|---|---|---|---|
| | **新产品研发-任务** | **26 个工作日** | **2018年6月26日** | **2018年7月31日** | | |
| | **需求分析阶段** | **20 个工作日** | **2018年6月26日** | **2018年7月23日** | | |
| | **需求讨论** | **10 个工作日** | **2018年6月26日** | **2018年7月9日** | | |
| | 第一次需求讨论 | 5 个工作日 | 2018年6月26日 | 2018年7月2日 | | Shelley |
| | 第二次需求讨论 | 3 个工作日 | 2018年7月3日 | 2018年7月5日 | | Shelley,Leo |
| | 第三次需求讨论 | 2 个工作日 | 2018年7月6日 | 2018年7月9日 | | |
| | 需求分析 | 2 个工作日 | 2018年7月10日 | 2018年7月11日 | | |
| | 需求设计文档 | 4 个工作日 | 2018年7月12日 | 2018年7月17日 | | |
| | 确认需求设计文档 | 4 个工作日 | 2018年7月18日 | 2018年7月23日 | | |
| | 需求分析阶段结束 | 0 个工作日 | 2018年7月23日 | 2018年7月23日 | | |
| | 产品模型设计阶段 | 1 个工作日 | 2018年6月26日 | 2018年6月26日 | | Leo,Shelley |
| | 产品研发阶段 | 1 个工作日 | 2018年6月26日 | 2018年6月26日 | | |

图 6-17 同时选中多个任务

步骤 02 选择甘特图工具中的“资源”→“分配资源”，如图 6-18 所示。

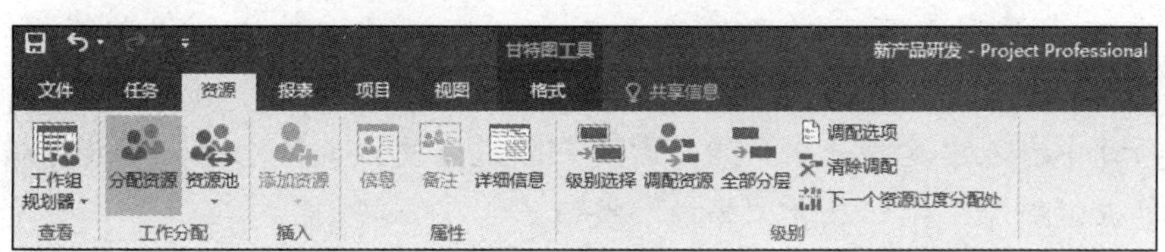


图 6-18 分配资源

步骤 03 弹出“分配资源”对话框后，按住 Ctrl 键的同时，在资源名称列表中，依次选中所需要的资源，单击“分配”按钮，如图 6-19 所示。

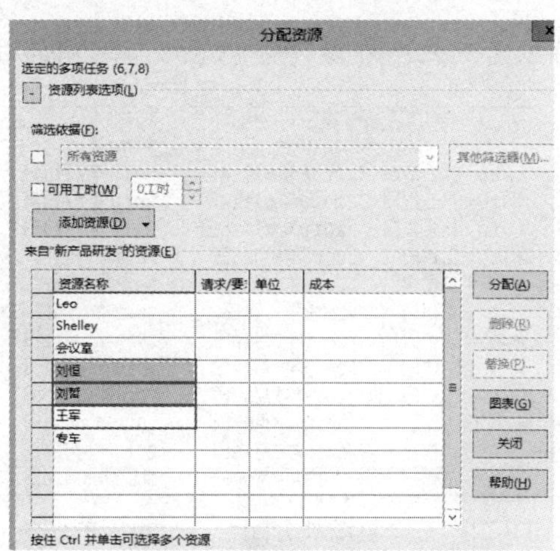


图 6-19 同时选择多个资源

步骤 04 在资源名称列表中，可以看到“刘恒”“刘哲”“王军”三个资源被选中，单击“关闭”按钮，如图 6-20 所示。

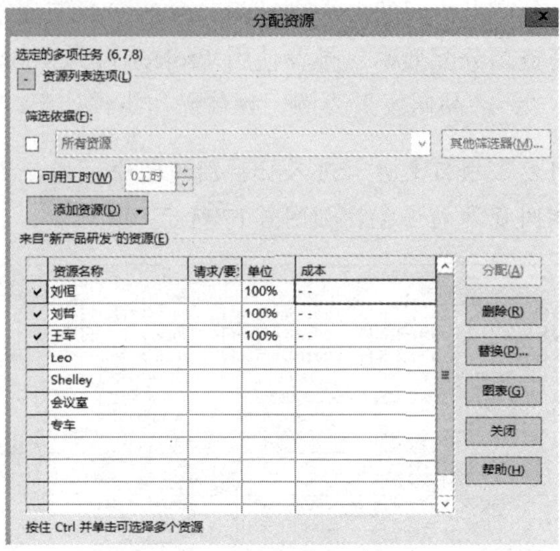


图 6-20　多个资源被成功分配

**说明：**

- 如果当前资源列表页面显示的资源不足，可以通过单击“添加资源”的方式从 Activity Directory、Project Web App 或者通讯簿中获取资源。
- 如果项目中有人中途离开项目组，需要删除或者更换其他人员，那么可以批量选择人员，单击“删除”按钮或者“替换”按钮。
- 单位：如果资源是人力，单位是 100%，代表该人员 100%全职投入项目工作，每天 8 个小时的工作时间，每周 5 个工作日；如果资源是设备等，可以手动更改单位，比如专车，单位可以修改为 1 辆，代表项目期间需要一辆专车为参与项目的人员提供接送需求。

步骤 05 在甘特图界面，可以看到三个资源被分配给 3 个不同的任务，如图 6-21 所示。

| 任务模式 | 任务名称 | 工期 | 开始时间 | 完成时间 | 前置任务 | 资源名称 |
|---|---|---|---|---|---|---|
| | **新产品研发-任务** | **26 个工作日** | **2018年6月26日** | **2018年7月31日** | | |
| | **需求分析阶段** | **20 个工作日** | **2018年6月26日** | **2018年7月23日** | | |
| | **需求讨论** | **10 个工作日** | **2018年6月26日** | **2018年7月9日** | | |
| | 第一次需求讨论 | 5 个工作日 | 2018年6月26日 | 2018年7月2日 | | Shelley |
| | 第二次需求讨论 | 3 个工作日 | 2018年7月3日 | 2018年7月5日 | | Shelley,Leo |
| | 第三次需求讨论 | 2 个工作日 | 2018年7月6日 | 2018年7月9日 | | |
| | 需求分析 | 2 个工作日 | 2018年7月10日 | 2018年7月11日 | | 刘恒,刘哲,王军 |
| | 需求设计文档 | 4 个工作日 | 2018年7月12日 | 2018年7月17日 | | 刘恒,刘哲,王军 |
| | 确认需求设计文档 | 4 个工作日 | 2018年7月18日 | 2018年7月23日 | | 刘恒,刘哲,王军 |
| | 需求分析阶段结束 | 0 个工作日 | 2018年7月23日 | 2018年7月23日 | | |
| | 产品模型设计阶段 | 1 个工作日 | 2018年6月26日 | 2018年6月26日 | | Leo,Shelley |
| | 产品研发阶段 | 1 个工作日 | 2018年6月26日 | 2018年6月26日 | | |

图 6-21　三个资源被分配给三个不同的任务

## 6.3 资源分配情况分析

每一个项目中的任务都是由一系列的资源支撑来完成的，资源的范围比较广泛，任务在分配资源的时候，往往只看到资源的可用性，并没有考虑资源在可用之前是否已经被分配的情况，因此就会出现被重复分配的现象，从而导致资源冲突。本节将为大家介绍如何对资源分配情况进行分析，例如如何查看分配资源的情况、是否有资源冲突或者资源闲置。

以“新产品研发”为例，具体操作步骤如下：

步骤 01 选择“资源”→“工作组规划器”→“资源使用状况”，如图 6-22 所示。

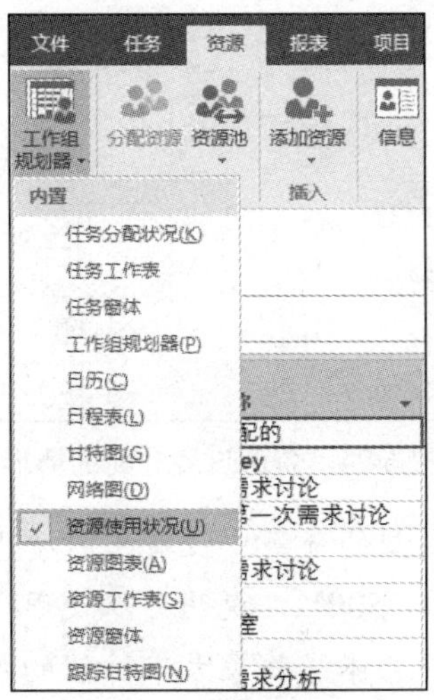

图 6-22 资源使用状况

步骤 02 在资源使用状况视图中，可以看到“未分配的”和“过度分配的”资源，如图 6-23 所示。

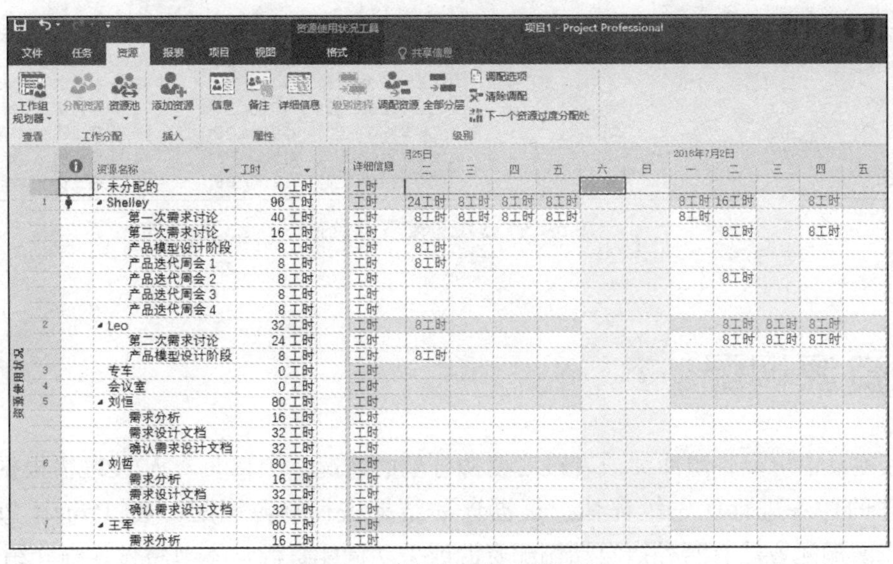

图 6-23 资源使用状况展示图

**说明：**

- 未分配的：泛指尚未分配资源的任务，如果项目负责人/经理发现仍有尚未分配资源的任务，需要返回甘特图视图中继续为其分配资源。对于显示在“未分配的”中的标志性的阶段结束的里程碑任务可以不分配资源。
- 过度分配的资源：Project Professional 2016 将自动检测出资源被过度分配的情况，以及具体什么时间被过度分配。如图 6-24 所示，Shelley 资源出现红色的警告（可在下载资源中查看），并且右侧日历中显示了过度分配的时间。

| 资源名称 | 工时 | 详细信息 | 月25日 二 | 三 | 四 | 五 | 六 | 日 | 2018年7月2日 一 | 二 | 三 | 四 |
|---|---|---|---|---|---|---|---|---|---|---|---|---|
| 未分配的 | 0 工时 | 工时 | | | | | | | | | | |
| Shelley | 96 工时 | 工时 | 24工时 | 8工时 | 8工时 | 8工时 | | | 8工时 | 16工时 | | 8工时 |
| 第一次需求讨论 | 40 工时 | 工时 | 8工时 | 8工时 | 8工时 | 8工时 | | | 8工时 | | | |
| 第二次需求讨论 | 16 工时 | 工时 | | | | | | | | 8工时 | | 8工时 |
| 产品模型设计阶段 | 8 工时 | 工时 | 8工时 | | | | | | | | | |
| 产品迭代周会 1 | 8 工时 | 工时 | 8工时 | | | | | | | | | |
| 产品迭代周会 2 | 8 工时 | 工时 | | | | | | | | 8工时 | | |
| 产品迭代周会 3 | 8 工时 | 工时 | | | | | | | | | | |
| 产品迭代周会 4 | 8 工时 | 工时 | | | | | | | | | | |
| Leo | 32 工时 | 工时 | 8工时 | | | | | | | 8工时 | 8工时 | 8工时 |
| 第二次需求讨论 | 24 工时 | 工时 | | | | | | | | 8工时 | 8工时 | 8工时 |
| 产品模型设计阶段 | 8 工时 | 工时 | 8工时 | | | | | | | | | |
| 专车 | 0 工时 | 工时 | | | | | | | | | | |
| 会议室 | 0 工时 | 工时 | | | | | | | | | | |

图 6-24　资源过度分配的情形

- 过度分配资源设置，三种类型的资源中仅有工时资源有最大单位值可以修改，默认是 100%，可以按需修改，比如 500%，说明可以使用 5 个人力资源，若超出 500%，则会变为红色（过度分配）。具体修改最大单位值的步骤为：资源→工作组规划器→资源工作表，修改会议室资源的最大单位为 500%，若项目中使用 6 个会议室，则属于过度分配会议室资源，如图 6-25 所示。

| ❶ | 资源名称 | 类型 | 材料标签 | 缩写 | 组 | 最大单位 | 标准费率 | 加班费率 | 每次使用成本 | 成本累算 | 基准日历 |
|---|---|---|---|---|---|---|---|---|---|---|---|
| ♦ | Shelley | 工时 | | S | | 100% | ¥30.00/工时 | ¥18.00/工时 | ¥0.00 | 按比例 | 标准 |
| | Leo | 工时 | | L | | 100% | ¥35.00/工时 | ¥20.00/工时 | ¥0.00 | 按比例 | 标准 |
| | 专车 | 工时 | | 专 | | 100% | ¥8.00/工时 | ¥0.00/工时 | ¥0.00 | 按比例 | 标准 |
| | 会议室 | 工时 | | 会 | | 500% | ¥30.00/工时 | ¥0.00/工时 | ¥0.00 | 按比例 | 标准 |
| | 刘恒 | 工时 | | 刘 | | 100% | ¥35.00/工时 | ¥20.00/工时 | ¥0.00 | 按比例 | 标准 |
| | 刘哲 | 工时 | | 刘 | | 100% | ¥20.00/工时 | ¥15.00/工时 | ¥0.00 | 按比例 | 标准 |
| | 王军 | 工时 | | 王 | | 100% | ¥30.00/工时 | ¥18.00/工时 | ¥0.00 | 按比例 | 标准 |

图 6-25　过度分配资源设置

## 6.4　资源调配

在实际项目中出现资源冲突或者过度资源分配的情况，项目负责人/经理需根据项目中人员同时处理的任务进行优先级评估，根据评估结果进行资源调配。在 Project Professional 2016 中，资源调配方法有两种：自动调配资源或手动调配资源，本节将做详细介绍。

### 6.4.1 自动调配资源

自动调配过度资源会延长项目工期，在项目负责人/经理与客户达成共识的情况下，可以采用该方法来自动串行拆分任务安排，这样可以减少项目负责人/经理的工作量。

以“新产品研发”为例，自动调配资源的操作步骤如下：

步骤 01 打开“新产品研发”项目文件，单击“资源”→“工作组规划器”→“资源使用状况”，单击需要调配的资源 Shelley 之后，再单击资源工具栏中的“调配资源”，如图 6-26 所示。

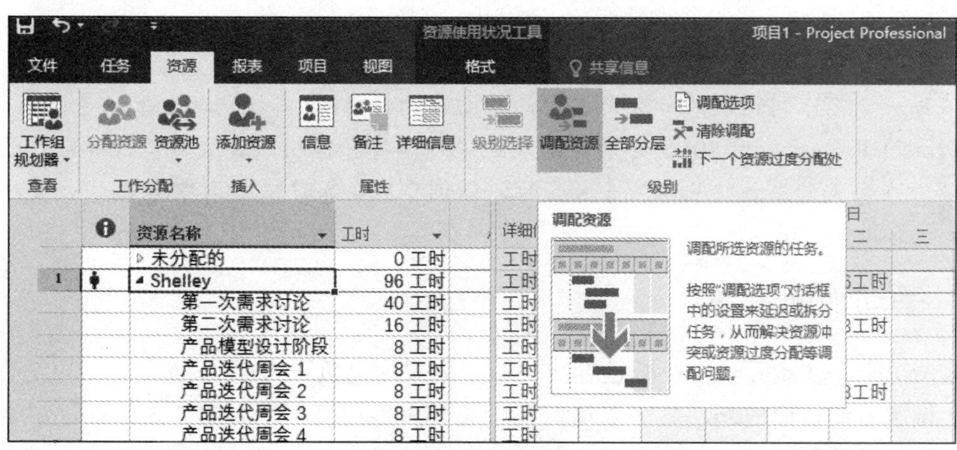

图 6-26 调配资源

步骤 02 在弹出的“调配资源”对话框选择 Shelley，单击“开始调配”按钮，如图 6-27 所示。

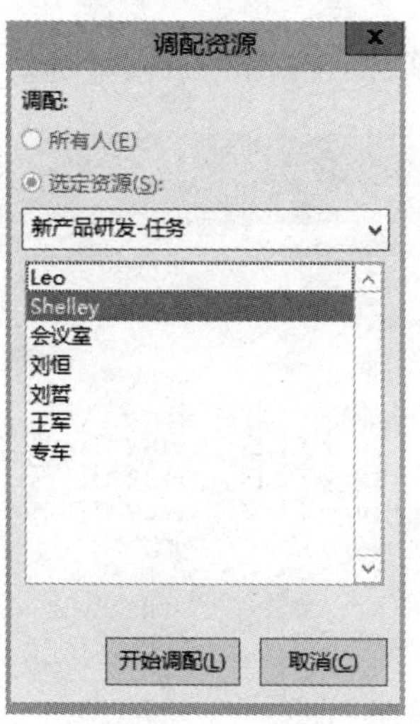

图 6-27 开始调配

步骤 03 自动完成资源调配之后，在资源使用状况界面可以看到 Shelley 资源的红色标注自动消失，如图 6-28 所示。

图 6-28 调配以后

**说明：**

- 在第一次需求讨论和第二次需求讨论前面看到标记▮🖉，说明此分配任务被编辑过。
- Project Professional 2016 自动资源调配规则是将并行的任务改为串行关系，最终保证资源在每天的工作时长不多于 8 小时，但调整后会导致项目周期延长。

## 6.4.2 手动调配资源

一般情况下，在实际项目资源过度冲突时，如果项目负责人/经理与客户之间没有对采用自动方式调配资源协商成功，就需要项目负责人采用手动调配资源的方式来保证项目工期不会延误，按时正式上线。

以“新产品研发”为例，自动调配资源的操作步骤如下：

步骤 01 打开“新产品研发”项目文件，单击“资源”→“工作组规划器”→“甘特图”，在甘特图视图工具中，单击“视图”→“筛选器”，如图 6-29 所示。

| | 任务名称 | 工期 | 开始时间 | | 资源名称 |
|---|---|---|---|---|---|
| 0 | 新产品研发-任务 | 26 个工作日 | 2018年6月2 | 日 | |
| 1 | 需求分析阶段 | 20 个工作日 | 2018年6月2 | 日 | |
| 2 | 需求讨论 | 10 个工作日 | 2018年6月2 | 日 | |
| 3 | 第一次需求讨论 | 5 个工作日 | 2018年6月26 | | Shelley |
| 4 | 第二次需求讨论 | 3 个工作日 | 2018年7月3日 | | Shelley,Leo |
| 5 | 第三次需求讨论 | 2 个工作日 | 2018年7月6日 | 2018年7月9日 | |
| 6 | 需求分析 | 2 个工作日 | 2018年7月10日 | 2018年7月11日 | 刘恒,刘哲,王军 |
| 7 | 需求设计文档 | 4 个工作日 | 2018年7月12日 | 2018年7月17日 | 刘恒,刘哲,王军 |
| 8 | 确认需求设计文档 | 4 个工作日 | 2018年7月18日 | 2018年7月23日 | 刘恒,刘哲,王军 |
| 9 | 需求分析阶段结束 | 0 个工作日 | 2018年7月23日 | 2018年7月23日 | |
| 10 | 产品模型设计阶段 | 1 个工作日 | 2018年6月26日 | 2018年6月26日 | Leo,Shelley |
| 11 | 产品研发阶段 | 1 个工作日 | 2018年6月26日 | 2018年6月26日 | |

图 6-29 突显显示

步骤 02　展开“筛选器”列表，单击“使用资源”，如图 6-30 所示。

步骤 03　在使用资源界面，选择 Shelley，单击“确定”按钮，如图 6-31 所示。

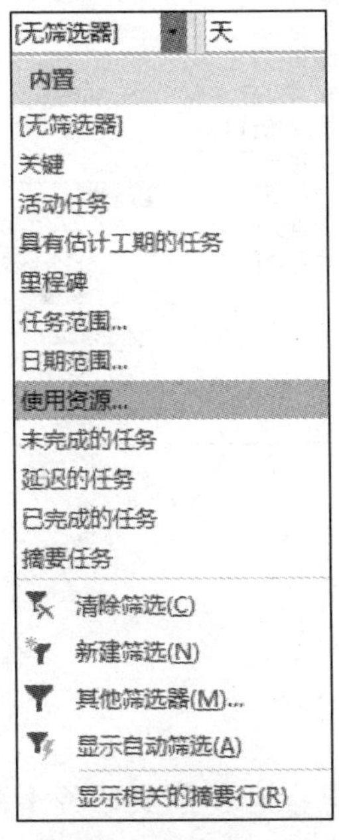


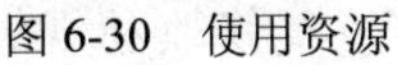
图 6-30　使用资源

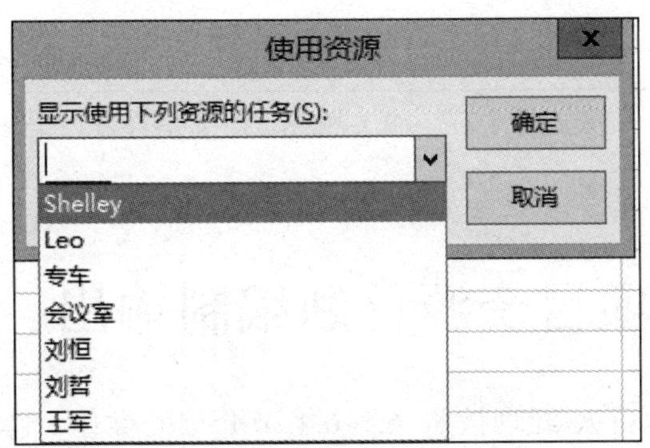


图 6-31　选择 Shelley 资源

步骤 04　在甘特图视图界面，可以看到仅显示 Shelley 资源的任务，如图 6-32 所示。

| 任务模式 | 任务名称 | 工期 | 开始时间 | 完成时间 | 前置任务 | 资源名称 |
|---|---|---|---|---|---|---|
| | **新产品研发-任务** | **26 个工作日** | **2018年6月26日** | **2018年7月31日** | | |
| | **需求分析阶段** | **20 个工作日** | **2018年6月26日** | **2018年7月23日** | | |
| | **需求讨论** | **10 个工作日** | **2018年6月26日** | **2018年7月9日** | | |
| | 第一次需求讨论 | 5 个工作日 | 2018年6月26日 | 2018年7月2日 | | Shelley |
| | 第二次需求讨论 | 3 个工作日 | 2018年7月3日 | 2018年7月5日 | | Shelley,Leo |
| | 产品模型设计阶段 | 1 个工作日 | 2018年6月26日 | 2018年6月26日 | | Leo,Shelley |
| | **产品迭代周会** | **26 个工作日** | **2018年6月26日** | **2018年7月31日** | | |
| | 产品迭代周会 1 | 1 个工作日 | 2018年6月26日 | 2018年6月26日 | | Shelley |
| | 产品迭代周会 2 | 1 个工作日 | 2018年7月3日 | 2018年7月3日 | | Shelley |
| | 产品迭代周会 3 | 1 个工作日 | 2018年7月10日 | 2018年7月10日 | | Shelley |
| | 产品迭代周会 4 | 1 个工作日 | 2018年7月17日 | 2018年7月17日 | | Shelley |

图 6-32　仅显示 Shelley 资源的任务

步骤 05　项目负责人/经理可以根据冲突的任务优先级和重要性来决定该任务是否重新分配给其他资源，可以采用 6.2.1 小节给一个任务分配一个资源的方式进行资源调整，如图 6-33 所示，一直到资源合理分配，不存在过度分配资源的情况为止。

图 6-33 冲突任务分配给其他资源

# 6.5 项目资源计划编制输出

项目负责人/经理按照 6.1~6.4 节介绍的操作，本着除了里程碑和摘要任务不需要分配资源外，其他任务均有资源执行并且没有过度分配资源的原则，重复修改和规划项目资源计划，最终可以得到如图 6-34 所示的项目资源计划编制图。

| 资源名称 | 工时 | 详细信息 | 五 | 六 | 日 | 一 | 二 | 三 | 四 | 五 | 六 | 日 | 一 | 二 |
|---|---|---|---|---|---|---|---|---|---|---|---|---|---|---|
| | | | | | | 2018年6月25日 | | | | | | | 2018年7月2日 | |
| ◢ 未分配的 | 0 工时 | 工时 | | | | | | | | | | | | |
| 产品上线 | 0 工时 | 工时 | | | | | | | | | | | | |
| 需求分析阶段结束 | 0 工时 | 工时 | | | | | | | | | | | | |
| ◢ Shelley | 40 工时 | 工时 | | | | | 8工时 | 8工时 | 8工时 | 8工时 | | | 8工时 | |
| 第一次需求讨论 | 40 工时 | 工时 | | | | | 8工时 | 8工时 | 8工时 | 8工时 | | | 8工时 | |
| ◢ Leo | 48 工时 | 工时 | | | | | 8工时 | | | | | | | 8工时 |
| 第二次需求讨论 | 24 工时 | 工时 | | | | | | | | | | | | 8工时 |
| 第三次需求讨论 | 16 工时 | 工时 | | | | | | | | | | | | |
| 产品模型设计阶段 | 8 工时 | 工时 | | | | | 8工时 | | | | | | | |
| 专车 | 0 工时 | 工时 | | | | | | | | | | | | |
| 会议室 | 0 工时 | 工时 | | | | | | | | | | | | |
| ◢ 刘恒 | 88 工时 | 工时 | | | | | | | | | | | | 8工时 |
| 需求分析 | 16 工时 | 工时 | | | | | | | | | | | | |
| 需求设计文档 | 32 工时 | 工时 | | | | | | | | | | | | |
| 确认需求设计文档 | 32 工时 | 工时 | | | | | | | | | | | | |
| 产品迭代周会 2 | 8 工时 | 工时 | | | | | | | | | | | | 8工时 |
| ◢ 刘哲 | 80 工时 | 工时 | | | | | | | | | | | | |
| 需求分析 | 16 工时 | 工时 | | | | | | | | | | | | |
| 需求设计文档 | 32 工时 | 工时 | | | | | | | | | | | | |
| 确认需求设计文档 | 32 工时 | 工时 | | | | | | | | | | | | |
| ◢ 王军 | 80 工时 | 工时 | | | | | | | | | | | | |
| 需求分析 | 16 工时 | 工时 | | | | | | | | | | | | |
| 需求设计文档 | 32 工时 | 工时 | | | | | | | | | | | | |
| 确认需求设计文档 | 32 工时 | 工时 | | | | | | | | | | | | |
| ◢ 张三 | 208 工时 | 工时 | | | | | 8工时 | 8工时 | 8工时 | 8工时 | | | 8工时 | 8工时 |

图 6-34 项目资源计划编制图

如果项目人员需要了解和掌握自己所负责任务的起始时间，可以在甘特图视图中选择“视图”→“ 分组依据” →“资源”，得到如图 6-35 所示的按资源分组的界面进行打印输出。

| 任务模式 | 任务名称 | 工期 | 开始时间 | 完成时间 |
|---|---|---|---|---|
| | **资源名称：空值** | ***0个工作日*** | ***2018年6月26日*** | ***2018年7月23日*** |
| | 需求分析阶段结束 | 0 个工作日 | 2018年7月23日 | 2018年7月23日 |
| | 产品上线 | 0 个工作日 | 2018年6月26日 | 2018年6月26日 |
| | **资源名称：Byron** | ***14个工作日*** | ***2018年8月1日*** | ***2018年8月18日*** |
| | 产品测试阶段 | 14 个工作日 | 2018年8月1日 | 2018年8月18日 |
| | **资源名称：Leo** | ***3个工作日*** | ***2018年6月26日*** | ***2018年7月9日*** |
| | 第二次需求讨论 | 3 个工作日 | 2018年7月3日 | 2018年7月5日 |
| | 第三次需求讨论 | 2 个工作日 | 2018年7月6日 | 2018年7月9日 |
| | 产品模型设计阶段 | 1 个工作日 | 2018年6月26日 | 2018年6月26日 |
| | **资源名称：Shelley** | ***5个工作日*** | ***2018年6月26日*** | ***2018年7月2日*** |
| | 第一次需求讨论 | 5 个工作日 | 2018年6月26日 | 2018年7月2日 |
| | **资源名称：李四,张三** | ***26个工作日*** | ***2018年6月26日*** | ***2018年7月31日*** |
| | 产品研发阶段 | 26 个工作日 | 2018年6月26日 | 2018年7月31日 |
| | **资源名称：刘恒** | ***1个工作日*** | ***2018年7月3日*** | ***2018年7月3日*** |
| | 产品迭代周会 2 | 1 个工作日 | 2018年7月3日 | 2018年7月3日 |
| | **资源名称：刘恒,刘哲,王军** | ***4个工作日*** | ***2018年7月10日*** | ***2018年7月23日*** |
| | 需求分析 | 2 个工作日 | 2018年7月10日 | 2018年7月11日 |
| | 需求设计文档 | 4 个工作日 | 2018年7月12日 | 2018年7月17日 |
| | 确认需求设计文档 | 4 个工作日 | 2018年7月18日 | 2018年7月23日 |
| | **资源名称：刘俊哲** | ***26个工作日*** | ***2018年6月26日*** | ***2018年7月31日*** |
| | 产品迭代周会 1 | 1 个工作日 | 2018年6月26日 | 2018年6月26日 |
| | 产品迭代周会 3 | 1 个工作日 | 2018年7月10日 | 2018年7月10日 |
| | 产品迭代周会 4 | 1 个工作日 | 2018年7月17日 | 2018年7月17日 |
| | 产品迭代周会 5 | 1 个工作日 | 2018年7月24日 | 2018年7月24日 |
| | 产品迭代周会 6 | 1 个工作日 | 2018年7月31日 | 2018年7月31日 |

图 6-35　按资源分组显示

在实际项目中，如果项目总负责人需要输出一份整体的项目进展报告，那么可以通过“报表”的方式来实现，以“新产品研发”为例，具体操作步骤如下：

步骤 01　打开甘特图视图界面，选择“报表”→仪表板→项目概述，如图 6-36 所示。

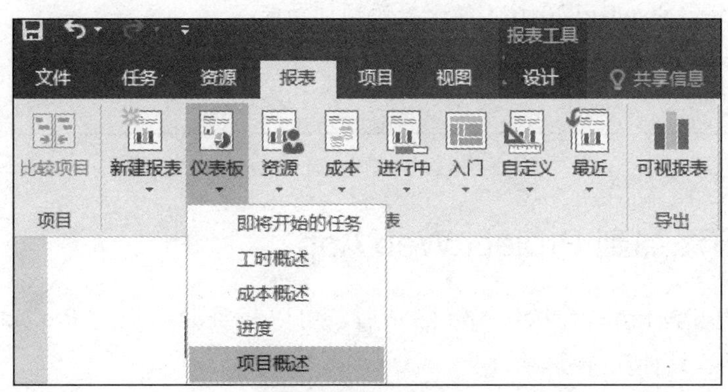


图 6-36　项目概述

步骤 02　可以看到项目整体仪表板，包含项目中的里程碑完成时间、每个阶段完成的百分比以及延迟任务细节说明，如图 6-37 所示。

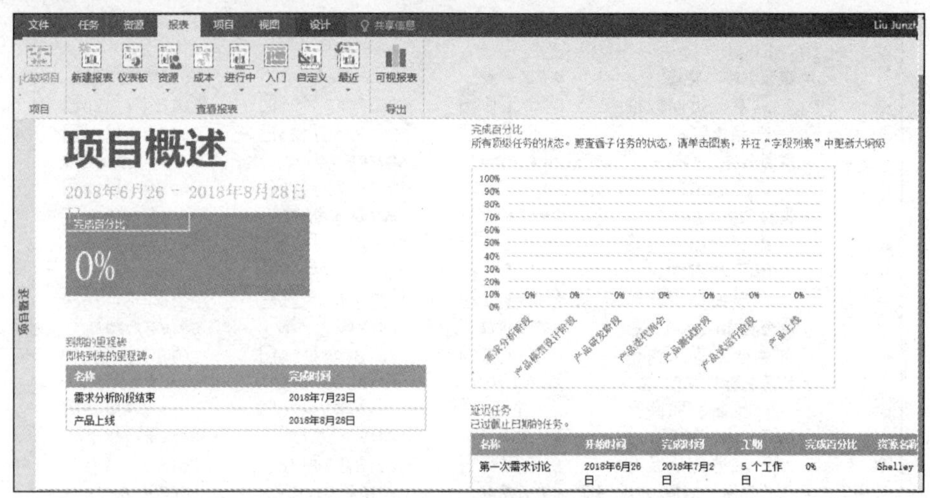


图 6-37 项目概述仪表板

# 6.6 辅助功能——资源预订

在实际项目中，由于某些资源的可用性比较有限，因此需要资源经理合理安排时间，Project Server 2016 为资源经理和项目经理提供了资源预订的功能，以保证组织内的资源可以恰当且有效地使用。

> **说 明**
>
> 仅当使用连接到 Project Online 或 Project Server 2016 的 Project 专业版 2016 时，资源预订才可用，Project Standard 2016 不包含资源预订功能。
>
> （1）将资源添加到 Project Web App。
>
> （2）新建资源预订。

## 6.6.1 将资源添加到 Project Web App

在与某个用户共享 Project Web App 网站后，可以将资源添加到 Project Web App 的资源库中进行集中管理，具体操作步骤如下：

步骤 01 在 Project Web App 的界面，单击导航中的“资源”进入资源中心界面，如图 6-38 所示。

步骤 02 在资源中心界面，单击工具栏中的“新建”，如图 6-39 所示。

图 6-38 资源中心

图 6-39 新建资源

步骤 03 在新建资源界面，以工时资源为主，标识信息：将资源与用户账户相关联，用户身份为域用户：以刘哲为例，填写完后保存，如图 6-40 所示。

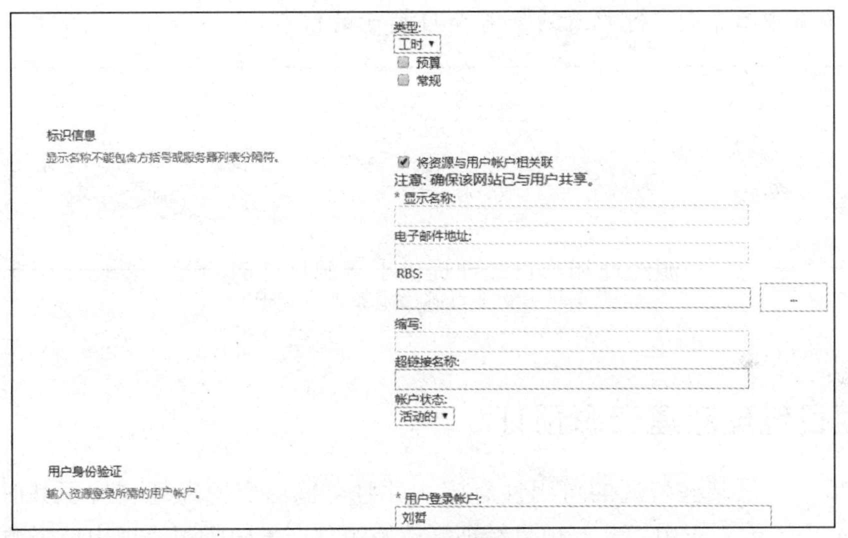


图 6-40 填写资源信息界面

**说明：**

- 新资源选择类型：
  - 工时资源是指完成项目中的任务的人员。
  - 材料资源是指完成项目所需的工具，包括车辆、计算机或会议室等。
  - 成本资源是指与你的项目相关联的费用，这些可能类似住宿或机票。
- 如果要添加一个资源帮助你跟踪项目预算，那么选择“预算”。
- 如果要添加一个资源表示总体资源类别，如开发人员或承包商，那么选择“常规”复选框。
- 在标识信息部分，如果希望资源能够登录并提交时间表、输入任务进度或在 Project Web App 中查看项目，那么选择“资源可以登录到 Project Web App”复选框，这通常仅适用于工时资源。

- 执行下列操作之一：
  - ◆ 如果选择“资源可以登录到 Project Web App”复选框，那么在“用户身份验证”部分，在“用户登录账户”框中输入资源的姓名或电子邮件地址。
  - ◆ 如果未选择“资源可以登录到 Project Web App”复选框，请输入资源的显示名称，然后输入电子邮件地址、RBS 标识符和缩写。
- 为资源选择相应的“分配属性”，比如希望由资源经理对此资源的时间进行高度管理，在将资源分配给任务之前，资源经理需要提交预订请求以获得审批，就选择“对于所有项目任务分配，资源需要审批”复选框。
- 在“组域”部分，根据需要输入组、代码、成本中心和成本类型。
- 在“工作组详细信息”部分，如果你的组织在 Project Web App 中使用工作组，那么选择对此资源有意义的选项。

步骤 04 在资源中心界面，可以看到如图 6-41 所示的信息。

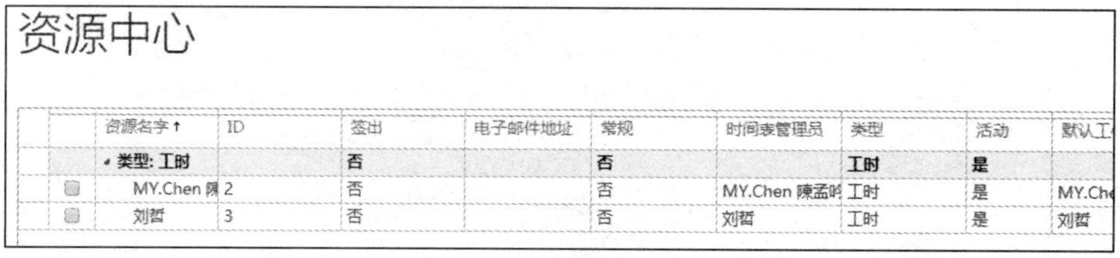

资源中心

| | 资源名字 ↑ | ID | 签出 | 电子邮件地址 | 常规 | 时间表管理员 | 类型 | 活动 | 默认工 |
|---|---|---|---|---|---|---|---|---|---|
| | ◢ 类型: 工时 | | 否 | | 否 | | 工时 | 是 | |
| ☐ | MY.Chen 陳 | 2 | 否 | | 否 | MY.Chen 陳孟吟 | 工时 | 是 | MY.Ch |
| ☐ | 刘哲 | 3 | 否 | | 否 | 刘哲 | 工时 | 是 | 刘哲 |

图 6-41 新建资源已添加到资源中心

## 6.6.2 项目经理新建资源预订

在实际项目中，某些资源的可用性有限，并且可能由资源经理安排了其时间计划，在 Project Server 2016 专业版中，需要项目经理新建资源预订来向资源经理申请资源。

以资源刘哲为例，具体新建资源预订的操作步骤如下：

步骤 01 在资源中心界面，勾选资源刘哲后，单击资源工具栏中的“资源请求”，如图 6-42 所示。

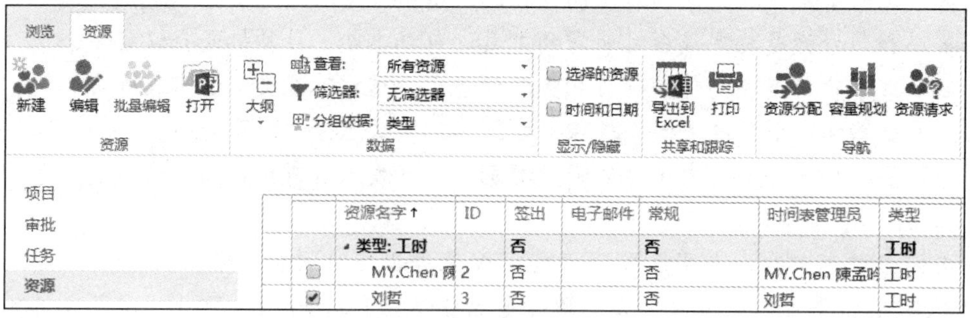

浏览 资源
新建 编辑 批量编辑 打开 | 资源
大纲 查看: 所有资源 筛选器: 无筛选器 分组依据: 类型 | 数据
选择的资源 时间和日期 | 显示/隐藏
导出到 Excel 打印 | 共享和跟踪
资源分配 容量规划 资源请求 | 导航

项目
审批
任务
资源

| | 资源名字 ↑ | ID | 签出 | 电子邮件 | 常规 | 时间表管理员 | 类型 |
|---|---|---|---|---|---|---|---|
| | ◢ 类型: 工时 | | 否 | | 否 | | 工时 |
| ☐ | MY.Chen 陳 | 2 | 否 | | 否 | MY.Chen 陳孟吟 | 工时 |
| ☑ | 刘哲 | 3 | 否 | | 否 | 刘哲 | 工时 |

图 6-42 资源请求

步骤 02　在预订界面，单击工具栏中的“添加预订”，如图 6-43 所示。

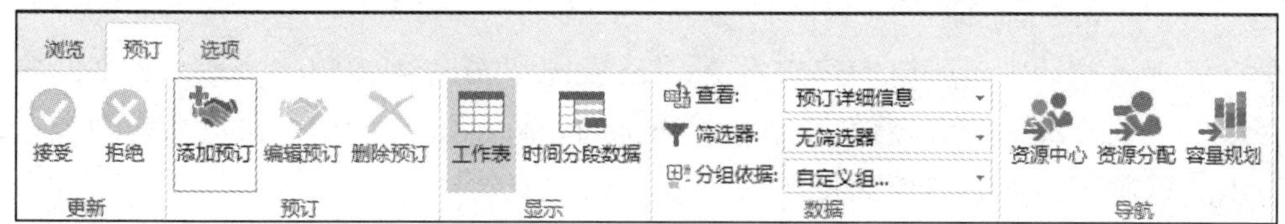


图 6-43　添加预订

步骤 03　在新的预订界面，选择预订的资源：刘哲、申请的项目、开始时间以及分配资源依据，单击“接受”按钮，如图 6-44 所示。

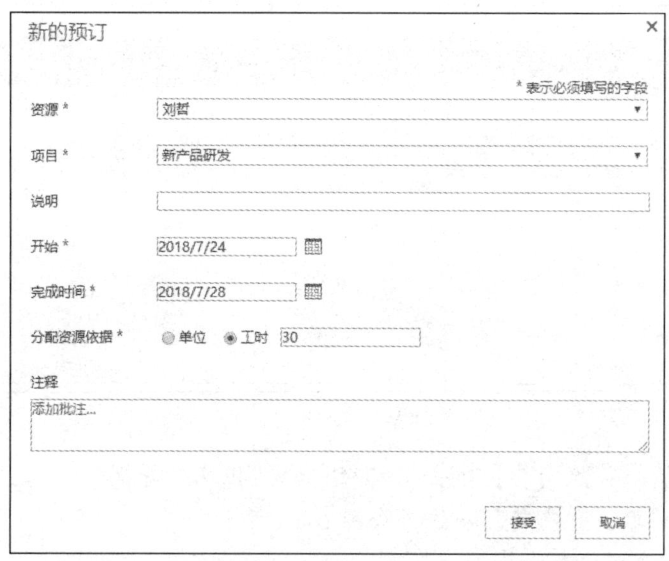


图 6-44　填写预订信息

**说　明**

单位和工时之间的区别是：单位允许项目经理指定资源占用时间的百分比，工时允许设置小时数。例如，如果项目经理知道自己实际上只在某一设定时长的一半时间需要某项资源，那么选择“单位”并输入 50%，或者，如果项目经理知道某项任务将花费约 30 小时，那么选择“工时”并输入 30 小时。

步骤 04　添加完成之后，资源请求页面如图 6-45 所示。

资源请求

| | | 资源名字 | 描述 | 项目 | 申请者 | 状态↑ | 已提交的单位 | 提交开始 | 提交完成 |
|---|---|---|---|---|---|---|---|---|---|
| | | 资源名字: 刘哲 | | | | 已提交 | 93.75% | 2018/7/24 | 2018/7/27 |
| | | 项目: 新产品 | | | | 已提交 | 93.75% | 2018/7/24 | 2018/7/27 |
| | | 刘哲 | | 新产品研发 | contoso\admin | 已提交 | 93.75% | 2018/7/24 | 2018/7/27 |

图 6-45　资源请求记录

## 6.6.3 资源经理审阅请求

在项目经理提交请求后，资源经理在 Project Server 2016 中审阅该请求，为帮助确定预订请求是否可以得到批准，资源经理可以通过 Project Professional 2016 来评估资源容量，以确保企业组织的资源正在得到有效的使用。

以刘哲为例，资源经理审阅请求的具体操作步骤如下：

步骤 01 资源经理 Shelley 登录资源请求界面：http://project16/sites/PWA/ResourceRequests.aspx，如图 6-46 所示。

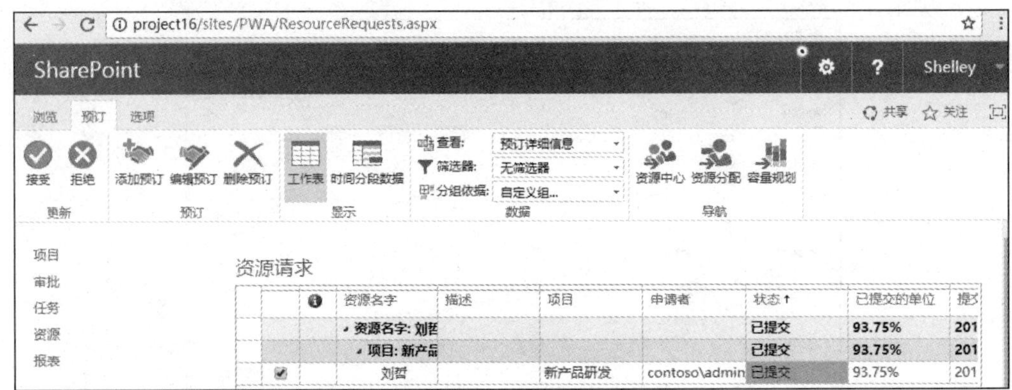


图 6-46 资源请求界面

步骤 02 选择资源请求节点刘哲，单击工具栏中的“拒绝”并提供批注：资源冲突，请择选申请时间，单击“确定”按钮，如图 6-47 所示。

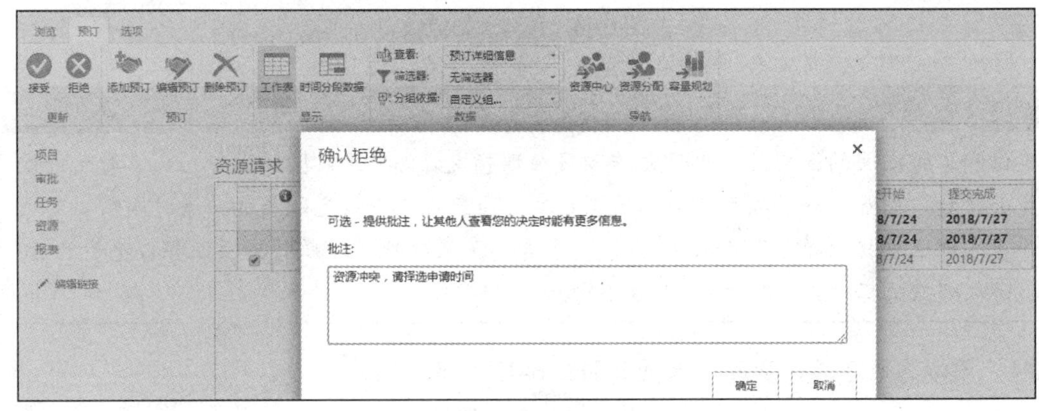


图 6-47 确认拒绝

步骤 03 项目经理登录后，可以看到资源请求界面，申请刘哲资源被拒绝，如图 6-48 所示。

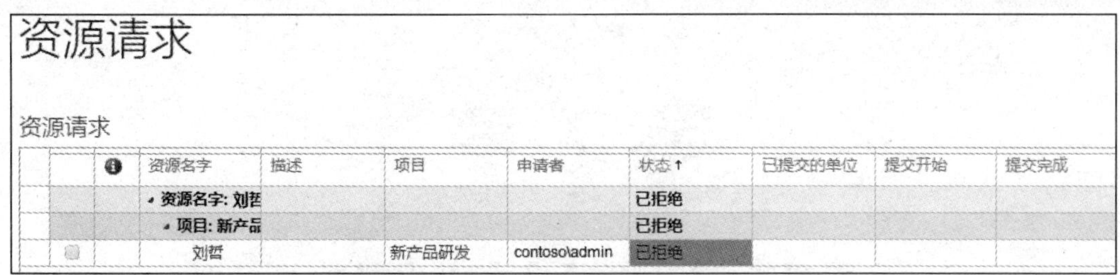


图 6-48 资源请求

**说明：**

- 如果请求的资源时间冲突，无法正常工作，资源经理可以调整日期，更改百分比或小时数，甚至将该资源替换成可用性更佳的另一个资源。
- 如果资源经理对请求进行了更改，项目经理可以审阅它们，如果必要就重新提交资源请求。
- 如果资源经理拒绝该请求，项目经理可以进行更改并重新提交请求，以与资源经理进行协商并达成有效的协议。
- 资源预订支持有关审批要求的通信，但未设计为实际阻止项目经理未经审批分配资源。

一旦资源经理和项目经理就预订达成协议，并且资源经理批准该请求，项目经理就可以将该资源分配给项目中的任务。

# 第 7 章

# 项目成本计划编制

项目成本管理包含为使项目在批准的预算内完成而对成本进行规划、估算、预算、融资、筹资、管理和控制的各个过程，从而确保项目在批准的预算内完工。从基本层面来看，要进行成本核算，最好首先按阶段（按任务更好）对成本估算进行细分，然后按时间或资金来跟踪实际成本。

项目成本管理重点关注完成项目活动所需资源的成本，但同时也应考虑项目决策对项目产品、服务或成果的使用成本、维护成本和支持成本的影响。例如，限制设计审查的次数可降低项目成本，但可能增加由此带来的产品运营成本。

在很多组织中，预测和分析项目产品的财务效益是在项目之外进行的，但对于有些项目，如固定资产投资项目，可在项目成本管理中进行这项预测和分析工作。在这种情况下，项目成本管理还需要使用其他过程和许多通用财务管理技术，如投资回报率分析、现金流分析和投资回收期分析等，应该在项目规划阶段的早期就对成本管理工作进行规划，建立各成本管理过程的基本框架，以确保各过程的有效性及各过程之间的协调性。图 7-1 所示为 PMBOK 推荐的规划成本管理的数据流向图。

成本管理计划是项目管理计划的组成部分，它不仅在排定项目日程上决定着完成任务所需要的时间，而且在控制方式上掌握着资源使用的方法，对于许多项目管理者来说，一个项目的成功与否就在于完成项目的最终成本是否和预算或相比较的基准计划成本相符，所以如何合理规划、安排和控制项目成本是考察一个项目绩效的重要参考指标。

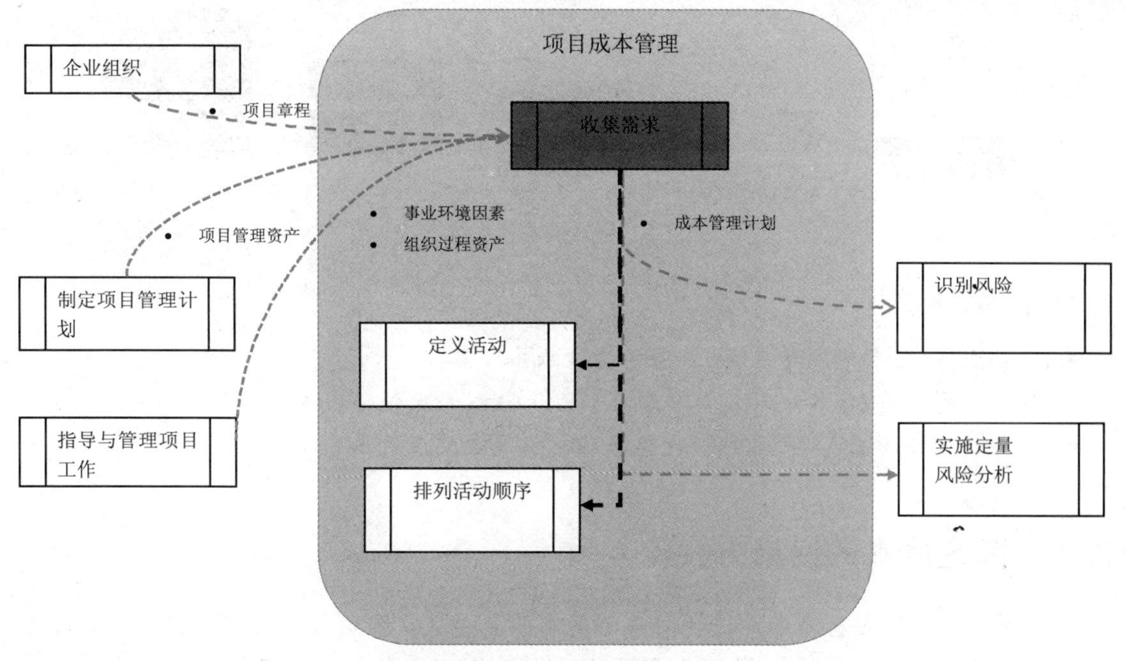


图 7-1 规划成本管理的数据流向图

通过本章的介绍，你可以了解和掌握：

- 估算成本 是对完成项目活动所需资金进行近似估算的过程，主要作用是确定完成项目工作所需要的成本数额，不限于人工、材料、设备、服务、设施以及一些特殊的成本种类，如应急成本等。
- 制定预算 是汇总所有单个活动或工作包的估算成本，建立一个经批准的成本基准的过程，主要作用是确定成本基准，可据此监督和控制项目绩效。项目预算包括经批准用于项目的全部资金，成本基准是经过批准且按时间段分配的项目预算，但不包括管理储备。
- 控制成本 是监督项目状态，以更新项目成本，管理成本基准变更的过程，主要作用是发现实际与计划的差异，以便采取纠正措施，降低风险。

## 7.1 估算成本

在 Project 2016 中，成本默认被划分为固定成本和资源成本，固定成本可以是某个特定任务的一次性杂项成本，可以将固定成本添加到任何任务中，包括代表整个项目的项目摘要任务。图 7-2 所示为项目成本体系结构。

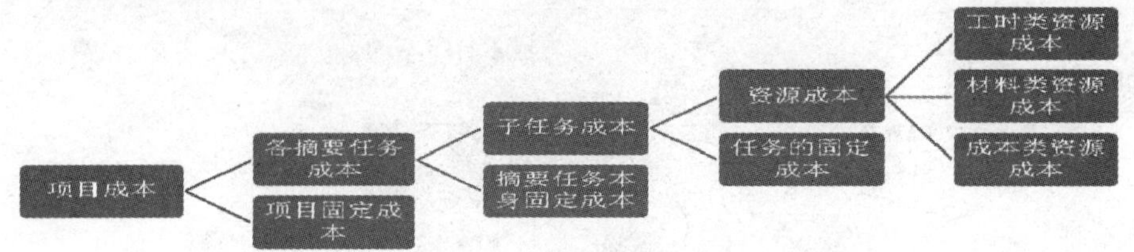


图 7-2　项目成本体系结构

从图 7-2 可以整理出成本涉及的相关公式：

- 任务成本=任务的固定成本+任务的资源成本
- 任务的资源成本=各个人员标准费率*标准工时+每次使用成本
- 任务的资源成本=各种材料标准费率*数量+每次使用成本

## 7.1.1　固定成本的使用方式

实际项目中，如果有成本不与任何基于费率的人员、材料资源、成本资源（例如设备）或其他可变资源成本相关联，不能在资源成本中输入，那么需要在任务上直接输入固定成本。

以新产品研发为例，将固定成本添加到任务中的具体操作步骤如下：

步骤 01　打开新产品研发.mpp 文件，单击工具栏的“任务”中的“甘特图”，如图 7-3 所示。

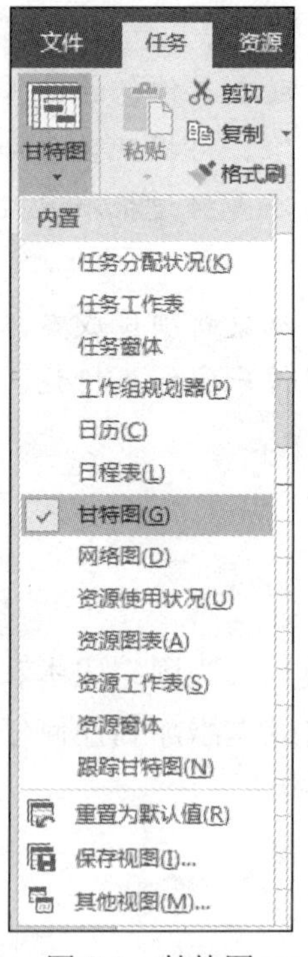


图 7-3　甘特图

步骤 02　在甘特图工具栏中，展开“视图”工具栏中的→“表格”，单击“成本”，以应用“成本”表，如图 7-4 所示。

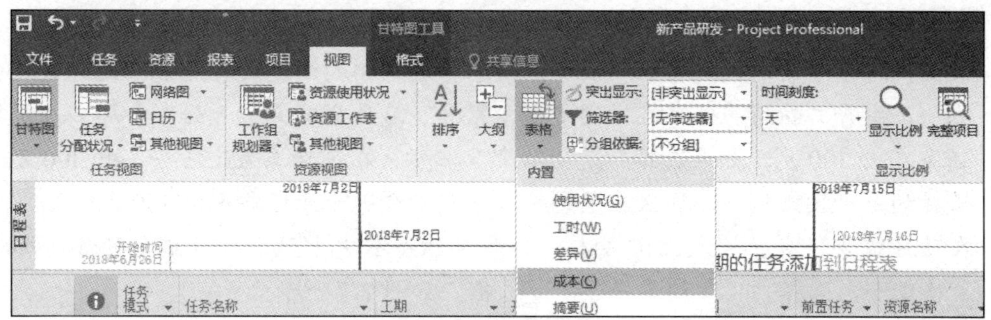


图 7-4　成本表

步骤 03　成本显示在甘特图中，由于固定成本需要手动录入，本示例中还没有输入固定成本值，因此图 7-5 所示的所有任务的固定成本均为“0”。

| | 任务名称 | 固定成本 | 固定成本累算 | 总成本 | 基线 | 差异 | 实际 | 剩余 |
|---|---|---|---|---|---|---|---|---|
| 0 | **新产品研发** | **¥0.00** | **按比例** | **¥10,000.00** | **¥0.00** | **¥10,000.00** | **¥0.00** | **¥10,000.00** |
| 1 | **需求分析阶段** | **¥0.00** | **按比例** | **10,000.00** | **¥0.00** | **¥10,000.00** | **¥0.00** | **10,000.00** |
| 2 | **需求讨论** | **¥0.00** | **按比例** | **10,000.00** | **¥0.00** | **¥10,000.00** | **¥0.00** | **10,000.00** |
| 3 | 第一次需求讨论 | ¥0.00 | 按比例 | ¥5,040.00 | ¥0.00 | ¥5,040.00 | ¥0.00 | ¥5,040.00 |
| 4 | 第二次需求讨论 | ¥0.00 | 按比例 | ¥0.00 | ¥0.00 | ¥0.00 | ¥0.00 | ¥0.00 |
| 5 | 第三次需求讨论 | ¥0.00 | 按比例 | ¥0.00 | ¥0.00 | ¥0.00 | ¥0.00 | ¥0.00 |
| 6 | 需求分析 | ¥0.00 | 按比例 | ¥0.00 | ¥0.00 | ¥0.00 | ¥0.00 | ¥0.00 |
| 7 | 需求设计文档 | ¥0.00 | 按比例 | ¥0.00 | ¥0.00 | ¥0.00 | ¥0.00 | ¥0.00 |
| 8 | 确认需求设计文档 | ¥0.00 | 按比例 | ¥0.00 | ¥0.00 | ¥0.00 | ¥0.00 | ¥0.00 |
| 9 | 需求分析阶段结束 | ¥0.00 | 按比例 | ¥0.00 | ¥0.00 | ¥0.00 | ¥0.00 | ¥0.00 |
| 10 | 产品模型设计阶段 | ¥0.00 | 按比例 | ¥0.00 | ¥0.00 | ¥0.00 | ¥0.00 | ¥0.00 |
| 11 | 产品研发阶段 | ¥0.00 | 按比例 | ¥0.00 | ¥0.00 | ¥0.00 | ¥0.00 | ¥0.00 |
| 12 | **产品迭代周会** | **¥0.00** | **按比例** | **¥0.00** | **¥0.00** | **¥0.00** | **¥0.00** | **¥0.00** |
| 13 | 产品迭代周会 1 | ¥0.00 | 按比例 | ¥0.00 | ¥0.00 | ¥0.00 | ¥0.00 | ¥0.00 |
| 14 | 产品迭代周会 2 | ¥0.00 | 按比例 | ¥0.00 | ¥0.00 | ¥0.00 | ¥0.00 | ¥0.00 |
| 15 | 产品迭代周会 3 | ¥0.00 | 按比例 | ¥0.00 | ¥0.00 | ¥0.00 | ¥0.00 | ¥0.00 |
| 16 | 产品迭代周会 4 | ¥0.00 | 按比例 | ¥0.00 | ¥0.00 | ¥0.00 | ¥0.00 | ¥0.00 |

图 7-5　固定成本

步骤 04　在任务名称域中，以“产品模型设计阶段”任务为例，在固定成本域中输入成本金额：1000，如图 7-6 所示。

| | 任务名称 | 固定成本 | 固定成本累算 | 总成本 | 基线 | 差异 | 实际 | 剩余 |
|---|---|---|---|---|---|---|---|---|
| 0 | **新产品研发** | **¥0.00** | **按比例** | **¥11,000.00** | **¥0.00** | **¥11,000.00** | **¥0.00** | **¥11,000.00** |
| 1 | **需求分析阶段** | **¥0.00** | **按比例** | **10,000.00** | **¥0.00** | **¥10,000.00** | **¥0.00** | **10,000.00** |
| 2 | **需求讨论** | **¥0.00** | **按比例** | **10,000.00** | **¥0.00** | **¥10,000.00** | **¥0.00** | **10,000.00** |
| 3 | 第一次需求讨论 | ¥0.00 | 按比例 | ¥5,040.00 | ¥0.00 | ¥5,040.00 | ¥0.00 | ¥5,040.00 |
| 4 | 第二次需求讨论 | ¥0.00 | 按比例 | ¥0.00 | ¥0.00 | ¥0.00 | ¥0.00 | ¥0.00 |
| 5 | 第三次需求讨论 | ¥0.00 | 按比例 | ¥0.00 | ¥0.00 | ¥0.00 | ¥0.00 | ¥0.00 |
| 6 | 需求分析 | ¥0.00 | 按比例 | ¥0.00 | ¥0.00 | ¥0.00 | ¥0.00 | ¥0.00 |
| 7 | 需求设计文档 | ¥0.00 | 按比例 | ¥0.00 | ¥0.00 | ¥0.00 | ¥0.00 | ¥0.00 |
| 8 | 确认需求设计文档 | ¥0.00 | 按比例 | ¥0.00 | ¥0.00 | ¥0.00 | ¥0.00 | ¥0.00 |
| 9 | 需求分析阶段结束 | ¥0.00 | 按比例 | ¥0.00 | ¥0.00 | ¥0.00 | ¥0.00 | ¥0.00 |
| 10 | 产品模型设计阶段 | ¥1,000.00 | 按比例 | ¥1,000.00 | ¥0.00 | ¥1,000.00 | ¥0.00 | ¥1,000.00 |
| 11 | 产品研发阶段 | ¥0.00 | 按比例 | ¥0.00 | ¥0.00 | ¥0.00 | ¥0.00 | ¥0.00 |

图 7-6　输入固定成本金额

**说明：**

- 固定成本累算：默认情况下是“成本”表中的可用域，是“按比例”累算成本的，也可以更换为“开始”或“结束”，以在项目开始或结束时累算固定成本。
  比如，对于“需求设计文档”任务，用于完成文档的固定成本是 300 元。该任务在星期一、星期二执行。如果在“固定成本累算”域选择的是“开始”，那么在星期一为任务支出 300 元；如果选择的是“结束”，那么在星期二为此任务支出 300 元；如果选择的是“按比例”，那么在星期一、星期二分别为此任务支出 150 元。
- 在项目摘要任务上输入固定成本，如果在甘特图中未显示项目摘要任务，那么单击“格式”，选择“项目摘要任务”复选框，如图 7-7 所示。

图 7-7　项目摘要任务

## 7.1.2　成本资源的使用方式

通常情况下，我们谈论资源成本时，是指人员和材料的基于费率的资源成本。成本资源是指“固定”类型的资源成本，比如人员所需要的设备成本或者一次性资源成本（差旅费用）。与为任务输入的固定成本不同，资源成本需要项目负责人/经理在“资源工作表”上输入，然后将其分配给任务，与人员或材料资源不同，在分配到任务时，资源成本不会影响日程安排。

以新产品研发为例，输入资源成本的操作步骤如下：

步骤 01　打开新产品研发.mpp 文件，单击“视图”→“资源工作表”，如图 7-8 所示。

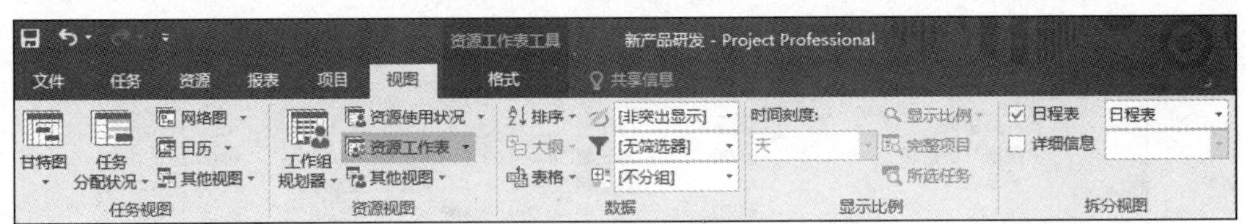


图 7-8　资源工作表

**说　明**

如果没有看到“项”表，那么单击“视图”→“表格”→“项”，如图 7-9 所示。

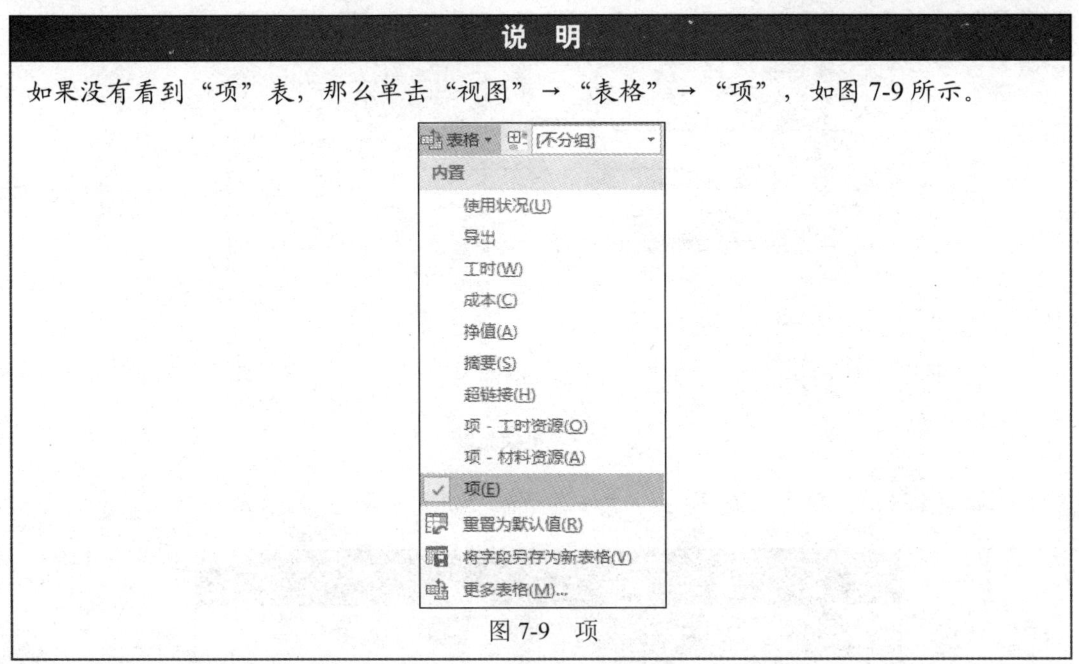


图 7-9　项

步骤 02　在资源工作表中，输入资源成本名称，如机票，在“类型”中，选择“成本”，如图 7-10 所示。

| | | 资源名称 | 类型 | 材料标签 | 缩写 | 组 | 最大单位 | 标准费率 | 加班费率 | 每次使用成本 | 成本累算 | 基准日历 |
|---|---|---|---|---|---|---|---|---|---|---|---|---|
| 1 | | Shelley | 工时 | | S | | 100% | ¥30.00/工时 | ¥18.00/工时 | ¥0.00 | 按比例 | 标准 |
| 2 | | Leo | 工时 | | L | | 100% | ¥35.00/工时 | ¥20.00/工时 | ¥0.00 | 按比例 | 标准 |
| 3 | | 专车 | 工时 | | 专 | | 100% | ¥8.00/工时 | ¥0.00/工时 | ¥0.00 | 按比例 | 标准 |
| 4 | | 会议室 | 工时 | | 会 | | 100% | ¥30.00/工时 | ¥0.00/工时 | ¥0.00 | 按比例 | 标准 |
| 5 | | 刘恒 | 工时 | | 刘 | | 100% | ¥35.00/工时 | ¥20.00/工时 | ¥0.00 | 按比例 | 标准 |
| 6 | | 刘哲 | 工时 | | 刘 | | 100% | ¥20.00/工时 | ¥15.00/工时 | ¥0.00 | 按比例 | 标准 |
| 7 | | 王军 | 工时 | | 王 | | 100% | ¥30.00/工时 | ¥18.00/工时 | ¥0.00 | 按比例 | 标准 |
| 8 | | 机票 | 成本（下拉：工时 / 材料 / 成本） | | 机 | | | | | | 按比例 | |

资源工作表

图 7-10　资源成本

步骤 03　单击“视图”中的“甘特图”，如图 7-11 所示。

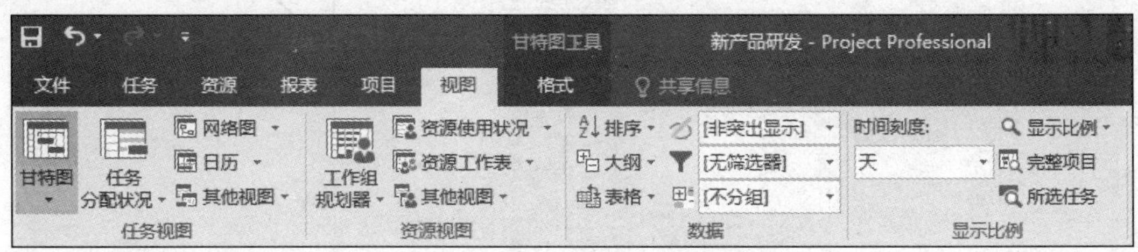


图 7-11　甘特图

步骤 04　在甘特图列表中，选择“需求讨论”任务并为其分配成本资源：机票，单击“确定”按钮，如图 7-12 所示。

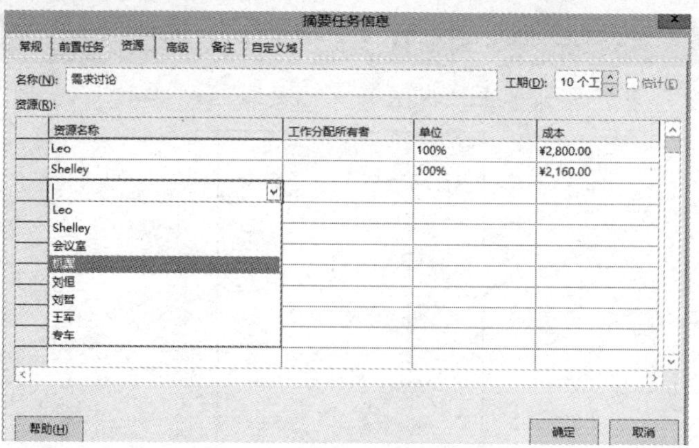


图 7-12　机票资源

步骤 05　在工具栏中，单击"视图"→"任务分配情况"，如图 7-13 所示。

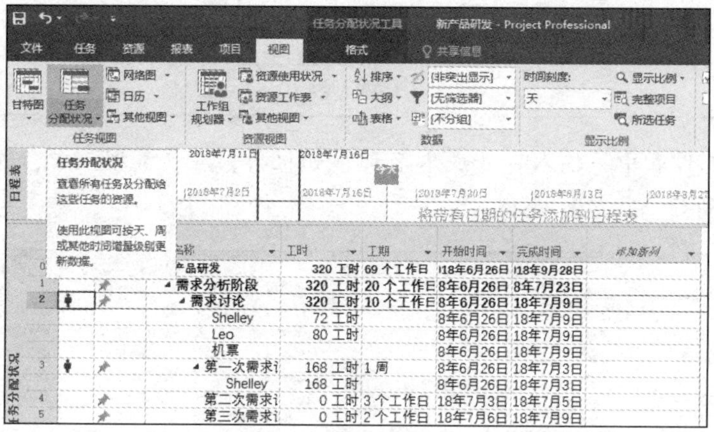

图 7-13　任务分配情况

步骤 06　选择"需求讨论"并右击，在打开的快捷菜单中单击"信息"，如图 7-14 所示。

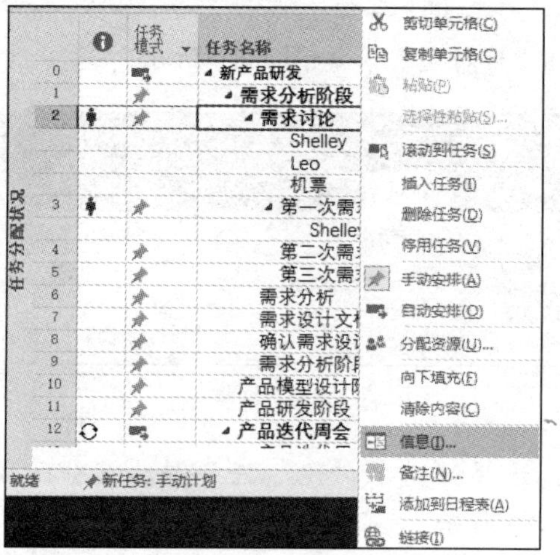

图 7-14　信息

步骤 07 在摘要任务信息对话框中，单击“资源”选项卡，在“机票”成本资源中输入成本金额：4000，单击“确定”按钮，如图 7-15 所示。

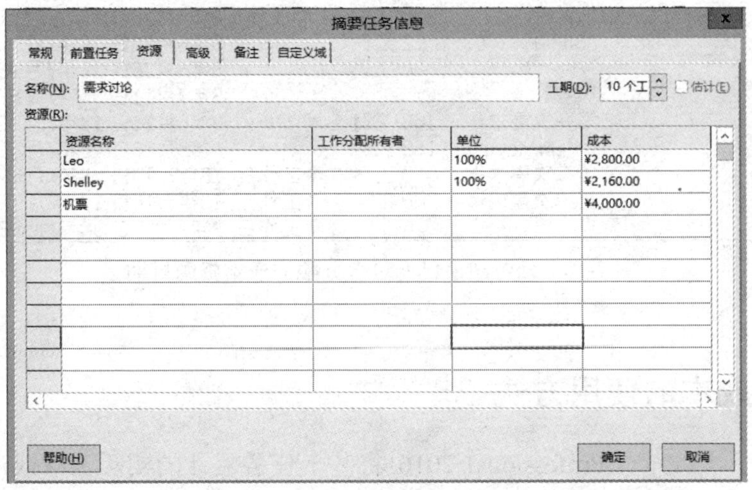


图 7-15 输入成本金额

步骤 08 在甘特图列表中，单击添加新列：成本后，可以看到每项任务相关的资源成本金额以及总成本，如图 7-16 所示。

| 任务模式 | 任务名称 | 工时 | 工期 | 开始时间 | 完成时间 | 成本 | 添加新列 |
|---|---|---|---|---|---|---|---|
| | **新产品研发** | **320 工时** | **69 个工作日** | **2018年6月26日** | **2018年9月28日** | **¥15,800.00** | |
| | **需求分析阶段** | **320 工时** | **20 个工作日** | **2018年6月26日** | **2018年7月23日** | **¥14,000.00** | |
| | **需求讨论** | **320 工时** | **12 个工作日** | **2018年6月26日** | **2018年7月11日** | **¥14,000.00** | |
| | Shelley | 72 工时 | | 2018年6月26日 | 2018年7月9日 | ¥2,160.00 | |
| | Leo | 80 工时 | | 2018年6月26日 | 2018年7月9日 | ¥2,800.00 | |
| | 机票 | | | 2018年7月11日 | 2018年7月11日 | ¥4,000.00 | |
| | 第一次需求讨 | 168 工时 | 1 周 | 2018年6月26日 | 2018年7月3日 | ¥5,040.00 | |
| | Shelley | 168 工时 | | 2018年6月26日 | 2018年7月3日 | ¥5,040.00 | |
| | 第二次需求讨 | 0 工时 | 3 个工作日 | 2018年7月3日 | 2018年7月5日 | ¥0.00 | |
| | 第三次需求讨 | 0 工时 | 2 个工作日 | 2018年7月6日 | 2018年7月9日 | ¥0.00 | |
| | 需求分析 | 0 工时 | 2 个工作日 | 2018年7月10日 | 2018年7月11日 | ¥0.00 | |
| | 需求设计文档 | 0 工时 | 4 个工作日 | 2018年7月12日 | 2018年7月17日 | ¥0.00 | |
| | 确认需求设计文 | 0 工时 | 4 个工作日 | 2018年7月18日 | 2018年7月23日 | ¥0.00 | |
| | 需求分析阶段结 | 0 工时 | 0 个工作日 | 2018年7月23日 | 2018年7月23日 | ¥0.00 | |

图 7-16 成本金额计算结果

**说明：**

- 成本资源的成本金额不受所分配的任务的已完成工时量影响。
- 如果在任务的当前开始或结束日期范围之外的某个日期上添加成本资源金额，那么 Project 会调整开始或结束日期以包含分配的成本资源的日期。比如，如果任务在 6 月 26 日开始，7 月 9 日结束，而项目经理在 7 月 11 日输入成本资源金额￥5000，那么该任务的结束日期将为 7 月 11 日，如图 7-17 所示。

| 任务模式 | 任务名称 | 工时 | 工期 | 开始时间 | 完成时间 |
|---|---|---|---|---|---|
|  | **◢ 新产品研发** | **320 工时** | **69 个工作日** | **18年6月26日** | **18年9月28日** |
|  | **◢ 需求分析阶段** | **320 工时** | **20 个工作E** | **8年6月26日** | **8年7月23日** |
|  | **◢ 需求讨论** | **320 工时** | **12 个工作E** | **8年6月26日** | **8年7月11日** |
|  | Shelley | 72 工时 |  | 8年6月26日 | 18年7月9日 |
|  | Leo | 80 工时 |  | 8年6月26日 | 18年7月9日 |
|  | 机票 |  |  | 8年7月11日 | 8年7月11日 |
|  | ◢ 第一次需求i | 168 工时 | 1 周 | 8年6月26日 | 18年7月3日 |
|  | Shelley | 168 工时 |  | 8年6月26日 | 18年7月3日 |
|  | 第二次需求i | 0 工时 | 3 个工作日 | 18年7月3日 | 18年7月5日 |
|  | 第三次需求i | 0 工时 | 2 个工作日 | 18年7月6日 | 18年7月9日 |
|  | 需求分析 | 0 工时 | 2 个工作日 | 8年7月10日 | 8年7月11日 |

图 7-17　任务结束日期包含分配的成本资源日期

## 7.1.3　实际成本的使用方式

默认的情况下，Project Professional 2016 将基于任务累计的实际工时或消耗的材料自动计算实际成本，但某些特殊情况下，项目负责人/经理想手动输入实际成本，但却发现无法执行此操作，以新产品研发为例，按照下面的操作步骤来关闭实际成本的自动计算模式。

步骤 01　打开新产品研发.mpp 文件，单击“文件”→“选项”，如图 7-18 所示。

步骤 02　在选项界面，单击“日程”，如图 7-19 所示。

图 7-18　选项

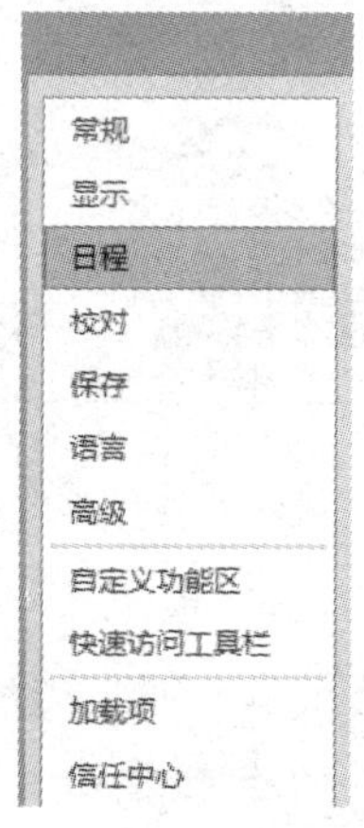


图 7-19　日程

步骤 03　在日程界面，在“该项目的计算选项”下取消勾选“Project 自动计算实际成本”复选框，单击“确定”按钮，如图 7-20 所示。

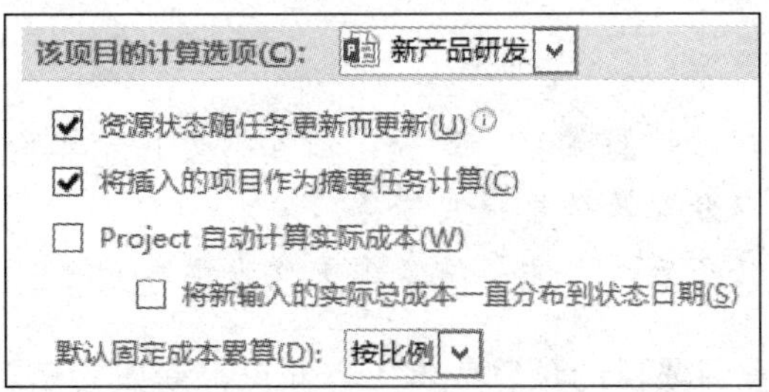


图 7-20 取消勾选“Project 自动计算实际成本”复选框

步骤 04 在甘特图界面，可以手动输入实际成本金额，如图 7-21 所示。

| | 任务名称 | 固定成本 | 固定成本累算 | 总成本 | 基线 | 差异 | 实际 |
|---|---|---|---|---|---|---|---|
| 0 | 新产品研发 | ¥0.00 | 按比例 | ¥11,800.00 | ¥0.00 | ¥11,800.00 | ¥800.00 |
| 1 | 需求分析阶段 | ¥0.00 | 按比例 | 10,000.00 | ¥0.00 | ¥10,000.00 | ¥0.00 |
| 2 | 需求讨论 | ¥0.00 | 按比例 | 10,000.00 | ¥0.00 | ¥10,000.00 | ¥0.00 |
| 3 | 第一次需求讨论 | ¥0.00 | 按比例 | ¥5,040.00 | ¥0.00 | ¥5,040.00 | ¥0.00 |
| 4 | 第二次需求讨论 | ¥0.00 | 按比例 | ¥0.00 | ¥0.00 | ¥0.00 | ¥0.00 |
| 5 | 第三次需求讨论 | ¥0.00 | 按比例 | ¥0.00 | ¥0.00 | ¥0.00 | ¥0.00 |
| 6 | 需求分析 | ¥0.00 | 按比例 | ¥0.00 | ¥0.00 | ¥0.00 | ¥0.00 |
| 7 | 需求设计文档 | ¥0.00 | 按比例 | ¥0.00 | ¥0.00 | ¥0.00 | ¥0.00 |
| 8 | 确认需求设计文档 | ¥0.00 | 按比例 | ¥0.00 | ¥0.00 | ¥0.00 | ¥0.00 |
| 9 | 需求分析阶段结束 | ¥0.00 | 按比例 | ¥0.00 | ¥0.00 | ¥0.00 | ¥0.00 |
| 10 | 产品模型设计阶段 | ¥1,000.00 | 按比例 | ¥1,800.00 | ¥0.00 | ¥1,800.00 | ¥800.00 |
| 11 | 产品研发阶段 | ¥0.00 | 按比例 | ¥0.00 | ¥0.00 | ¥0.00 | ¥0.00 |

图 7-21 手动输入实际成本金额

# 7.2 项目的预算

在实际项目管理中，控制成本是一项非常重要的任务，而现有的 Project 管理中，无法直观地体现项目的预算成本，从而得知目前的项目成本是否超过预算。因此，项目负责人/经理需要借助 Project Professional 2016 的“预算”功能来解决这个问题，默认情况下，预算域设置为否。通过本节的学习，可以了解和掌握：

- 预算资源域的最佳实践和设置
- 预算成本域的最佳实践和设置
- 预算工时域的最佳实践和设置

## 7.2.1 预算资源域

比如，新产品研发项目的预算金额为 1 000 000，用于一个为期三个月的项目的人员、硬件设施、差旅，设置项目时，项目负责人可以将项目中构成预算的工时、材料和成本资源确定为预算资源，随着项目工作的进行，项目负责人可以根据实际情况输入进度信息，之后比较预算金额与实际进度的差异来决定是否需要做出相应的调整。

**说明：**

- 不能将预算资源分配给项目的单个任务，但可以将其分配给“项目摘要任务”，实际上只有预算资源可以分配给项目摘要任务。
- 将某个资源分配给任务后，无法将该资源更改为预算资源。

如何在“甘特图”中看到项目的预算成本？以新产品研发为例，具体操作步骤如下：

步骤 01 打开新产品研发.mpp 文件，在工具栏中，单击“资源”→“工作组规划器”→“资源工作表”，如图 7-22 所示。

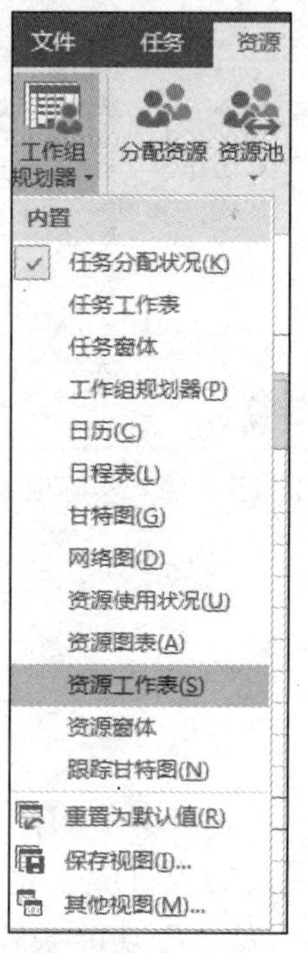


图 7-22　资源工作表

步骤 02 在资源工作表界面，添加“预算”的成本资源，如图 7-23 所示。

| 资源名称 | 类型 | 材料标签 | 缩写 | 组 | 最大单位 | 标准费率 | 加班费率 | 每次使用成本 | 成本累算 | 基准日历 |
|---|---|---|---|---|---|---|---|---|---|---|
| Shelley | 工时 | | S | | 100% | ¥30.00/工时 | ¥18.00/工时 | ¥0.00 | 按比例 | 标准 |
| Leo | 工时 | | L | | 100% | ¥35.00/工时 | ¥20.00/工时 | ¥0.00 | 按比例 | 标准 |
| 专车 | 工时 | | 专 | | 100% | ¥8.00/工时 | ¥0.00/工时 | ¥0.00 | 按比例 | 标准 |
| 会议室 | 工时 | | 会 | | 100% | ¥30.00/工时 | ¥0.00/工时 | ¥0.00 | 按比例 | 标准 |
| 刘恒 | 工时 | | 刘 | | 100% | ¥35.00/工时 | ¥20.00/工时 | ¥0.00 | 按比例 | 标准 |
| 刘哲 | 工时 | | 刘 | | 100% | ¥20.00/工时 | ¥15.00/工时 | ¥0.00 | 按比例 | 标准 |
| 王军 | 工时 | | 王 | | 100% | ¥30.00/工时 | ¥18.00/工时 | ¥0.00 | 按比例 | 标准 |
| 机票 | 成本 | | 机 | | | | | | 按比例 | |
| 预算 | 成本 | | 预 | | | | | | 按比例 | |

图 7-23　预算成本资源

步骤 03 双击该“预算”资源，进入“资源信息”对话框，在常规选项中勾选“预算”复选框，说明该资源只用于预算使用，单击“确定”按钮，如图 7-24 所示。

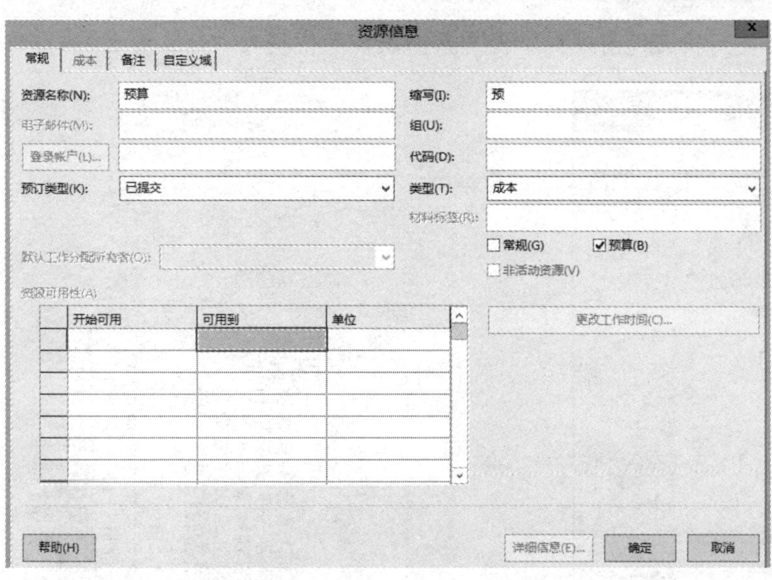


图 7-24 勾选“预算”复选框

步骤 04 返回甘特图界面，在项目摘要任务上，将“预算”资源分配给该任务，如图 7-25 所示。

| 任务模式 | 任务名称 | 工期 | 开始时间 | 完成时间 | 前置任务 | 资源名称 |
|---|---|---|---|---|---|---|
| | ◢ 新产品研发 | 69 个工作日 | 2018年6月26日 | 2018年9月28日 | | 预算 |
| | ◢ 需求分析阶段 | 20 个工作日 | 2018年6月26日 | 2018年7月23日 | | |
| | ◢ 需求讨论 | 12 个工作日 | 2018年6月26日 | 2018年7月11日 | | |
| | 第一次需求讨论 | 1 周 | 2018年6月26日 | 2018年7月3日 | | |
| | 第二次需求讨论 | 3 个工作日 | 2018年7月3日 | 2018年7月5日 | | |
| | 第三次需求讨论 | 2 个工作日 | 2018年7月6日 | 2018年7月9日 | | |
| | 需求分析 | 2 个工作日 | 2018年7月10日 | 2018年7月11日 | | |
| | 需求设计文档 | 4 个工作日 | 2018年7月12日 | 2018年7月17日 | | |
| | 确认需求设计文档 | 4 个工作日 | 2018年7月18日 | 2018年7月23日 | | |
| | 需求分析阶段结束 | 0 个工作日 | 2018年7月23日 | 2018年7月23日 | | |
| | 产品模型设计阶段 | 3 个工作日 | 2018年7月24日 | 2018年7月26日 | | |
| | 产品研发阶段 | 46 个工作日 | 2018年7月27日 | 2018年9月28日 | | |

Leo / Shelley / 会议室 / 机票 / 刘恒 / 刘哲 / 王军 / ☑预算 / 专车

图 7-25 将“预算”资源分配给摘要任务

**说 明**

项目摘要任务即第 0 条任务，不是手工录入的，而是在甘特图工具的“格式”选项卡中勾选“项目摘要任务”而自动得到的，如图 7-26 所示。

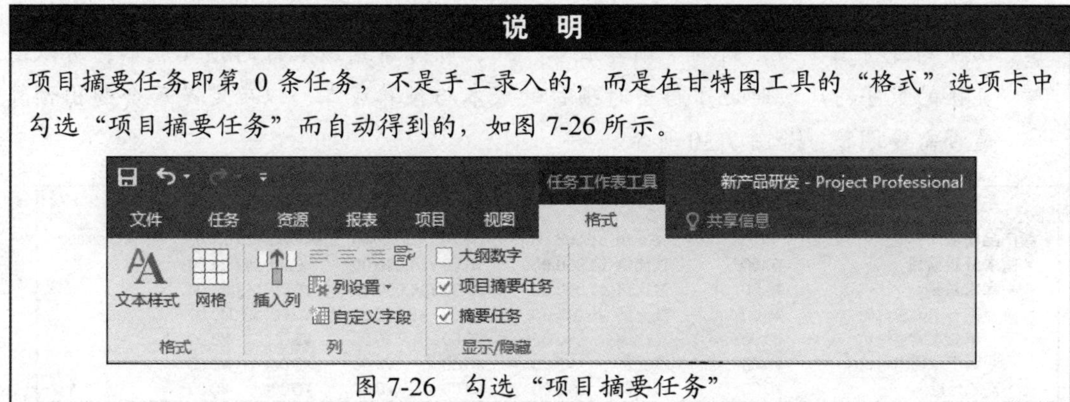


图 7-26 勾选“项目摘要任务”

步骤 05 单击“资源”选项卡中的“工作组规划器”→“资源使用状况”，如图 7-27 所示。

步骤 06 在资源使用状况视图中，单击“添加新列”，插入“预算成本”列，如图 7-28 所示。

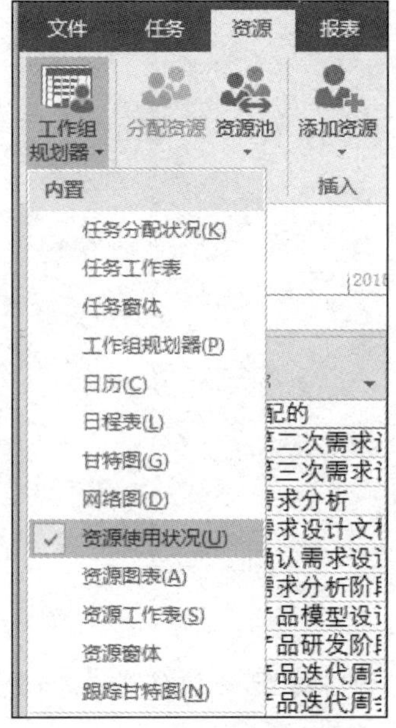


图 7-27　资源使用状况

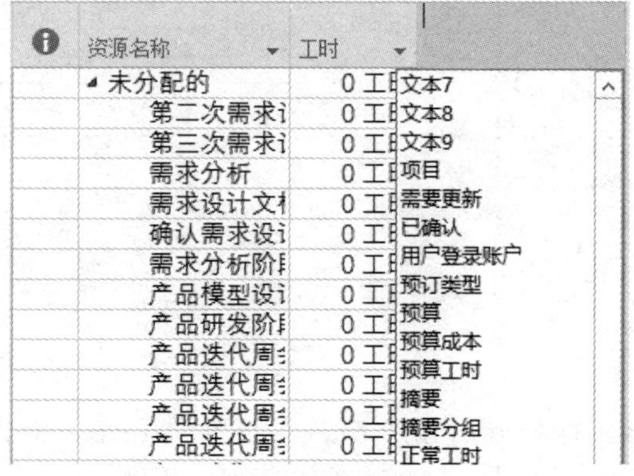


图 7-28　预算成本列

步骤 07 输入“新产品研发”的项目摘要任务的预算成本：以 1 000 000 为例，如图 7-29 所示。

| 资源名称 | 工时 | 预算成本 |
|---|---|---|
| 会议室 | 0 工时 | |
| 刘恒 | 0 工时 | |
| 刘哲 | 0 工时 | |
| 王军 | 0 工时 | |
| ◢ 机票 | | |
| 需求讨论 | | |
| ◢ 预算 | | ¥1,000,000.00 |
| 新产品研发 | | ¥1,000,000.00 |

图 7-29　输入预算成本

步骤 08 切换到甘特图界面，新加“预算成本”列，即可看到该项目的预算成本，可以通过直接的数字对比实时地了解当时项目的成本与预算成本，以确定是否会超出预算，是否需要调整，如图 7-30 所示。

| 任务名称 | 固定成本 | 固定成本累算 | 总成本 | 基线 | 差异 | 实际 | 剩余 | 预算成本 |
|---|---|---|---|---|---|---|---|---|
| ◢ **新产品研发** | **¥0.00** | **按比例** | **¥15,800.00** | **¥0.00** | **¥15,800.00** | **¥800.00** | **¥15,000.00** | **¥1,000,000.00** |
| ◢ **需求分析阶段** | **¥0.00** | **按比例** | **14,000.00** | **¥0.00** | **¥14,000.00** | **¥0.00** | **14,000.00** | |
| ◢ **需求讨论** | **¥0.00** | **按比例** | **14,000.00** | **¥0.00** | **¥14,000.00** | **¥0.00** | **14,000.00** | |
| 第一次需求讨论 | ¥0.00 | 按比例 | ¥5,040.00 | ¥0.00 | ¥5,040.00 | ¥0.00 | ¥5,040.00 | |
| 第二次需求讨论 | ¥0.00 | 按比例 | ¥0.00 | ¥0.00 | ¥0.00 | ¥0.00 | ¥0.00 | |
| 第三次需求讨论 | ¥0.00 | 按比例 | ¥0.00 | ¥0.00 | ¥0.00 | ¥0.00 | ¥0.00 | |
| 需求分析 | ¥0.00 | 按比例 | ¥0.00 | ¥0.00 | ¥0.00 | ¥0.00 | ¥0.00 | |

图 7-30　预算成本显示在甘特图

**说明：**

- 对于作为预算资源的成本资源，可以在“预算成本”域中输入信息，而不是在“预算工时”域。
- 对于作为预算资源的工时和材料资源，可以在“预算工时”域中输入信息，而不是在“预算成本”域。
- 当工时资源为预算资源时，“最大单位域”不可用，由于预算原因，它们已经被视为全职等价工时资源。“标准费率”“加班费率”和“每次使用成本”域也不适用于预算资源。

## 7.2.2 预算成本域

“预算成本”域用于输入或审阅预算成本资源的预算成本，可以使用“预算成本”域当前的预算成本与项目的计划成本或实际成本进行比较。“预算成本”域包含多种类别：任务域、资源域、工作分配域、时间分段任务域、时间分段资源域等。

比如，在为期三个月的项目中，差旅预算额为 150 000 元，项目负责人/经理将“差旅”标识为成本资源和预算资源。若已将该成本资源分配给项目摘要任务，并在“任务分配状况”视图中输入差旅预算额，当项目相关工作继续进行时，在项目计划中输入实际进度信息。比较任何计划成本和实际成本之间的差异，以确保执行跟踪并进行任何必要的调整。

以新产品研发为例，设置预算成本域的操作步骤如下：

步骤 01 打开新产品研发.mpp 文件，在工具栏中，点击“资源”→“工作组规划器”→“资源工作表”，输入新增的“差旅”资源，并标识为成本资源和预算资源，如图 7-31 所示。

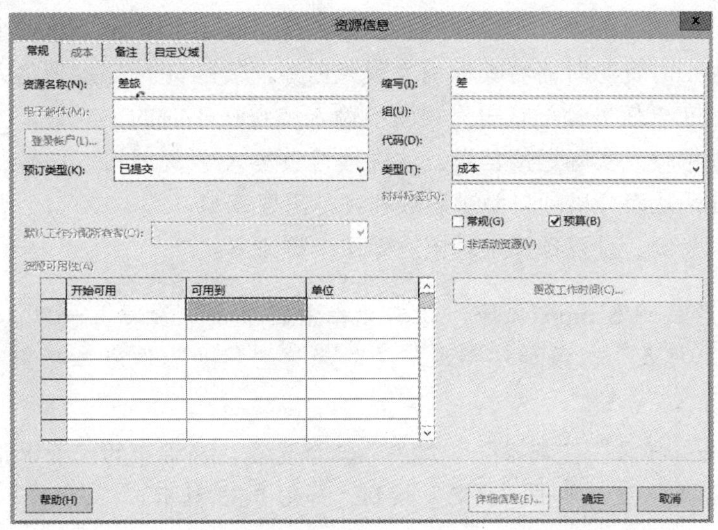


图 7-31 将差旅资源标识为成本资源和预算资源

步骤02 切换到任务工作表界面，在项目摘要任务上，将“差旅”资源分配给该任务，如图7-32所示。

| 任务 | 任务名称 | 工期 | 开始时间 | 完成时间 | 前置任务 | 资源名称 |
|---|---|---|---|---|---|---|
| | ◢ 新产品研发 | 96 个工作日 | 2018年6月26日 | 2018年11月6日 | | 预算,差旅 |
| | ◢ 需求分析阶段 | 20 个工作日 | 2018年6月26日 | 2018年7月23日 | | ☐Leo |
| | ◢ 需求讨论 | 12 个工作日 | 2018年6月26日 | 2018年7月11日 | | ☐Shelley |
| | 第一次需求讨论 | 1 周 | 2018年6月26日 | 2018年7月3日 | | ☑差旅 |
| | 第二次需求讨论 | 3 个工作日 | 2018年7月3日 | 2018年7月5日 | | ☐会议室 |
| | 第三次需求讨论 | 2 个工作日 | 2018年7月6日 | 2018年7月9日 | | ☐机票 |

图 7-32　资源使用状况

步骤03 切换到任务分配状况视图界面，单击“添加新列”，插入“预算成本”列，并输入预算金额：¥150 000，如图7-33所示。

| 任务名称 | 工时 | 工期 | 开始时间 | 完成时间 | 成本 | 预算成本 |
|---|---|---|---|---|---|---|
| ◢ 新产品研发 | 1,448 工时 | 96 个工作日 | 2018年6月26日 | 2018年11月6日 | ¥15,800.00 | ¥1,150,000.00 |
| 预算 | | | NA | NA | | ¥1,000,000.00 |
| 差旅 | | | NA | NA | | ¥150,000.00 |

图 7-33　差旅预算

步骤04 当项目相关工作继续进行时，在项目计划中输入实际进度信息，比较任何计划成本和实际成本之间的差异，以确保执行跟踪并进行任何必要的调整。

### 7.2.3　预算工时域

“预算工时”域用于输入或审阅预算工时资源和材料资源的预算工时，可以使用“预算工时”域将预算工时与项目的计划工时进行比较。“预算工时”域包含多种类别：任务域、资源域、工作分配域、时间分段任务域、时间分段资源域等。

比如，假定一个项目需要三个全职等价工时资源且工时估计为 5 000 小时，资源经理在新建“人员”作为工时资源时需将其标识为预算资源。项目负责人/经理将人员资源分配给项目摘要任务，然后在“任务分配状况”视图中输入 5 000 小时的工时数，当相关工作继续进行时，在项目计划中输入实际进度信息，这样项目负责人/经理就可以比较计划工时与实际工时之间的任何差异，从而分析项目是进展顺利还是需要调整。

以新产品研发为例，设置预算工时域的操作步骤如下：

步骤01 打开新产品研发.mpp 文件，在工具栏中，单击“资源”→“工作组规划器”→“资源工作表”，添加“邱文”“刘彦”“刘杰”作为工时资源，如图7-34所示。

步骤02 分别单击“邱文”“刘彦”“刘杰”三个资源，在弹出的“资源信息”窗口，勾选“预算”复选框，单击“确定”按钮，如图7-35所示。

| 资源名称 | 类型 | 材料标签 | 缩写 | 组 | 最大单位 | 标准费率 | 加班费率 | 每次使用成本 | 成本累算 | 基准日历 |
|---|---|---|---|---|---|---|---|---|---|---|
| Shelley | 工时 | | S | | 100% | ¥30.00/工时 | ¥18.00/工时 | ¥0.00 | 按比例 | 标准 |
| Leo | 工时 | | L | | 100% | ¥35.00/工时 | ¥20.00/工时 | ¥0.00 | 按比例 | 标准 |
| 专车 | 工时 | | 专 | | 100% | ¥8.00/工时 | ¥0.00/工时 | ¥0.00 | 按比例 | 标准 |
| 会议室 | 工时 | | 会 | | 100% | ¥30.00/工时 | ¥0.00/工时 | ¥0.00 | 按比例 | 标准 |
| 刘恒 | 工时 | | 刘 | | 100% | ¥35.00/工时 | ¥20.00/工时 | ¥0.00 | 按比例 | 标准 |
| 刘哲 | 工时 | | 刘 | | 100% | ¥20.00/工时 | ¥15.00/工时 | ¥0.00 | 按比例 | 标准 |
| 王军 | 工时 | | 王 | | 100% | ¥30.00/工时 | ¥18.00/工时 | ¥0.00 | 按比例 | 标准 |
| 机票 | 成本 | | 机 | | | | | | 按比例 | |
| 预算 | 成本 | | 预 | | | | | | 按比例 | |
| 邱文 | 工时 | | 邱 | | 100% | ¥0.00/工时 | ¥0.00/工时 | ¥0.00 | 按比例 | 标准 |
| 刘彦 | 工时 | | 刘 | | 100% | ¥0.00/工时 | ¥0.00/工时 | ¥0.00 | 按比例 | 标准 |
| 刘杰 | 工时 | | 刘 | | 100% | ¥0.00/工时 | ¥0.00/工时 | ¥0.00 | 按比例 | 标准 |

图 7-34 添加人员作为工时资源

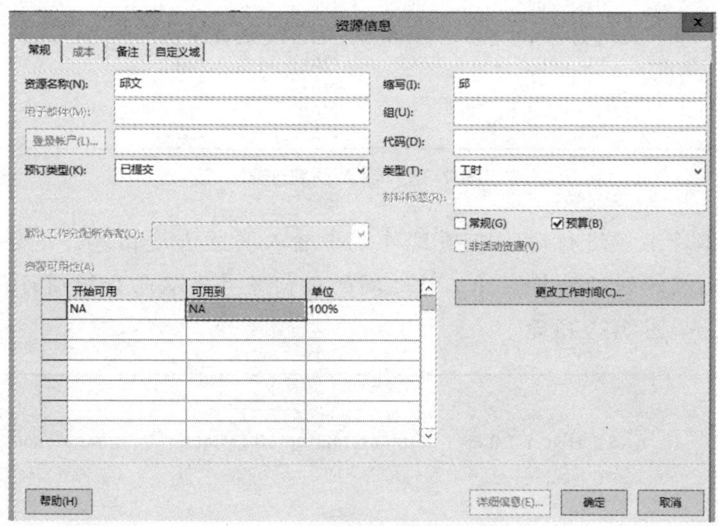


图 7-35 工时资源标识为预算资源

步骤 03 切换到任务工作表视图界面，将“邱文”“刘彦”“刘杰”三个资源分配给项目摘要任务，如图 7-36 所示。

| 任务 | 任务名称 | 工期 | 开始时间 | 完成时间 | 前置任务 | 资源名称 |
|---|---|---|---|---|---|---|
| | 新产品研发 | 69 个工作日 | 2018年6月26日 | 2018年9月28日 | | 预算 |
| | 需求分析阶段 | 20 个工作日 | 2018年6月26日 | 2018年7月23日 | | |
| | 需求讨论 | 12 个工作日 | 2018年6月26日 | 2018年7月11日 | | |
| | 第一次需求讨论 | 1 周 | 2018年6月26日 | 2018年7月3日 | | |
| | 第二次需求讨论 | 3 个工作日 | 2018年7月3日 | 2018年7月5日 | | |
| | 第三次需求讨论 | 2 个工作日 | 2018年7月6日 | 2018年7月9日 | | |
| | 需求分析 | 2 个工作日 | 2018年7月10日 | 2018年7月11日 | | |
| | 需求设计文档 | 4 个工作日 | 2018年7月12日 | 2018年7月17日 | | |
| | 确认需求设计文档 | 4 个工作日 | 2018年7月18日 | 2018年7月23日 | | |
| | 需求分析阶段结束 | 0 个工作日 | 2018年7月23日 | 2018年7月23日 | | |
| | 产品模型设计阶段 | 3 个工作日 | 2018年7月24日 | 2018年7月26日 | | |
| | 产品研发阶段 | 46 个工作日 | 2018年7月27日 | 2018年9月28日 | | |
| | 产品迭代周会 | 26 个工作日 | 2018年6月26日 | 2018年7月31日 | | |
| | 产品迭代周会 1 | 1 个工作日 | 2018年6月26日 | 2018年6月26日 | | |

资源名称下拉列表：☐Leo ☐Shelley ☐会议室 ☐机票 ☐刘恒 ☑刘杰 ☑刘彦 ☐刘哲 ☑邱文 ☐王军 ☑预算 ☐专车

图 7-36 资源分配给项目摘要任务

步骤 04 切换到任务分配状况视图界面，单击“添加新列”并单击“预算工时”，如图 7-37 所示。

| 任务名称 | 工时 | 工期 | 开始时间 | 完成时间 | 成本 | |
|---|---|---|---|---|---|---|
| ◢ 新产品研发 | 320 工时 | 69 个工作日 | 2018年6月26日 | 2018年9月28日 | ¥15,800 | 优先级 |
| 预算 | | | NA | NA | | 预订类型 |
| 邱文 | | | NA | NA | | 预算成本 |
| 刘彦 | | | NA | NA | | 预算工时 |
| 刘杰 | | | NA | NA | | 摘要 |

图 7-37　新加预算工时列

步骤 05　在任务分配状况页面，输入“邱文”“刘彦”“刘杰”三个资源的预算工时，如图 7-38 所示。

| 任务名称 | 工时 | 工期 | 开始时间 | 完成时间 | 成本 | 预算工时 |
|---|---|---|---|---|---|---|
| ◢ 新产品研发 | 320 工时 | 69 个工作日 | 2018年6月26日 | 2018年9月28日 | ¥15,800.00 | 5,000 工时 |
| 预算 | | | NA | NA | | |
| 邱文 | | | NA | NA | | 1,500 工时 |
| 刘彦 | | | NA | NA | | 2,000 工时 |
| 刘杰 | | | NA | NA | | 1,500 工时 |

图 7-38　输入预算工时

步骤 06　当相关工作继续进行时，在项目计划中输入实际进度信息，这样项目负责人/经理就可以比较计划工时与实际工时之间的任何差异，从而分析项目是进展顺利还是需要调整，如图 7-39 所示。

| 任务名称 | 工时 | 工期 | 开始时间 | 完成时间 | 成本 | 预算工时 |
|---|---|---|---|---|---|---|
| ◢ 新产品研发 | 1,448 工时 | 96 个工作日 | 2018年6月26日 | 2018年11月6日 | ¥15,800.00 | 5,000 工时 |
| 预算 | | | NA | NA | | |
| 邱文 | | | NA | NA | | 1,500 工时 |
| 刘彦 | | | NA | NA | | 2,000 工时 |
| 刘杰 | | | NA | NA | | 1,500 工时 |
| ◢ 需求分析阶段 | 440 工时 | 20 个工作日 | 2018年6月26日 | 2018年7月23日 | ¥14,000.00 | |
| ◢ 需求讨论 | 360 工时 | 12 个工作日 | 2018年6月26日 | 2018年7月11日 | ¥14,000.00 | |
| Shelley | 72 工时 | | 2018年6月26日 | 2018年7月9日 | ¥2,160.00 | |
| Leo | 80 工时 | | 2018年6月26日 | 2018年7月9日 | ¥2,800.00 | |
| 机票 | | | 2018年7月11日 | 2018年7月11日 | ¥4,000.00 | |
| ◢ 第一次需求讨 | 168 工时 | 1 周 | 2018年6月26日 | 2018年7月3日 | ¥5,040.00 | |
| Shelley | 168 工时 | | 2018年6月26日 | 2018年7月3日 | ¥5,040.00 | |
| 第二次需求讨 | 24 工时 | 3 个工作日 | 2018年7月3日 | 2018年7月5日 | ¥0.00 | |
| 第三次需求讨 | 16 工时 | 2 个工作日 | 2018年7月6日 | 2018年7月9日 | ¥0.00 | |
| 需求分析 | 16 工时 | 2 个工作日 | 2018年7月10日 | 2018年7月11日 | ¥0.00 | |

图 7-39　实际工时与预算工时对比图

## 7.3　查看项目的成本

项目建立的过程中，为了及时准确地了解每项任务的成本，估计单个以及多个资源的成本，以便用更加接近实际情况的方式来管理项目，对项目成本信息的查看是必不可少的。通过本节的介绍，你可以了解和掌握：

- 查看任务成本信息

- 查看资源成本信息
- 查看项目成本信息

## 7.3.1 查看任务成本信息

为了能清楚地了解完成每一项任务消耗的成本，可以按任务来查看成本，以新产品研发为例，查看任务成本信息的具体操作步骤如下：

步骤 01 打开“新产品研发.mpp”文件，切换到“任务分配状况”视图界面，如图 7-40 所示。

| | 任务名称 | 工时 | 工期 | 开始时间 | 完成时间 | 成本 | 预算工时 | 预算成本 |
|---|---|---|---|---|---|---|---|---|
| 0 | 新产品研发 | 1,448 工时 | 96 个工作日 | 2018年6月26日 | 2018年11月6日 | ¥15,800.00 | 5,000 工时 | ¥1,150,000.00 |
| | 预算 | | | NA | NA | | | ¥1,000,000.00 |
| | 差旅 | | | NA | NA | | | ¥150,000.00 |
| | 邱文 | | | NA | NA | | 1,500 工时 | |
| | 刘彦 | | | NA | NA | | 2,000 工时 | |
| | 刘杰 | | | NA | NA | | 1,500 工时 | |
| 1 | 需求分析阶段 | 440 工时 | 20 个工作日 | 2018年6月26日 | 2018年7月23日 | ¥14,000.00 | | |
| 2 | 需求讨论 | 360 工时 | 12 个工作日 | 2018年6月26日 | 2018年7月11日 | ¥14,000.00 | | |
| | Shelley | 72 工时 | | 2018年6月26日 | 2018年7月9日 | ¥2,160.00 | | |
| | Leo | 80 工时 | | 2018年6月26日 | 2018年7月9日 | ¥2,800.00 | | |
| | 机票 | | | 2018年7月11日 | 2018年7月11日 | ¥4,000.00 | | |
| 3 | 第一次需求讨 | 168 工时 | 1 周 | 2018年6月26日 | 2018年7月3日 | ¥5,040.00 | | |
| | Shelley | 168 工时 | | 2018年6月26日 | 2018年7月3日 | ¥5,040.00 | | |
| 4 | 第二次需求讨 | 24 工时 | 3 个工作日 | 2018年7月3日 | 2018年7月5日 | ¥0.00 | | |

图 7-40 任务分配状况视图

步骤 02 在“视图”菜单上，单击“其他视图”，如图 7-41 所示。

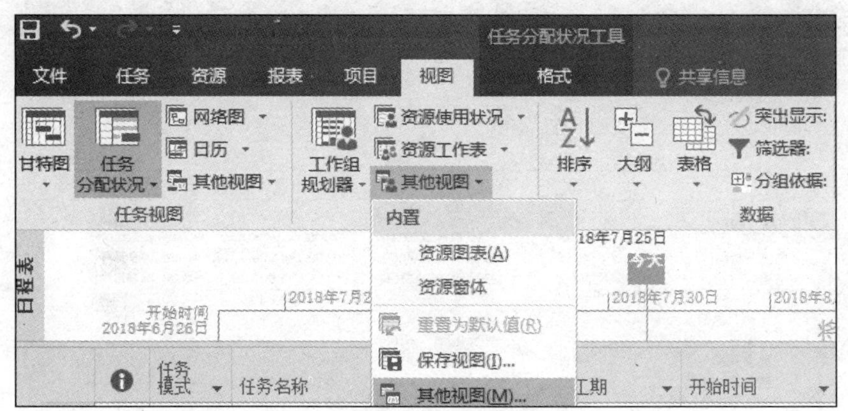


图 7-41 其他视图

步骤 03 在弹出的“其他视图”窗口，单击“任务工作表”，然后单击“应用”按钮，如图 7-42 所示。

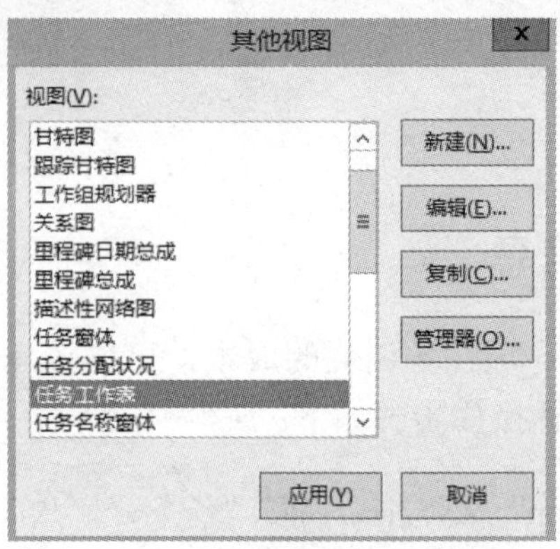


图 7-42　任务工作表

步骤 04　在"视图"选项卡中，展开"表格"下拉菜单，单击"成本"，如图 7-43 所示。

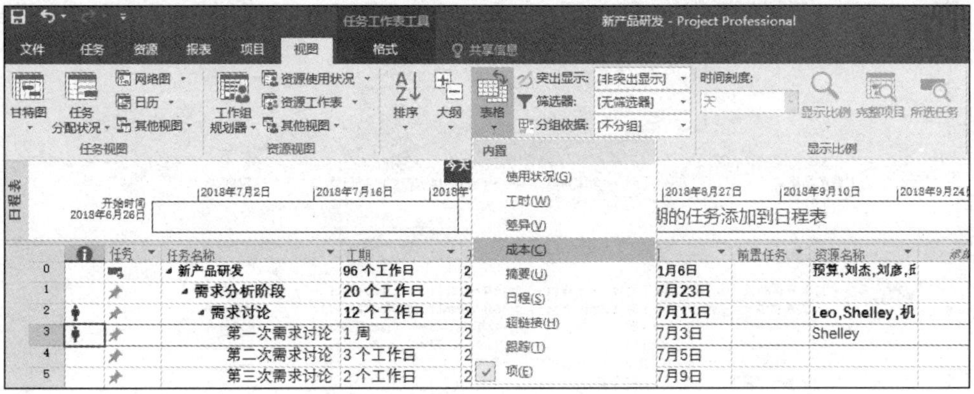

图 7-43　成本

步骤 05　可以查看项目的每一项任务的详细成本信息，如图 7-44 所示。

| | 任务名称 | 固定成本 | 固定成本累算 | 总成本 | 基线 | 差异 | 实际 | 剩余 | 预算成本 |
|---|---|---|---|---|---|---|---|---|---|
| 0 | 新产品研发 | ¥0.00 | 按比例 | ¥15,800.00 | ¥0.00 | ¥15,800.00 | ¥800.00 | ¥15,000.00 | ¥1,150,000.00 |
| 1 | 需求分析阶段 | ¥0.00 | 按比例 | 14,000.00 | ¥0.00 | ¥14,000.00 | ¥0.00 | 14,000.00 | |
| 2 | 需求讨论 | ¥0.00 | 按比例 | 14,000.00 | ¥0.00 | ¥14,000.00 | ¥0.00 | 14,000.00 | |
| 3 | 第一次需求讨论 | ¥0.00 | 按比例 | ¥5,040.00 | ¥0.00 | ¥5,040.00 | ¥0.00 | ¥5,040.00 | |
| 4 | 第二次需求讨论 | ¥0.00 | 按比例 | ¥0.00 | ¥0.00 | ¥0.00 | ¥0.00 | ¥0.00 | |
| 5 | 第三次需求讨论 | ¥0.00 | 按比例 | ¥0.00 | ¥0.00 | ¥0.00 | ¥0.00 | ¥0.00 | |
| 6 | 需求分析 | ¥0.00 | 按比例 | ¥0.00 | ¥0.00 | ¥0.00 | ¥0.00 | ¥0.00 | |
| 7 | 需求设计文档 | ¥0.00 | 按比例 | ¥0.00 | ¥0.00 | ¥0.00 | ¥0.00 | ¥0.00 | |
| 8 | 确认需求设计文档 | ¥0.00 | 按比例 | ¥0.00 | ¥0.00 | ¥0.00 | ¥0.00 | ¥0.00 | |
| 9 | 需求分析阶段结束 | ¥0.00 | 按比例 | ¥0.00 | ¥0.00 | ¥0.00 | ¥0.00 | ¥0.00 | |
| 10 | 产品模型设计阶段 | ¥1,000.00 | 按比例 | ¥1,800.00 | ¥0.00 | ¥1,800.00 | ¥800.00 | ¥1,000.00 | |
| 11 | 产品研发阶段 | ¥0.00 | 按比例 | ¥0.00 | ¥0.00 | ¥0.00 | ¥0.00 | ¥0.00 | |
| 12 | 产品迭代周会 | ¥0.00 | 按比例 | ¥0.00 | ¥0.00 | ¥0.00 | ¥0.00 | ¥0.00 | |

图 7-44　项目的任务成本信息显示

## 7.3.2　查看资源成本信息

为了能够了解成本是否超出预算，可以按照资源来查看人员工资、材料消耗量的资源成本信息情况。以新产品研发为例，查看资源成本信息的具体操作步骤如下：

步骤 01　打开“新产品研发.mpp”文件，切换到“资源使用状况”视图界面，如图 7-45 所示。

| 资源名称 | 工时 | 预算成本 | 添加新列 |
|---|---|---|---|
| ◢ Shelley | 240 工时 | | |
| 需求讨论 | 72 工时 | | |
| 第一次需求讨论 | 168 工时 | | |
| ◢ Leo | 80 工时 | | |
| 需求讨论 | 80 工时 | | |
| 专车 | 0 工时 | | |
| 会议室 | 0 工时 | | |
| 刘恒 | 0 工时 | | |
| 刘哲 | 0 工时 | | |
| 王军 | 0 工时 | | |
| ◢ 机票 | | | |
| 需求讨论 | | | |
| ◢ 预算 | | ¥1,000,000.00 | |
| 新产品研发 | | ¥1,000,000.00 | |
| ◢ 差旅 | | ¥150,000.00 | |
| 新产品研发 | | ¥150,000.00 | |
| ◢ 邱文 | | | |
| 新产品研发 | | | |
| ◢ 刘彦 | | | |

图 7-45　资源使用情况

步骤 02　在“视图”选项卡中，展开“表格”下拉菜单，单击“成本”，可以查看项目的每个资源的详细成本信息，如图 7-46 所示。

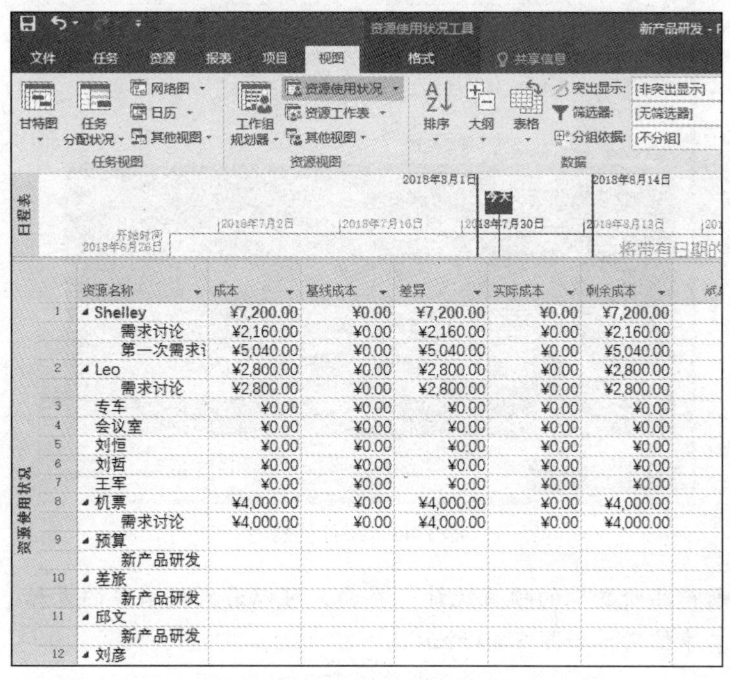

| | 资源名称 | 成本 | 基线成本 | 差异 | 实际成本 | 剩余成本 |
|---|---|---|---|---|---|---|
| 1 | ◢ Shelley | ¥7,200.00 | ¥0.00 | ¥7,200.00 | ¥0.00 | ¥7,200.00 |
| | 需求讨论 | ¥2,160.00 | ¥0.00 | ¥2,160.00 | ¥0.00 | ¥2,160.00 |
| | 第一次需求讠 | ¥5,040.00 | ¥0.00 | ¥5,040.00 | ¥0.00 | ¥5,040.00 |
| 2 | ◢ Leo | ¥2,800.00 | ¥0.00 | ¥2,800.00 | ¥0.00 | ¥2,800.00 |
| | 需求讨论 | ¥2,800.00 | ¥0.00 | ¥2,800.00 | ¥0.00 | ¥2,800.00 |
| 3 | 专车 | ¥0.00 | ¥0.00 | ¥0.00 | ¥0.00 | ¥0.00 |
| 4 | 会议室 | ¥0.00 | ¥0.00 | ¥0.00 | ¥0.00 | ¥0.00 |
| 5 | 刘恒 | ¥0.00 | ¥0.00 | ¥0.00 | ¥0.00 | ¥0.00 |
| 6 | 刘哲 | ¥0.00 | ¥0.00 | ¥0.00 | ¥0.00 | ¥0.00 |
| 7 | 王军 | ¥0.00 | ¥0.00 | ¥0.00 | ¥0.00 | ¥0.00 |
| 8 | ◢ 机票 | ¥4,000.00 | ¥0.00 | ¥4,000.00 | ¥0.00 | ¥4,000.00 |
| | 需求讨论 | ¥4,000.00 | ¥0.00 | ¥4,000.00 | ¥0.00 | ¥4,000.00 |
| 9 | ◢ 预算 | | | | | |
| | 新产品研发 | | | | | |
| 10 | ◢ 差旅 | | | | | |
| | 新产品研发 | | | | | |
| 11 | ◢ 邱文 | | | | | |
| | 新产品研发 | | | | | |
| 12 | ◢ 刘彦 | | | | | |

图 7-46　项目的资源成本信息显示

### 7.3.3 查看项目成本信息

在实施项目的过程中，要随时查看项目的成本，以防止成本超出预算，要查看项目成本信息，可以使用两种快捷的方法：一种是使用“项目统计”对话框，另一种是使用“项目摘要任务”报表。

以新产品研发为例，使用“项目统计”的具体操作步骤如下：

步骤01 打开“新产品研发.mpp”文件，单击“项目”选项卡中的“项目信息”，如图 7-47 所示。

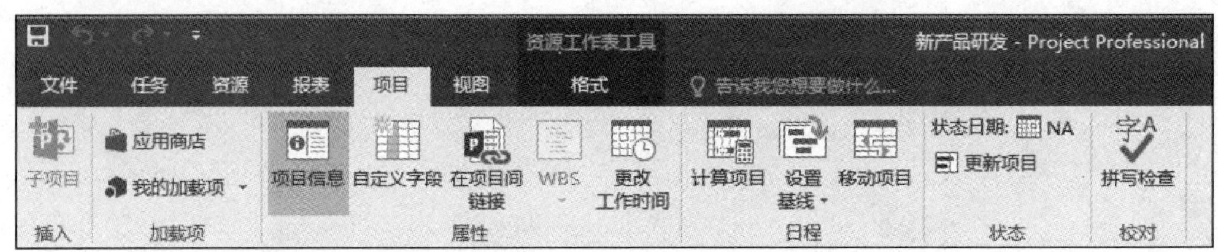


图 7-47　项目信息

步骤02 在弹出的“‘新产品研发’的项目信息”窗口，单击左下角的“统计信息”按钮，如图 7-48 所示。

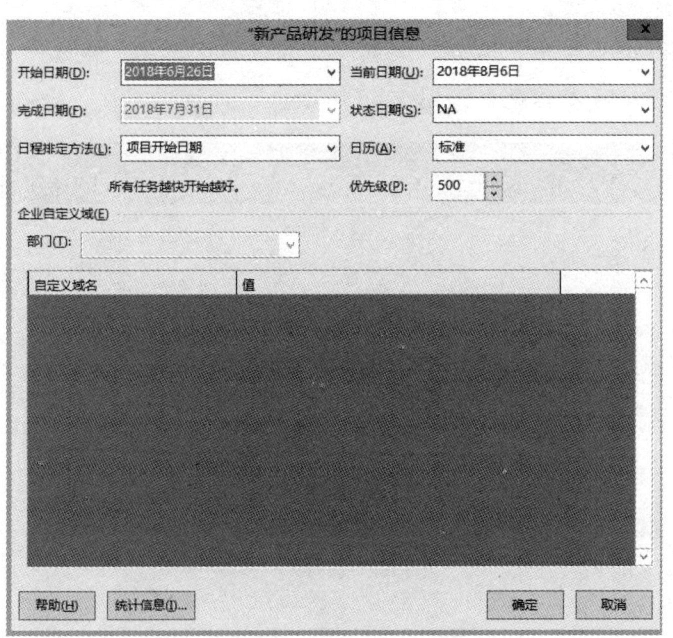


图 7-48　统计信息

步骤03 在“‘新产品研发’的项目统计”界面，可以看到该项目的开始、完成、工期、工时、成本等信息，如图 7-49 所示。

"新产品研发"的项目统计

| | 开始 | 完成 |
|---|---|---|
| 当前 | 2018年6月26日 | 2018年10月9日 |
| 基线 | NA | NA |
| 实际 | 2018年6月26日 | NA |
| 差异 | 0个工作日 | 0个工作日 |

| | 工期 | 工时 | 成本 |
|---|---|---|---|
| 当前 | 75个工作日 | 1,350工时 | ¥48,100.00 |
| 基线 | 0个工作日 | 0工时 | ¥0.00 |
| 实际 | 18.97个工作日 | 474工时 | ¥14,110.00 |
| 剩余 | 56.03个工作日 | 876工时 | ¥33,990.00 |

完成百分比:

工期: 25%　　工时: 35%

关闭

图 7-49　"新产品研发"的项目统计信息展示

以新产品研发为例，使用"项目摘要任务"报表的具体操作步骤如下：

步骤 01　打开"新产品研发.mpp"文件，在"报表"选项卡中单击"仪表板"→"项目概述"，如图 7-50 所示。

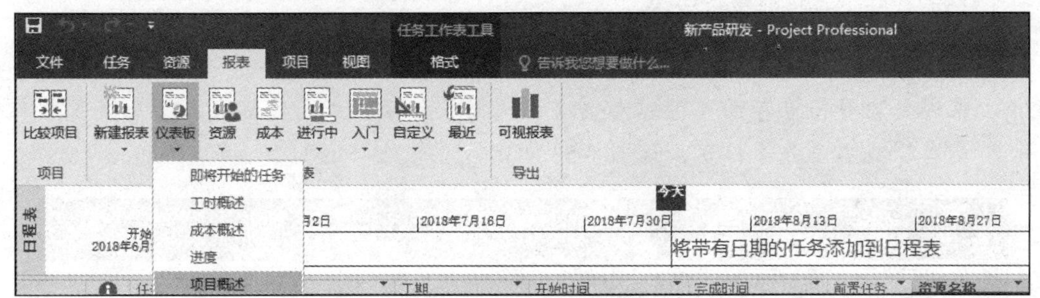


图 7-50　项目概述

步骤 02　在项目概述界面，可以看到项目完成的百分比以及延迟任务信息，如图 7-51 所示。

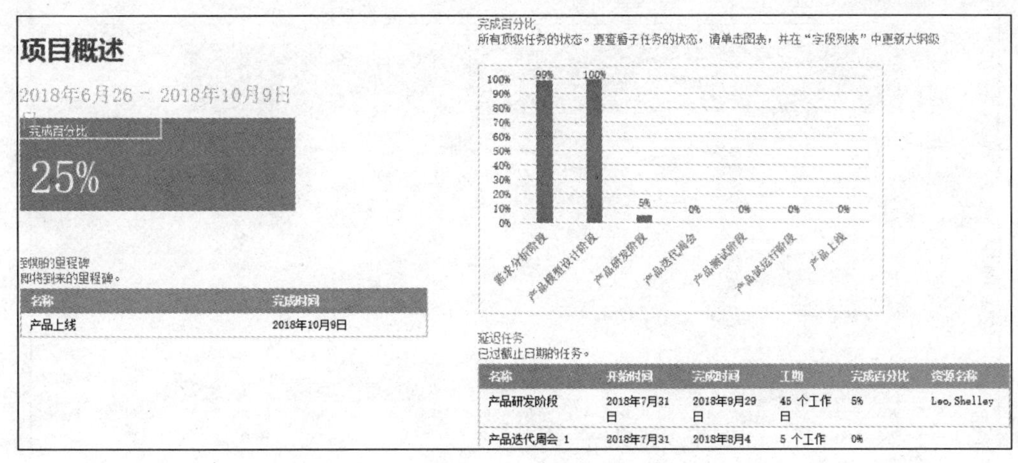


图 7-51　项目概述

## 7.3.4 查看现金流量报表

Project Professional 2016 附带了一组全新的预定义报表和仪表板，项目负责人/经理直接使用它们来检查项目的整体运行状态或查看项目的各个组成部分是否正常，而这些报表中，现金流量报表是项目负责人/经理非常关心的，因为它可以帮助项目负责人/经理对项目的原始成本预算域当前日期的实际工时进行比较，从而为项目的顺利实施做好资金准备。

以新产品研发为例，查看现金流量报表的具体操作步骤如下：

步骤01 打开“新产品研发.mpp”文件，单击“报表”选项卡的“现金流量”，如图 7-52 所示。

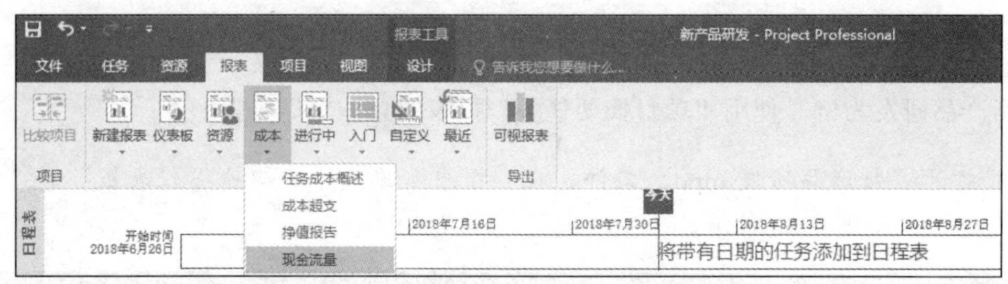


图 7-52 现金流量

步骤02 在现金流量报表界面，可以看到默认的报表显示样式：实际成本、基线成本、剩余成本、成本差异等信息，如图 7-53 所示。

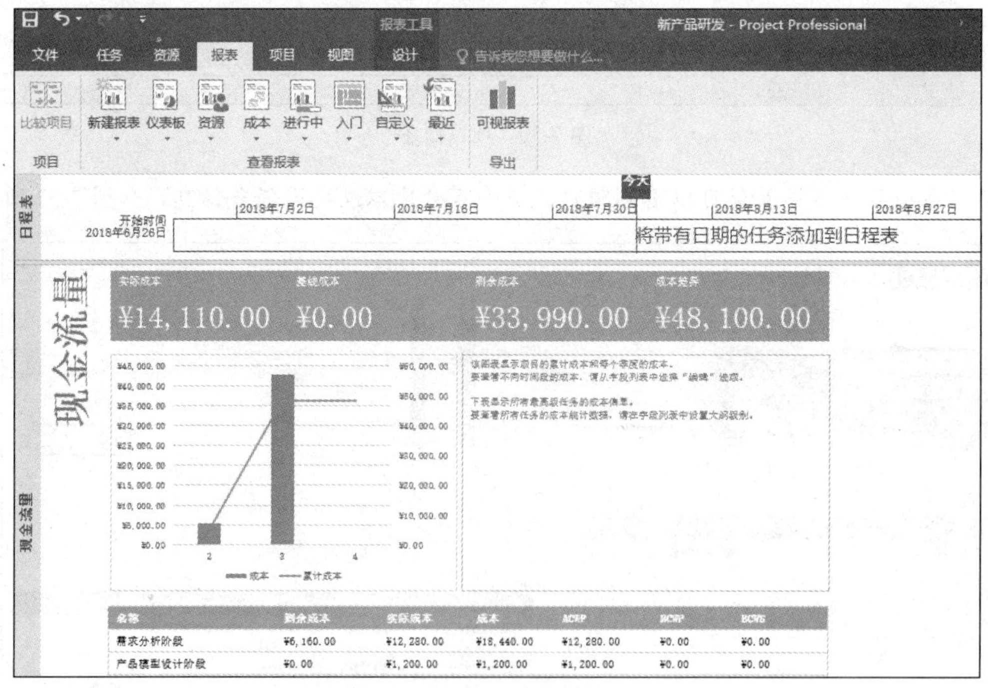


| 名称 | 剩余成本 | 实际成本 | 成本 | ACWP | BCWP | BCWS |
|---|---|---|---|---|---|---|
| 需求分析阶段 | ¥6,160.00 | ¥12,280.00 | ¥18,440.00 | ¥12,280.00 | ¥0.00 | ¥0.00 |
| 产品模型设计阶段 | ¥0.00 | ¥1,200.00 | ¥1,200.00 | ¥1,200.00 | ¥0.00 | ¥0.00 |

图 7-53 新产品研发的现金流量报表

**说 明**

如果默认的报表信息不满足项目负责人/经理的要求，可以单击需要修改的图表编辑字段列表显示，如图 7-54 所示。

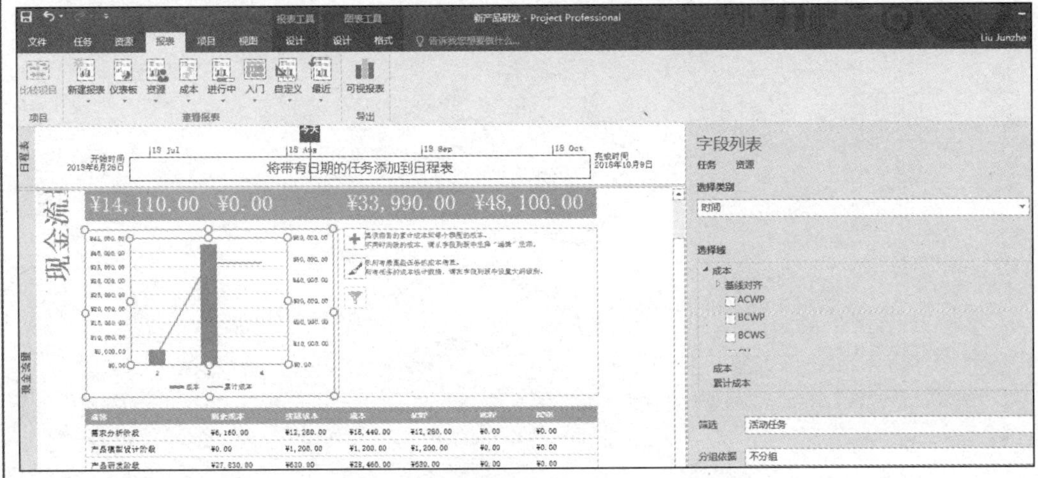


图 7-54 修改图表

# 第四篇

# Project 安全、协作与沟通管理

# 第 8 章

# Project Server权限模式的安全设置

在 Project Server 的权限模式中，Project Web App 的安全取决于用户、组和类别。通过确定基于 Project Web App 到组织中的用户需要访问的公共需求来新建组，新建组后，可以将用户添加到组中并向组授予权限，指派给组的权限将应用于所有组中包含的用户，使用组来控制对 Project Web App 的访问可简化安全管理。

**说明：**

- 通常，管理员分配权限的最佳方法是将用户添加到内置组中，或新建一个组并授予特定的权限。
- 用户可以添加或从基于 Active Directory 组成员身份的组中删除，然后通过 Active Directory 同步功能同步到 Project Web App 配置的资源列表中。

通过本章的介绍，你可以了解和掌握：

- 启用 Project Server 的权限模式。
- 管理 Project Server 中的用户。使用 Project Web App 添加、修改、停用或重新激活用户账户。
- 管理在 Project Server 中的安全组。管理员可以通过使用 Project Web App 设置管理组的安全权限。
- 对 Project Server 中的类别进行管理。管理员通过组织的类别来管理用户和组访问项目、资源和 Project Web App 中的视图的系统。
- 管理在 Project Server 中的安全模板。管理员可以使用 Project Web App 的安全模板，以标准化的角色授予用户权限。
- 管理 Project Server 安全组与 Active Directory 的同步。Project Server 安全组可以与 Active Directory 中相同名称的组进行人员同步，以控制和管理 Project Server 的安全模式。

# 8.1 启用 Project Server 的权限模式

Project Server 提供两种安全模式，以控制用户对网站和项目的访问权限类型。

- SharePoint 权限模式：在此模式下，一组特殊的 SharePoint 安全组会在与 Project Server 关联的网站中创建。这些组授予用户对项目和 Project Server 功能的不同级别的访问权限。
- Project 权限模式：在此模式下，Project Server 提供一组可自定义的安全组和不同于 SharePoint 组的其他功能。

在这两种安全模式下，Project Web App 网站的 SharePoint 网站管理员也是 Project Web App 管理员，默认情况下，新的 Project Web App 实例使用 SharePoint 权限模式，可以使用 Set-SPPROjectPermissionMode（Microsoft PowerShell cmdlet）更改给定 Project Web App 实例的权限模式，具体操作步骤如下：

步骤 01 以管理员身份运行 SharePoint 2016 命令行管理程序，输入命令：Get-SPPROjectPermissionMode 查看当前的权限模式，如图 8-1 所示。

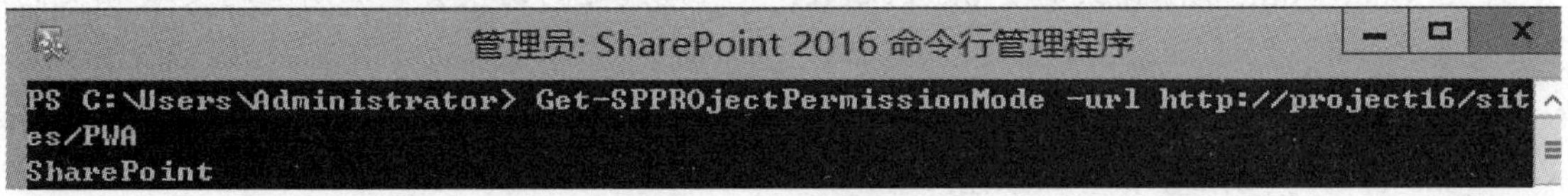


图 8-1 获取权限模式

步骤 02 命令执行显示：当前权限模式为 SharePoint 权限模式，输入命令：Set-SPPROjectPermissionMode -url http://project16/sites/PWA -mode ProjectServer 更新权限模式为 ProjectServer，如图 8-2 所示。

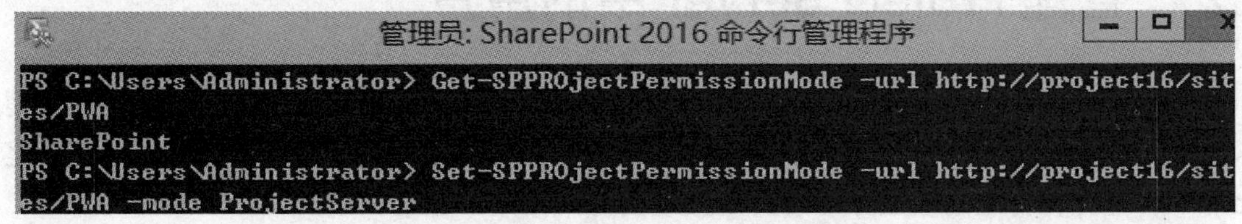


图 8-2 更改为 ProjectServer 权限模式

步骤 03 访问 Project Web App 设置界面，可以看到“安全性”选项已经显示在界面上，说明更改 Project 权限模式成功，如图 8-3 所示。

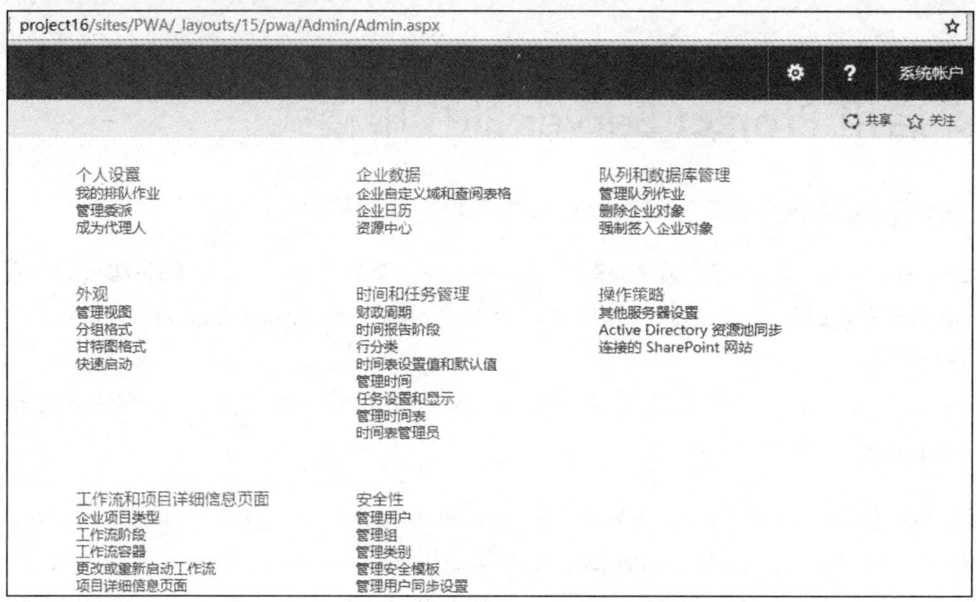


图 8-3 “安全性”选项已成功显示在 PWA 设置界面

**说明：**

- 如果有多个 Project Web App 实例，可以每个网站使用不同的权限模式。
- 在 SharePoint 权限模式和 Project Server 权限模式之间切换会删除所有与安全相关的设置。
- 如果从 SharePoint 权限模式切换到经典 Project Server 权限模式，就必须在 Project Server 中手动配置安全权限结构。
- 从 Project Server 权限模式切换回 SharePoint 权限模式会从 Project Server 中删除安全权限信息。

## 8.2 管理 Project Server 中的用户

在 Project Server 的权限模式中，可以使用 Project Web App 设置的管理用户界面新建用户、修改现有用户、停用用户，并重新激活非活动用户，也可以通过将其添加到新建的 SharePoint 组并将特定的权限分配给自定义组的方式给用户分配权限。

以新建用户为例，具体操作步骤如下：

步骤 01 在 Project Web App 设置界面，在“安全性”选项中单击“管理用户”，如图 8-4 所示。

步骤 02 在“管理用户”界面上，单击“新建用户”按钮，如图 8-5 所示。

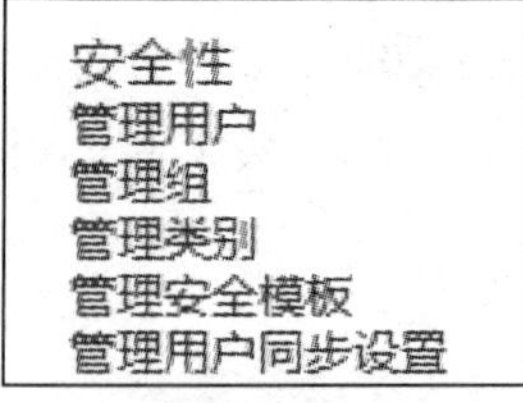


图 8-4 管理用户

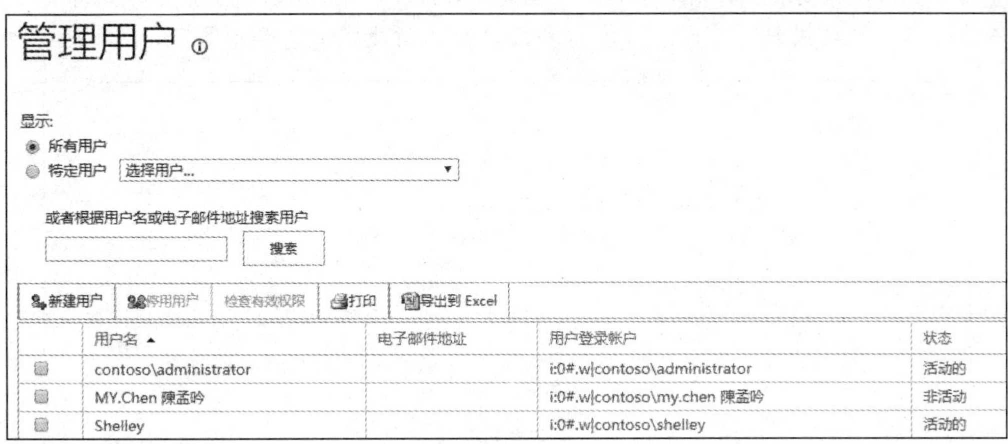


图 8-5　新建用户

步骤 03　在“新建用户”界面上填写必需的用户信息，单击“保存”按钮，如图 8-6 所示。

显示名称不能包含方括号或服务器列表分隔符。
可将用户作为资源分配
* 显示名称:
电子邮件地址:
RBS:
编号:
超链接名称:
帐户状态:
活动的
用户身份验证
输入资源登录所需的用户帐户。
* 用户登录帐户:
张三
工作分配属性
对于所有项目任务分配，资源需要审批
资源可调配
基准日历:
标准
默认预订类型:
已提交

图 8-6　个人用户信息

**说明：**

- ExchangeServer：如果想要启用此用户使用 Microsoft Exchange Server 任务同步，那么勾选“同步任务”复选框，必须为函数的任务同步配置 Exchange 集成。
- 安全类别：建议不要为单个用户设置类别权限，而是将用户分配到组中，授予该组类别权限，易于维护和管理。
- 全局权限：如果允许或者拒绝用户的全局权限，选择“允许”或“拒绝”复选框即可，建议不要给单个用户配置全局权限，而是将权限级别分配给对应的用户组，易于管理，有助于解决权限问题。

步骤 04　返回“管理用户”界面，可以看到用户张三新建完成，如图 8-7 所示。

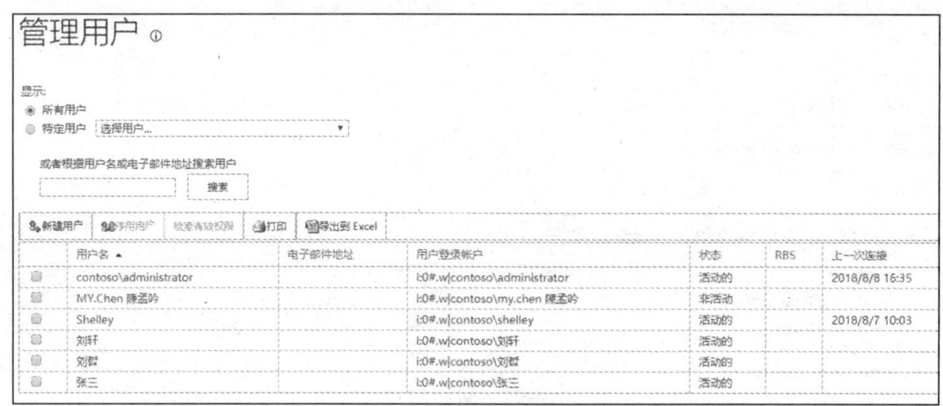


图 8-7　张三新建成功

**说明：**

- 如要停用某个用户，勾选用户后，单击工具栏中的“停用”即可。用户被停用后，并未真正从 Project Web App 数据库中删除，是为了确保日后需要重新激活该用户时，可以保留资源项目数据的关联关系。用户被停用期间，没有权限访问 Project Web App，项目经理也不可以给该用户分配任何任务。
- 停用用户后，如果项目需要重新激活用户，那么在用户管理界面双击目标用户，进入编辑用户界面，在“账户状态”处选择“活动的”，如图 8-8 所示。

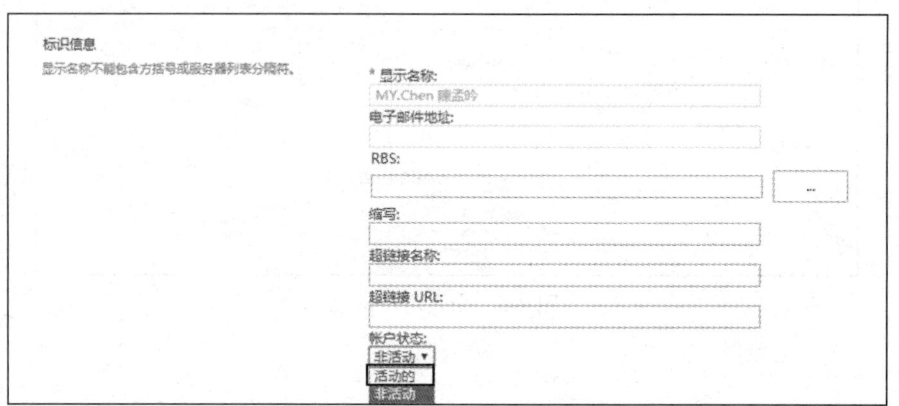


图 8-8　更改账户状态

## 8.3　管理 Project Server 中的安全组

PWA 管理员可以通过 Project Web App 设置中的管理组界面管理 Project Server 组的安全权限，同时可以将用户添加到组中继承所属的任何组的权限，大大减少管理用户权限时所花费的时间。

默认情况下，Project Server 权限模式有 7 个安全组，如表 8-1 所示。

表 8-1 默认的 7 个安全组

| 序号 | 组分类 | 权限等级与类别关联 |
|---|---|---|
| 1 | 团队成员组 | ● 用户具有使用 Project Web App 的常规权限，但是只有有限的项目级权限<br>● 此组旨在让每个人都能够对 Project Web App 进行基本访问<br>● 所有新用户自动添加到团队成员组中<br>● 此组与我的任务类别相关联 |
| 2 | 项目经理组 | ● 用户拥有全局和类别级别的项目权限和有限的资源的权限<br>● 此组中为每日维护项目计划的用户<br>● 此组与我的组织和我的项目类别相关联 |
| 3 | 资源管理组 | ● 用户有全局和类别级别的资源权限<br>● 此组中为管理、分配资源和编辑资源数据的用户<br>● 此组与我的直接报表、我的组织、我的项目和我的资源类别相关联 |
| 4 | 查看项目组合组 | ● 用户有权查看项目和 Project Web App 数据<br>● 此组用于需要查看项目，但不向自己分配项目任务的高级用户<br>● 此组与我的单位类别相关联 |
| 5 | 团队领导组 | ● 用户具有创建任务和报告状态的权限<br>● 此组中为项目没有定期分配潜在客户容量的人<br>● 此组与我的项目类别相关联 |
| 6 | 项目组合经理组 | ● 用户可以创建和编辑数据，但不能执行 Project Web App 管理任务，如添加用户或创建组<br>● 项目组合经理能够查看和编辑所有的项目和组织中的资源<br>● 此组与我的单位类别相关联 |
| 7 | 管理员组 | ● 所有可用的 Project Web App 权限将授予此组<br>● 此组与我的单位类别相关联 |

上述 7 个默认安全组在 Project Web App 的 Project Server 权限模式中可用，为更好地满足组织的安全要求，管理员还可以通过使用 Project Web App 服务器设置页上的管理组页创建自定义组，具体操作如下：

步骤 01 在 Project Web App 设置界面，在"安全性"选项卡中单击"管理组"，进入管理组界面，如图 8-9 所示。

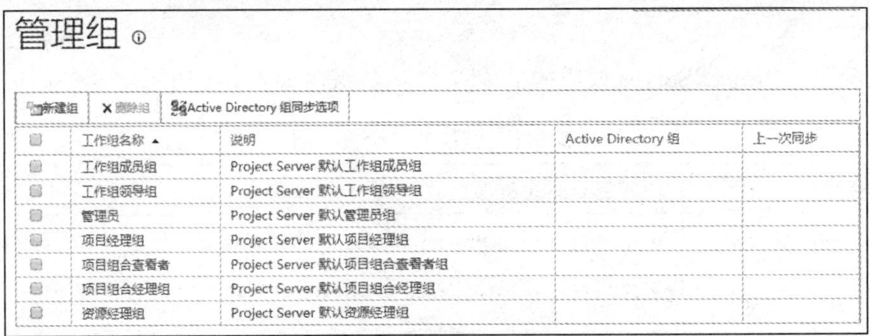
管理组

新建组 ✕删除组 Active Directory 组同步选项

| | 工作组名称 ▲ | 说明 | Active Directory 组 | 上一次同步 |
|---|---|---|---|---|
| | 工作组成员组 | Project Server 默认工作组成员组 | | |
| | 工作组领导组 | Project Server 默认工作组领导组 | | |
| | 管理员 | Project Server 默认管理员组 | | |
| | 项目经理组 | Project Server 默认项目经理组 | | |
| | 项目组合查看者 | Project Server 默认项目组合查看者组 | | |
| | 项目组合经理组 | Project Server 默认项目组合经理组 | | |
| | 资源经理组 | Project Server 默认资源经理组 | | |

图 8-9 管理组

步骤 02 在管理组界面，单击“新建组”进入新建组界面，输入相关信息，单击“保存”按钮，如图 8-10 所示。

图 8-10 新建组信息

**说明：**

- Active Directory 组：如果想要将此组的成员身份与 Active Directory 组同步，在 Active Directory 组处输入 Active Directory 对应名称的组名称。
- 用户：指定 Project Web App 用户是该组的成员。如果已为此组配置 Active Directory 同步，那么该组成员在此组下次与 Active Directory 目录服务同步时，会覆盖管理员手动进行的任何更改。
- 类别：定义与此组相关联的安全类别区域。
- 全局权限：配置此组的全局权限。

步骤 03 返回管理组界面，可以看到“Project Web App 的架构师组”已新建完成，如图 8-11 所示。

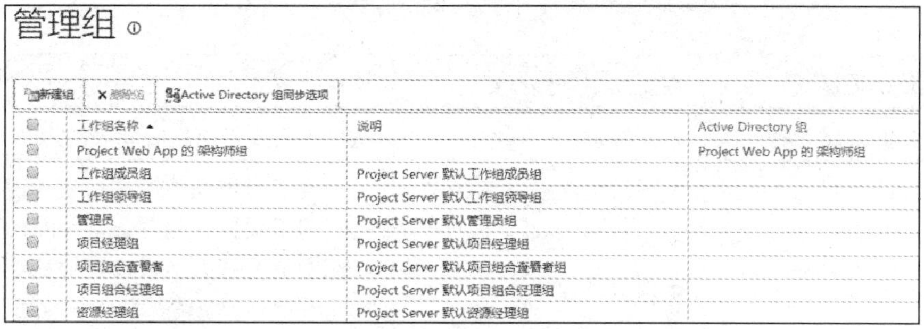

管理组 ⓘ

新建组 | ×删除组 | Active Directory 组同步选项

| | 工作组名称 ▲ | 说明 | Active Directory 组 |
|---|---|---|---|
| | Project Web App 的架构师组 | | Project Web App 的架构师组 |
| | 工作组成员组 | Project Server 默认工作组成员组 | |
| | 工作组领导组 | Project Server 默认工作组领导组 | |
| | 管理员 | Project Server 默认管理员组 | |
| | 项目经理组 | Project Server 默认项目经理组 | |
| | 项目组合查看者 | Project Server 默认项目组合查看者组 | |
| | 项目组合经理组 | Project Server 默认项目组合经理组 | |
| | 资源经理组 | Project Server 默认资源经理组 | |

图 8-11 “Project Web App 的架构师组”已新建完成

**说明：**

- 在 Project Server 的权限模式中，可以修改 Project Web App 中任何安全组的信息。例如，由于当前项目的需要，管理员可能必须修改组，更改用户或类别，或者更改它当前正在同步的 Active Directory 组。在管理组界面，双击目标组，进入修改组信息界面即可。
- 在 Project Server 的权限模式下，如果确定一些安全组不需要了，那么可以在 Project Web App 设置界面的管理组界面中将其删除。注意，在删除组之前，需确保没有其他用户或组具有与它相关联所需的权限。

## 8.4 管理 Project Server 中的类别

在 Project Server 的权限模式中，类别是在 Project Server 中，用户对项目、资源和视图的被授予访问权限的集合，可以通过从列表中选择项目或资源手动将它们添加到类别，也可以使用动态筛选器自动将它们添加到类别。

| 说　明 |
|---|
| 类别仅在 Project Server 的权限模式中可用，在 SharePoint 权限模式下不可用。 |

在 Project Server 权限模式下，默认在 Project Web App 中提供 5 个类别，如表 8-2 所示。

**表 8-2　Project Web App 的 5 个默认类别**

| 序号 | 默认类别 | 在类别中的默认组 | 说明 |
|---|---|---|---|
| 1 | 我的任务 | 团队成员 | 主要由已分配任务的项目资源使用 |
| 2 | 我的项目 | ● 项目经理<br>● 资源经理<br>● 团队领导 | 提供对用户拥有的所有项目的访问权 |
| 3 | 我的资源 | 资源经理 | 适用于资源经理，且仅在定义资源细分结构（RBS）时有用 |

（续表）

| 序号 | 默认类别 | 在类别中的默认组 | 说明 |
| --- | --- | --- | --- |
| 4 | 我的直属下属 | 资源经理 | 适用于需要能审批时间表的用户 |
| 5 | 我的组织 | ● 项目组合查看者<br>● 项目组合经理<br>● 项目经理<br>● 资源经理<br>● 管理员 | 用于授予对组织中所有信息的访问权，此类别适用于项目管理办公室（PMO）的成员、组织中的主管人员以及需要能够在整个组织内查看项目和资源的其他关键用户。 |

在 Project Web App 中，管理员可以根据项目需要创建一种安全模型，以满足组织中用户和组的特定需要，添加自定义安全类别的具体操作步骤如下：

步骤 01 在 Project Web App 设置界面，在“安全性”选项卡中单击“管理类别”，进入管理类别界面，如图 8-12 所示。

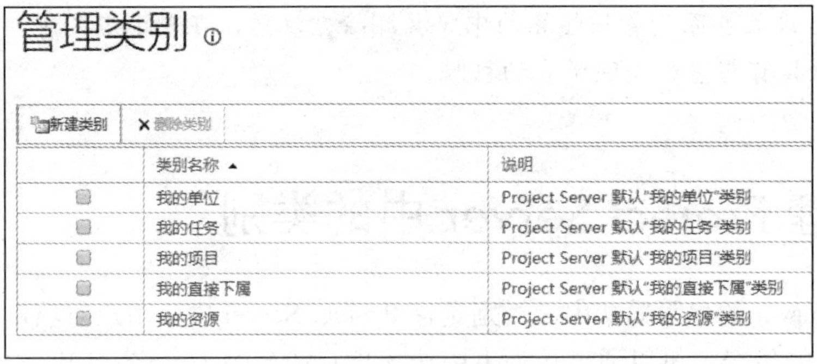

图 8-12　管理类别

步骤 02 在管理类别界面，单击“新建类别”进入新建类别界面，输入相关信息，单击“保存”按钮，如图 8-13 所示。

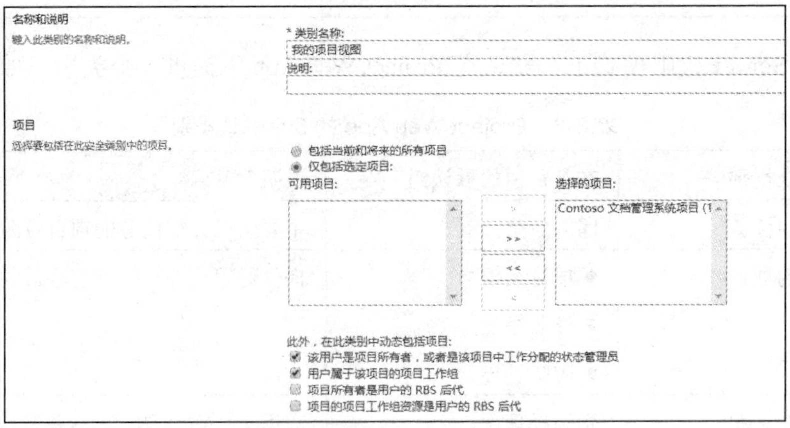

图 8-13　新类别信息

**说明：**

- 项目：指定的用户与此类别关联的项目，用户对此类别中项目的访问由已定义的组和类别权限进行控制。
- 资源：指定与此类别关联的用户可以查看哪些资源，用户对此类别中资源的访问由已定义的组和类别权限进行控制。
- 浏览量：使用视图部分可以指定与此类别关联的用户可以查看的视图。
- 权限：使用权限部分可以指定哪些用户和组都与此类别相关联，可以在类别中为每个用户或组分配不同的权限。

步骤 03 返回管理类别界面，可以看到“我的项目视图”已新建完成，如图 8-14 所示。

管理类别

新建类别　× 删除类别

| | 类别名称 ▲ | 说明 |
|---|---|---|
| | 我的单位 | Project Server 默认"我的单位"类别 |
| | 我的任务 | Project Server 默认"我的任务"类别 |
| | 我的项目 | Project Server 默认"我的项目"类别 |
| | 我的项目视图 | |
| | 我的直接下属 | Project Server 默认"我的直接下属"类别 |
| | 我的资源 | Project Server 默认"我的资源"类别 |

图 8-14 “我的项目视图”已新建完成

**说明：**

- 如果现有的类别必须更新为新的项目和资源，在管理类别界面双击目标类别，进入修改类别信息界面设置即可。
- 在 Project Web App 管理类别页面中可以删除任何现有的自定义类别，但无法删除默认的 Project Server 类别。需要注意的是，类别的删除为永久删除，如果误删，就需要重新创建。

## 8.5 管理 Project Server 中的安全模板

安全模板可以快速为新的或者现有用户、组和类别应用或重置预定义的权限配置。通过应用安全模板可以轻松地以标准化的方式为组织中的用户角色分配权限。

安全模板仅在 Project Server 的权限模式下可用，Project Web App 提供了 8 个默认的安全模板：

- 管理员
- 项目组合查看者

- 项目组合经理
- 项目经理
- 建议审阅者
- 资源经理
- 团队领导
- 团队成员

通常根据每个组在组织中所起的作用为每个安全模板提供一组默认类别和全局权限。如果默认的 Project 安全模板未反映项目中所需要的使用模式，管理员可以根据确定的用户、组需要访问的项目、资源和视图等集合，允许用户访问其所需的 Project 安全对象的权限自定义安全模板，具体操作步骤如下：

步骤 01 在 Project Web App 设置界面，在"安全性"选项卡中单击"管理安全模板"，进入管理模板界面，如图 8-15 所示。

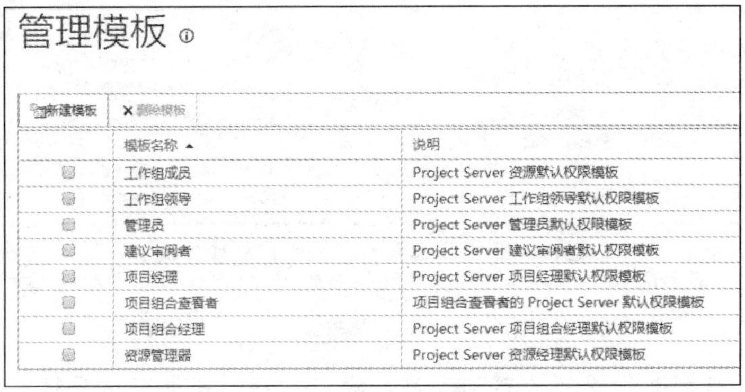

管理模板

新建模板　× 删除模板

| | 模板名称 ▲ | 说明 |
|---|---|---|
| | 工作组成员 | Project Server 资源默认权限模板 |
| | 工作组领导 | Project Server 工作组领导默认权限模板 |
| | 管理员 | Project Server 管理员默认权限模板 |
| | 建议审阅者 | Project Server 建议审阅者默认权限模板 |
| | 项目经理 | Project Server 项目经理默认权限模板 |
| | 项目组合查看者 | 项目组合查看者的 Project Server 默认权限模板 |
| | 项目组合经理 | Project Server 项目组合经理默认权限模板 |
| | 资源管理器 | Project Server 资源经理默认权限模板 |

图 8-15　管理模板

步骤 02 在管理模板界面，单击"新建模板"按钮进入新建模板界面，输入相关信息，单击"保存"按钮，如图 8-16 所示。

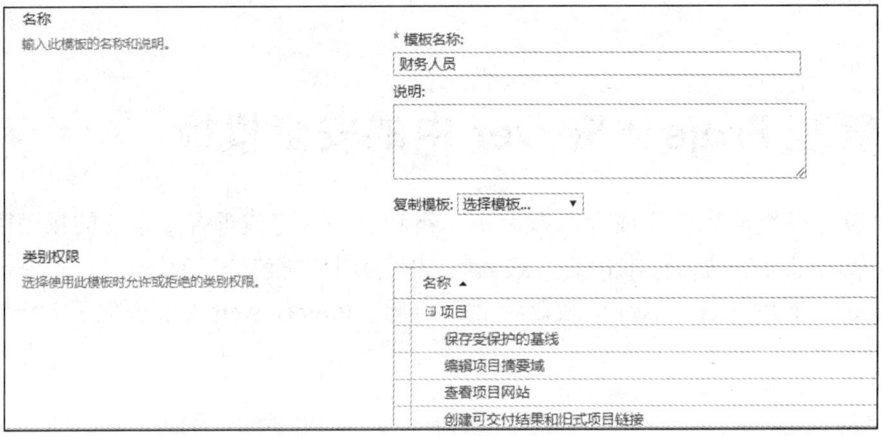

名称
输入此模板的名称和说明。
* 模板名称:
财务人员
说明:
复制模板: 选择模板...
类别权限
选择使用此模板时允许或拒绝的类别权限。
名称 ▲
项目
保存受保护的基线
编辑项目摘要域
查看项目网站
创建可交付结果和旧式项目链接

图 8-16　输入模板信息

**说明：**

- 推荐复制现有的模板，然后进行任何必需的更改。
- 在类别权限部分，选择使用此模板时允许或拒绝的类别权限。
- 在全局权限部分，选择要应用于整个 Project Web App 实例时允许或拒绝的权限。

步骤 03 返回“管理模板”界面，可以看到“财务人员”模板已新建完成，如图 8-17 所示。

管理模板

新建模板　× 删除模板

| | 模板名称 ▲ | 说明 |
|---|---|---|
| | 财务人员 | |
| | 工作组成员 | Project Server 资源默认权限模板 |
| | 工作组领导 | Project Server 工作组领导默认权限模板 |
| | 管理员 | Project Server 管理员默认权限模板 |
| | 建议审阅者 | Project Server 建议审阅者默认权限模板 |
| | 项目经理 | Project Server 项目经理默认权限模板 |
| | 项目组合查看者 | 项目组合查看者的 Project Server 默认权限模板 |
| | 项目组合经理 | Project Server 项目组合经理默认权限模板 |
| | 资源管理器 | Project Server 资源经理默认权限模板 |

图 8-17　财务人员模板已新建成功

**说明：**

- 作为最佳实践，不在默认的 Project Web App 模板进行任何更改。
- 在 Project Server 安全模式下，可以从 Project Web App 设置的管理模板页中删除任何现有的安全模板，作为最佳实践，不要删除任何默认的 Project Web App 模板。

# 8.6 Active Directory 资源池同步

本节配置企业资源池（ERP）和 Project Server 2016 的 Active Directory 组之间的同步。针对 ERP 和安全组同步的 Active Directory 组配置，需要注意：

- 最多有 5 个 Active Directory 组与企业资源库同步。
- 只能将一个 Active Directory 组与每个安全组同步。

下面介绍微软推荐的最佳同步方案、同步过程以及同步场景。

## 8.6.1 Active Directory 资源池同步推荐的最佳方案

图 8-18 是将 Active Directory 组与 Project Server 2016 进行同步，并且将用户添加到对应的安全组中作为资源的最佳做法，此图来源于微软官方网站。

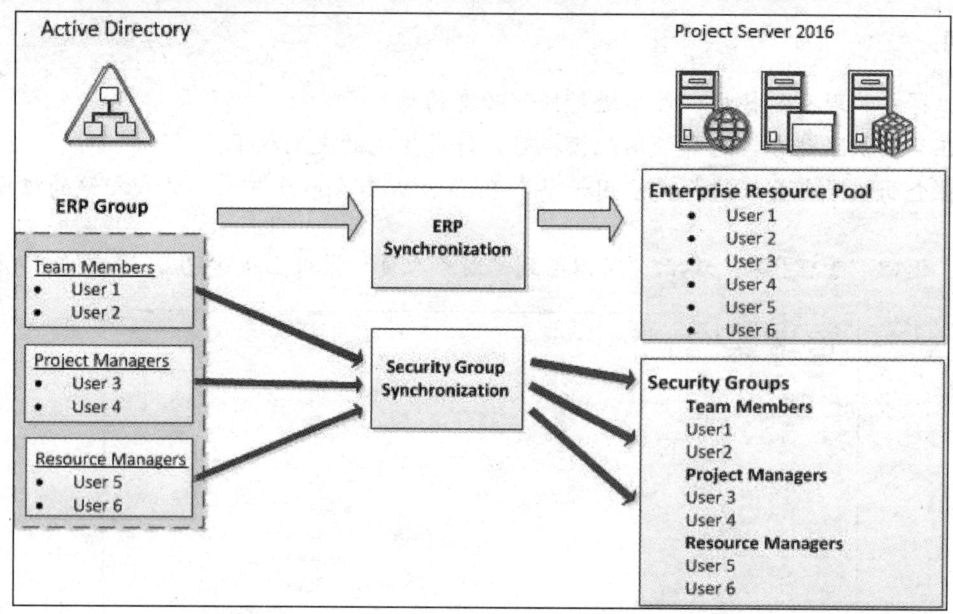


图 8-18　Active Directory 资源池同步推荐的最佳方案

从图 8-18 中可得知，Active Directory 配置单个 ERP 组，该组嵌套了 Active Directory 组团队成员、项目经理和资源经理，虽然企业资源库最多同步 5 个活动目录组，但这种推荐方式仅同步一个 ERP 组就可以将所有用户都同步到 Project Server 2016 的企业资源库中。

为了将资源添加到 Project Server 2016，除了需要用 Project Server 的管理员账户，还需要将其从 Active Directory 同步到对应的 Project Server 2016 的安全组中，如图 8-18 所示，ERP 下的每个嵌套的子组与 Project Server 2016 的组一一对应同步，例如：

- Project Server 2016 工作组成员安全组与 Active Directory 中的团队成员组同步。
- Project Server 2016 项目经理安全组与 Active Directory 中的项目经理组同步。
- Project Server 2016 资源管理安全组与 Active Directory 中的资源管理组同步。

这个推荐的最佳方法的优点是，Active Directory 的任何更改都会同步到企业资源库和安全组中。例如，如果团队成员：用户 1 已婚，她的姓氏需要在 Active Directory 中更新用户属性，这样会同步更新到企业资源库。

## 8.6.2　Active Directory 资源池同步过程

配置 Active Directory 资源池同步需要管理员从 3 方面着手准备：企业资源池同步的要求、配置企业资源池同步、规划企业资源池同步。

企业资源库同步的要求：

- 通过 Project Web App 访问 Project Server 时，需要具有管理活动目录设置及管理用户和组的全局管理员身份。

- Project Server Service Application（SA）服务账户对所有 Active Directory 组和用户具有读取访问权限。

配置企业资源池同步的步骤如下：

步骤 01 在 Project Web App 界面，展开 ⚙，单击“PWA 设置”，如图 8-19 所示。

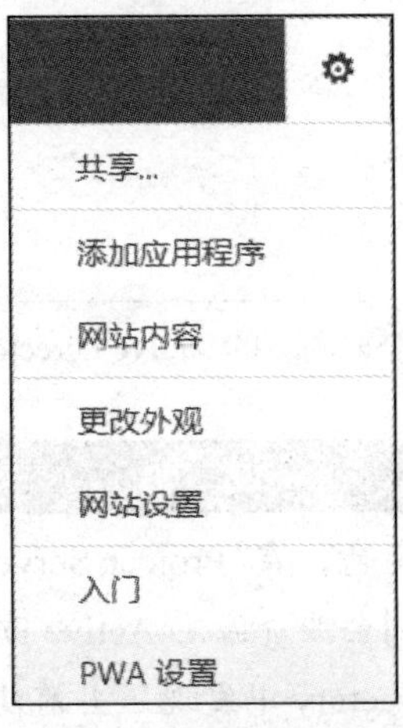


图 8-19 PWA 设置

步骤 02 在 PWA 设置界面，单击“操作策略”选项卡中的“Active Directory 资源池同步”，如图 8-20 所示。

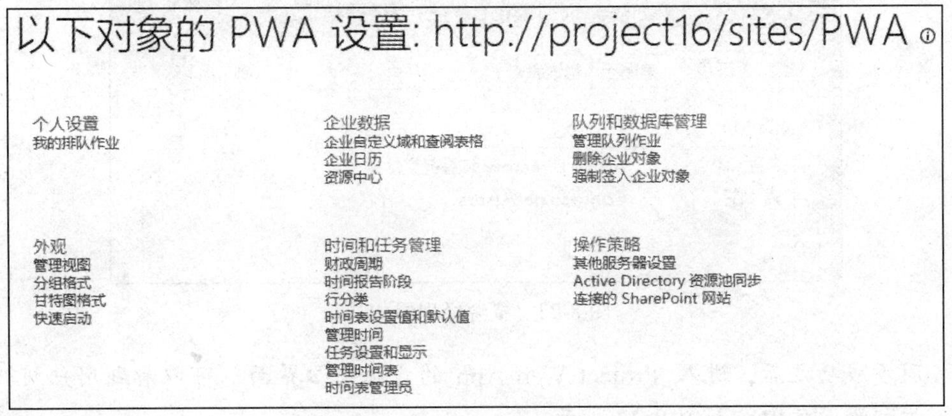


图 8-20 Active Directory 资源池同步

步骤 03 在 Active Directory 企业资源池同步界面，在活动目录组部分输入需要与 Project Server 安全组同步的 ADGroup 名称，以 Project Web App 的资源经理组为例，单击“保存并立即同步”按钮，如图 8-21 所示。

Active Directory 企业资源池同步

Active Directory 组
选择将与企业资源池保持同步的 Active Directory 组。
CONTOSO\project web app 的 资源经理组 x

同步状态
Active Directory 企业资源池同步的状态。
企业资源池于 2018/8/7 在 2:35 成功同步。

同步选项
同步期间，如果在 Active Directory 中发现了当前处于非活动状态的用户，则自动重新激活这些用户。
同步期间，如果在 Active Directory 中发现了当前处于非活动状态的用户，则自动重新激活这些用户。

保存并立即同步 保存 取消

图 8-21 需要同步的 Active Directory 组信息

**说 明**

如果将员工调岗到公司内的不同角色，在 Project Server 的用户账户被禁用，该用户以后决定回到原来的岗位，并添加到企业资源池 Active Directory 组。这种情况下，可以勾选“同步期间，如果在 Active Directory 中发现了当前处于非活动状态的用户，则自动重新激活这些用户”，用户在同步时将被自动重新激活。

步骤 04 在活动目录中确认 Project Web App 的资源经理组包含的用户，如图 8-22 所示。

图 8-22 资源经理组成员

步骤 05 同步成功之后，进入 Project Web App 的资源中心界面，可以看到用户刘轩已经同步到资源库中，如图 8-23 所示。

资源中心

| | 资源名字 | ID | 签出 | 电子邮件 | 常规 | 时间表管理员 ↑ | 类型 | 活动 | 默认工作分配所 | 上次修改时间 |
|---|---|---|---|---|---|---|---|---|---|---|
| | ◢ 类型: 工时 | | 否 | | 否 | | 工时 | | | |
| | MY.Chen 陳 | 2 | 否 | | 否 | MY.Chen 陳孟吟 | 工时 | 否 | MY.Chen 陳孟吟 | 2018/8/7 |
| | 刘轩 | 5 | 否 | | 否 | 刘轩 | 工时 | 是 | 刘轩 | 2018/8/7 |
| | 刘哲 | 3 | 否 | | 否 | 刘哲 | 工时 | 是 | 刘哲 | 2018/7/18 |

图 8-23 资源组用户同步成功

规划企业资源库同步的具体操作步骤如下：

步骤 01 在 SharePoint Server 2016 管理中心界面，单击“监控”，如图 8-24 所示。

步骤 02 在“监控”界面的“计时器作业”部分，单击“检查作业状态”，如图 8-25 所示。

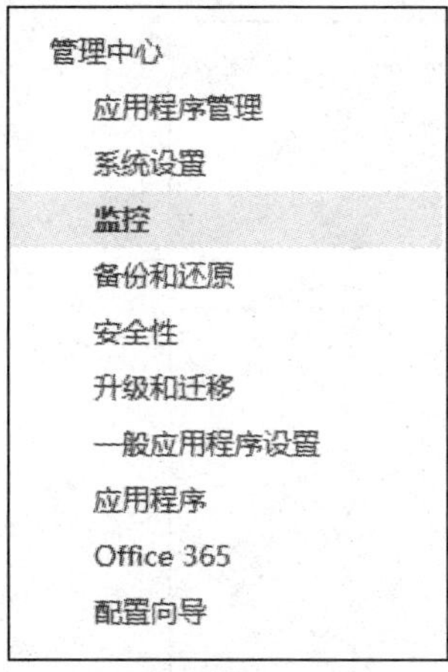


图 8-24 监控

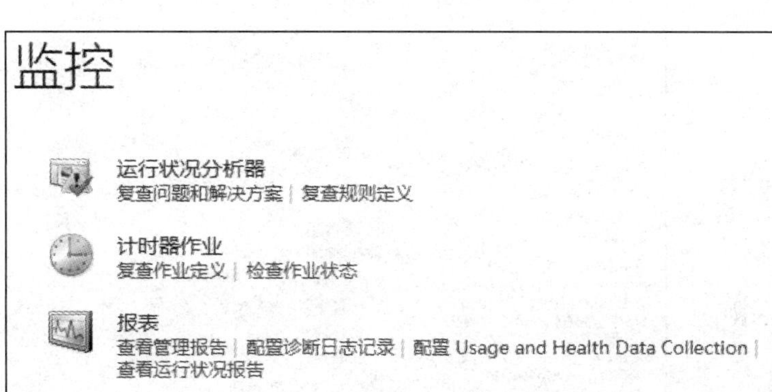


图 8-25 检查作业状态

步骤 03 在计时器作业状态界面，查找并单击“Project Server：Project Server Service Application 的 Active Directory 同步作业”，如图 8-26 所示。

计时器链接
计时器作业状态
计划的作业
正在运行的作业
作业历史记录
作业定义

管理中心
应用程序管理
系统设置
监控
备份和还原
安全性

已计划

| 作业标题 | 服务器 | Web 应用程序 |
| --- | --- | --- |
| 合规性 Dar 任务内部管理 | Project16 | SharePoint - www.testdelta.com9001 |
| Project Server: Project Server Service Application 的 产品反馈 作业 | Project16 | |
| Project Server: Project Server Service Application 的 Active Directory 同步作业 作业 | Project16 | |
| Project Server: Project Server Service Application 的 警报和提醒 作业 | Project16 | |
| 修复孤立的网站集 | Project16 | SharePoint - 80 |

图 8-26 Project Server：Project Server Service Application 的 Active Directory 同步作业

步骤 04 在 Project Server：Project Server Service Application 的 Active Directory 同步作业编辑界面，根据公司要求选择如下，单击“确定”按钮以保存更改的配置，如图 8-27 所示。

- 分钟：指定将在其中运行该作业的频率——每隔 x 分钟。
- 每小时：指定将随机运行作业的时间间隔——启动 x 个小时和最晚 y 个小时 z 分钟之间每隔一小时。
- 每日：指定将随机运行作业的时间间隔——每日并且不晚于。
- 每周：指定将随机运行作业的时间间隔——每周的某个时间点并且不晚于。
- 每月：提供两个选项：

◆ 允许指定将随机运行作业的时间间隔——根据日期：每月启动一次，在某个时间点，并且不晚于某个时间点。

◆ 允许你指定将在其中运行计时器作业的月份的准确时间——按天：每月启动一次，在某一周的某一天的某个时间点。例如，第一个星期日的 12:00 AM。

图 8-27 Project Server：Project Server Service Application 的 Active Directory 同步作业配置

## 8.6.3 安全组同步应用方案

下面为大家列举可能的安全组同步应用方案和在执行安全组同步时发生的相应操作。

**应用场景 1：**

用户在 Active Directory 中，并且映射到当前 Project Server 安全组的 Active Directory 组的成员不在 Project Server 中。

解决方案：

在 Project Server 中创建一个相应的新用户账户，并向其授予当前 Project Server 安全组成员资格。

**应用场景 2：**

用户不是映射到当前 Project Server 安全组的 Active Directory 组的成员，该用户也在 Project Server 中，并且是当前 Project Server 安全组的成员。

解决方案：

将现有 Project Server 用户作为当前 Project Server 安全组的成员移除。

**应用场景 3：**

用户在 Active Directory 中，并且是映射到当前 Project Server 安全组的 Active Directory

组的成员。该用户也在 Project Server 中，但不是当前 Project Server 安全组的成员。

解决方案：

向现有 Project Server 用户授予当前 Project Server 安全组成员资格。

**应用场景 4：**

用户在 Active Directory 中，并且是映射到当前 Project Server 安全组的 Active Directory 组的成员，该用户也在 Project Server 中，并且是当前 Project Server 安全组的成员，用户信息在 Active Directory 中已经更新。

解决方案：

更新相应的 Project Server 用户信息。

**应用场景 5：**

用户在 Active Directory 中，并且是映射到当前 Project Server 安全组的 Active Directory 组的成员，该用户也在 Project Server 中，但是为非活动账户。

解决方案：

- 如果选中了自动重新激活当前处于非活动状态的用户，同步期间在 Active Directory 中找到了该账户处于非活动状态，该账户被重新激活并添加到当前 Project Server 安全组。
- 如果未选中该选项，账户保持非活动状态。

# 第 9 章 协作与管理沟通

在实际项目中，通过 Project Professional 管理项目的整体运作，但如何加强参与项目人员的社交体验以及日常协作，从而提高团队高效完成任务的能力呢？最佳方式是利用 SharePoint 的社交体验来加强日常协作，促进讨论和信息共享，提高团队完成任务的能力，不限于以下益处。

- 搜索：利用 SharePoint 搜索功能快速查找需要的信息，更高效地执行日常工作和项目。
- 共享：利用强大的安全功能共享信息，与值得信赖的业务合作伙伴就项目和日常工作开展协作。
- 新闻源：通过新闻源关注用户、网站、标记和文档，轻松共享并主持团队话题和工作。
- 协作工具（Skype for Business）：通过协作工具在组织内无缝地传输日历、闲/忙状态和容量信息，从而提高可见性。

通过本章的介绍和学习，你可以了解和掌握：

- Project Professional 2016 的基线设定管理
- Project Professional 2016 项目发布
- 项目网站的任务列表视图规划
- 项目网站的栏目规划和使用
- 项目网站中的搜索应用
- 协作工具

## 9.1 Project Professional 2016 的基线设定管理

基线（Baseline）是项目管理中的一个重要概念，当一个（或一组）配置项（比如进度计划、范围、预算等）在项目生命周期的不同时间点上通过正式评审并进入受控状态后，就形成了基线，可以简单理解为：项目最初设定并保存的各类计划、参数，相当于项目的快照。

项目日后的进展应当以基线进行衡量，以评估绩效，基线一旦建立，不可随意更改，其变化需要接受严格的变更控制，项目经理对基线进行规划管理能有效保证项目的合理规划、评估，促进项目严格按照计划完成，以防失控。

Project Professional 2016 中的基线是一组原始的开始日期和完成日期、工期、工时和成本估计值，在用户完成并精确调整项目计划之后、项目正式开始执行前保存这些估计值。估计值是用于衡量项目变化的主要参照点，基线保存有大约 20 多条信息，包括任务、资源和工作分配的汇总信息以及时间分段信息，最多可保存 10 个基线。

以新产品研发为例，保存基线的具体操作步骤如下：

步骤 01 项目负责人/经理打开新产品研发.mpp 文件，单击“项目”选项卡中的“设置基线”，如图 9-1 所示。

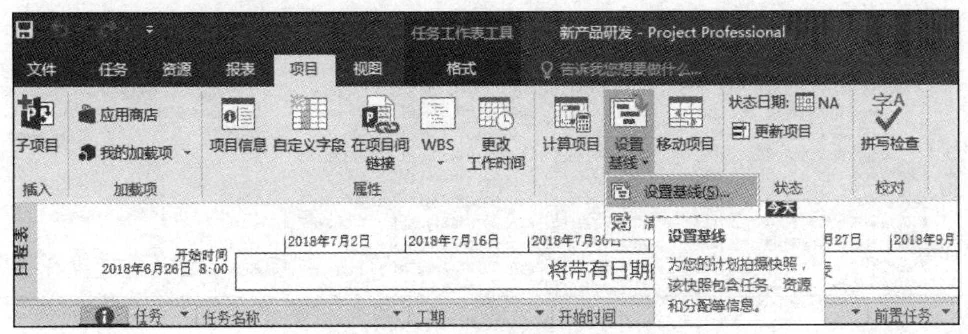


图 9-1　设置基线

步骤 02 在设置基线界面，确定相应信息后设置基线，单击“确定”按钮，如图 9-2 所示。

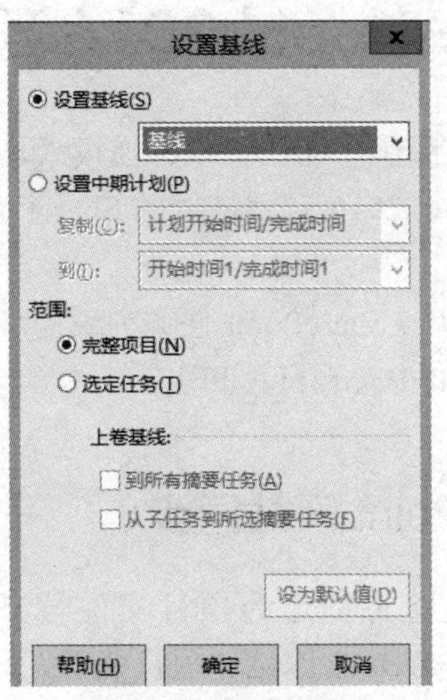


图 9-2　保存基线

以新产品研发为例，查看基线的具体操作步骤如下：

步骤 01 在甘特图视图界面中，单击工具栏“格式”选项卡中的“基线”，如图 9-3 所示。

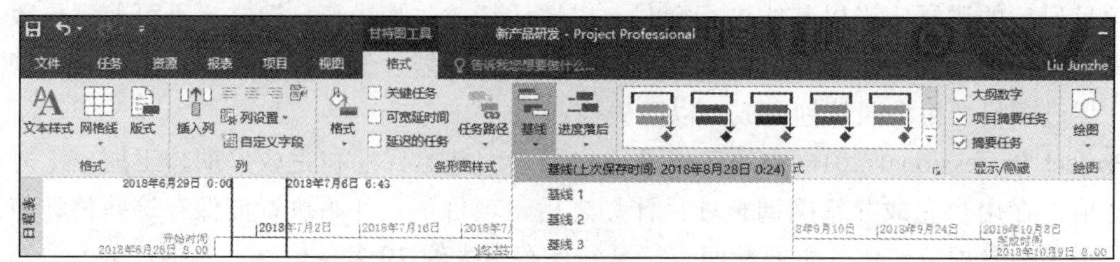


图 9-3 查看基线

步骤 02 用户选择采用对比的基线版本，通常采用“基线”进行对比，从图 9-4 可以看到，灰色横条为当前选择的“基线”时间刻度，蓝色横条为当前的任务时间刻度，代表当前完成任务的情况（可在下载资源中查看）。

| 任务模式 | 任务名称 | 工期 | 开始时间 | 完成时间 | 资源名称 | 完成百分比 |
|---|---|---|---|---|---|---|
| | ◢ 新产品研发 | 75 个工作日 | 2018年6月26日 8: | 2018年10月9日 | | 25% |
| | ◢ 需求分析阶段 | 20 个工作日 | 2018年6月26日 8: | 2018年7月23日 | | 99% |
| | ◢ 需求讨论 | 10 个工作日 | 2018年6月26日 8: | 2018年7月9日 1 | Leo,She | 99% |
| | 第一次需求讨论 | 1 周 | 2018年6月26日 8:0 | 2018年7月3日 8: | Shelley,L | 100% |
| | 第二次需求讨论 | 3 个工作日 | 2018年7月3日 8:00 | 2018年7月5日 17 | Leo,She | 100% |
| | 第三次需求讨论 | 2 个工作日 | 2018年7月6日 8:00 | 2018年7月9日 17 | Leo,She | 100% |
| | 需求分析 | 2 个工作日 | 2018年7月10日 8:0 | 2018年7月11日 1 | 刘恒,刘 | 100% |
| | 需求设计文档 | 4 个工作日 | 2018年7月12日 8:0 | 2018年7月17日 1 | 刘恒,刘 | 100% |
| | 确认需求设计文档 | 4 个工作日 | 2018年7月18日 8:0 | 2018年7月23日 1 | 刘恒,刘 | 100% |
| | 需求分析阶段结束 | 0 个工作日 | 2018年7月23日 8:0 | 2018年7月23日 8 | | 100% |
| | 产品模型设计阶段 | 5 个工作日 | 2018年7月24日 8:0 | 2018年7月28日 1 | 王军 | 100% |
| | 产品研发阶段 | 45 个工作日 | 2018年7月31日 8:0 | 2018年9月29日 1 | Leo,She | 5% |

图 9-4 查看基线的保存效果

# 9.2 Project Professional 2016 项目发布

为了提高项目组成员之间的协作，优化管理沟通模式，需要将 Project Professional 2016 定义的项目发布到在 Project Server 2016 管理链接的 SharePoint 网站中，以提高团队的社交体验和日常工作协调。

Project Professional 2016 可以与 SharePoint 任务列表同步，而无须使用 Project Web App，项目工作组成员可以在 SharePoint 中查看日程和更新。

## 9.2.1 与新建的 SharePoint 网站同步

如果项目负责人/经理并没有将特定的项目文件与 SharePoint 网站建立链接，并且 SharePoint 端也没有新建对应名称的项目网站，项目负责人/经理可以通过 Project Professional 2016 同步的方式将项目文件信息同步到与 Project Server 2016 关联的自动新建的 SharePoint 网站中。以新产品研发为例，具体操作步骤如下：

步骤 01 打开“新产品研发.mpp”文件，单击“文件”→“另存为”，如图 9-5 所示。

图 9-5 另存为

步骤 02 在“另存为”界面，在“与下列对象同步”下拉菜单中选择“新建 SharePoint 网站”，项目名称为“新产品研发”，网站地址为 PWA 服务器地址，单击“保存”按钮，如图 9-6 所示。

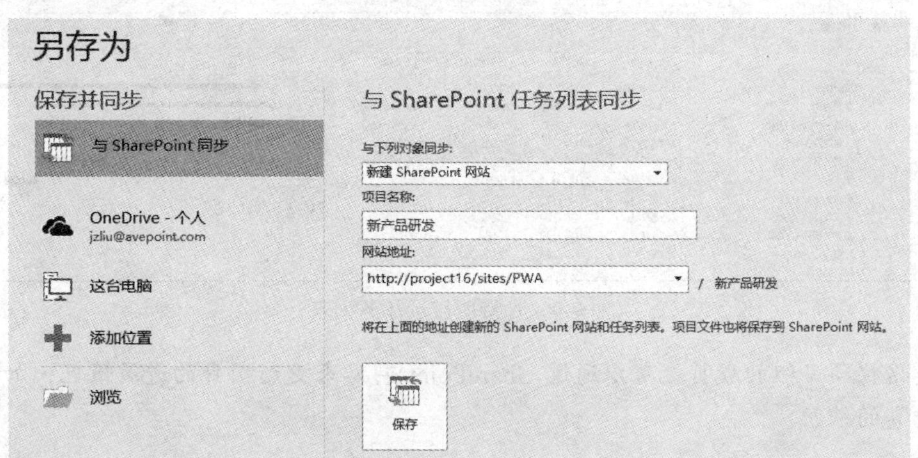


图 9-6 输入同步信息

步骤 03 弹出“与任务列表同步”对话框，如图 9-7 所示。

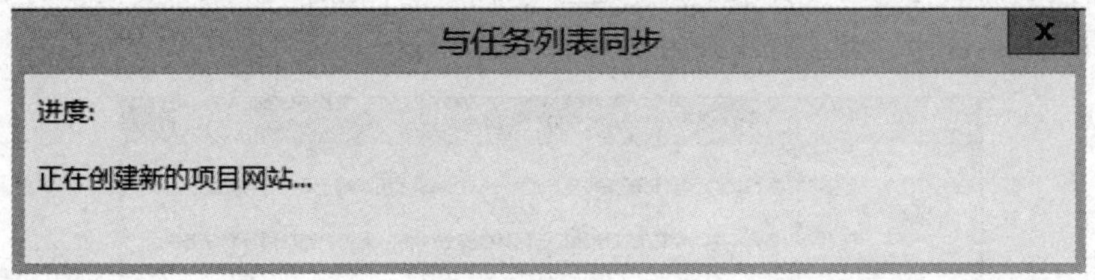


图 9-7 新建项目网站

步骤 04 同步完成后，自动跳转到项目网站的主页面，如图 9-8 所示。

图 9-8 新产品研发的网站主页面

**步骤 05** 单击左侧导航中的任务，并以“甘特图”视图显示任务列表，与 Project Professional 显示的内容基本一致，如图 9-9 所示（可在下载资源中查看）。

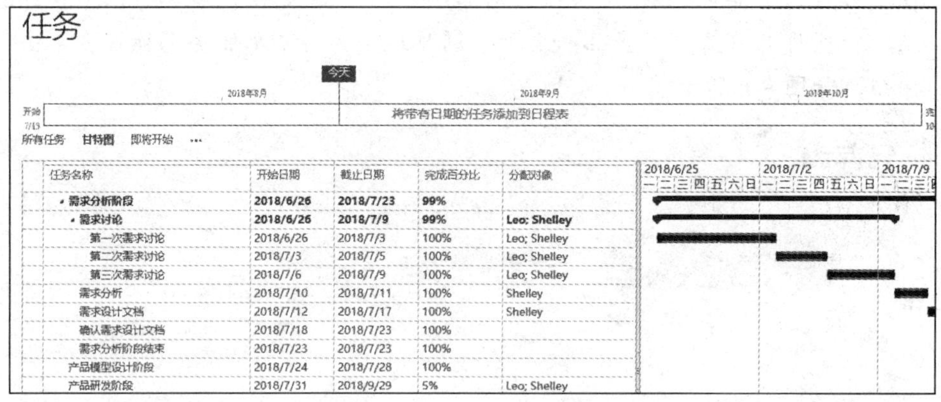


| 任务名称 | 开始日期 | 截止日期 | 完成百分比 | 分配对象 |
|---|---|---|---|---|
| 需求分析阶段 | 2018/6/26 | 2018/7/23 | 99% | |
| 需求讨论 | 2018/6/26 | 2018/7/9 | 99% | Leo; Shelley |
| 第一次需求讨论 | 2018/6/26 | 2018/7/3 | 100% | Leo; Shelley |
| 第二次需求讨论 | 2018/7/3 | 2018/7/5 | 100% | Leo; Shelley |
| 第三次需求讨论 | 2018/7/6 | 2018/7/9 | 100% | Leo; Shelley |
| 需求分析 | 2018/7/10 | 2018/7/11 | 100% | Shelley |
| 需求设计文档 | 2018/7/12 | 2018/7/17 | 100% | Shelley |
| 确认需求设计文档 | 2018/7/18 | 2018/7/23 | 100% | |
| 需求分析阶段结束 | 2018/7/23 | 2018/7/23 | 100% | |
| 产品模型设计阶段 | 2018/7/24 | 2018/7/28 | 100% | |
| 产品研发阶段 | 2018/7/31 | 2018/9/29 | 5% | Leo; Shelley |

图 9-9 甘特图显示任务列表

**步骤 06** 这样项目组的成员就可以通过 SharePoint 网站来更新项目的进展情况，加强协作信息的维护。

**说 明**

将 Project Professional 规划的项目完全同步到 Project Server 中，需要提前在 Project Server 所隶属的域控的活动目录中新建这些资源信息，否则，如果需要同步的资源不存在于 Project Server 中，就会弹出如图 9-10 所示的提示。

Microsoft Project

无法将资源 "刘恒" 同步到任务列表，因为 SharePoint 服务器上不存在该资源。

在 SharePoint 中不存在的该资源和任何其他资源，将分配到您的项目计划任务中。

确定

图 9-10 资源验证提示

### 9.2.2 与现有的 SharePoint 网站同步

若项目已经与 SharePoint 网站进行了首次同步，项目负责人/经理在 Project Professional 2016 中根据项目实际情况做了信息的微调，需要重新更新到 Project Server 中，则可以通过与现有的 SharePoint 网站同步的方式来更新内容，具体操作步骤如下：

步骤 01 打开“新产品研发.mpp”文件，单击“文件”→“另存为”，在“另存为”界面，在“与下列对象同步”下拉菜单中选择“现有的 SharePoint 网站”，在网站地址中输入目标网站地址，单击“验证网站”按钮，如图 9-11 所示。

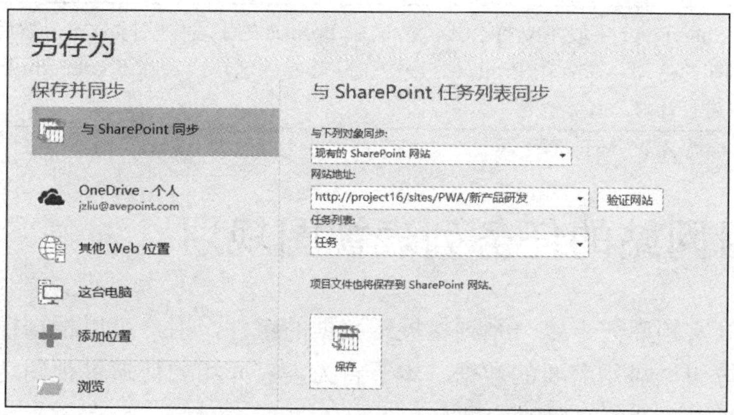


图 9-11 输入同步信息并验证网站

步骤 02 在任务列表框中，选择要与项目同步的任务列表名称“新产品研发任务分配”，单击“保存”按钮，如图 9-12 所示。

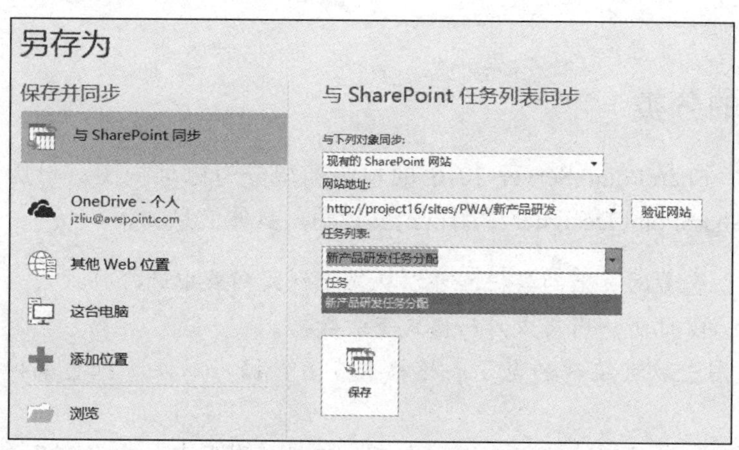


图 9-12 任务列表

| 说 明 |
| --- |
| 表 9-1 包含可能阻止 Project 任务与 SharePoint 任务列表同步的情况。 |

表 9-1　阻止 Project 任务与 SharePoint 任务列表同步的信息

| 问题 | 说明 |
| --- | --- |
| 任务同步限制 | 不建议同步超过 1000 项任务。如果你想要同步超过 1000 项任务，可考虑将项目分解为多个项目，然后分别同步这些项目 |
| SharePoint 必填字段 | 若项目计划不包含 SharePoint 中的必填字段，则该计划无法同步。添加必填字段作为 Project 中的自定义字段 |
|  | 注意，在 SharePoint 中，必填的字段可以有所不同，具体取决于组织如何设置任务列表。如果不确定哪些字段是必需的，请尝试到 SharePoint 网站上的任务列表中添加任务。必填的字段标有星号（*） |
| 项目字段包含一个公式 | SharePoint 字段不支持公式，尝试从 Project 的字段中去除公式，然后重新同步，比如工期的处理，需要在 Project 字段中去除公式处理，或者在 SharePoint 字段中利用计算重新进行计算 |

## 9.3　项目网站的任务列表视图规划

视图是列表（文档库）下以一系列栏展示数据的组件，用户可以根据视图中栏的信息进行排序、筛选、分组以显示需要的数据。本节将为大家介绍如何通过视图功能高效快速地提炼出用户或者项目负责人所需要的信息：

- 视图的分类
- 视图的创建
- 视图的管理

### 9.3.1　视图的分类

默认情况下，SharePoint Server 2016 的视图类型分为标准视图、日历视图、数据表视图、甘特视图、SharePoint Designer 中的自定义视图，具体信息如下。

- 标准视图：查看网页上的数据，可以从显示样式列表中选择样式。
- 日历视图：以日历、周历或月历格式查看数据。
- 数据表视图：以可编辑的电子表格格式查看数据，以便于批量编辑和快速自定义项目。
- 甘特视图：以甘特图的格式查看列表项，可以从图形表示中了解各个时间工作组任务之间的关系。
- SharePoint Designer 中的自定义视图：启动 SharePoint Designer，以使用条件格式等功能为列表创建新视图。

## 9.3.2　视图的创建

用户可以采用新建视图或者基于现有视图创建两种方式来创建视图，本节以标准视图为例分别介绍一下两种创建方式。

新建视图的具体操作步骤如下：

步骤 01　进入任务列表界面，单击列表工具栏中的“创建视图”，如图 9-13 所示。

图 9-13　创建视图

步骤 02　以“标准视图”为例，在创建视图界面填写如下信息。

- 名称：视图名称，尽量使用描述性的名称，这样网站访问者可以在查看视图时方便地知道将要显示出什么结果。
- 访问群体：
  - ◆ 个人视图：仅供创建视图的人使用。
  - ◆ 公共视图：使用网站的任何用户都可访问公共视图。
- 栏：选中或清除希望在该视图中显示或隐藏的栏，如果要指定各栏的顺序，需要在“位置”框中编辑数字。
- 排序：根据栏的信息情况以升序或者降序显示项目。
- 筛选：根据栏以及筛选条件来显示项目。如果基于当前日期或网站上的当前用户来筛选栏，需要输入[今日]或[本人]作为栏值。
- 表格视图：指定是否应为每一行提供单个复选框。这些复选框允许用户选择多个列表项，从而执行批量操作。
- 分组依据：根据选择栏以确定该视图中的项目所显示的组或子组。
- 汇总：根据选择的栏进行汇总数量计算。
- 样式：为视图选择样式，比如“基本表格”“框式”“无标签”“新闻稿”等。
- 文件夹：指定是否以文件夹分级的形式查看项目。
- 项目限制：使用项目限制可限制返回的项目数。用户可以将其设为绝对限制，或允许用户分批查看列表中的所有项目，一次查看指定数目的项目，默认显示的项目数为 30，超过数量后会进行分页显示。
- 手机或其他移动设备：调整视图以适用于手机或其他移动设备。

本示例以用户 Shelley 创建个人视图为例，其他设置为默认值，单击“确定”按钮，如图

9-14 所示。

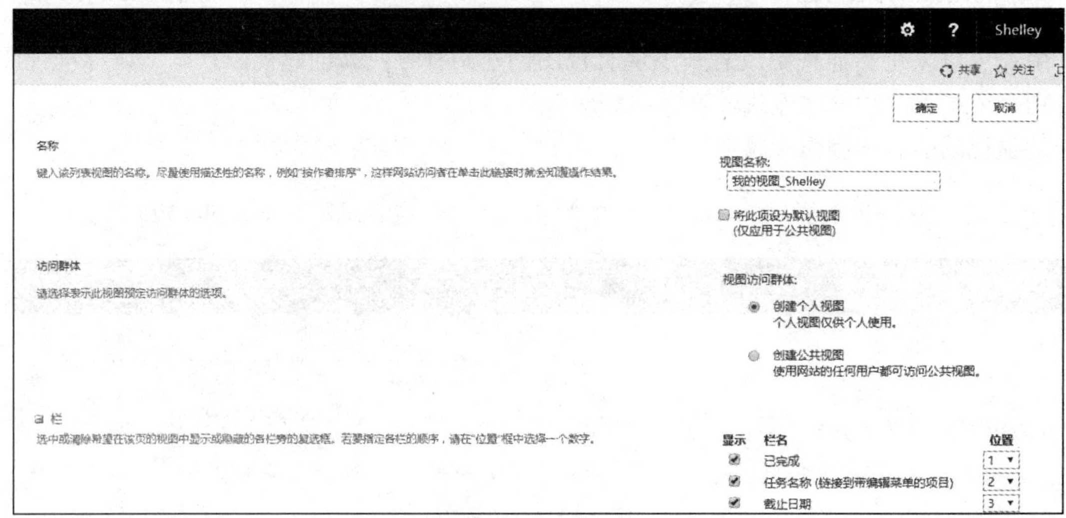


图 9-14　个人视图

步骤 03　域用户管理员（系统账户）访问列表，没有看到用户 Shelley 创建的个人视图，如图 9-15 所示。

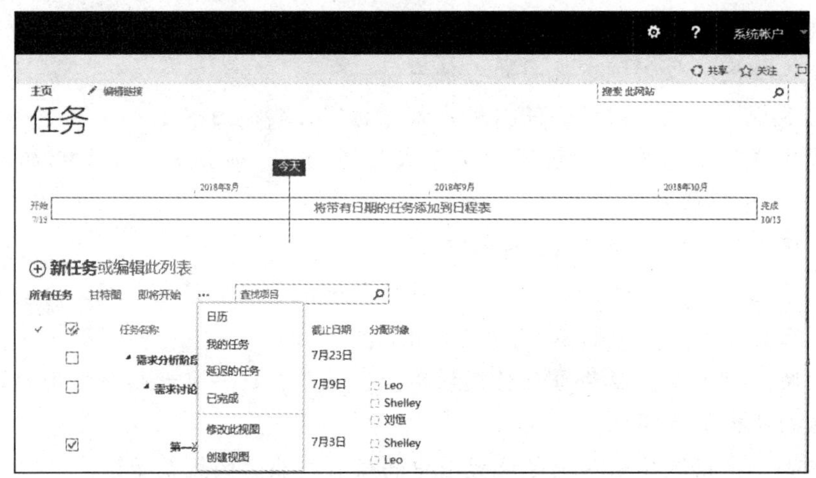


图 9-15　没有看到其他用户的个人视图

## 9.3.3　视图的管理

用户利用列表（文档库）管理企业数据时，随着时间的流逝，数据日积月累。久而久之，用户在查找数据时，面对大量的数据，默认情况下，很难在第一时间内锁定自己要找的项目（文档），如何来帮助用户解决所面临的困境呢？比较常见的解决方案是利用视图中的设置（比如排序、分组依据、筛选等设置）组合来满足用户的需求。

**示例 1：**

需求：9.3.2 节中新建的个人视图，需要将委派给用户自己的任务过滤显示在视图中，其他人的任务不需要显示，这样方便用户更新自己所负责的任务状态和进度。

解决方案：利用视图的过滤设置来实现需求。

具体操作步骤如下：

步骤 01 Shelley 账户访问任务列表，单击工具栏中的“修改视图”，如图 9-16 所示。

图 9-16　修改视图

步骤 02 在修改视图界面，在筛选设置中，选择“只有在以下条件为真时才显示项目”，“栏”选择“分配对象”，条件是“大于或等于”[Me]，单击“确定”按钮，如图 9-17 所示。

筛选

在此视图中显示所有项目，或使用筛选器显示项目的子集。若要基于当前日期或网站上的当前用户来筛选栏，请键入[今日]或[本人]作为栏值。请在第一个语句中使用索引栏，以便加快视图的显示速度。针对包含有 5,000 条以上项目的列表来说，筛选器非常有用，它可以帮助您高效地使用大型列表。了解如何筛选项目。

显示此视图中的所有项目

只有在以下条件为真时才显示项目:

栏

分配对象

大于或等于

[Me]

与　或

栏

无

等于

图 9-17　设置筛选条件

步骤 03 保存成功后，返回“我的视图_Shelley”界面可以看到资源分配包含 Shelley 的任务，如图 9-18 所示。

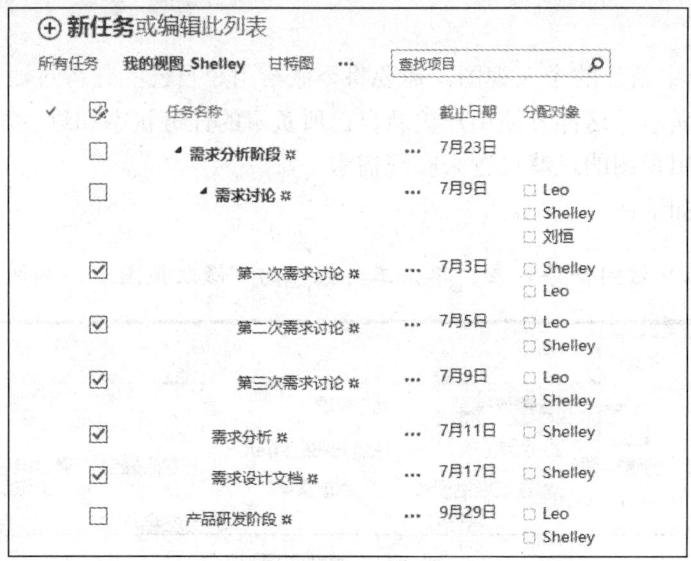


图 9-18　显示分配对象包含 Shelley 的任务列表

**示例 2：**

需求：9.3.2 节中新建的个人视图中，需要显示出任务完成的百分比状态，这样方便用户更新自己所负责的任务状态和进度。

解决方案：在视图中显示任务百分比栏目。

具体操作步骤如下：

步骤 01　Shelley 账户访问任务列表，单击工具栏中的“修改视图”，在修改视图界面，栏设置中，勾选“完成百分比”，单击“确定”按钮，如图 9-19 所示。

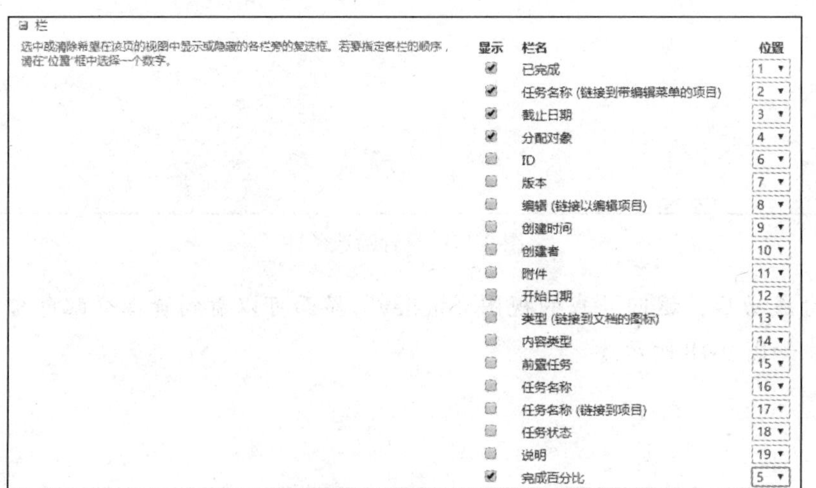


图 9-19　完成百分比

步骤 02　保存成功后，返回“我的视图_Shelley”界面，可以看到每项任务完成的百分比，如图 9-20 所示。

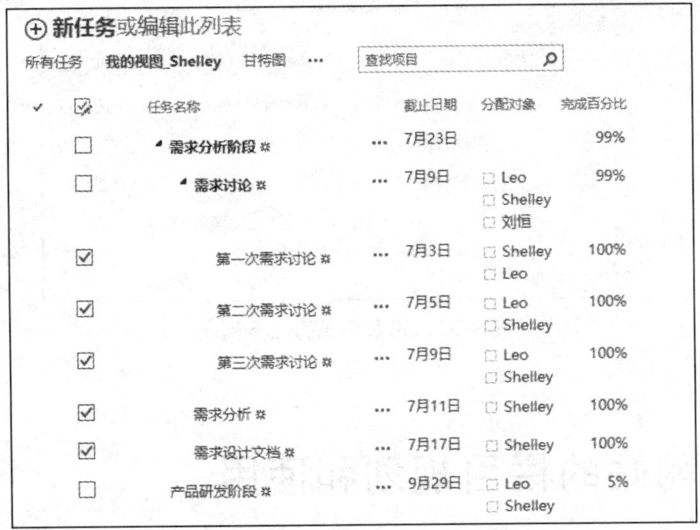


图 9-20　任务完成的百分比

**示例 3：**

需求：9.3.2 节中新建的个人视图中，需要将 100%完成的任务隐藏，这样方便用户更新自己所负责的未完成的任务状态和进度。

解决方案：利用视图的过滤设置来实现需求。

具体操作步骤如下：

步骤 01 Shelley 账户访问任务列表，单击工具栏中的“修改视图”，在筛选设置界面，设置如图 9-21 所示的两层筛选条件，并且两个筛选条件是“与”的关系。

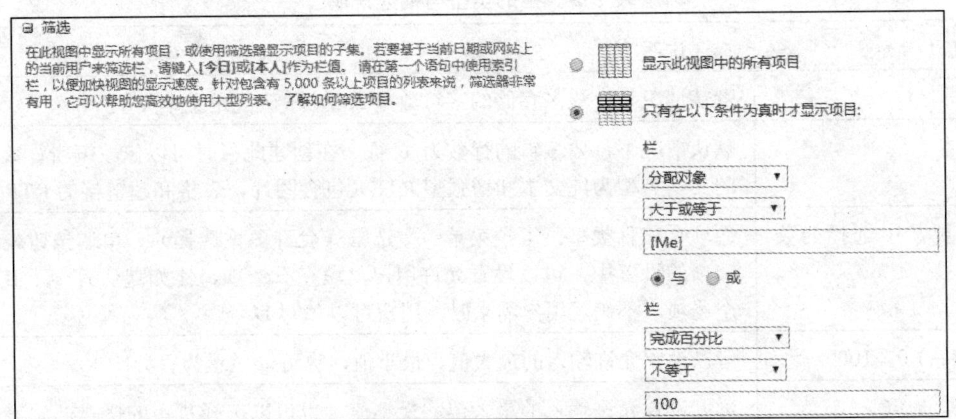


图 9-21　两个筛选条件设置

步骤 02 返回“我的视图_Shelley”界面，可以看到显示的分配对象包含 Shelley，并且任务完成百分比不包含 100%的所有任务，如图 9-22 所示。

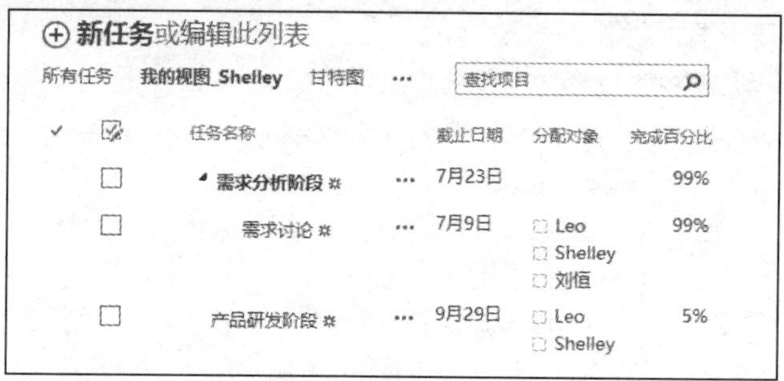


图 9-22　尚未完成的任务列表

# 9.4　项目网站的栏目规划和使用

栏的创建有助于用户对信息进行快速采集、跟踪以及分类查看等，当默认的栏无法满足需求时，用户可以通过自定义栏的方式来完成。

栏用于定义与内容类型、列表或库关联的属性，级别分为列表级别和网站级别，并且根据级别的不同，栏的类型和管理也不同。本节将详细介绍栏的类型和管理。

## 9.4.1　栏的类型

列表栏默认有 14 种类型，表 9-2 所示为栏的类型与相关描述。

**表 9-2　栏的类型与描述说明**

| 类型 | 描述说明 |
| --- | --- |
| 单行文本 | 默认情况下，最多存储的字符数是 255，默认值是文本类型 |
| 多行文本 | 默认情况下，要编辑的行数为 6 行，在创建此栏时可以修改编辑行数，指定的文本类型为纯文本和增强型 RTF（包含图片、表格和超链接的 RTF） |
| 选项（要从中选择的菜单） | 选项有三种类型：下拉菜单、复选框（允许多重选择）、单选按钮。注意，选项的设置中，可以设置允许用户“填充”选项，比如默认有 A、B、C 三个选项，不满足用户需求时，用户可以填写 D |
| 数字（1、1.0、100） | 可以设置允许输入的最大值、最小值，也可以显示为百分比 |
| 货币（$、¥、€） | 可以设置允许输入的最大值、最小值，也可以选择货币的格式，如美元、英镑、人民币等 |
| 日期和时间 | 可以设置日期和时间的显示格式（仅日期还是日期和时间），也可以设置日期的默认初始值 |
| 查阅项（此网站已有的信息） | 此栏的值来源于网站内已有的信息，可以允许多值显示 |
| 是/否（复选框） | 默认值是“是” |

（续表）

| 类型 | 描述说明 |
|---|---|
| 用户或用户组 | 默认会从 SharePoint 的“所有用户”中选择，可以修改这个设置，从 SharePoint 用户组中获取对象。默认情况下只允许选择人员，如果用户想填写用户组，需要在“允许选择”处更换为“人员和组” |
| 超链接或图片 | 默认情况下，URL 格式显示为超链接，也可以更换为图片 |
| 计算值（基于其他栏的计算） | 在其他栏的基础上按照正则表达公式计算出结果，公式返回的数据类型包括单行文本、数字、货币、日期和时间、是与否 |
| 任务结果 | 类似选项栏 |
| 外部数据 | 从外部内容类型中获取数据来显示字段 |
| 托管元数据 | 从托管术语集中选择合适的术语作为数值，可以选择多值或者“填充”数值 |

### 1. 网站栏

用户可以在“根网站”“子网站”以及“列表文档库”3 个层级进行新建栏的操作，但在不同层级下新建的栏可指定给列表（文档库）使用的范围有所不同，如图 9-23 所示。

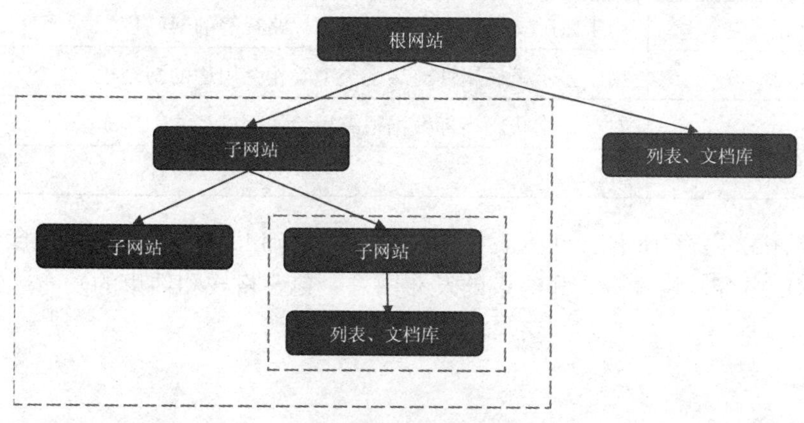


图 9-23　栏的架构图

从上述网站栏的影响范围可以看出：

- 根网站　此层级下新建的栏可指定给所有网站集中的列表（文档库）使用。
- 子网站　此层级下新建的栏可指定该网站及其下所有子网站的列表（文档库）使用。
- 列表（文档库）　此层级下新建的栏仅供新建此栏的列表（文档库）使用。

**说　明**

网站栏具有继承性，当列表（文档库）使用父级别（根网站或者子网站）已存在的栏时，此栏是从父级别复制一份存储到该列表（文档库）中的，当父级别修改此栏的设置时，子级别列表（文档库）会随着一起发生更改，但当子级别列表（文档库）修改此栏的相关设置时，父级别（根网站或者子网站）不会随着变化。

在根网站中已经默认预先创建了许多网站栏，同时将其内置的网站栏按照不同的需求做了分类，如表 9-3 所示。

表 9-3　网站栏分类

| 网站栏分类 | 所包含的很有用途的网站栏 |
|---|---|
| JavaScript 显示模板列 | 对于 JavaScript 显示模板很有用途的网站栏 |
| 报告 | 对于报告的创建很有用途的网站栏 |
| 核心联系人和日历栏 | 对于联系人与日历列表较为有用的网站栏，这些栏通常用来同步处理 Microsoft Outlook 客户端联系人以及日历程序的中间数据 |
| 核心任务和问题栏 | 对于显示任务和问题状态数据很有用途的网站栏 |
| 核心文档栏 | Microsoft Office 核心属性集及标准文件网站栏 |
| 基本栏 | 对于许多类型的列表或者文档库有很有用途的网站栏 |
| 扩展栏 | 用途非常特殊的一组网站栏 |
| 内容反馈 | 用于显示内容用途等级的网站栏 |
| 企业关键字组 | 用于显示企业内部关键字的网站栏 |
| 文档和记录管理栏 | 用于跟踪文档状态信息以及目标路径等的网站栏 |
| 显示模板列 | 用于显示模板属性、级别类型等相关用途的网站栏 |
| 状态指标 | 对于显示状态指标数据很有用途的网站栏 |
| 自定义栏 | |

默认的网站栏类型有 18 种，在列表级别栏类型的基础上增加了 4 种：包含格式和约束的完整发布 HTML 内容、包含格式和约束的发布图像、包含格式和约束的发布超链接、摘要链接数据。

### 9.4.2　栏的管理

栏的管理包括对栏的创建、更改栏设置、删除等。本节将以示例的形式分别介绍列表级别和网站级别栏的创建以及继承关系管理。

**示例 1：**

需求：新产品研发的任务列表中列出了每项任务的起始时间和结束时间，由于项目统计需要，要求自动计算出每个任务的对应工期。

解决方案：在任务列表中，新建计算列，公式为计算列=截止时间–开始时间

具体操作步骤如下：

步骤 01　访问新产品研发的任务列表，单击列表工具栏中的“列表设置”，如图 9-24 所示。

步骤 02　在列表设置界面中，在栏的设置处单击“创建栏”，如图 9-25 所示。

SharePoint
Shelley
浏览 任务 列表
共享 关注
视图 快速编辑 创建视图
当前视图:
所有任务
当前页
标签和备注
通过电子邮件发送链接
RSS 源
使用 Project 打开
连接到 Outlook
导出到 Excel
自定义列表 列表设置
视图格式 管理视图 标签和备注 共享和跟踪 连接和导出 设置

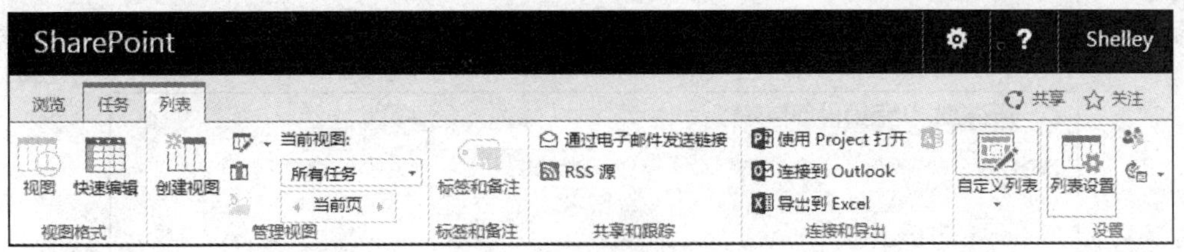

图 9-24 列表设置

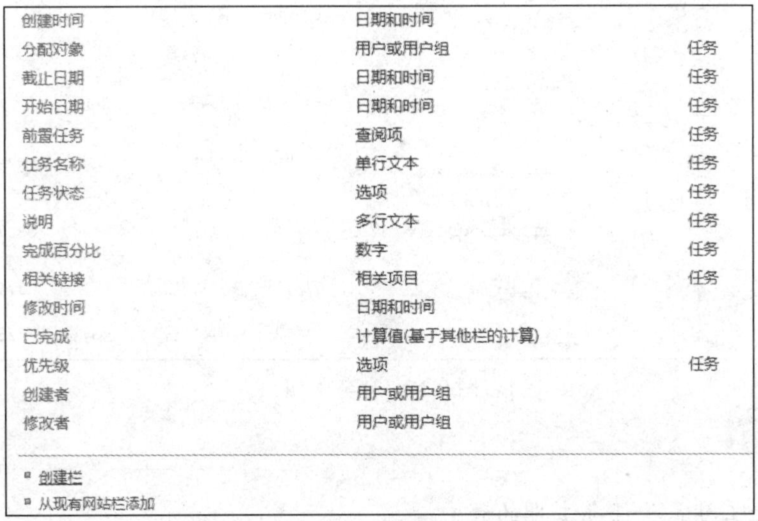
创建时间 日期和时间
分配对象 用户或用户组 任务
截止日期 日期和时间 任务
开始日期 日期和时间 任务
前置任务 查阅项 任务
任务名称 单行文本 任务
任务状态 选项 任务
说明 多行文本 任务
完成百分比 数字 任务
相关链接 相关项目 任务
修改时间 日期和时间
已完成 计算值(基于其他栏的计算)
优先级 选项 任务
创建者 用户或用户组
修改者 用户或用户组
创建栏
从现有网站栏添加

图 9-25 创建栏

步骤 03 在名称和类型界面，此栏中的信息类型为：计算值，公式：=[截止日期]–[开始日期]，输入栏名：工期，单击“确定”按钮，如图 9-26 所示。

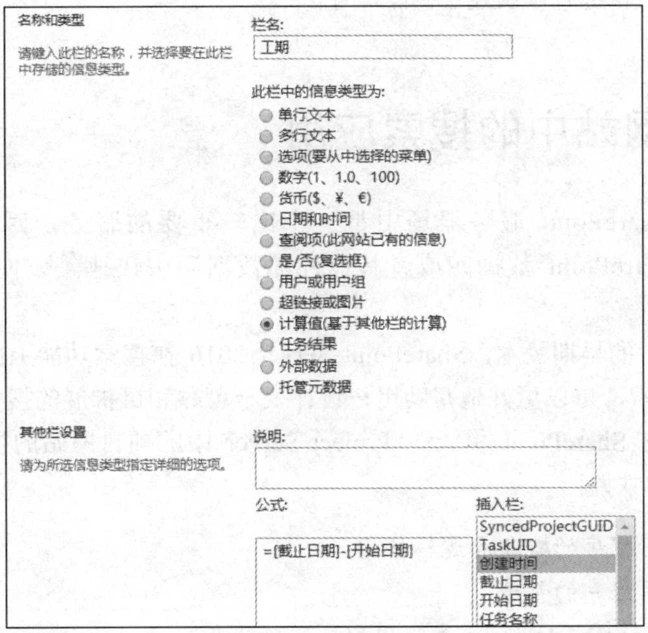
名称和类型
请键入此栏的名称，并选择要在此栏中存储的信息类型。
栏名:
工期
此栏中的信息类型为:
单行文本
多行文本
选项(要从中选择的菜单)
数字(1、1.0、100)
货币($、¥、€)
日期和时间
查阅项(此网站已有的信息)
是/否(复选框)
用户或用户组
超链接或图片
计算值(基于其他栏的计算)
任务结果
外部数据
托管元数据
其他栏设置
请为所选信息类型指定详细的选项。
说明:
公式:
=[截止日期]-[开始日期]
插入栏:
SyncedProjectGUID
TaskUID
创建时间
截止日期
开始日期
任务名称

图 9-26 “工期”栏设置

步骤 04　返回任务列表界面，可以看到每项任务的工期均自动标示出来，如图 9-27 所示。

⊕ 新任务或编辑此列表

所有任务　我的视图_Shelley　甘特图　…　查找项目

| ✓ | | 任务名称 | | 开始日期 | 截止日期 | 分配对象 | 工期 |
|---|---|---|---|---|---|---|---|
| | ☐ | ◢ 需求分析阶段 | … | 6月26日 | 7月23日 | | 27.375 |
| | ☐ | ◢ 需求讨论 | … | 6月26日 | 7月9日 | Leo<br>Shelley<br>刘恒 | 13 |
| | ☑ | 第一次需求讨论 | … | 6月26日 | 7月3日 | Shelley<br>Leo | 7 |
| | ☑ | 第二次需求讨论 | … | 7月3日 | 7月5日 | Leo<br>Shelley | 2.375 |
| | ☑ | 第三次需求讨论 | … | 7月6日 | 7月9日 | Leo<br>Shelley | 3.375 |
| | ☑ | 需求分析 | … | 7月10日 | 7月11日 | Shelley | 1.375 |
| | ☑ | 需求设计文档 | … | 7月12日 | 7月17日 | Shelley | 5.375 |

图 9-27　任务工期

**说明：**

- 主任务的工期是子任务工期的和。
- 该示例是以列表栏来实现的，如果自定义的栏针对整个网站的多个列表或者库使用，可以考虑在网站级别新建栏，应用到具体的列表或者库中。
- 如果默认列表或库的栏多余，需要删除或者更改所需要的栏名称，只需要在列表设置中选择特定的栏进行修改或者删除即可。

## 9.5　项目网站中的搜索应用

搜索功能在 SharePoint 服务器场中是一个比较重要的服务，因为它可以让用户在 SharePoint 端从 SharePoint 数据库或者其他外部数据源中快速、方便地获取所需要的内容。

相比 SharePoint 的早期版本，SharePoint Server 2016 在搜索功能上做了很大改进，支持 SharePoint 云混合搜索，可以更好地帮助用户设计安全可靠和可扩展的搜索解决方案。

本节将重点介绍 SharePoint 集成的 Project Server 中的项目网站的搜索。通过本节的讲解，用户可以了解和掌握：

- 搜索服务应用程序的概述和逻辑结构
- 搜索服务应用程序的管理
- 查询并更改 Search Service 服务应用程序池的状态

- 委派搜索服务应用程序的管理
- 搜索服务应用程序的配置

### 9.5.1 搜索服务应用程序的概述和逻辑结构

搜索体系结构包含搜索组件和数据库，搜索组件分为爬网组件、内容处理组件、分析处理组件、索引组件、查询处理组件和搜索管理组件，数据库分为爬网数据库、链接数据库、分析报告数据库和搜索管理数据库，每个组件和数据库对应的任务如下。

搜索组件：

- 爬网组件　对内容源进行爬网，可从已爬网项目中收集爬网属性和元数据，并将此信息发送给内容处理组件。
- 内容处理组件　转换已爬网项目并将其发送到索引组件，此组件还会将已爬网属性映射到托管属性。
- 分析处理组件 执行搜索分析和使用情况分析。
- 索引组件　从内容处理组件中搜索已处理的项目并将其写入搜索索引，此组件还可以处理传入查询、从搜索索引中检索信息并将结果集发送回查询处理组件。
- 查询处理组件　分析传入查询，将查询发送到索引组件，该组件将为查询返回一组搜索结果。
- 搜索管理组件 运行搜索的系统进程，添加并初始化搜索组件的新实例。

搜索数据库：

- 爬网数据库：存储跟踪信息和有关已爬网项目（如文档和 URL）的历史信息，还将存储上一次爬网时间、上一次爬网 ID 和上一次爬网期间的更新类型（添加、修改、删除）等信息。
- 链接数据库：存储由内容处理组件提取的未处理信息和有关搜索、单击的信息，分析处理组件将分析此信息。
- 分析报告数据库：存储使用情况分析的结果。
- 搜索管理数据库：存储搜索配置数据。

搜索逻辑结构图如图 9-28 所示。

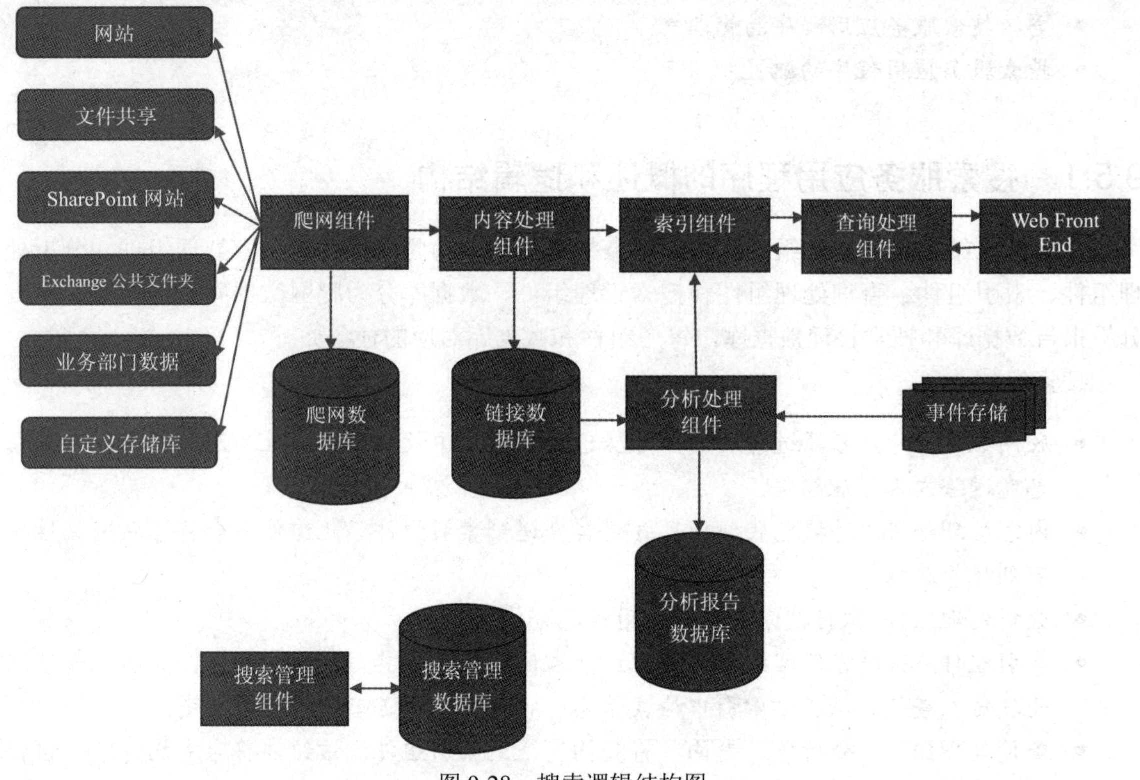


图 9-28　搜索逻辑结构图

## 9.5.2　搜索服务应用程序的管理

如果用户要创建搜索服务应用程序，需要保证用户为：

- SharePoint 管理中心网站的 Administrators 组的成员。

创建搜索服务应用程序的具体操作步骤如下：

步骤 01　访问 SharePoint 管理中心，进入管理服务应用程序界面，在服务应用程序工具栏中，展开“新建”下拉菜单并单击“Search Service Application”，如图 9-29 所示。

图 9-29　单击 Search Service Application

步骤 02　在新建 Search Service Application 界面，输入如下信息。

- 名称：输入服务应用程序名称。
- 搜索服务应用程序类型：云搜索服务应用程

序，可以对云混合搜索解决方案中的本地内容进行爬网。

- 搜索服务账户：SharePoint Server 搜索服务的 Windows 账户。此设置将影响服务器场中的所有 Search Service 应用程序。

本示例输入信息如图 9-30 所示。

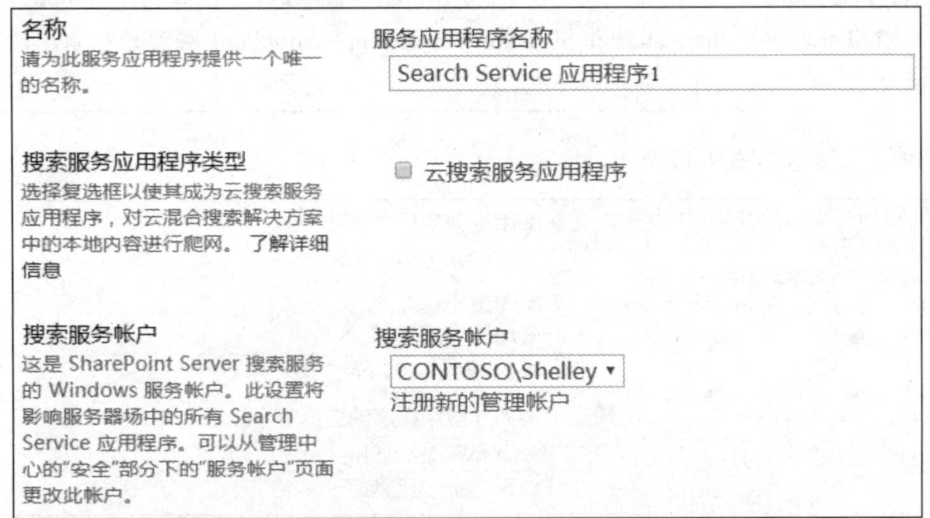


图 9-30　服务名称和账户

- Search Administration Web Service 的应用程序池：选择要运行 Web 服务的应用程序池，如果选择"新建应用程序池"，就需要配置运行应用程序池的安全账户。

本示例输入信息如图 9-31 所示。

图 9-31　Search Administration Web Service 的应用程序池

- 搜索查询和网站设置 Web 服务的应用程序池：选择要运行搜索查询和网站设置 Web 服务的应用程序池，如果选择"新建应用程序池"，就需要配置运行应用程序池的安全账户。

**注 意**

Search Administration Web Service 的应用程序池与搜索查询和网站设置 Web 服务的应用程序池不能使用一个，否则在创建的时候会提示：用户界面中发生未处理的异常。异常信息：名为“SharePoint Web Services”的父级 Microsoft.SharePoint.Administration.SPIisWebServiceSettings 下已存在名为“Search Service 应用程序_Training”的 Microsoft.SharePoint.Administration.SPIisWebServiceApplicationPool 类型的对象。请重命名你的对象，或删除现有对象。

本示例输入信息如图 9-32 所示。

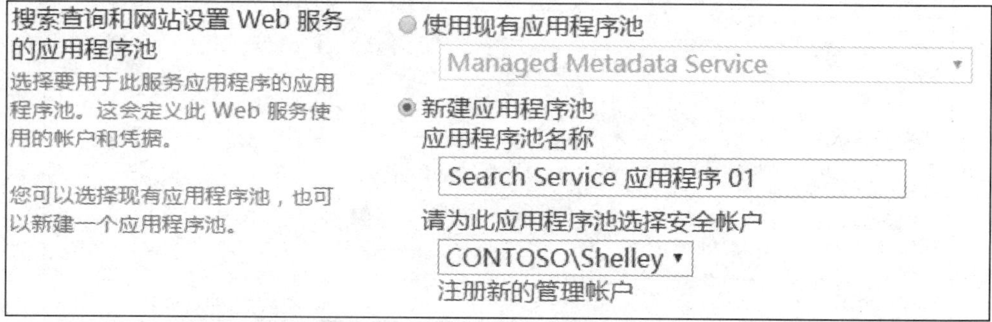


图 9-32 搜索查询和网站设置 Web 服务的应用程序池

步骤 03 创建完成之后，自动弹出新建 Search Service Application 界面，单击“确定”按钮，如图 9-33 所示。

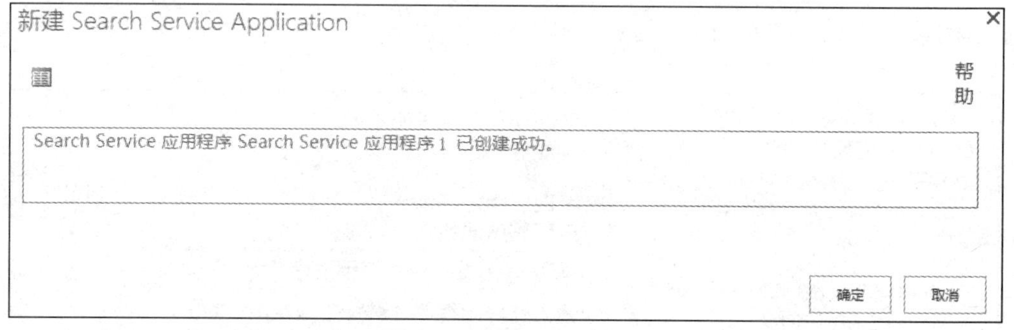


图 9-33 创建完成界面

步骤 04 在管理服务应用程序界面，可以看到新建的 Search Service 应用程序 1，如图 9-34 所示。

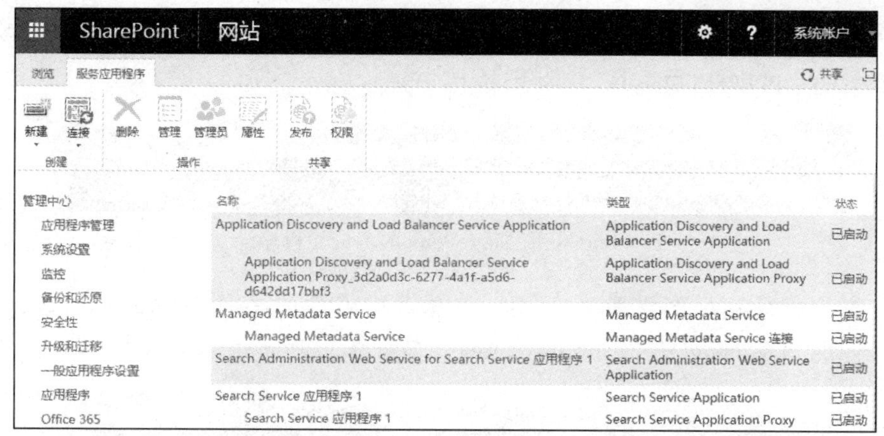


图 9-34 新建的 Search Service 应用程序 1

## 9.5.3 查询并更改 Search Service 服务应用程序池的状态

很多时候，服务器场管理员在管理服务应用程序的时候，都会面临需要更改服务应用程序池的状态或者删除服务应用程序池的问题。比如，服务不运行了，需要到 IIS 管理器的应用程序池中查看应用程序池的状态是否停止了或者重新启动一下应用程序池，进入 IIS 管理器的应用程序池界面，却无法判断哪个是目标应用程序池，如何解决这个问题呢？比如，在创建 Search Service 时，Search Administration Web Service 的应用程序池与搜索查询和网站设置 Web 服务的应用程序池不能使用一个，否则在创建的时候会提示：用户界面中发生未处理的异常，这种情况下，Search Administration Web Service 的应用程序池已经创建完成，但在 IIS 管理器中无法显示，那么服务器场管理员该如何删除此冗余的应用程序池呢？本节会结合上述两个示例具体介绍操作步骤。

查询并重启 Search Service 所关联的应用程序池的具体操作步骤如下：

步骤 01 在 Search Service 属性界面，查看该 Search Service 关联的应用程序池的名称，如图 9-35 所示。

Search Administration Web Service 的应用程序池
选择要用于此服务应用程序的应用程序池。这会定义此 Web 服务使用的帐户和凭据。
您可以选择现有应用程序池，也可以新建一个应用程序池。
使用现有应用程序池
Search Service 应用程序 1
新建应用程序池
应用程序池名称
请为此应用程序池选择安全帐户
CONTOSO\Justin
注册新的管理帐户
搜索查询和网站设置 Web 服务的应用程序池
选择要用于此服务应用程序的应用程序池。这会定义此 Web 服务使用的帐户和凭据。
您可以选择现有应用程序池，也可
使用现有应用程序池
Search Service 应用程序 11
新建应用程序池
应用程序池名称

图 9-35 查看现有应用程序池

步骤 02 以管理员身份运行 SharePoint 2016 命令行管理程序，输入命令：$pools=get-spserviceapplicationpool，如图 9-36 所示。

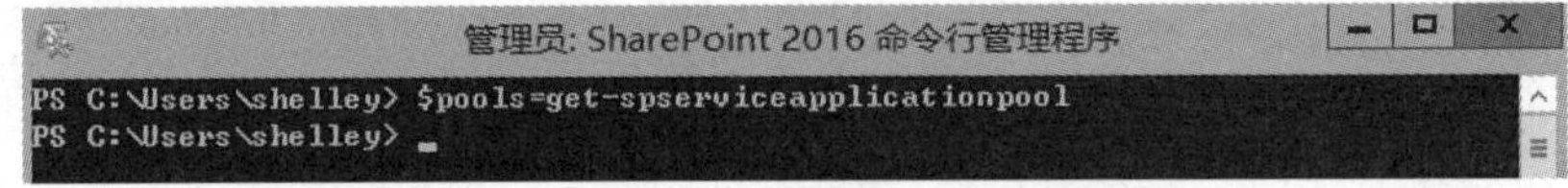


图 9-36 获取 SharePoint 服务应用程序池

步骤 03 输入命令获取应用程序池在 IIS 管理器中显示的名称：foreach($pools in $pools){$pools.id.tostring()+""+$pools.name}，如图 9-37 所示。

```
管理员: SharePoint 2016 命令行管理程序
PS C:\Users\shelley> $pools=get-spserviceapplicationpool
PS C:\Users\shelley> foreach($pools in $pools){$pools.id.tostring()+" "+$pools.name}
330717b6-dbb9-47d3-a39e-375f0d793134 Managed Metadata Service
555bd566-8fbb-4adf-8803-5071335b86a1 Managed Metadata Service2
162c231e-fa75-41cc-bd20-8e01a52ca155 Search Service 应用程序
ef38aa38-5fe9-42a2-9f7f-55bb81565d98 Search Service 应用程序 1
93421cb5-43a7-4b0f-a13f-6ee55d9d32fd Search Service 应用程序 11
efea6135-690a-42e1-b23d-90451f9d0319 Search Service 应用程序 21
3055c99e-0f47-48b7-ae15-eb3b63f06350 Search Service 应用程序 222
4521b72d-ddc9-4ca0-bd5f-1c66ac98ce92 Search Service 应用程序 2222
20a61d2f-ab53-4cf2-b5f3-801a80b53600 Search Service 应用程序_Training
a0d7ee13-4839-44f9-8f7b-4874a2e1fa73 SecurityTokenServiceApplicationPool
7d98107b-3f05-4e34-bcc1-c35828a7c4e8 SharePoint Web Services Default
8c69e0d9-af5f-4615-b500-9f182c2a4dc9 SharePoint Web Services System
5072ddc1-fe27-4b1f-8e7c-0953c1131846 User Profile Service
PS C:\Users\shelley> _
```

图 9-37 应用程序池对应的名称

步骤 04 记录 Search Service 应用程序 1 和 Search Service 应用程序 11 对应的名称，如图 9-38 所示。

```
ef38aa38-5fe9-42a2-9f7f-55bb81565d98 Search Service 应用程序 1
93421cb5-43a7-4b0f-a13f-6ee55d9d32fd Search Service 应用程序 11
```

图 9-38 Search Service 应用程序池名称

步骤 05 进入 IIS 管理器的应用程序池界面，分别选择上述两个名称的应用程序池并右击，在弹出的快捷菜单中单击“停止”选项，如图 9-39 所示。

应用程序池

您可以在此页上查看和管理服务器上的应用程序池列表。应用程序池与工作进程相关联，包含一个或多个应用程序，并提供不同应用程序之间的隔离。

筛选: 开始(G) 全部显示(A) | 分组依据: 不进行分组

| 名称 | 状态 | .NET CLR ... | 托管管道模式 | 标识 | 应用程序 |
|---|---|---|---|---|---|
| .NET v2.0 | 已启动 | v2.0 | 集成 | ApplicationPoolIdentity | 0 |
| .NET v2.0 Classic | 已启动 | v2.0 | 经典 | ApplicationPoolIdentity | 0 |
| .NET v4.5 | 已启动 | v4.0 | 集成 | ApplicationPoolIdentity | 0 |
| .NET v4.5 Classic | 已启动 | v4.0 | 经典 | ApplicationPoolIdentity | 0 |
| 330717b6dbb947d3a39e375f0d793134 | 已启动 | v4.0 | 集成 | CONTOSO\shelley | 1 |
| 5072ddc1fe274b1f8e7c0953c1131846 | 已启动 | v4.0 | 集成 | CONTOSO\shelley | 1 |
| 93421cb543a74b0fa13f6ee55d9d32 | | | | CONTOSO\shelley | 1 |
| Classic .NET AppPool | | | | ApplicationPoolIdentity | 0 |
| ContosoAppPool | | | | CONTOSO\shelley | 0 |
| DefaultAppPool | | | | ApplicationPoolIdentity | 0 |
| ef38aa385fe942a29f7f55bb81565d9 | | | | CONTOSO\shelley | 1 |
| SecurityTokenServiceApplicationPo | | | | CONTOSO\shelley | 4 |
| SharePoint - 80 | | | | CONTOSO\shelley | 1 |
| SharePoint - 9001 | | | | CONTOSO\Shelley | 1 |
| SharePoint Central Administration v | | | | CONTOSO\shelley | 1 |

添加应用程序池...
设置应用程序池默认设置...
启动
停止
回收...
基本设置...
正在回收...
高级设置...

图 9-39 停止应用程序池

步骤 06 分别选择上述两个名称的应用程序池并右击，在弹出的快捷菜单中单击“启动”选项，如图 9-40 所示。

应用程序池

您可以在此页上查看和管理服务器上的应用程序池列表。应用程序池与工作进程相关联，包含一个或多个应用程序，并提供不同应用程序之间的隔离。

筛选: ▾ 开始(G) ▾ 全部显示(A) | 分组依据: 不进行分组 ▾

| 名称 | 状态 | .NET CLR ... | 托管管道模式 | 标识 | 应用程序 |
|---|---|---|---|---|---|
| .NET v2.0 | 已启动 | v2.0 | 集成 | ApplicationPoolIdentity | 0 |
| .NET v2.0 Classic | 已启动 | v2.0 | 经典 | ApplicationPoolIdentity | 0 |
| .NET v4.5 | 已启动 | v4.0 | 集成 | ApplicationPoolIdentity | 0 |
| .NET v4.5 Classic | 已启动 | v4.0 | 经典 | ApplicationPoolIdentity | 0 |
| 330717b6dbb947d3a39e375f0d793134 | 已启动 | v4.0 | 集成 | CONTOSO\shelley | 1 |
| 5072ddc1fe274b1f8e7c0953c1131846 | 已启动 | v4.0 | 集成 | CONTOSO\shelley | 1 |
| 93421cb543a74b0fa13f6ee55d |  |  | 成 | CONTOSO\shelley | 1 |
| Classic .NET AppPool |  |  | 典 | ApplicationPoolIdentity | 0 |
| ContosoAppPool |  |  | 成 | CONTOSO\shelley | 0 |
| DefaultAppPool |  |  | 成 | ApplicationPoolIdentity | 0 |
| ef38aa385fe942a29f7f55bb81 |  |  | 成 | CONTOSO\shelley | 1 |
| SecurityTokenServiceApplicati |  |  | 成 | CONTOSO\shelley | 4 |
| SharePoint - 80 |  |  | 成 | CONTOSO\shelley | 1 |
| SharePoint - 9001 |  |  | 成 | CONTOSO\Shelley | 1 |
| SharePoint Central Administra |  |  | 成 | CONTOSO\shelley | 1 |

添加应用程序池...
设置应用程序池默认设置...
启动
停止
回收...
基本设置...
正在回收...
高级设置...

图 9-40 启动应用程序池

删除冗余的应用程序池的具体操作步骤如下：

步骤 01 通过在 SharePoint 2016 命令行管理程序界面输入如下两条命令：

- $pools=get-spserviceapplicationpool
- foreach($pools in $pools){$pools.id.tostring()+""+$pools.name}

得出 SharePoint 场环境下的服务应用程序池的详细信息，如图 9-41 所示。

```
管理员: SharePoint 2016 命令行管理程序
PS C:\Users\shelley> $pools=get-spserviceapplicationpool
PS C:\Users\shelley> foreach($pools in $pools){$pools.id.tostring()+" "+$pools.name}
330717b6-dbb9-47d3-a39e-375f0d793134 Managed Metadata Service
555bd566-8fbb-4adf-8803-5071335b86a1 Managed Metadata Service2
162c231e-fa75-41cc-bd20-8e01a52ca155 Search Service 应用程序
ef38aa38-5fe9-42a2-9f7f-55bb81565d98 Search Service 应用程序 1
93421cb5-43a7-4b0f-a13f-6ee55d9d32fd Search Service 应用程序 11
efea6135-690a-42e1-b23d-90451f9d0319 Search Service 应用程序 21
3055c99e-0f47-48b7-ae15-eb3b63f06350 Search Service 应用程序 222
4521b72d-ddc9-4ca0-bd5f-1c66ac98ce92 Search Service 应用程序 2222
20a61d2f-ab53-4cf2-b5f3-801a80b53600 Search Service 应用程序_Training
a0d7ee13-4839-44f9-8f7b-4874a2e1fa73 SecurityTokenServiceApplicationPool
7d98107b-3f05-4e34-bcc1-c35828a7c4e8 SharePoint Web Services Default
8c69e0d9-af5f-4615-b500-9f182c2a4dc9 SharePoint Web Services System
5072ddc1-fe27-4b1f-8e7c-0953c1131846 User Profile Service
PS C:\Users\shelley>
```

图 9-41 服务应用程序池列表

步骤 02 可以看出图 9-42 所显示的应用程序池名称并没有在 IIS 管理器应用程序池中显示，很有可能是客户创建 Service 时失败导致的冗余应用程序池。

```
efea6135-690a-42e1-b23d-90451f9d0319 Search Service 应用程序 21
3055c99e-0f47-48b7-ae15-eb3b63f06350 Search Service 应用程序 222
4521b72d-ddc9-4ca0-bd5f-1c66ac98ce92 Search Service 应用程序 2222
20a61d2f-ab53-4cf2-b5f3-801a80b53600 Search Service 应用程序_Training
```

图 9-42 冗余应用程序池列表

步骤03 以删除“Search Service 应用程序 222 为例”，输入命令：Remove-SPServiceApplicationPool “Search Service 应用程序 222”，如图 9-43 所示。

```
PS C:\Users\shelley> Remove-SPServiceApplicationPool “Search Service 应用程序 2
22”
```

图 9-43 删除指定的应用程序池

步骤04 输入命令后按回车键，在确认执行此操作处，输入“Y”，如图 9-44 所示。

```
PS C:\Users\shelley> Remove-SPServiceApplicationPool “Search Service 应用程序 2
22”

确认
是否确实要执行此操作?
正在目标“SPIisWebServiceApplicationPool Name=Search Service 应用程序
222”上执行操作“Remove-SPServiceApplicationPool”。
[Y] 是(Y)  [A] 全是(A)  [N] 否(N)  [L] 全否(L)  [S] 挂起(S)  [?] 帮助
(默认值为“Y”):y
```

图 9-44 确认删除

步骤05 重新输入步骤 1 的两条命令，可以看到 Search Service 应用程序 222 已经被删除，如图 9-45 所示。

```
PS C:\Users\shelley> $pools=get-spserviceapplicationpool
PS C:\Users\shelley> foreach($pools in $pools){$pools.id.tostring()+" "+$pools.n
ame}
330717b6-dbb9-47d3-a39e-375f0d793134 Managed Metadata Service
555bd566-8fbb-4adf-8803-5071335b86a1 Managed Metadata Service2
162c231e-fa75-41cc-bd20-8e01a52ca155 Search Service 应用程序
ef38aa38-5fe9-42a2-9f7f-55bb81565d98 Search Service 应用程序 1
93421cb5-43a7-4b0f-a13f-6ee55d9d32fd Search Service 应用程序 11
efea6135-690a-42e1-b23d-90451f9d0319 Search Service 应用程序 21
4521b72d-ddc9-4ca0-bd5f-1c66ac98ce92 Search Service 应用程序 2222
20a61d2f-ab53-4cf2-b5f3-801a80b53600 Search Service 应用程序_Training
a0d7ee13-4839-44f9-8f7b-4874a2e1fa73 SecurityTokenServiceApplicationPool
7d98107b-3f05-4e34-bcc1-c35828a7c4e8 SharePoint Web Services Default
8c69e0d9-af5f-4615-b500-9f182c2a4dc9 SharePoint Web Services System
5072ddc1-fe27-4b1f-8e7c-0953c1131846 User Profile Service
PS C:\Users\shelley> _
```

图 9-45 服务应用程序池已经删除

## 9.5.4 搜索服务应用程序的配置

SharePoint Server 提供的搜索服务不仅仅支持对内容的搜索，同时还支持对人员的搜索，无论哪种示例，在进行搜索之前都需要指定内容源，并对内容源进行爬网，爬网成功后才能执行搜索操作。

本节将以内容搜索和管理员查看爬网日志为例来介绍具体操作过程。

为了使用户能够获取搜索结果，搜索系统必须首先爬网相应的内容，进行爬网需要至少一个内容源，内容源用于指定要进行爬网的内容类型、起始 URL 以及要进行爬网的时间等，本示例在配置搜索时内容源选择 SharePoint。

配置内容搜索的步骤分管理员和终端用户两个操作阶段：

- 管理员操作部分
  - 新建 Search Service 应用程序。
  - 配置内容源。
  - 配置爬网规则。
  - 手动爬网。
  - 服务应用程序关联。
- 终端用户操作部分
  - 在搜索窗口输入关键字或用户进行搜索。

### 1. 管理员操作阶段

配置内容源的具体操作步骤如下：

步骤 01 进入管理服务应用程序界面，选择 Search Service 应用程序，并单击服务应用程序栏中的“管理”，如图 9-46 所示。

图 9-46 Search Service 管理

步骤 02 在搜索管理界面的爬网设置处单击“内容源”，如图 9-47 所示。

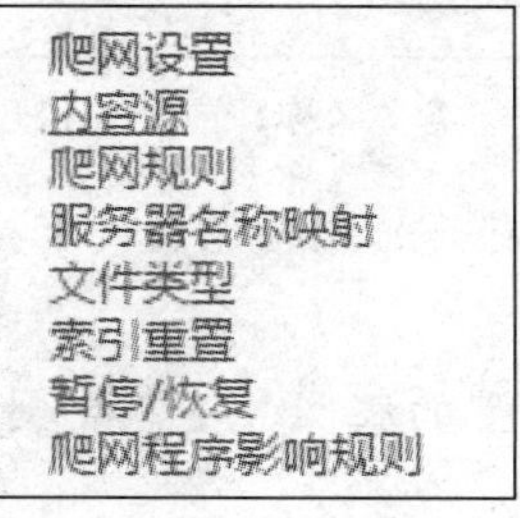


图 9-47 内容源

步骤 03 在内容源界面，可以看到默认的 SharePoint 网站内容源，用户可以选择已存在的内容源，也可以根据需要新建内容源，本示例以新建内容源为例，单击“新建内容源”，如图 9-48 所示。

Search Service 应用程序 1: 管理内容源

使用此页面可添加、编辑或删除内容源，以及管理爬网。

新建内容源 | 刷新 | ▶ 开始所有爬网

| 类型 | 名称 | 状态 | 当前爬网持续时间 | 上次爬网持续时间 | 上次爬网完成时间 | 下次完全爬网 | 下次增量 |
| --- | --- | --- | --- | --- | --- | --- | --- |
| | 本地 SharePoint 网站 | 空闲 | | | | 无 | 无 |

图 9-48　新建内容源

步骤 04　进入新建内容源界面，输入如下信息。

- 名称：输入内容源名称。
- 内容源类型：选择 SharePoint 网站。
- 开始地址：输入作为搜索系统爬网起始位置的 URL，以 http://project16/sites/PWA 为例。说明：开始地址不能同时存在于两个内容源中，如果存在于两个内容源中，系统就会给出提示。

本示例填写的信息如图 9-49 所示。

图 9-49　定义名称、内容源和开始地址

- 爬网设置：用户内容源中所有开始地址的爬网行为。
- 爬网计划：
  - ◆ 连续爬网：一种特殊类型的爬网，不需要创建增量爬网计划，将无缝地与内容源进行协作，以提高最大新鲜度。
  - ◆ 增量爬网：可以按每天、每周或者每个月在指定时间内自动进行增量爬网，增量爬网依赖于完全爬网，即必须执行完全爬网之后，才可以进行增量爬网。
  - ◆ 完全爬网：可以按每天、每周或者每个月在指定时间内自动进行完全爬网。
  - ◆ 内容源优先级：爬网系统将优先处理高优先级内容源，后处理普通级别内容源。

本示例配置了爬网计划：增量爬网为每天 0:00 开始，完全爬网为每月第一天的 0:00 开始，其他信息为默认设置，单击“确定”按钮，如图 9-50 所示。

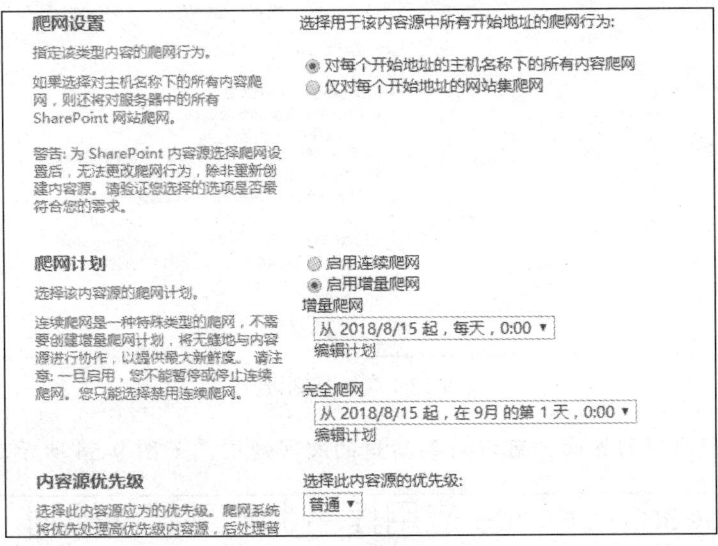


图 9-50 爬网设置

配置爬网规则的具体操作步骤如下：

步骤 01 在服务器场搜索管理界面，单击爬网设置中的“爬网规则”，如图 9-51 所示。

步骤 02 在管理爬网规则界面，单击“新建爬网规则”，如图 9-52 所示。

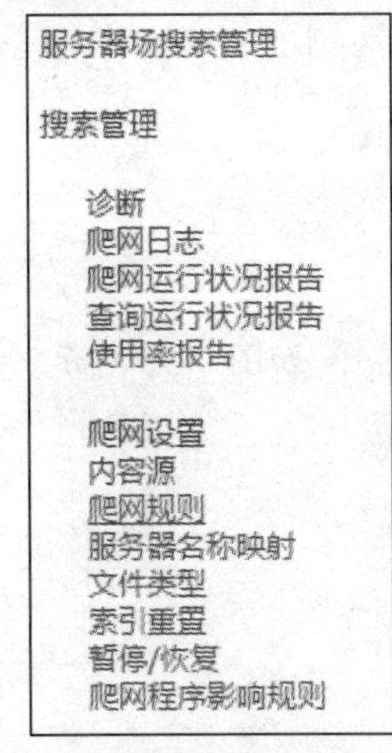


图 9-51 爬网规则

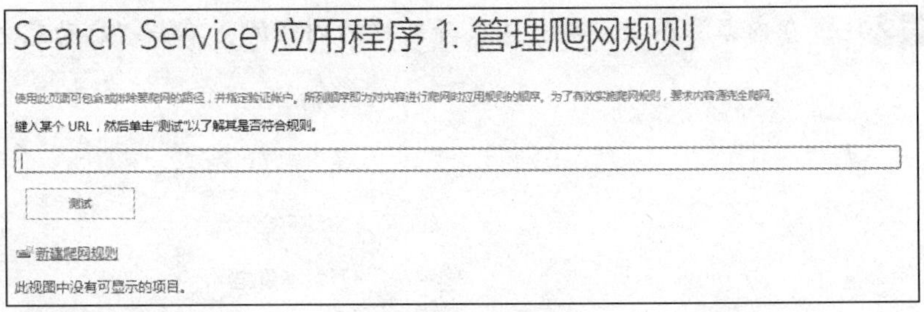

Search Service 应用程序 1: 管理爬网规则

键入某个 URL，然后单击“测试”以了解其是否符合规则。

测试

新建爬网规则

此视图中没有可显示的项目。

图 9-52 新建爬网规则

步骤 03 在新建爬网规则界面，输入路径，以http://project16为例，爬网设置选择“排除此路径中的所有项目”，单击“确定”按钮，如图 9-53 所示。

* 表示必须填写的字段

**路径**

键入受该规则影响的路径。

路径: *

http://project16

示例: http://hostname/* ; http://*.* ; *://hostname/*

与此规则匹配时使用正则表达式语法

**爬网配置**

选择从内容索引中排除此路径中的项目，还是在内容索引中包含此路径中的项目。

排除此路径中的所有项目

排除复杂 URL(即包含问号 ? 的 URL)

包含此路径中的所有项目

使用该 URL 上的链接，而不对该 URL 本身进行爬网

对复杂 URL (包含问号 ? 的 URL)进行爬网

将 SharePoint 内容作为 Http 页面进行爬网

**指定验证**

使用默认内容访问帐户访问路径中的项目。

使用默认内容访问帐户(CONTOSO\administrator)

指定其他内容访问帐户

指定客户端证书

指定窗体凭据

将 Cookie 用于爬网

匿名访问

图 9-53　爬网规则设置

步骤 04　在管理爬网规则界面，可以看到新建的爬网规则，如图 9-54 所示。

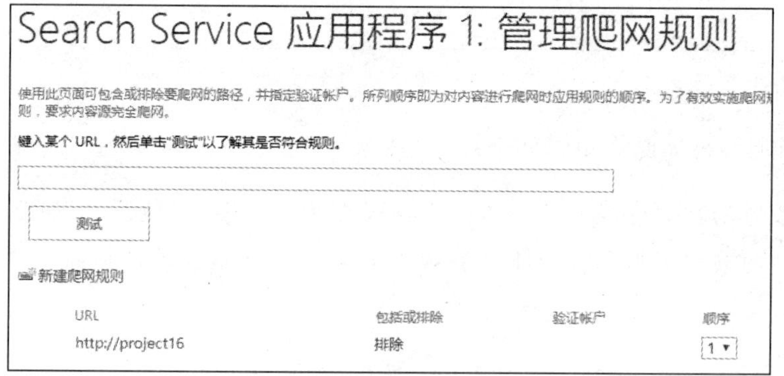


图 9-54　新建爬网规则已完成

手动启动爬网的具体操作步骤如下：

步骤 01　在内容源界面，单击 ▾ 展开新建的内容源，单击“启动完全爬网”，如图 9-55 所示。

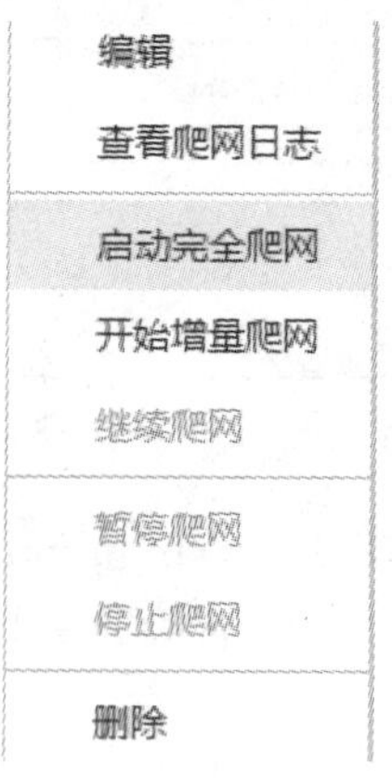


图 9-55　启动完全爬网

步骤 02 在弹出的确认爬网界面，单击 OK 按钮，如图 9-56 所示。

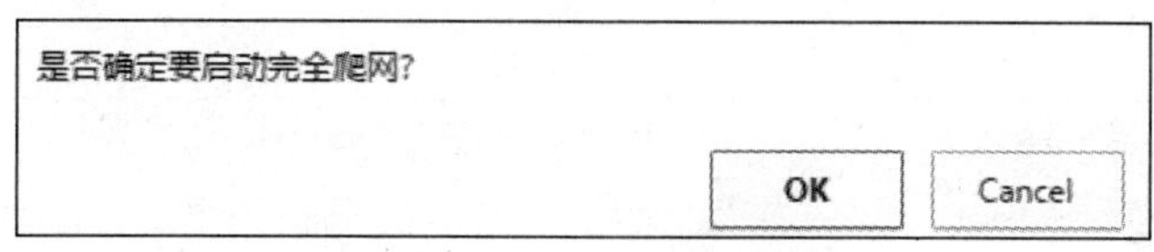


图 9-56 确认爬网

步骤 03 当爬网状态由正在启动变为空闲时（爬网状态分为正在启动、正在完全爬网、正在完成、空闲），证明爬网已完成，用户就可以准备搜索内容了，如图 9-57 所示。说明：爬网结束后，如果网站集新上载了内容，必须再次执行爬网，否则用户无法搜索到新上载的内容。

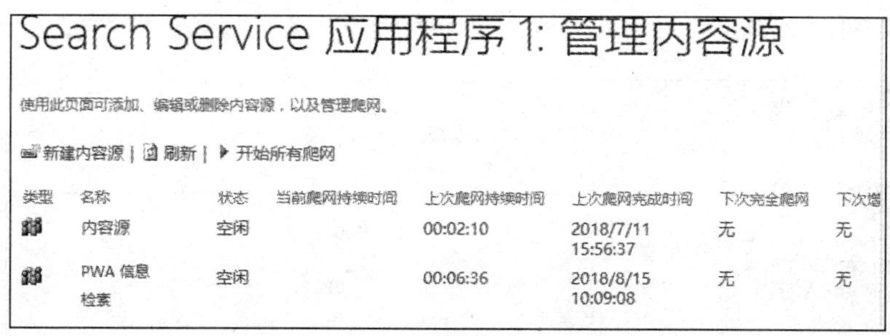


图 9-57 爬网已完成

服务应用程序关联的具体操作步骤如下：

步骤 01 在应用程序管理界面的服务应用程序关联中，确保 Web 应用程序与该 Search Service 应用程序进行关联，如图 9-58 所示。

图 9-58 服务应用程序关联

步骤 02 在服务器场中的服务界面，确保“搜索查询和网站设置服务”是开启状态，如图 9-59 所示。

| | | | | |
|---|---|---|---|---|
| 声明为 Windows 令牌服务 | 是 | 禁用自动设置 | ✓ | 是 |
| 搜索查询和网站设置服务 | 是 | 管理服务应用程序 | ✓ | 是 |
| 文档转换负载平衡器服务 | 否 | 启用自动设置 | ✓ | 是 |
| 文档转换启动器服务 | 否 | 启用自动设置 | ✓ | 是 |
| 应用程序管理服务 | 否 | 管理服务应用程序 | ✓ | 是 |

图 9-59　搜索查询和网站设置服务

## 2．终端用户操作阶段

步骤 01 用户在网站集的搜索中输入搜索关键字，比如产品迭代会，单击 🔍，如图 9-60 所示。

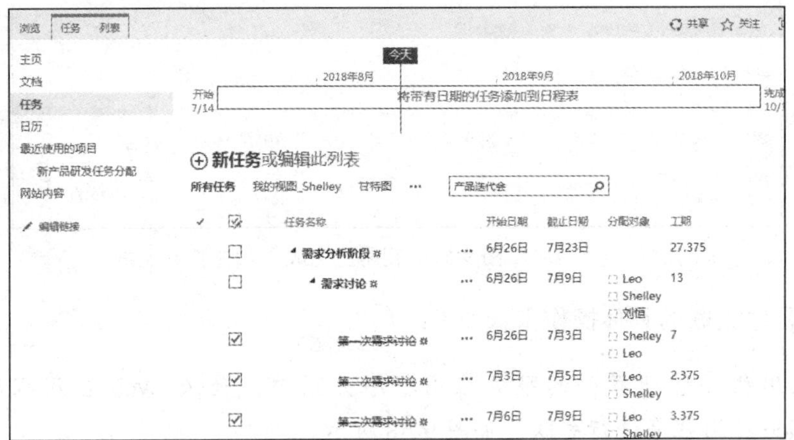


图 9-60　输入查询内容

步骤 02 在搜索结果界面，可以看到相应的内容信息，用户可以通过单击链接访问所需要的内容，如图 9-61 所示。

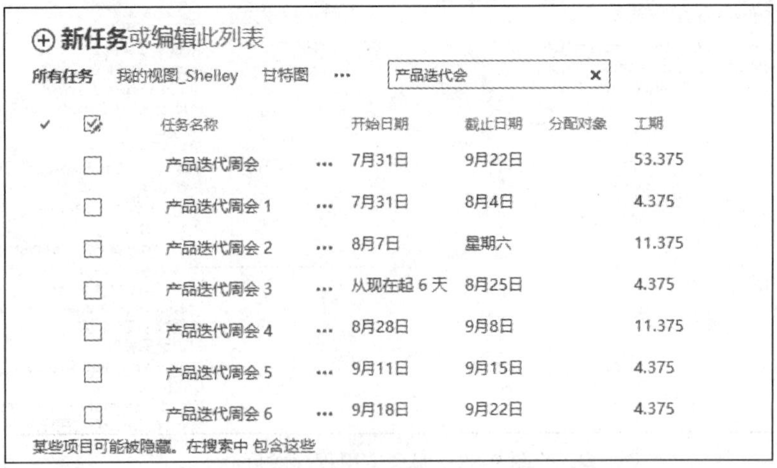

⊕ **新任务**或编辑此列表

**所有任务**　我的视图_Shelley　甘特图　…　产品迭代会 ×

| ✓ | 任务名称 | | 开始日期 | 截止日期 | 分配对象 | 工期 |
|---|---|---|---|---|---|---|
| ☐ | 产品迭代周会 | … | 7月31日 | 9月22日 | | 53.375 |
| ☐ | 产品迭代周会 1 | … | 7月31日 | 8月4日 | | 4.375 |
| ☐ | 产品迭代周会 2 | … | 8月7日 | 星期六 | | 11.375 |
| ☐ | 产品迭代周会 3 | … | 从现在起 6 天 | 8月25日 | | 4.375 |
| ☐ | 产品迭代周会 4 | … | 8月28日 | 9月8日 | | 11.375 |
| ☐ | 产品迭代周会 5 | … | 9月11日 | 9月15日 | | 4.375 |
| ☐ | 产品迭代周会 6 | … | 9月18日 | 9月22日 | | 4.375 |

某些项目可能被隐藏。在搜索中 包含这些

图 9-61　搜索结果

### 9.5.5 爬网日志

爬网日志可跟踪有关爬网内容的状态信息，利用该日志，用户可以确定是否已将爬网内容成功添加到索引中、爬网规则是否成功应用或者索引创建是否失败，用户可以使用爬网日志诊断搜索体验问题。

管理员查看爬网日志的具体操作步骤如下：

步骤 01 进入 Search Service 应用程序管理界面，单击诊断中的“爬网日志”，如图 9-62 所示。

诊断
爬网日志
爬网运行状况报告
查询运行状况报告
使用率报告

图 9-62 爬网日志

步骤 02 在爬网日志中，可以查看内容源的爬网统计信息及具体的警告和错误信息，并通过成功的记录查询是否有用户要搜索内容的索引记录生成，如图 9-63 所示。

Search Service 应用程序 1: 爬网日志 - 内容

内容源 | 主机名 | 爬网历史记录 | 错误细分 | 数据库 | URL 视图

查看每个内容源爬网的项目摘要。

| | 平均爬网持续时间 | | | | 摘要 | | | | |
|---|---|---|---|---|---|---|---|---|---|
| 内容源 | 上次爬网 | 最近 24 小时 | 最近 7 天 | 最近 30 天 | 成功 | 警告 | 错误 | 顶级错误 | 删除 |
| 内容源 | 00:02:10 | 无数据 | 无数据 | 无数据 | 157 | 4 | 0 | 0 | 2 |
| PWA 信息检索 | 00:06:36 | 00:06:36 | 00:06:36 | 00:06:36 | 206 | 4 | 4 | 0 | 0 |

图 9-63 查看警告和错误信息

步骤 03 在爬网日志中，输入爬网规则中输入的路径：http://project16，单击“搜索”按钮，如图 9-64 所示。结果显示：没有可显示的项目，说明爬网规则生效。

Search Service 应用程序 1: 爬网日志 - URL

内容源 | 主机名 | 爬网历史记录 | 错误细分 | 数据库 | URL 视图

搜索已爬网的文档。

键入 URL 或主机名称。使用 * 字符作为通配符。
http://project16 精确匹配

筛选
内容源: 本地 SharePoint 网站
状态: 成功
消息: 全部
完整消息: 全部
开始时间 00: 00 结束时间 00: 00

搜索

图 9-64 爬网规则生效

# 9.6 多人协作

在实际项目中，如何利用协作工具无缝集成，积极鼓励团队合作，最终跨项目取得更好的成果，是每一位项目负责人/经理需要认真思考的问题，不限于体现在以下几点。

- 实时沟通：Skype for business 等集成通信工具让项目工作组成员可以在 Project 内通过语音、视频或聊天等方式进行协作。
- 更好的可见性：使用 SharePoint 站点共享项目日历和任务更新，工作组还可以通过电子邮件发送任务通知，并将项目文件存储在网站文档库中。
- 协作式社交媒体源：用户微博可以快速地将信息传递到新闻源，从而使其他人可以通过回复的方式来创建公开对话，在保持对话时，组织内的其他人之间可以快速共享重要信息和新闻。

本节将重点介绍协作式社交媒体源的设置和使用。

SharePoint Server 2016 的社交平台基于用户配置应用程序，可以通过此应用程序设置和管理微博功能，用户能通过创建公共对话的方式发布信息，可以在信息中包含文本、URL、图片和视频等内容，消息发布后将立即在新闻源中可见，其他用户可以查看并回复此帖。

用户可以在发布或者回复中提到特定用户（比如@Shelley）以获得该用户的关注。用户还可以将自己喜欢的帖子标记为喜欢，或者密切关注感兴趣的人、网站或文档。

说明：如果用户要实现微博功能或者源，必须具有用户配置文件和我的网站。任何微博功能都不支持匿名发布。

通过本节的介绍，用户可以了解和掌握：

- 用户配置应用程序的概述
- 管理用户配置应用程序
- 委派对用户配置应用程序的管理
- 同步活动目录中的用户配置文件
- 配置我的网站
- 微博的概述与管理

## 9.6.1 用户配置应用程序的概述

用户配置应用程序为配置和管理用户设置的主要元素提供了一个中心的位置。社交功能可以使用此服务来实现用户之间的沟通协作，从而提高工作效率。

用户配置应用程序管理主要提供了以下功能的相关设置。

- 用户配置文件：一个用户配置文件存储了该用户的详细信息，管理员可以管理和显示与该用户相关联的所有属性。

- 配置文件同步：可以与活动目录服务中存储的用户信息进行同步。
- 访问群体：使组织能够根据其作业或任务，按照 SharePoint Server 组或通讯组列表中的成员资格、组织报告结构或其用户配置文件中公共属性的相关定义，将内容目标设定为用户。
- 我的网站宿主：承载我的网站的专用网站，用户在部署社交功能之前必须创建一个我的网站宿主。
- 我的网站：为每一个组织用户都提供了一个个人网站，用来存储文档、管理我的网站的其他内容，也可以共享内容给其他人。

## 9.6.2 管理用户配置应用程序

用户配置应用程序是 SharePoint Server 中的共享服务，支持创建和管理用户配置文件。本节将为用户具体介绍用户配置应用程序的创建、更新和删除等管理操作。

如果用户要创建用户配置应用程序，需要保证用户为：

- SharePoint 管理中心网站的 Administrators 组的成员。

创建用户配置应用程序的具体操作步骤如下：

步骤 01 访问 SharePoint 管理中心，进入管理服务应用程序界面，在服务应用程序工具栏中，展开“新建”下拉菜单并单击 User Profile Service Application，如图 9-65 所示。

图 9-65 单击 User Profile Service Application

步骤 02 在新建 User Profile Service Application 界面，输入如下信息。

- 名称：输入服务名称。
- 应用程序池：选择要运行用户配置服务的应用程序池，如果选择“新建应用程序池”，就需要配置运行应用程序池的安全账户。

本示例输入的信息如图 9-66 所示。

名称:
User Profile Service
应用程序池
选择要用于此服务应用程序的应用程序池。这会定义此 Web 服务使用的帐户和凭据。
您可以选择现有应用程序池，也可以新建一个应用程序池。
使用现有应用程序池
SecurityTokenServiceApplicationPool
新建应用程序池
应用程序池名称
User Profile Service
请为此应用程序池选择安全帐户
CONTOSO\Shelley
注册新的管理帐户

图 9-66　名称和应用程序池

- 配置文件数据库：用于存储用户的配置文件信息。
  - ◆ 数据库服务器：默认识别出 SharePoint Config DB 所在的数据库服务器名称。
  - ◆ 数据库名称：输入配置文件数据库的名称。
  - ◆ 数据库验证：
    - ★ Windows 验证：使用 Windows 身份验证来访问数据库。
    - ★ SQL 验证：使用 SQL 身份验证，如果选择此项，就需要输入账户和密码信息。
  - ◆ 故障转移服务器：如果用户正在使用 SQL 故障转移，请在此处输入发生故障时要转移到的数据库服务器名称。

本示例输入的信息如图 9-67 所示。

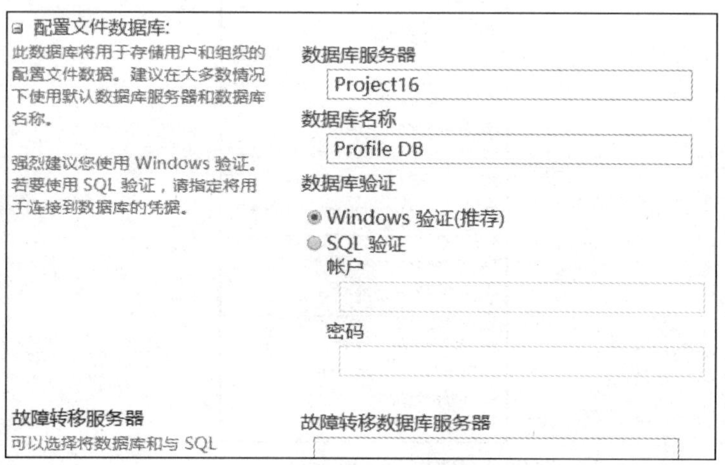


图 9-67　配置文件数据库

- 同步数据库：用于存储外部源（如 Active Directory 域服务）配置文件数据同步的配置和临时数据。
  - ◆ 数据库服务器：默认识别出 SharePoint Config DB 所在的数据库服务器名称。
  - ◆ 数据库名称：输入同步数据库的名称。

◆ 数据库验证：

★ Windows 验证：使用 Windows 身份验证来访问数据库。

★ SQL 验证：使用 SQL 身份验证，如果选择此项，就需要输入账户和密码信息。

◆ 故障转移服务器：如果用户正在使用 SQL 故障转移，请在此处输入发生故障时要转移到的数据库服务器名称。

本示例输入的信息如图 9-68 所示。

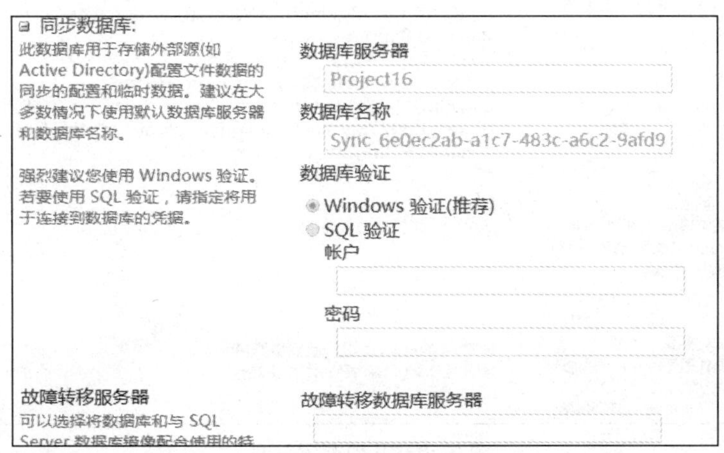


图 9-68　同步数据库

- 我的网站宿主 URL：输入相关 URL，可以在后续配置我的网站时填写。
- 我的网站管理路径：创建我的网站的管理路径，推荐/personal。

本示例输入的信息如图 9-69 所示。

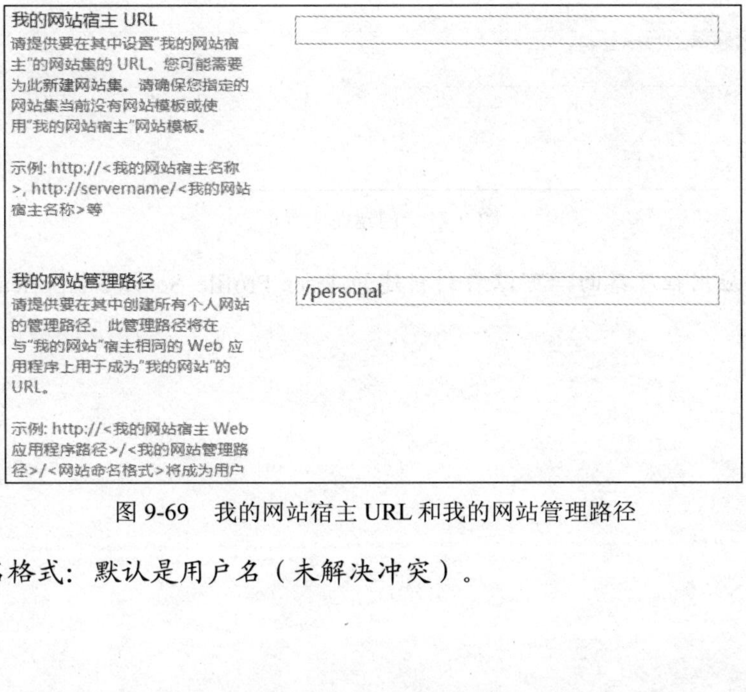

我的网站宿主 URL
请提供要在其中设置"我的网站宿主"的网站集的 URL。您可能需要为此新建网站集。请确保您指定的网站集当前没有网站模板或使用"我的网站宿主"网站模板。

示例: http://<我的网站宿主名称>, http://servername/<我的网站宿主名称>等

我的网站管理路径
请提供要在其中创建所有个人网站的管理路径。此管理路径将在与"我的网站"宿主相同的 Web 应用程序上用于成为"我的网站"的 URL。

/personal

示例: http://<我的网站宿主 Web 应用程序路径>/<我的网站管理路径>/<网站命名格式>将成为用户

图 9-69　我的网站宿主 URL 和我的网站管理路径

- 网站命名格式：默认是用户名（未解决冲突）。

- 默认代理组：选择是否希望此 User Profile Service 应用程序的代理成为此服务器场上默认代理组的成员。
- Yammer 集成：
  - ◆ 使用 Yammer 进行社交协作（推荐）。
  - ◆ 使用本地 SharePoint 社交功能（默认选项）。

输入信息后，单击“创建”按钮，如图 9-70 所示。

图 9-70　其他配置信息

步骤 01　创建完成之后，自动弹出新建 User Profile Service Application 已完成界面，单击 OK 按钮，如图 9-71 所示。

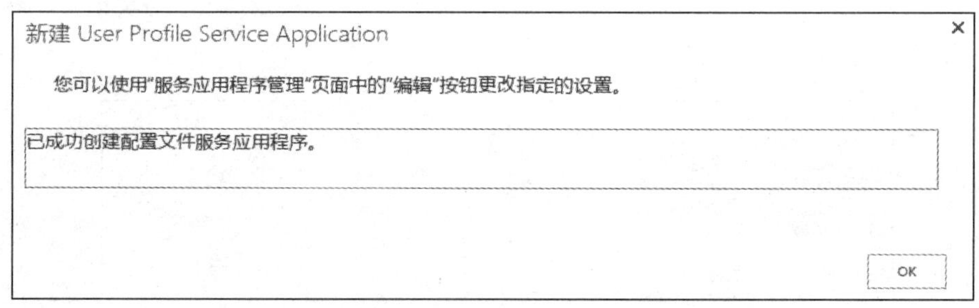


图 9-71　创建完成界面

步骤 02　在服务应用程序界面，可以看到新建的 User Profile Service Application，如图 9-72 所示。

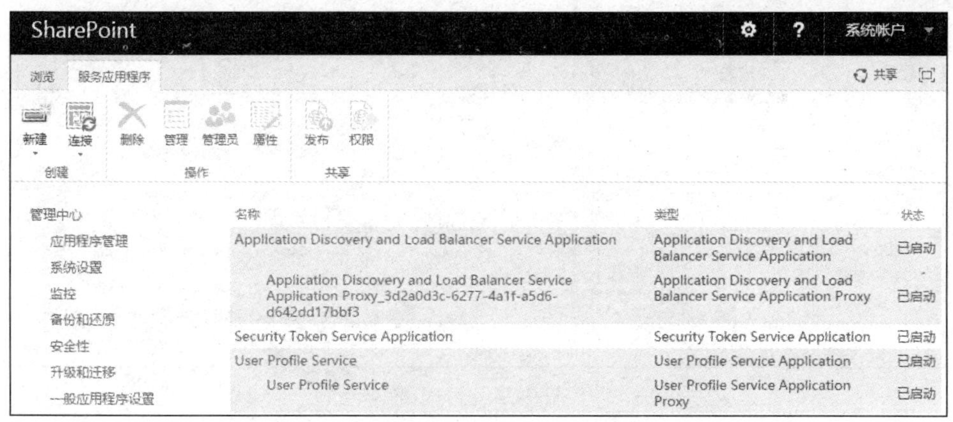

图 9-72　新建 User Profile Service 已完成

**说明：**

- 如果计划更新 User Profile Service，单击该服务，再单击工具栏中的属性即可。
- 如果计划删除 User Profile Service，单击该服务，再单击工具栏中的删除即可。注意在弹出的对话框中，勾选“删除与服务应用程序关联的数据”复选框，如图 9-73 所示。

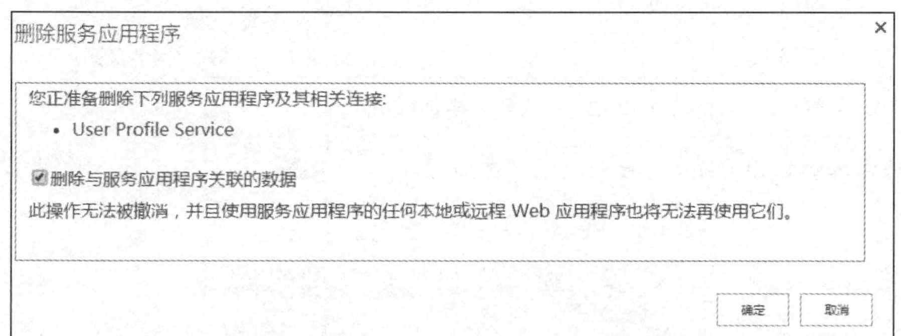

图 9-73　删除与服务应用程序关联的数据

## 9.6.3　委派对用户配置应用程序的管理

当服务器场管理员将用户配置应用程序的管理任务委派给其他管理员时，服务应用程序管理员可以执行与用户配置应用程序相关的所有管理任务，但无法管理包含在管理中心内的其他服务应用程序或设置。

用户配置应用程序的权限管理的具体操作步骤如下：

步骤 01　进入服务应用程序界面，选择 User Profile Service，单击服务应用程序工具栏中的“管理员”，如图 9-74 所示。

浏览
服务应用程序
共享
新建
连接
删除
管理
管理员
属性
发布
权限
创建
操作
共享
管理中心
应用程序管理
系统设置
监控
备份和还原
安全性
升级和迁移
一般应用程序设置
名称
类型
状态
Application Discovery and Load Balancer Service Application
Application Discovery and Load Balancer Service Application
已启动
Application Discovery and Load Balancer Service Application Proxy_3d2a0d3c-6277-4a1f-a5d6-d642dd17bbf3
Application Discovery and Load Balancer Service Application Proxy
已启动
Security Token Service Application
Security Token Service Application
已启动
User Profile Service
User Profile Service Application
已启动
User Profile Service
User Profile Service Application Proxy
已启动


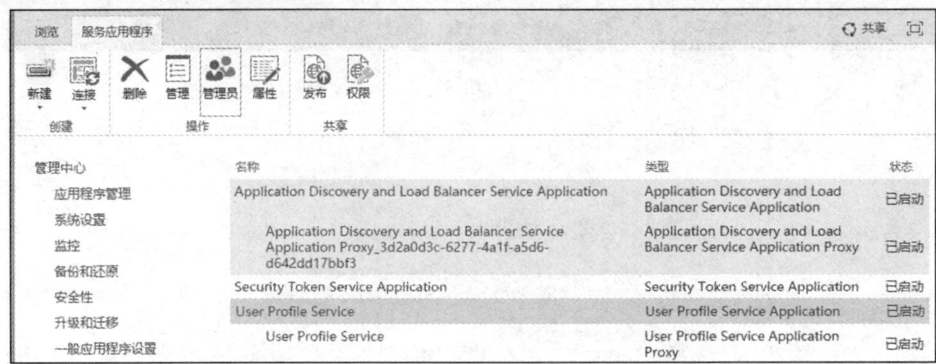

图 9-74　管理员

步骤 02　在管理员界面，添加域用户或组，以域用户 Justin 为例，单击“添加”按钮，如图 9-75 所示。

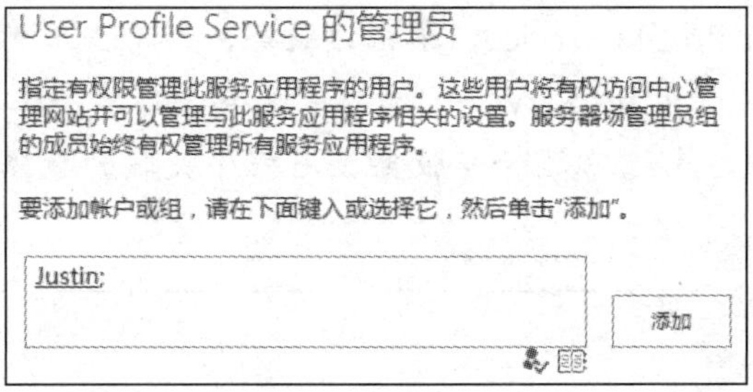

User Profile Service 的管理员
指定有权限管理此服务应用程序的用户。这些用户将有权访问中心管理网站并可以管理与此服务应用程序相关的设置。服务器场管理员组的成员始终有权管理所有服务应用程序。
要添加帐户或组，请在下面键入或选择它，然后单击"添加"。
Justin;
添加


图 9-75　添加域用户

步骤 03　为添加的域用户 Justin 授予权限“完全控制”，单击“确定”按钮，如图 9-76 所示。

User Profile Service 的管理员
指定有权限管理此服务应用程序的用户。这些用户将有权访问中心管理网站并可以管理与此服务应用程序相关的设置。服务器场管理员组的成员始终有权管理所有服务应用程序。
要添加帐户或组，请在下面键入或选择它，然后单击"添加"。
添加
Justin
要删除帐户或组，请在上面选择它，然后单击"删除"。
删除
Justin 的权限:
完全控制
管理配置文件
管理访问群体
管理权限
检索搜索爬网程序的人员数据
确定
取消


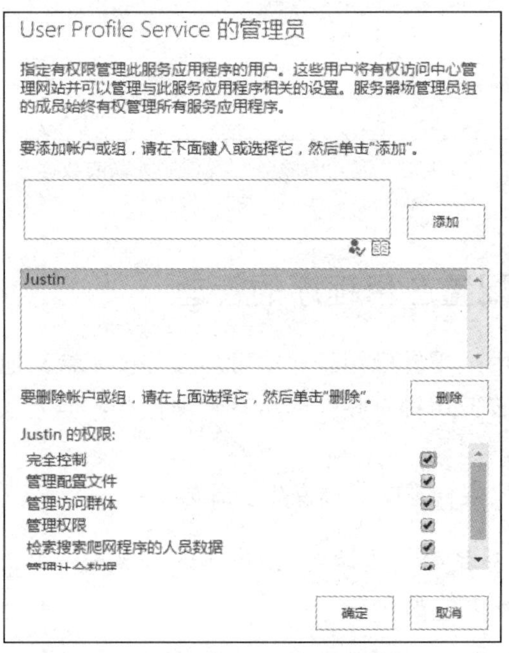

图 9-76　授予权限

步骤 04 用户 Justin 登录 SharePoint 服务应用程序界面，可以执行与用户配置应用程序相关的所有管理任务，如图 9-77 所示。

图 9-77 新添加管理员 Justin 访问服务应用程序界面

## 9.6.4 同步活动目录中的用户配置文件

配置活动目录中的用户配置文件的操作步骤如下：

步骤 01 在 SharePoint 管理中心界面，单击“管理此服务器场中的服务”，如图 9-78 所示。

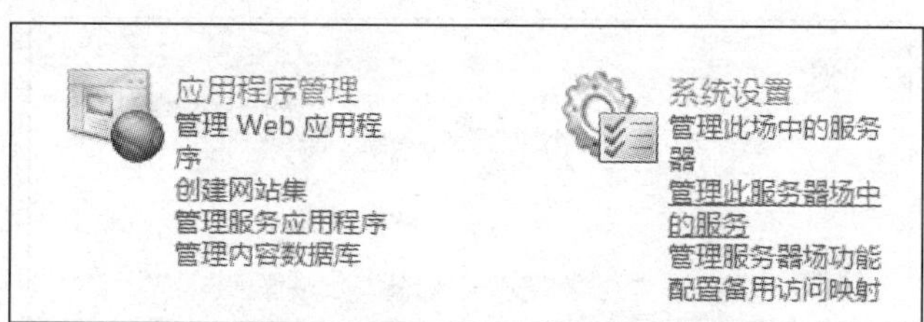


图 9-78 管理此服务器场中的服务

步骤 02 在管理此服务器场的服务界面，确保“User Profile Service”服务是开启状态，如图 9-79 所示。

| 服务 | 自动设置 | 操作 | 符合 |
|---|---|---|---|
| Access Services | 否 | 管理服务应用程序 | 是 |
| Access Services 2010 | 否 | 管理服务应用程序 | 是 |
| Business Data Connectivity Service | 否 | 管理服务应用程序 | 是 |
| Managed Metadata Web Service | 否 | 管理服务应用程序 | 是 |
| Microsoft SharePoint Foundation Sandboxed Code Service | 否 | 启用自动设置 | 是 |
| Microsoft SharePoint Foundation Subscription Settings Service | 否 | 启用自动设置 | 是 |
| Microsoft SharePoint Foundation Workflow Timer Service | 是 | 禁用自动设置 | 是 |
| Microsoft SharePoint 见解 | 否 | 启用自动设置 | 是 |
| PerformancePoint Service | 否 | 管理服务应用程序 | 是 |
| Project Server 应用程序服务 | 否 | 管理服务应用程序 | 是 |
| Secure Store Service | 否 | 管理服务应用程序 | 是 |
| User Profile Service | 是 | 管理服务应用程序 | 是 |

图 9-79 服务器场的服务列表

步骤 03 在服务应用程序界面，选择 User Profile Service，并单击服务应用程序栏中的“管理”，如图 9-80 所示。

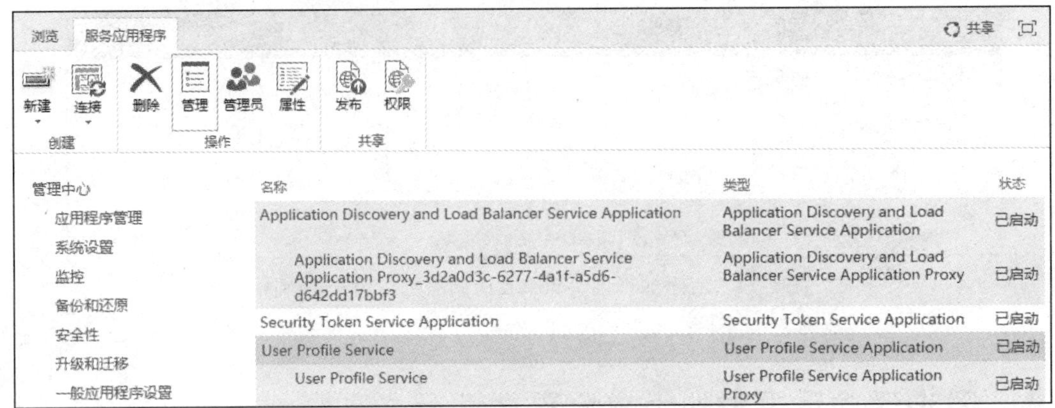


图 9-80 User Profile Service 管理

步骤 04 在用户配置文件服务管理界面，单击同步中的“配置同步连接”，如图 9-81 所示。

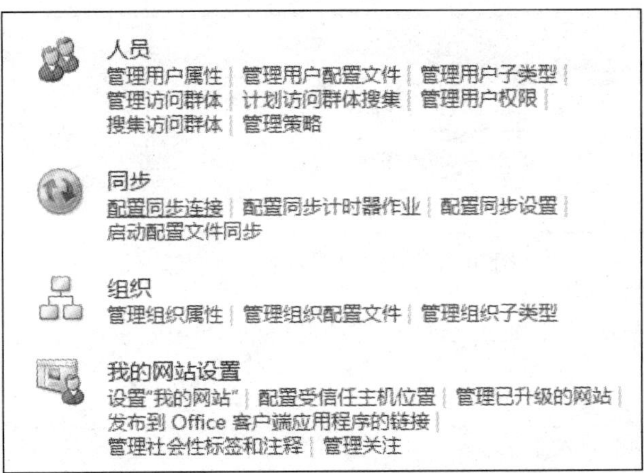


图 9-81 配置同步连接

步骤 05 在配置同步连接界面，单击“新建连接”，如图 9-82 所示。

图 9-82 新建连接

步骤 06　在新建同步连接界面，输入如下信息。

- 连接名称：输入同步连接名称。
- 类型：选择 Active Directory 导入。
- 连接设置：
  - ◆ 完全限定的域名：输入 SharePoint Server 所在的域名。
  - ◆ 账户名：输入连接域名所用的账户。
  - ◆ 密码：输入用户的密码。
  - ◆ 确认密码：重新输入密码，进行确认。
  - ◆ 端口：默认 389。

本示例输入的信息如图 9-83 所示。

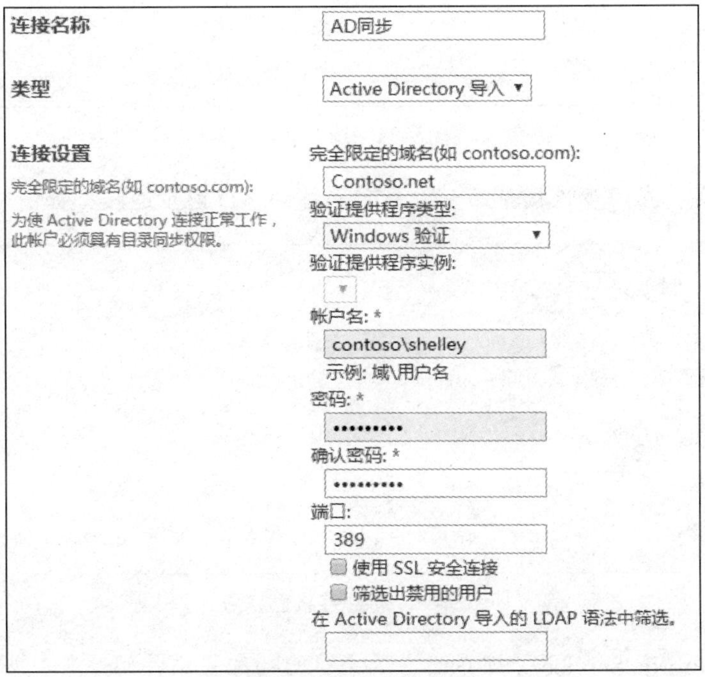

图 9-83　输入域相关信息

◆ 选择容器，以 Users 为例，单击“确定”按钮，如图 9-84 所示。

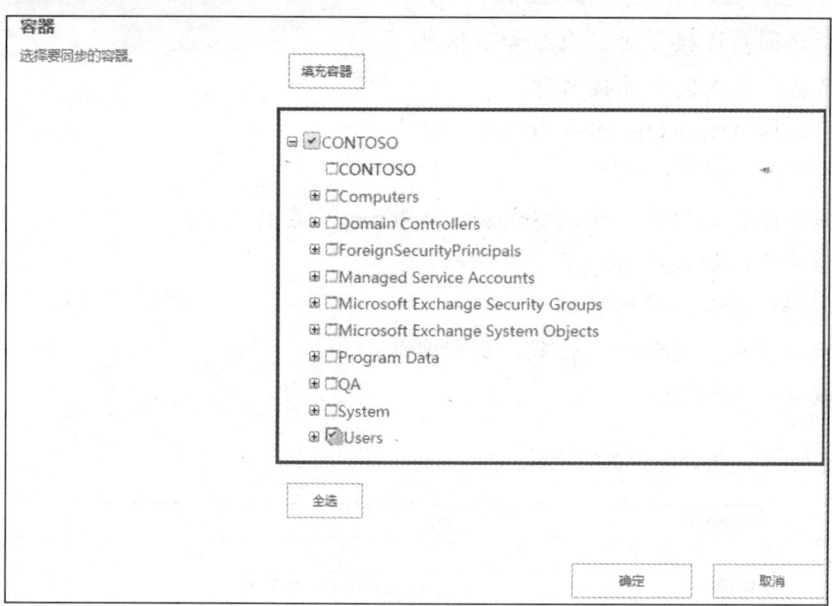


图 9-84　选择容器

步骤 07　新建完成，在同步连接界面可以看到新建的 AD 同步连接，如图 9-85 所示。

图 9-85　新建连接已完成

步骤 08　在 User Profile Service 管理界面，单击“启动配置文件同步”，如图 9-86 所示。

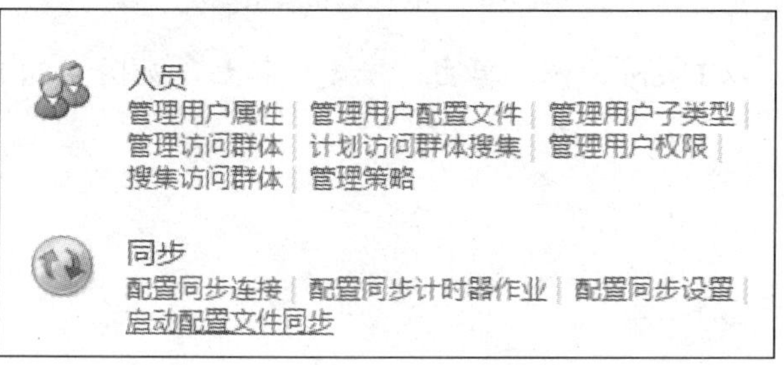


图 9-86　启动配置文件同步

步骤 09　首次同步，在启动配置文件同步界面，选中“启动完全同步”，单击“确定”按钮，如图 9-87 所示。

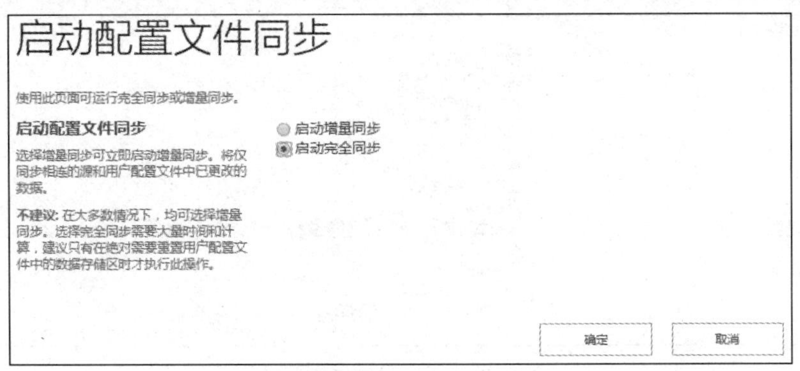


图 9-87　启动完全同步

步骤 10　在 User Profile Service 管理界面的右侧可以看到同步状态，如图 9-88 所示。

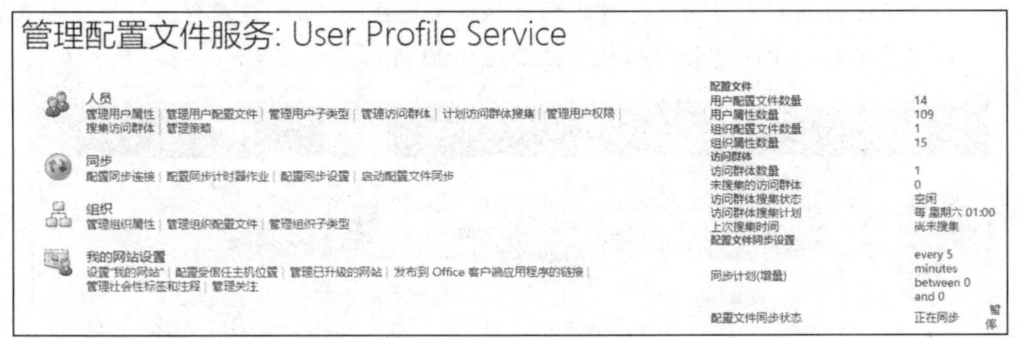


图 9-88　同步状态

## 9.6.5　配置我的网站

本节将介绍如何在 SharePoint Server 2016 中配置我的网站。

为了保证我的网站能顺利配置完成，请在配置前保证以下先决条件准备就绪。

- 我的网站由 Web 应用程序进行托管，并依赖于 User Profile Service 应用程序和 Search Service 应用程序（需要启用人员搜索功能，不是必需的）。
- Web 应用程序：为了获得最佳性能，建议在专用的 Web 应用程序中创建我的网站宿主网站集。
- User Profile Service 应用程序和配置文件同步：如果要同步存储在 SharePoint Server 2016 配置文件数据库中的用户和组的信息与存储在目录服务中的信息，可选择配置文件同步。

配置我的网站宿主网站集的操作步骤如下：

进入创建网站集界面，创建模板为“我的网站宿主”的网站集，单击“确定”按钮，如图 9-89 所示。

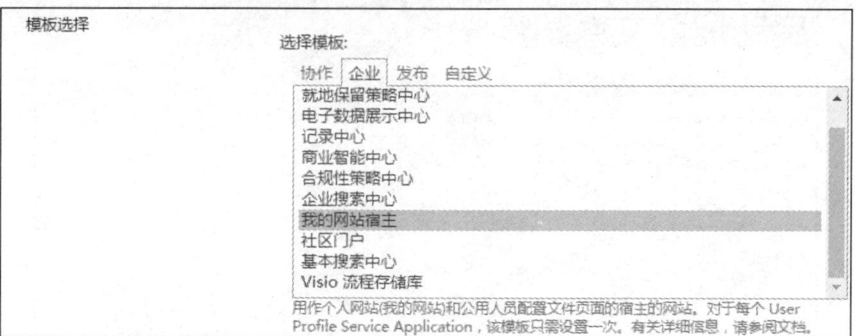


图 9-89　配置我的网站宿主

将通配符包含管理路径添加到 Web 应用程序中的操作步骤如下：

步骤 01　在 WEB 应用程序界面，选择我的网站宿主所在的 Web 应用程序，并单击 Web 应用程序工具栏中的“管理路径”，如图 9-90 所示。

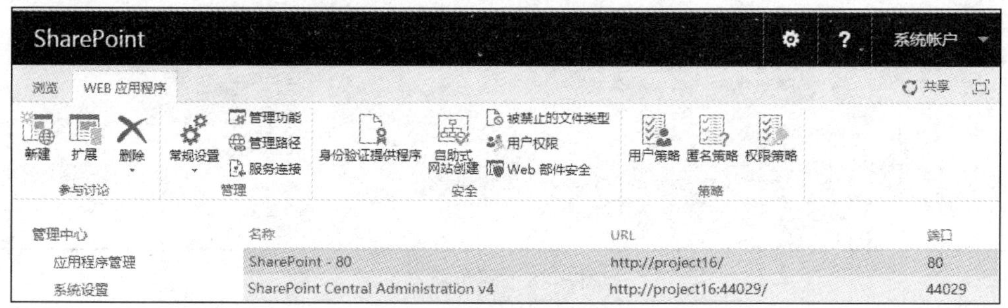


图 9-90　配置管理路径

步骤 02　在定义管理路径界面，输入路径名称，推荐 Personal，类型选择“通配符包含”，单击“添加路径”按钮，然后单击“确定”按钮，如图 9-91 所示。

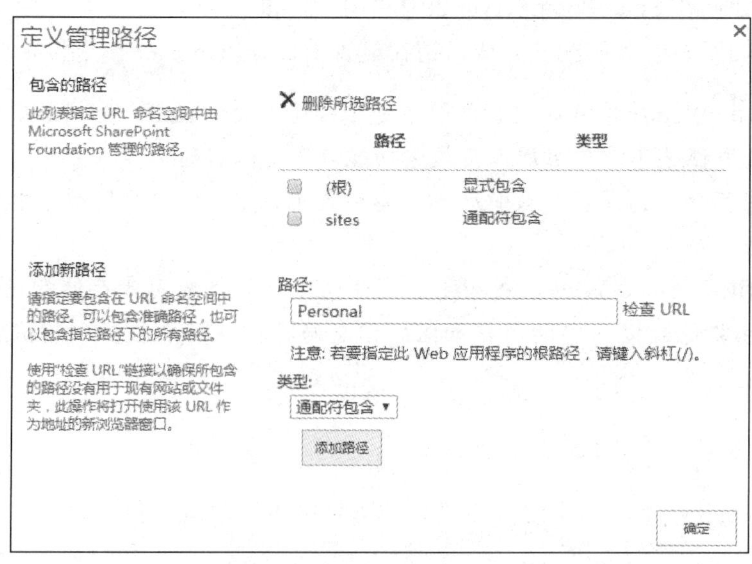


图 9-91　新建通配符包含的管理路径

为 Web 应用程序启用自助式网站创建的操作步骤如下：

> **注 意**
>
> 开启自助式网站创建的前提条件是该 Web 应用程序需要有根网站集，因为默认情况下是通过根网站集http://shelley2016/_layouts/15/scsignup.aspx自动创建网站集的。

步骤01 在 WEB 应用程序界面，选择我的网站宿主所在的 Web 应用程序，并单击 Web 应用程序工具栏中的"自助式网站创建"，如图 9-92 所示。

图 9-92 自助式网站新建

步骤02 在自助服务网站创建管理界面，在网站集处选中"启用"，其他配置信息以默认设置为主，单击"确定"按钮，如图 9-93 所示。

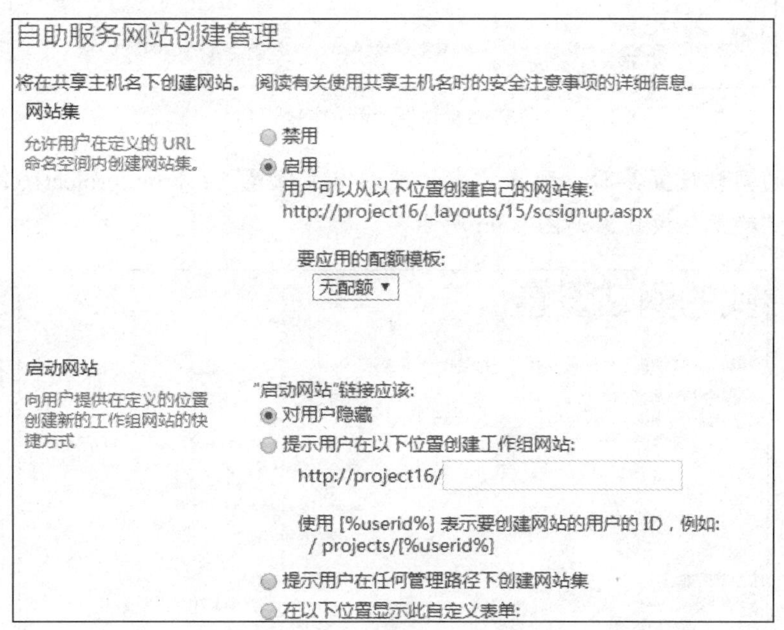


图 9-93 启用网站集

将 Web 应用程序连接到服务应用程序的操作步骤如下：

在服务应用程序关联界面，确保我的宿主网站所在的 Web 应用程序关联 User Profile

Service，如图 9-94 所示。

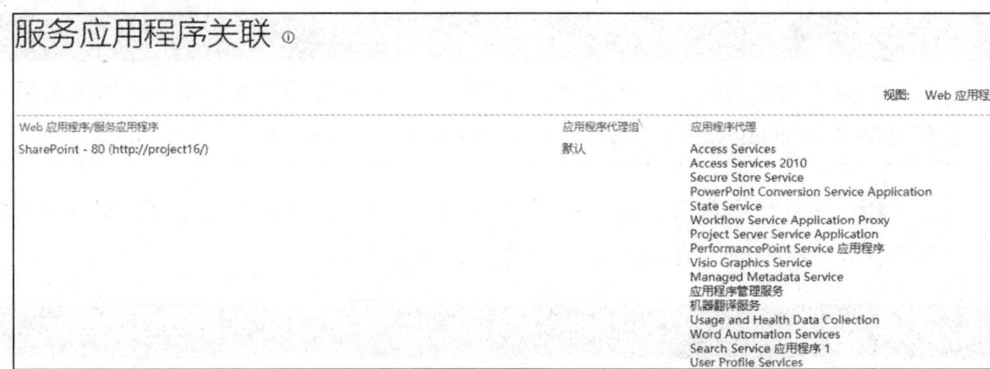


图 9-94　Web 应用程序关联

为 User Profile Service 应用程序设置“我的网站”的操作步骤如下：

步骤 01　进入 User Profile Service 管理界面，单击“设置‘我的网站’”，如图 9-95 所示。

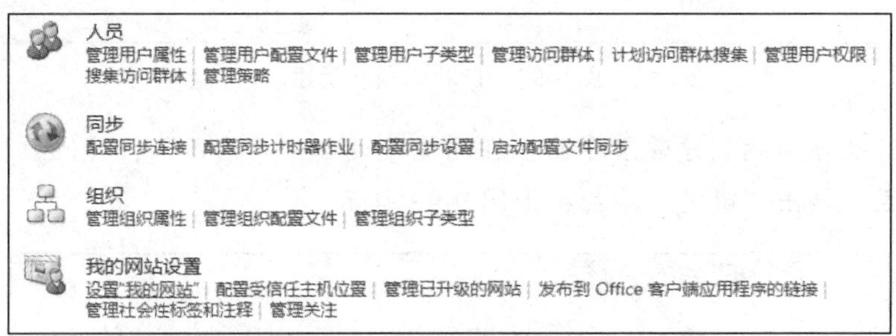


图 9-95　设置“我的网站”

步骤 02　在我的网站设置界面，配置“我的网站宿主位置”：http://project16:80/sites/mysite，单击“确定”按钮，如图 9-96 所示。

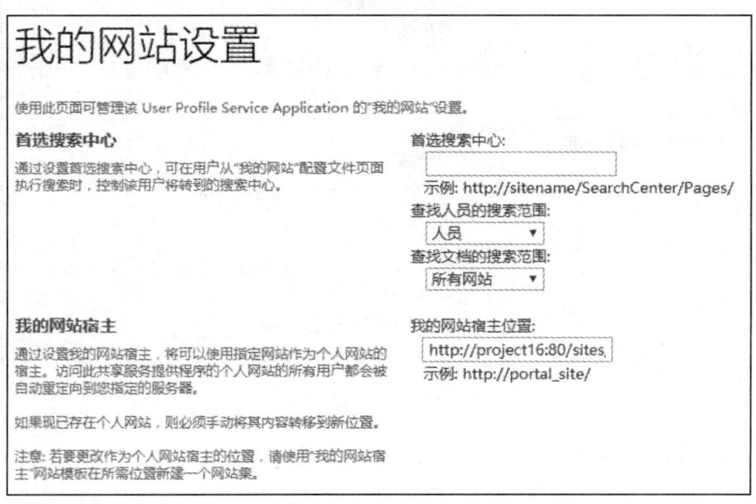


图 9-96　配置我的网站宿主

以域用户 Shelley 为例，创建 Shelley 的个人网站的具体操作步骤如下：

步骤 01 用户 Shelley 登录“我的网站”宿主网站集 http://project16:80/sites/mysite，如图 9-97 所示。

图 9-97 访问“我的网站”宿主网站集

步骤 02 在宿主网站集界面，单击▦中的“网站”，如图 9-98 所示。

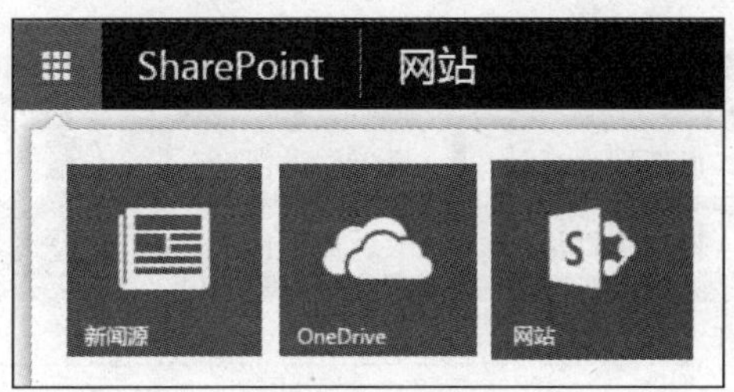


图 9-98 网站

步骤 03 自助式网站在后台自动创建以 Shelley 命名的个人网站，如图 9-99 所示。

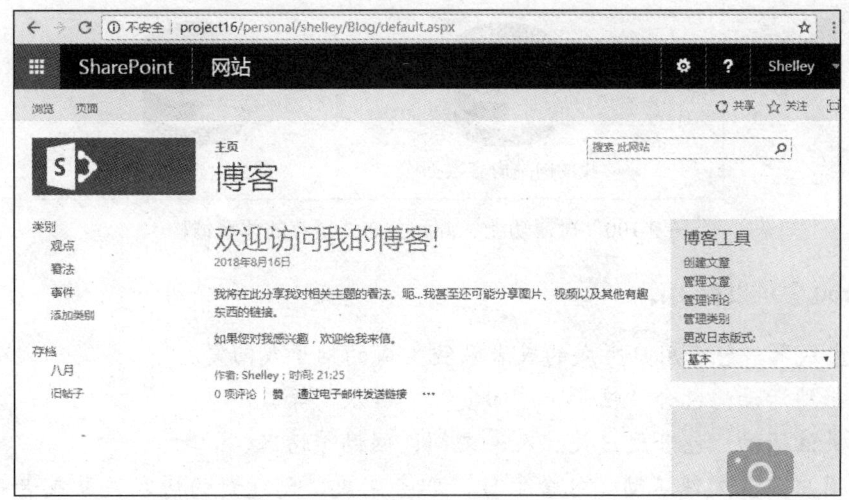


图 9-99 Shelley 的个人网站

### 9.6.6 微博的概述与管理

图 9-100 是微博功能、源和分布式缓存的体系结构。

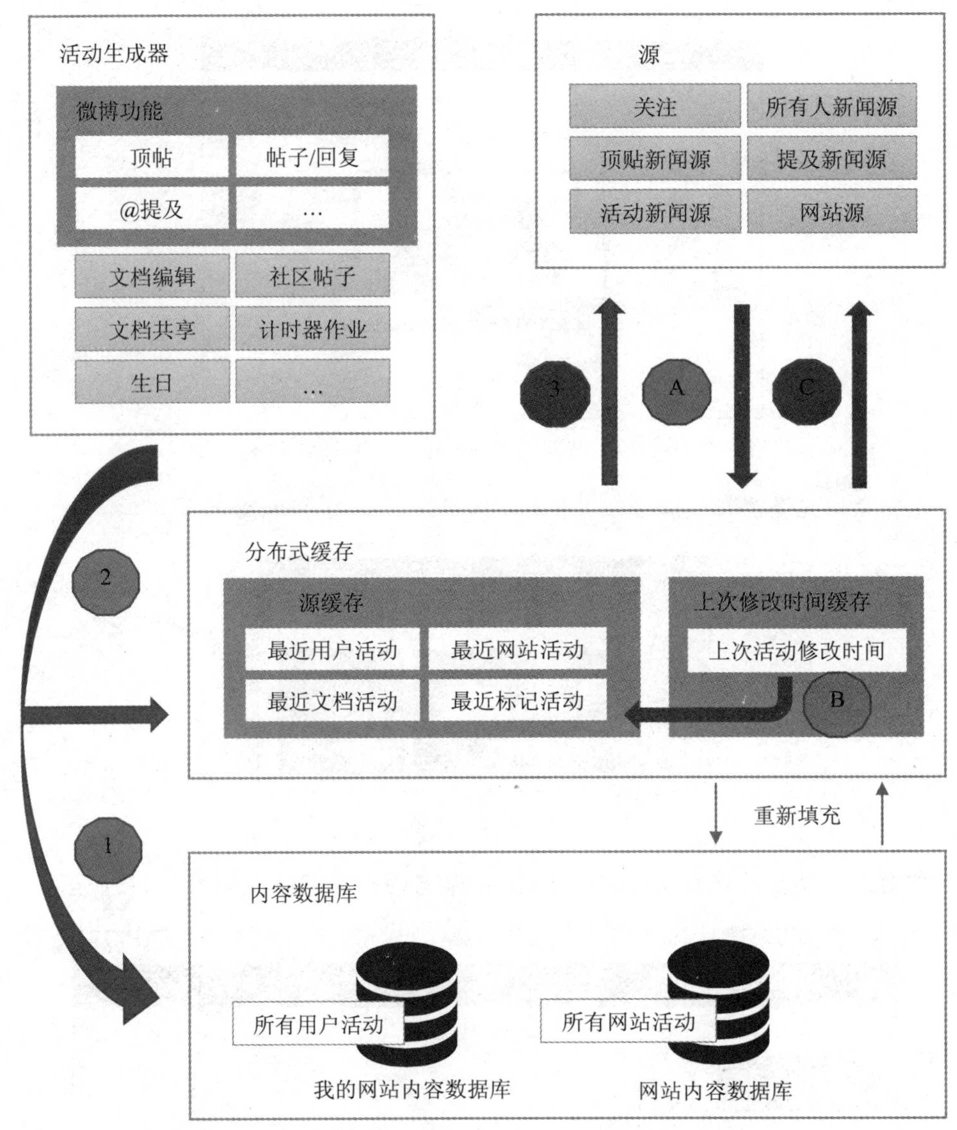


图 9-100 微博功能、源和分布式缓存的体系结构

从图 9-100 中可以得出：

- 活动生成器：包含用户生成的或者系统生成的帖子或回复。
  - 微博活动：包含“帖子”“回复”“喜欢”等。
  - 关注活动：包含用户关注人、文档、网站等情况。
  - 用户配置文件活动：包含生日、职务变更、创建新的博客文章或者在社区网站上发布信息等。

    - 文档活动：包含编辑文档或共享文档的情况。
- 源：向用户显示活动信息。
    - 新闻源：访问用户的个人网站时的默认视图，包含已关注实体的最近活动。
    - 所有人新闻源：包含所有用户的最近活动情况，包含最新帖子或回复。
    - 活动新闻源：显示与用户相关的所有活动。
    - 提及新闻源：显示提到该用户的所有帖子或回复。
    - 喜欢新闻源：显示用户喜欢的所有帖子或回复。
    - 网站源：网站源的所有帖子或回复仅当用户具有访问网站源的权限时才会显示在用户的“新闻源”中。
- 分布式缓存：在 SharePoint Server 中提供缓存功能，微博功能和源依赖于分布式缓存服务中的源缓存和上次修改时间缓存。

图 9-100 中的序号和字母代表的含义如下。

- 序号 1：部分活动将保存到内容数据库中，如果活动是用户活动或网站活动，那么活动将保存到我的网站内容数据库中，如果活动是网站源活动，那么活动将保存到工作组网站内容数据库中。
- 序号 2：活动将写入分布式缓存。
- 序号 3：源中将显示更新。
- 字母 A：源查询上次修改时间缓存以检索最近活动的信息。
- 字母 B：之后此信息将作为源缓存的活动数据检索条件。
- 字母 C：使用从源缓存中检索出来的活动信息构造出相应的源。

## 9.6.7 启用 User Profile Service 应用程序——活动源作业

User Profile Service 应用程序——活动源作业将在以下事件的源中创建系统生成的公告：职务更改、生日庆祝、对“询问我”的更新、帖子等。用户在配置完我的网站后，应该启用该活动源作业，以便用户可在我的网站上的“新闻源”中接收系统生成的公告。

启用 User Profile Service 应用程序——活动源作业，需要保证用户为：

- SharePoint 管理中心网站的 Administrators 组的成员

具体操作步骤如下：

步骤 01 在管理中心界面，单击“监控”，如图 9-101 所示。

步骤 02 在监控界面，单击计时器作业中的“复查作业定义”，如图 9-102 所示。

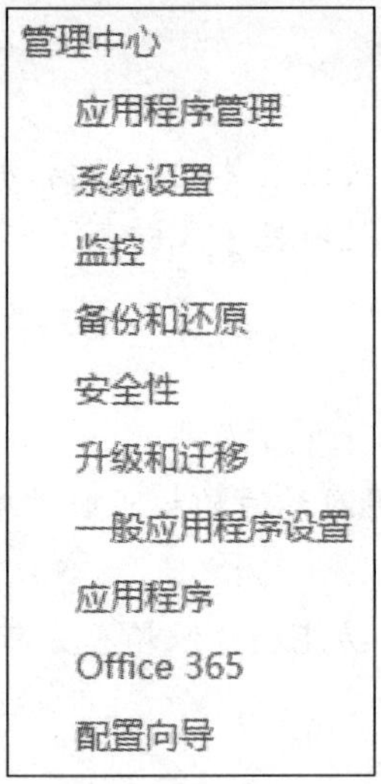

管理中心
应用程序管理
系统设置
监控
备份和还原
安全性
升级和迁移
一般应用程序设置
应用程序
Office 365
配置向导

图 9-101　监控

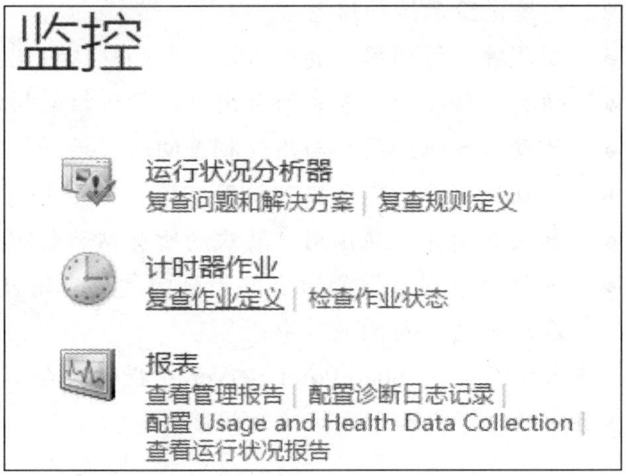

监控

运行状况分析器
复查问题和解决方案 | 复查规则定义

计时器作业
复查作业定义 | 检查作业状态

报表
查看管理报告 | 配置诊断日志记录 |
配置 Usage and Health Data Collection |
查看运行状况报告

图 9-102　复查作业定义

步骤 03　在作业定义界面，单击视图下的“服务”，如图 9-103 所示。

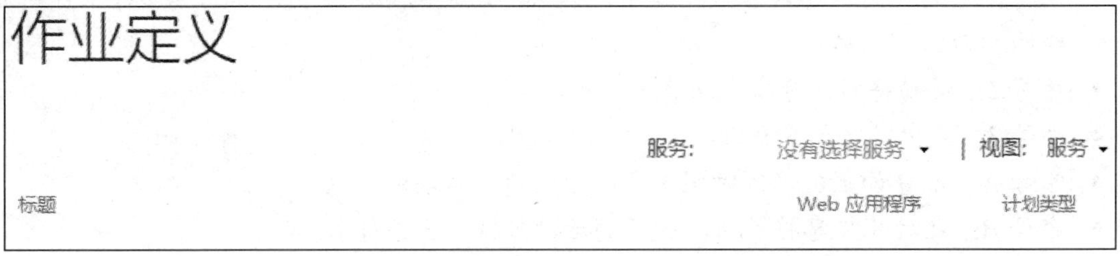

作业定义
服务: 没有选择服务 ▾ | 视图: 服务 ▾
标题 Web 应用程序 计划类型

图 9-103　服务

步骤 04　如果“服务”列表中没有显示 User Profile Service 相应的服务列表信息，单击“没有选择服务”中的“更改服务”，如图 9-104 所示。

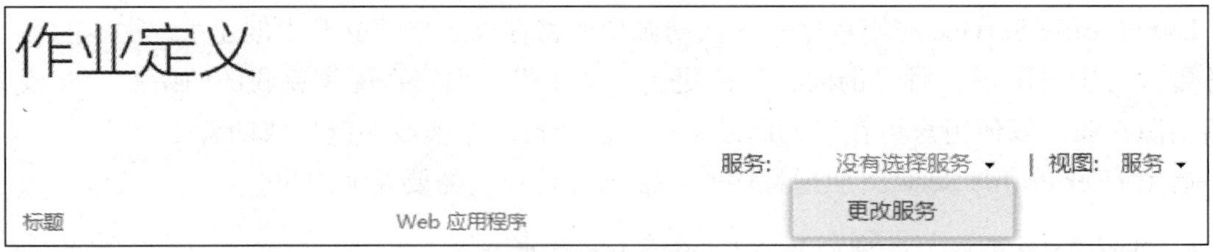

作业定义
服务: 没有选择服务 ▾ | 视图: 服务 ▾
标题 Web 应用程序 更改服务

图 9-104　更改服务

步骤 05　在选择服务界面，单击 User Profile Service，如图 9-105 所示。

图 9-105　User Profile Service

步骤 06　在 User Profile Service 列表界面，单击“User Profile Service-活动源作业”，如图 9-106 所示。

作业定义

服务: User Profile Service ▾ | 视图: 服务 ▾

| 标题 | Web 应用程序 | 计划类型 |
|---|---|---|
| User Profile Service - 访问群体搜集作业 | | 每周 |
| User Profile Service - 后台操作处理作业 | | 分钟 |
| User Profile Service - 活动源清理作业 | | 每日 |
| User Profile Service - 活动源作业 | | 禁用 |
| User Profile Service - 配置文件属性同步作业 | | 分钟 |
| User Profile Service - 社会数据维护作业 | | 每小时 |
| User Profile Service - 我的网站建议电子邮件作业 | | 每月 |
| User Profile Service - 用户配置文件 ActiveDirectory 导入作业 | | 分钟 |
| User Profile Service - 用户配置文件更改清除作业 | | 每日 |
| User Profile Service - 用户配置文件更改作业 | | 每小时 |
| User Profile Service - 用户配置文件语言同步作业 | | 每小时 |
| 运行状况分析作业(每天，User Profile Service，任意服务器) | | 每日 |
| 运行状况分析作业(每小时，User Profile Service，任意服务器) | | 每小时 |
| 运行状况分析作业(每月，User Profile Service，任意服务器) | | 每月 |
| 运行状况分析作业(每周，User Profile Service，任意服务器) | | 每周 |

图 9-106　User Profile Service 列表

步骤 07　在活动源界面，配置定期计划，并单击“启用”按钮，如图 9-107 所示。

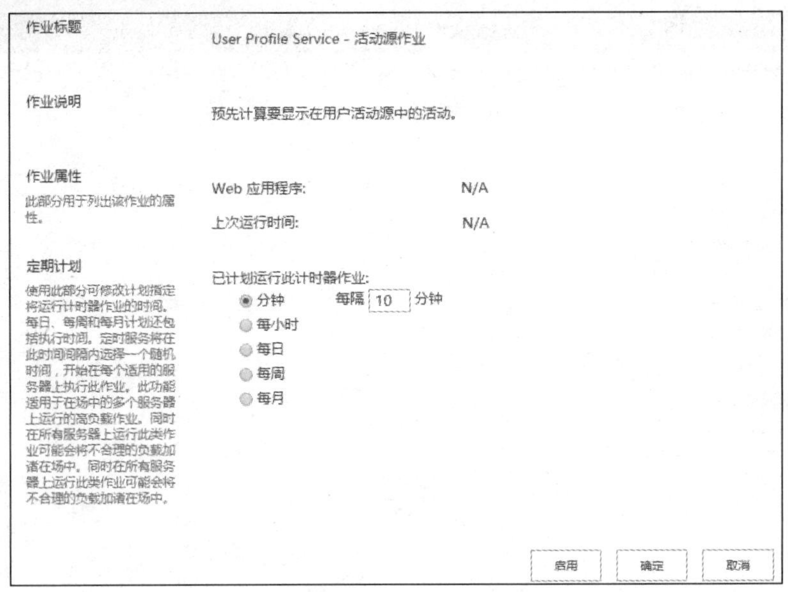


图 9-107　启用活动源

## 9.6.8　微博的应用场景

以征集新产品研发的需求实现方式，其他员工可以回帖或者@某人等操作为例介绍具体的操作步骤。

步骤 01　在管理部门网站功能界面，激活“关注内容”和“网站源”两个功能，如图 9-108 所示。

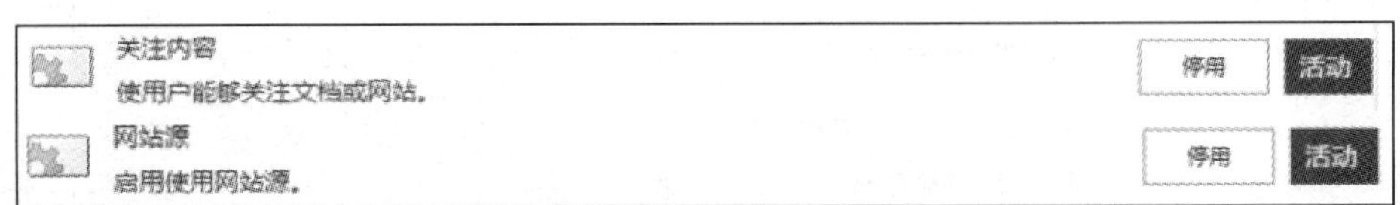


图 9-108　激活关注内容和网站源

步骤 02　在新闻源界面的新闻源中发布一则新闻，如图 9-109 所示。

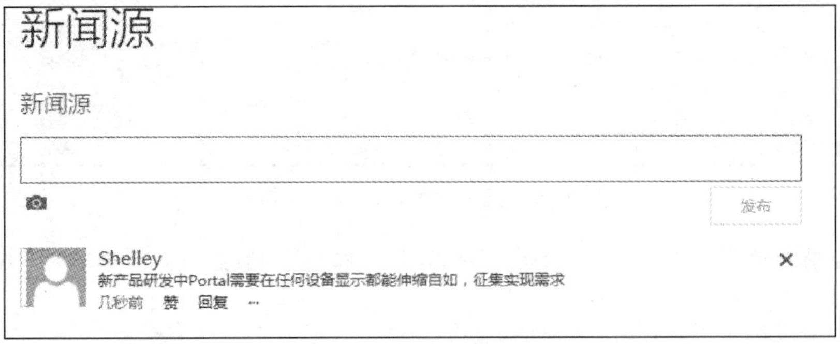

图 9-109　发布信息

步骤 03 用户 Leo 登录，进行点赞和回复两个动作，如图 9-110 所示。

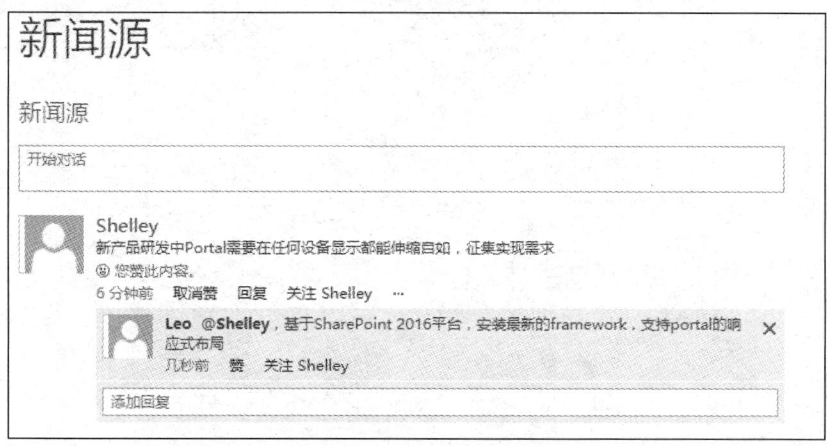


图 9-110 回复帖子并点赞

**说明：**

- 确保服务器场中服务界面的“分布式缓存”服务是启用状态，否则最新的微博功能（比如回复等）无法正常显示。
- 如果管理部网站的主界面没有新闻源 Web 部件，可以通过编辑当前页面的方式插入新闻源 Web 部件。

# 第五篇 Project 管理执行阶段

# 第 10 章

# 关键路径

每个任务都是重要的，但其中只有一部分是关键任务。关键路径是为使项目按时完成而必须按时完成的系列任务，是多个关键任务链接起来的任务链，它会直接影响项目的完成日期，如果关键路径中有任何一个任务延期，那么整个项目也会延期。

## 10.1 关键路径分析

Project Professional 2016 有“关键”域，这个域标识任务是否为关键任务，若显示“是”，则是关键任务，若显示“否”，则不是关键任务，是与否不能手动设置，是系统自动生成的。在 Project Professional 2016 中，关键任务不是一成不变的，例如，当一项任务标记为已完成，不会对后续任务产生影响的时候，就不再是关键任务。

**说明：**

- 在 Project Professional 2016 中，关键路径随着相关数据的变化而实时地展示。
- 在 Project Professional 2016 中，当一项任务满足以下任何一个条件时，该任务即为关键任务，如图 10-1 所示。
  - 必须开始于。
  - 必须完成于。
  - 越晚越好。
  - 越早越好。

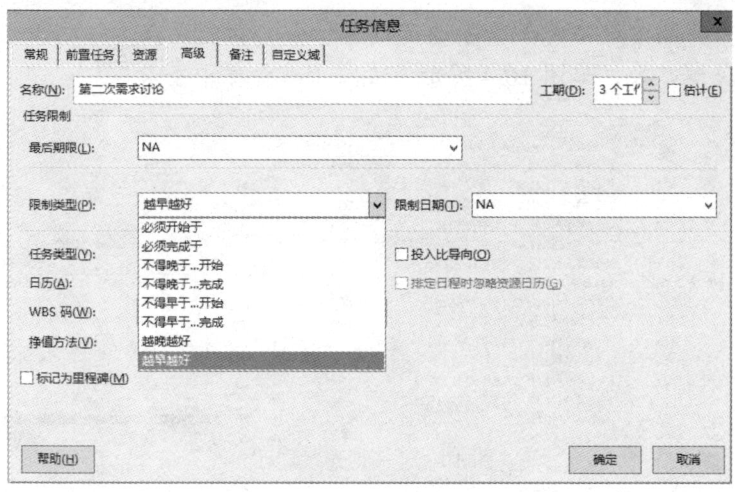


图 10-1　限制类型

如果要充分利用关键路径分析，需要了解和掌握下面的操作。

- 定期查看关键路径：随着关键任务完成或其他系列中的任务延迟，可以更改关键路径。
- 密切监控关键任务：关键路径上的任何任务都是关键任务，可以通过基线比较，并结合跟踪甘特图视图来查看进度落后的任务。

以新产品研发为例，在甘特图视图中显示关键路径的具体操作步骤如下：

步骤 01　项目负责人/经理打开新产品研发.mpp 文件，单击“视图”→“甘特图”，如图 10-2 所示。

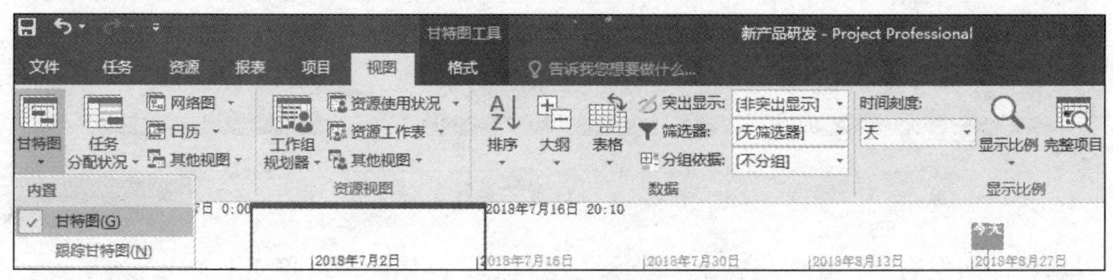


图 10-2　甘特图

步骤 02　在甘特图工具中，在“格式”→“条形图样式”中勾选“关键任务”复选框，如图 10-3 所示。

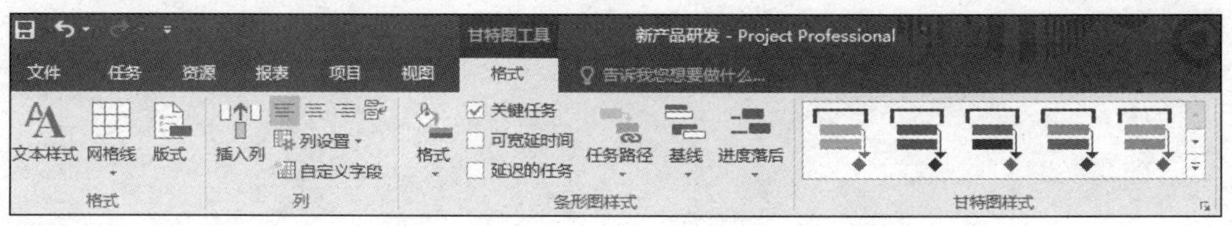


图 10-3　关键任务

步骤03 在甘特图视图中，右边的条形图中很多任务的颜色变成了红色，红色任务组成的路径就是关键路径，如图 10-4 所示（可在下载资源中查看）。

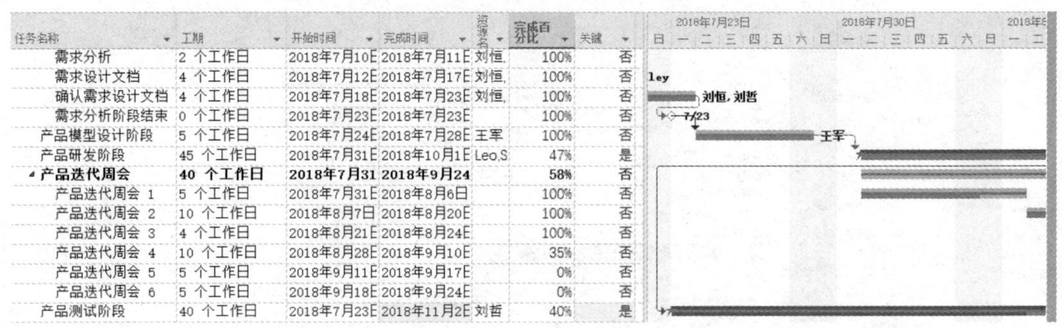


图 10-4　关键路径显示

**说明：**若要利用特殊符号醒目显示关键任务，则可以单击“格式”→“格式”→“条形图样式”，根据需求调整“关键”任务的形状以及颜色，如图 10-5 所示。

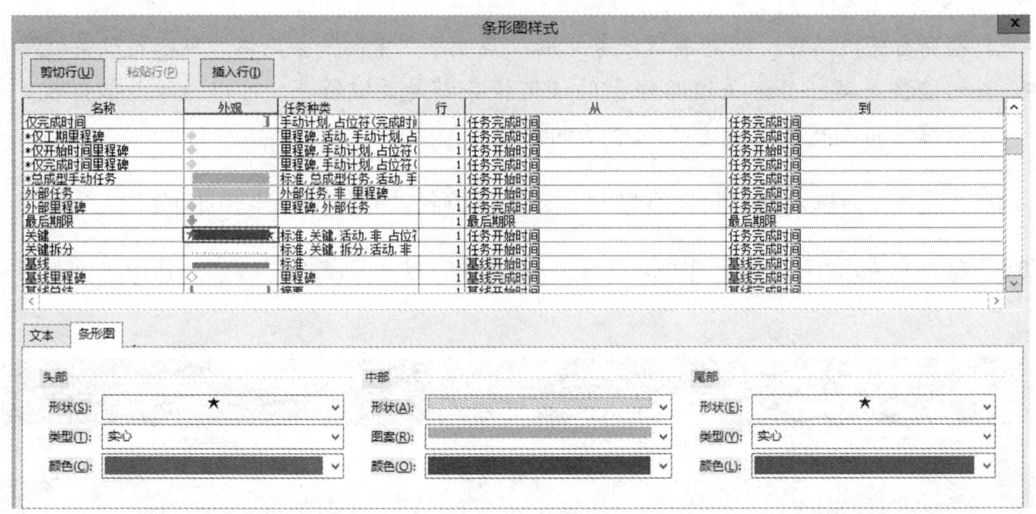


图 10-5　关键任务个性化设置

以新产品研发为例，在网络视图中显示关键路径的具体操作步骤如下：

步骤01 项目负责人/经理打开新产品研发.mpp 文件，单击“甘特图”→“网络图”，如图 10-6 所示。

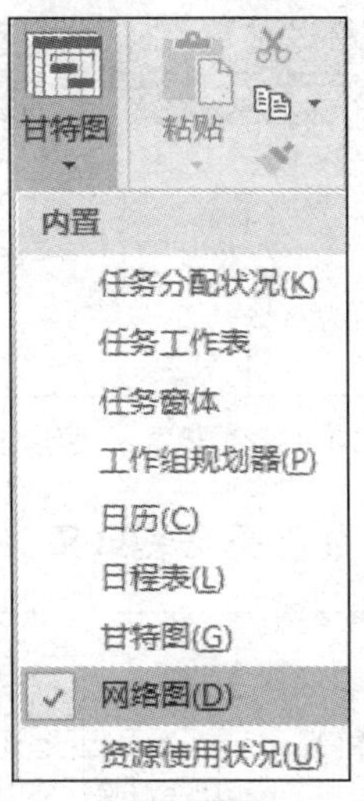


图 10-6 网络图

步骤 02 在出现的网络图中，用红色标明的任务便是关键任务，如图 10-7 所示。

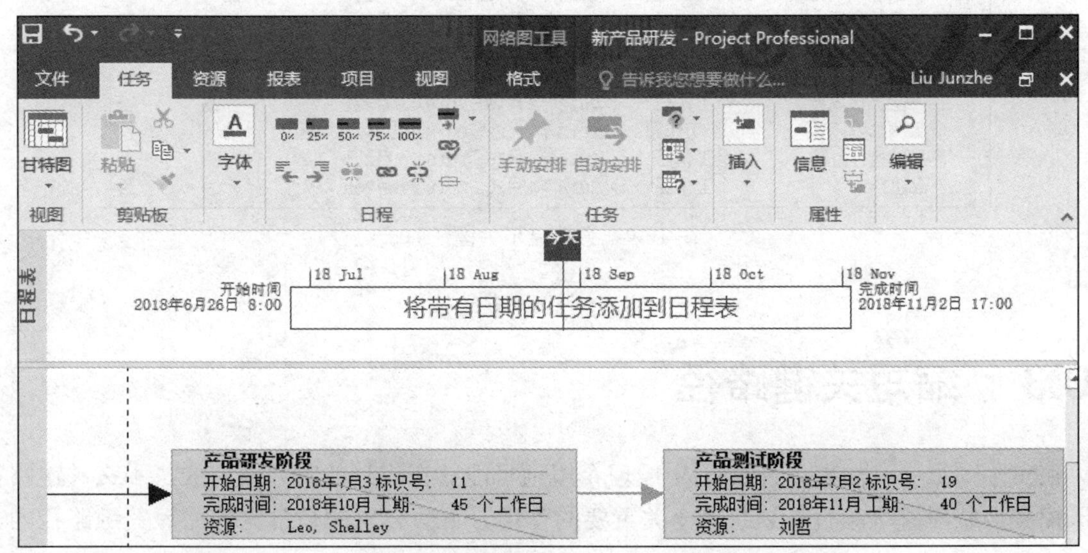


图 10-7 网路图中的关键任务显示

## 10.2 突出显示关键路径

项目负责人/经理可以在任意视图中查看突出显示的关键路径，以新产品研发为例，具体操作步骤如下：

步骤 01 项目负责人/经理打开新产品研发.mpp 文件，单击“视图”→“数据”→“突出显示”，展开后单击“关键”，如图 10-8 所示。

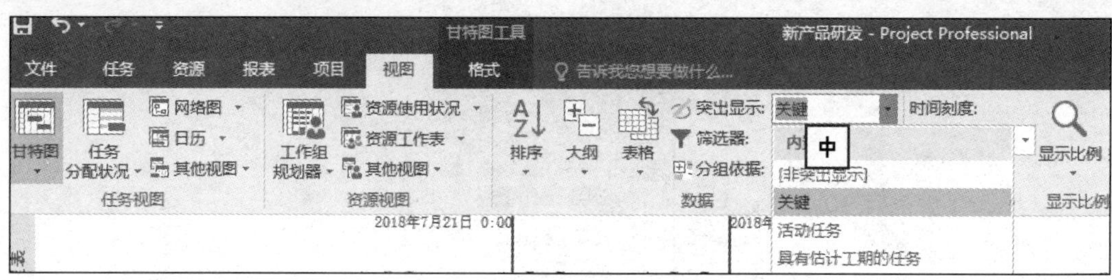


图 10-8　突出显示关键任务

**步骤 02** 在甘特图视图中，可以看到黄色高亮突出显示了关键任务，如图 10-9 所示。

| 任务名称 | 工期 | 开始时间 | 完成时间 | 资源名 | 完成百分比 | 关键 |
|---|---|---|---|---|---|---|
| ◢ 新产品研发 | 94 个工作日 | 2018年6月26E | 2018年11月2E | | 59% | 是 |
| ▷ **需求分析阶段** | **20 个工作日** | **2018年6月26** | **2018年7月23** | | **100%** | 否 |
| 产品模型设计阶段 | 5 个工作日 | 2018年7月24E | 2018年7月28E | 王军 | 100% | 否 |
| 产品研发阶段 | 45 个工作日 | 2018年7月31E | 2018年10月1E | Leo,S | 47% | 是 |
| ◢ **产品迭代周会** | **40 个工作日** | **2018年7月31** | **2018年9月24** | | **58%** | 否 |
| 产品迭代周会 1 | 5 个工作日 | 2018年7月31E | 2018年8月6日 | | 100% | 否 |
| 产品迭代周会 2 | 10 个工作日 | 2018年8月7日 | 2018年8月20E | | 100% | 否 |
| 产品迭代周会 3 | 4 个工作日 | 2018年8月21E | 2018年8月24E | | 100% | 否 |
| 产品迭代周会 4 | 10 个工作日 | 2018年8月28E | 2018年9月10E | | 35% | 否 |
| 产品迭代周会 5 | 5 个工作日 | 2018年9月11E | 2018年9月17E | | 0% | 否 |
| 产品迭代周会 6 | 5 个工作日 | 2018年9月18E | 2018年9月24E | | 0% | 否 |
| 产品测试阶段 | 40 个工作日 | 2018年7月23E | 2018年11月2E | 刘哲 | 40% | 是 |
| 产品试运行阶段 | 5 个工作日 | 2018年6月26E | 2018年7月2日 | | 0% | 否 |
| 产品上线 | 0 个工作日 | 2018年6月26E | 2018年6月26E | | 0% | 否 |

图 10-9　突出显示关键任务

# 10.3　缩短关键路径

在实际项目中，如果项目负责人/经理希望项目能够在规划的时间内完成，那么关键路径的压缩和调整对整个项目计划起着至关重要的作用。下面列出的是常见的缩短关键路径的方法。

- 缩短工期。
- 更改任务限制，以允许日程有更大的灵活性。
- 关键任务分成更小的任务，可以同时分配不同的资源。
- 更改任务相关性，启动多个日程排定的灵活性。
- 设置相关任务之间的前置重叠时间。
- 安排加班。
- 分配关键路径任务的其他工时资源。

相关设置前面已经介绍过了，这里不再重复介绍。

# 10.4 显示项目中的可宽延时间

可宽延时间（又称“浮动”）是指在不影响其他任务的前提下某任务可以延迟的时间长度，它会在项目负责人/经理计划任务时自动计入项目中，可以在日程有被延迟的风险时根据需要将其用作缓冲时间。

默认情况下，根据定义，可宽延时间为零的任务被视为关键任务，如果关键任务延迟，项目完成日期也会延迟。要在关键路径中构建一些可宽延时间，可以在以下设置中更改可宽延时间的默认设置，以新产品研发为例，具体操作步骤如下：

步骤 01 打开新产品研发.mpp 文件，单击“文件”→“选项”，如图 10-10 所示。

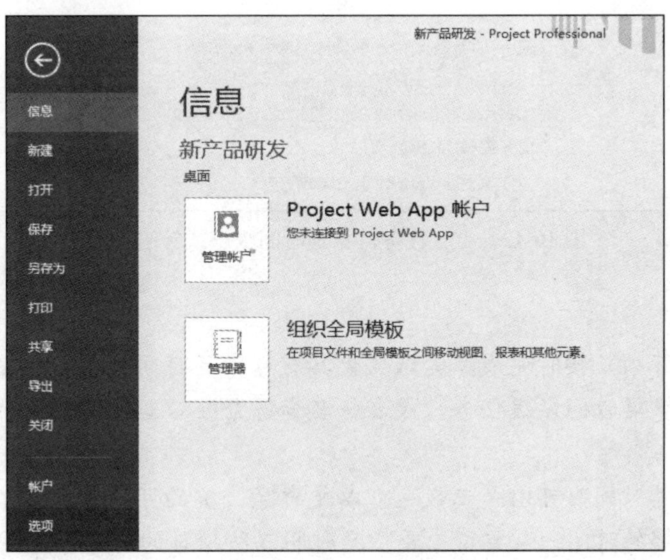


图 10-10 选项

步骤 02 在选项界面，单击“高级”，如图 10-11 所示。

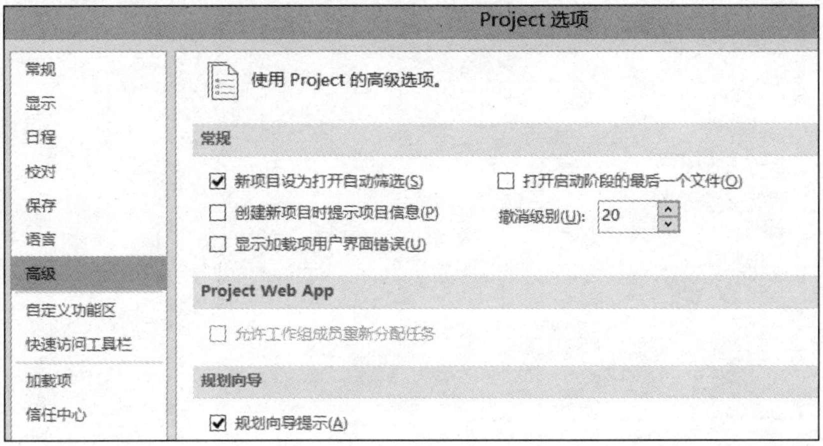

图 10-11 高级

步骤03 在“高级”界面，在“关键任务定义：任务可宽延时间少于或等于”框中输入“2”天，单击“确定”按钮，如图10-12所示。

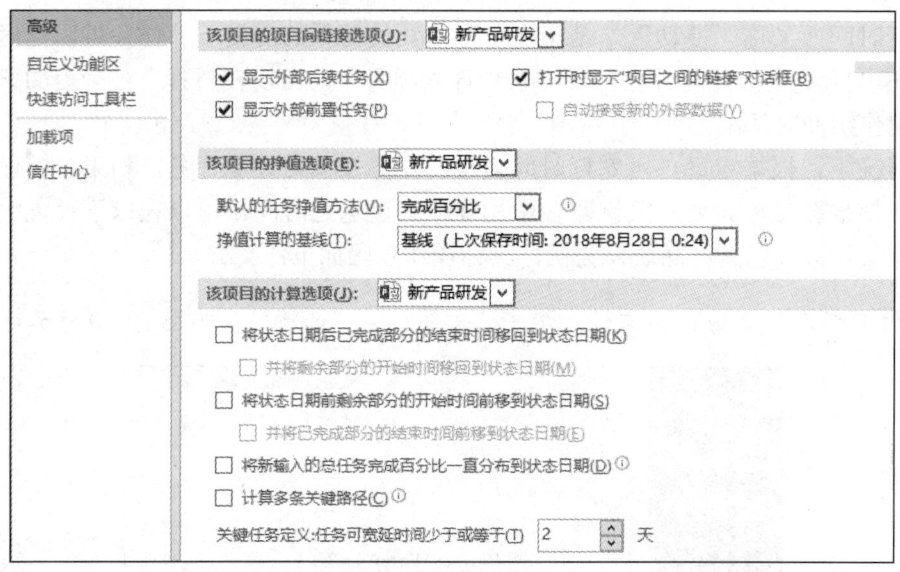


图10-12　定义任务可宽延时间少于或等于2天

**说明：**

- 为了确保实际项目按时完成，尝试优化具有可宽延时间且不在关键路径上的任务，可使用可用可宽延时间延迟任务，或者将其资源分配给其他任务来帮助防止日程进度落后。
- “可宽延的总时间”可以是正数也可以是负数，负的可宽延时间值表示没有为其相应任务安排足够的时间，需要留出更多的时间以防项目的完成日期延迟。

# 第 11 章

# 利用Project Professional更新项目进度

项目负责人/经理可以采用 Project Professional 2016 或者 Project Server 两种协同管理工具来完成项目执行的各种操作管理：项目计划的编制、进度的更新等都需要项目负责人/经理单独来完成。

## 11.1 更新完成百分比

项目负责人/经理可以采用两种方式：更新完成百分比和剩余工期与实际工期的变化自动更新百分比来管理项目进度。

以新产品研发为例，更新完成百分比的具体操作步骤如下：

步骤 01 项目负责人/经理打开新产品研发.mpp 文件，在甘特图视图下，插入列“完成百分比”，如图 11-1 所示。

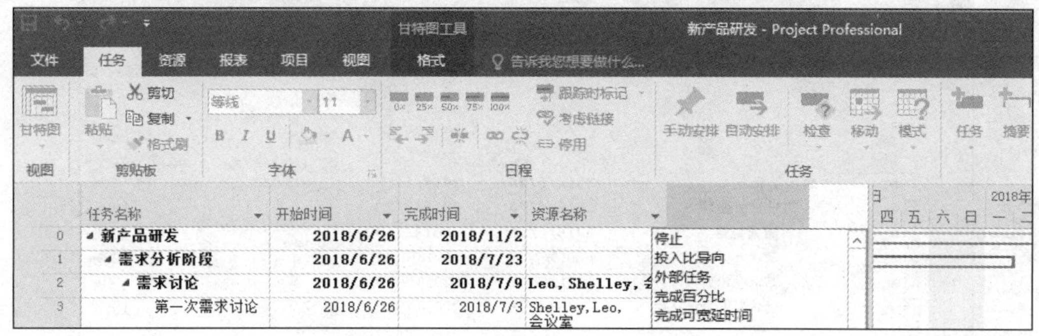


图 11-1　插入新列“完成百分比”

步骤 02 单击每一个任务中的完成百分比区域，手动填入项目完成的百分比信息，如图 11-2 所示。

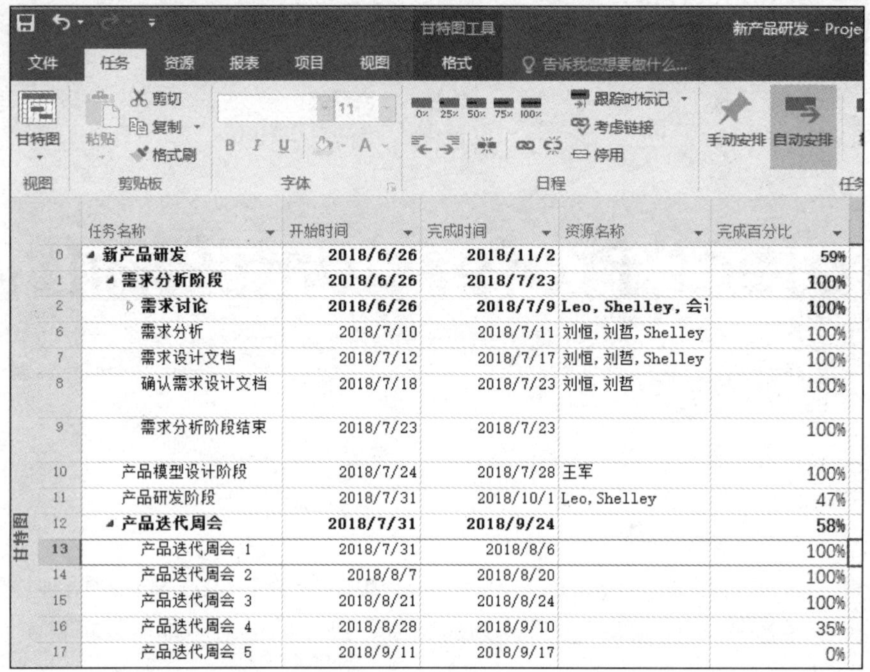


图 11-2　项目完成百分比

| 说　明 |
| --- |
| 子任务完成百分比更新后，摘要任务的完成百分比会自动更新。 |

以新产品研发为例，剩余工期与实际工期的变化自动更新百分比的具体操作步骤如下：

步骤 01　项目负责人/经理打开新产品研发.mpp 文件，在甘特图视图下，以“产品研发阶段”为例，选中该任务，单击“任务”选项卡中的“跟踪时标记”→“更新任务”，如图 11-3 所示。

图 11-3　更新任务“产品研发阶段”

**步骤 02** 在"更新任务"界面，更新"实际工期"为 24 个工作日，"剩余工期"为"21 个工作日"，单击"确定"按钮，如图 11-4 所示。

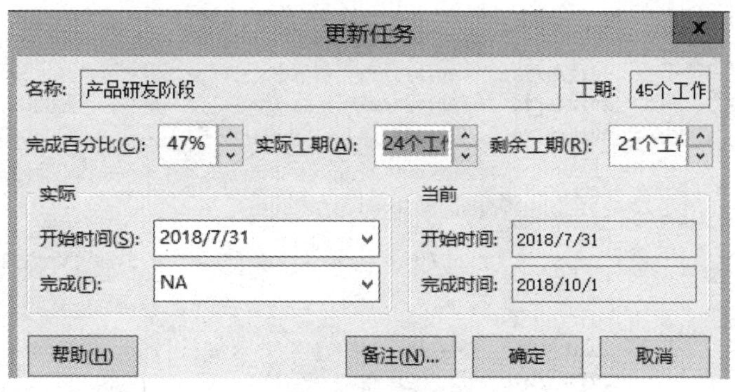


图 11-4 更新任务

**步骤 03** 返回甘特图界面，可以查看到更新"实际工期"和"剩余工期"后，自动计算出"完成百分比"为 53%，如图 11-5 所示。

| | 任务名称 | 开始时间 | 完成时间 | 资源名称 | 完成百分比 |
|---|---|---|---|---|---|
| 0 | **新产品研发** | **2018/6/26** | **2018/11/2** | | **61%** |
| 1 | **需求分析阶段** | **2018/6/26** | **2018/7/23** | | **100%** |
| 2 | **需求讨论** | **2018/6/26** | **2018/7/9** | **Leo, Shelley, 会i** | **100%** |
| 6 | 需求分析 | 2018/7/10 | 2018/7/11 | 刘恒, 刘哲, Shelley | 100% |
| 7 | 需求设计文档 | 2018/7/12 | 2018/7/17 | 刘恒, 刘哲, Shelley | 100% |
| 8 | 确认需求设计文档 | 2018/7/18 | 2018/7/23 | 刘恒, 刘哲 | 100% |
| 9 | 需求分析阶段结束 | 2018/7/23 | 2018/7/23 | | 100% |
| 10 | 产品模型设计阶段 | 2018/7/24 | 2018/7/28 | 王军 | 100% |
| 11 | 产品研发阶段 | 2018/7/31 | 2018/10/1 | Leo, Shelley | 53% |

图 11-5 自动更新完成百分比

> **说 明**
>
> 实际工期的值可以大于工期，当实际工期大于工期时，工期的值将变化为实际工期的值来表示该任务实际所需要的工期。

## 11.2 更新实际开始时间与实际完成时间

在实际项目中，除了使用更新完成百分比来更新任务进度外，还可以通过更新项目的实际开始时间和实际完成时间来体现任务进度。

比如新产品研发过程中，由于产品模型设计阶段，客户的项目经理在审阅时耽搁了时间，导致该项任务完成时间略有延迟，更新实际完成时间的具体操作如下：

步骤01 打开“产品模型设计阶段”的“更新任务”界面，在“实际”的“完成”区域更新时间为：2018/7/31，单击“确定”按钮，如图 11-6 所示。

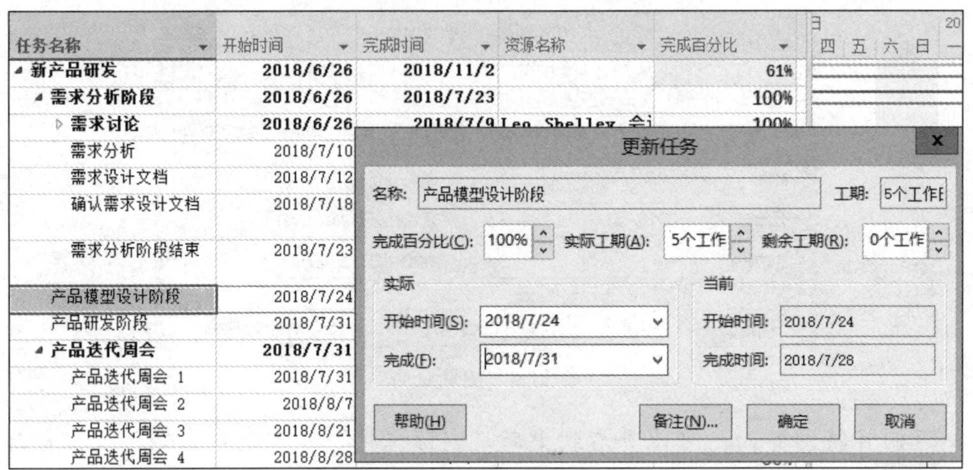

图 11-6　更新任务的实际完成时间

步骤02 返回甘特图界面，可以看到“完成时间”已经更新，并且任务实际完成时间多于项目基线，如图 11-7 所示。

图 11-7　更新“完成时间”

**说　明**

更新实际开始时间与上述方法相同，只需要在更新任务界面更新实际开始时间即可，不做演示说明。

# 第 12 章

# ◀ 项目组合分析 ▶

美国项目管理协会（PMI）对项目组合的定义为项目或项目群以及其他工作聚合在一起，通过有效管理以满足业务战略目标。而项目组合管理是对项目组合的有效管理，PMI 对组合管理的定义为在可利用的资源和企业战略计划的指导下，进行多个项目或项目群投资的选择和支持，项目组合管理通过项目评价选择、多项目组合优化确保项目符合企业的战略目标，从而实现企业收益的最大化。

越来越多的组织面临着企业在同一时间内进行许多项目和项目群的情况，每个企业都希望对项目的投资取得最大的收益回报，作为项目管理领域未来发展趋势之一的项目组合管理，已经得到了越来越多的企业的重视，其重要性也日益显现出来。

但在实际项目中，企业在项目管理过程中经常会遇到一些问题：

- 缺乏对项目投资的统一评估。
- 项目决策层大多还是主观进行项目决策，没有科学量化的项目评价标准。
- 对于项目的过程缺乏透明度和可控制性，不能及时发现项目过程中出现的问题并对项目加以调整，造成项目的失败。
- 不能从战略层次考虑项目的收益，只关注单个项目的短期财务收益，忽视短期项目和长期项目、财务收益和非财务收益之间的平衡。
- 对项目的管理停留在项目的水平上，即以分散的项目为基础的单一项目管理，而不是将所有项目视为一个整体进行管理，忽视了企业是一个系统的战略整体。
- 不能在整个企业的范围内对所有项目进行统一的资源管理和分配，造成企业资源（财务和人力资源）的浪费。
- 由于企业资源有限，造成多个项目之间为得到关键资源而发生冲突和争论。
- 存在很多重复和冗余的项目。

而通过项目组合管理能够实现以下目标：

- 能够快速响应外部环境的变化，提高企业的竞争优势。

- 建立企业所有项目的视图，动态评价项目与战略目标的一致性。
- 在企业内建立一个统一的项目评估与选择机制。
- 对项目的特性以及成本、资源、风险等项目要素按照统一的评价标准进行优先级别排序，选择符合企业战略目标的项目。

对企业所有的项目进行平衡，平衡长期和短期、高风险和低风险以及受其他因素影响的项目。

- 在企业范围内对项目分配企业的资源，保证企业资源达到最优化，同时确保项目的水平控制在企业的财务和资源能力之内，提高项目的成功率。
- 通过识别低价值的、不符合战略的、多余的、执行很差的项目来降低成本，从而降低运营风险。
- 通过改进项目选择、优化、排序等过程来增加企业的投资回报。
- 能够识别项目群和项目之间的依赖关系。
- 改善项目负责人和业务管理者之间的沟通关系，使业务管理者更加关注项目。

可见，企业通过项目组合管理能够合理运用企业各种资源，快速适应市场环境的变化，提高企业项目（包括 IT 信息化项目）实施的成功率，从而提升企业的竞争优势。

通过本章的介绍，你可以了解和掌握：

- 业务驱动因素和设置管理
- 项目组合分析驱动因素优先顺序
- 项目组合分析创建和管理

# 12.1 业务驱动因素和设置管理

Project Web App 使用业务驱动因素来帮助项目经理/负责人规划和选择项目。

业务驱动因素是企业内部希望完成的目标，比如提高客户的满意度、扩展市场份额或降低 IT 成本，在 Project Web App 中可以定义和设置优先级别业务驱动因素，然后定义每个业务驱动因素如何给定某个具体的项目。影响评级和说明如表 12-1 所示。

**表 12-1 影响评级和说明**

| 影响评级 | 说明 |
|---|---|
| 无 | 该项目对此业务驱动因素没有任何影响 |
| 低 | 该项目对此业务驱动因素影响很小，在客户满意度业务驱动因素示例中，可以定义客户满意度提高 1~3 点 |
| 审阅 | 该项目在此业务驱动因素中有中等程度的影响，在客户满意度业务驱动因素示例中，可以定义客户满意度提高 4~9 点 |

（续表）

| 影响评级 | 说明 |
| --- | --- |
| 强 | 该项目在此业务驱动因素上有很大影响，在客户满意度业务驱动因素示例中，可以定义客户满意度提高 10~20 点 |
| 超强 | 该项目对此业务驱动因素影响超强，在客户满意度业务驱动因素的示例中，可以定义客户满意度提高 20 点以上 |

在 Project Web App 中，项目负责人/经理因执行的项目参差不齐，可以创建任意多个业务驱动因素，创建业务驱动因素的具体操作步骤如下：

步骤 01 在 Project Web App 界面中，单击左边导航中的“编辑链接”，如图 12-1 所示。

图 12-1　编辑链接

步骤 02 在“编辑链接”界面，勾选“策略”中的“驱动因素库”“驱动因素优先顺序”“项目组合分析”，确保在快速启动栏中显示，单击“保存并关闭”按钮，如图 12-2 所示。

图 12-2　勾选“策略”元素在快速启动栏中显示

步骤 03 返回 Project Web App 界面，单击左侧导航栏中的“驱动因素库”，如图 12-3 所示。

步骤 04 在驱动因素库界面，单击工具栏中的“新建”，如图 12-4 所示。

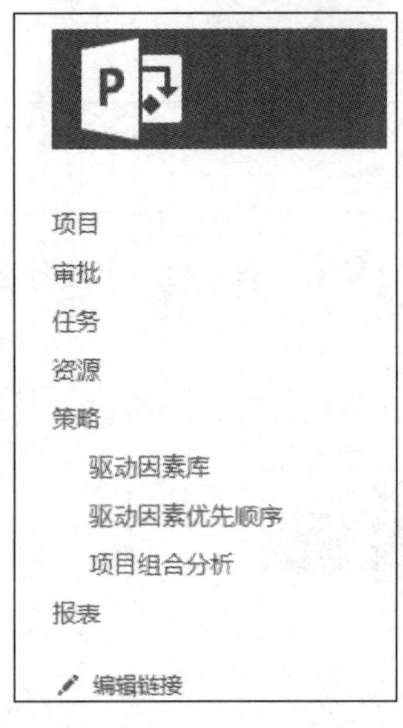

项目
审批
任务
资源
策略
驱动因素库
驱动因素优先顺序
项目组合分析
报表
编辑链接

图 12-3　驱动因素库

浏览
驱动因素
新建
删除
导出到 Excel
打印
驱动因素
共享
新建
创建新的驱动因素。
驱动因素是可作为项目衡量标准的目标。驱动因素可用于确定要投资的项目。
动因素名称

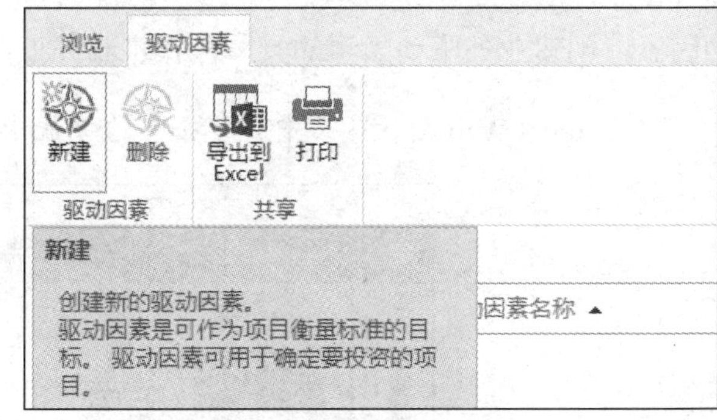

图 12-4　新建

步骤 05 在新建页面输入相关信息，如图 12-5 所示。

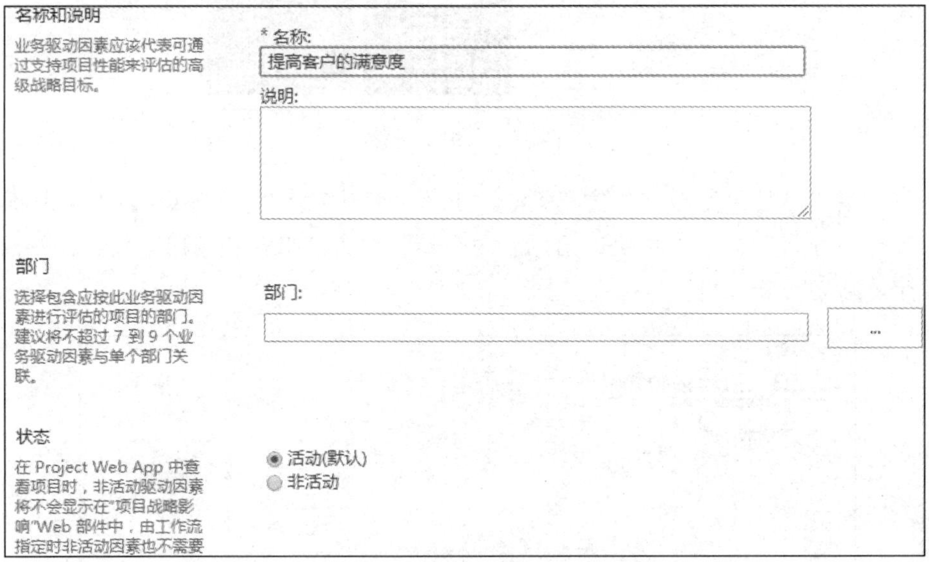

名称和说明
业务驱动因素应该代表可通过支持项目性能来评估的高级战略目标。
* 名称:
提高客户的满意度
说明:
部门
选择包含应按此业务驱动因素进行评估的项目的部门。建议将不超过 7 到 9 个业务驱动因素与单个部门关联。
部门:
状态
在 Project Web App 中查看项目时，非活动驱动因素将不会显示在"项目战略影响"Web 部件中，由工作流指定时非活动因素也不需要
活动(默认)
非活动

图 12-5　输入相关信息

步骤 06 返回驱动因素库界面，可以看到驱动因素：提高客户的满意度已成功创建完成，如图 12-6 所示。

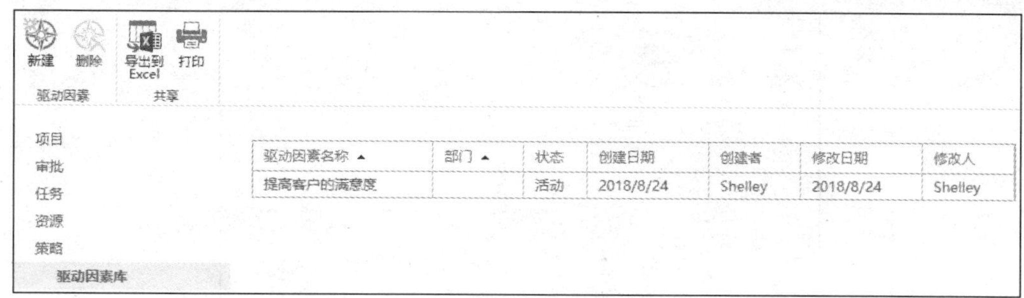


图 12-6 提高客户的满意度

## 12.2 项目组合分析驱动因素优先顺序

确定优先级的业务驱动因素基本上意味着决定哪些业务驱动因素比其他的更重要。可以创建多个优先顺序，不同类型的项目可以采用不同的优先顺序。

使用 Project Web App 可以执行业务驱动因素的成对比较。成对比较是比较彼此业务驱动程序与每个业务驱动因素和评价一个驱动程序是否比其他驱动程序更重要的方法，这些可以通过 Project Web App 创建每个业务驱动因素的整体百分比等级。

| 说 明 |
| --- |
| 推荐使用成对比较（计算选项）的业务驱动因素。 |

使用成对比较确定业务驱动因素的优先级的具体操作步骤如下：

步骤 01 在 Project Web App 中，单击左侧导航栏中的“驱动因素优先顺序”，如图 12-7 所示。

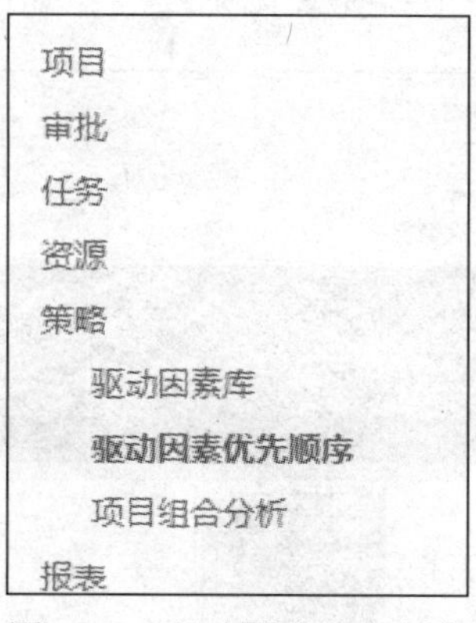


图 12-7 驱动因素优先顺序

步骤 02 在驱动因素优先顺序库界面中，单击工具栏中的“新建”，如图 12-8 所示。

步骤 03 在优先顺序界面，定义相关信息并确定驱动因素的优先级，单击“保存”按钮，如图 12-9 所示。

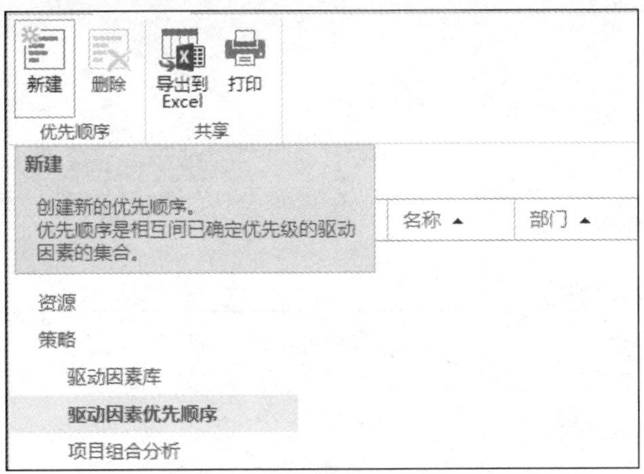


图 12-8　新建驱动因素优先顺序

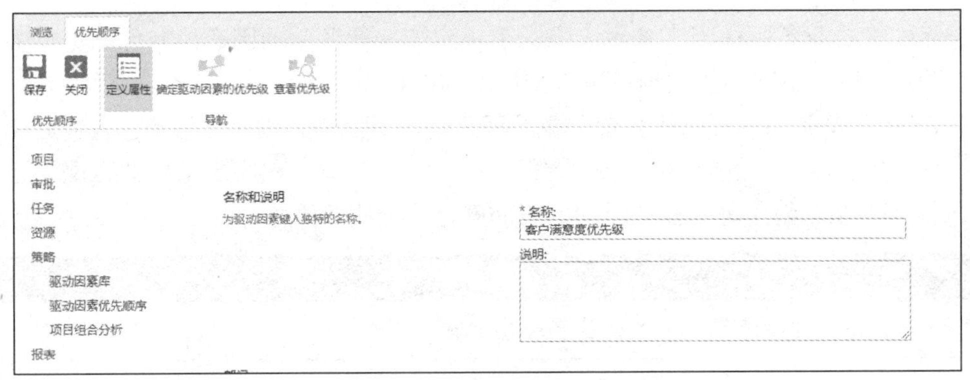


图 12-9　输入驱动因素优先级信息

步骤 04 返回驱动因素优先顺序库界面，进入“确定驱动因素的优先级”，按客户实际需求设定优先级，单击“下一个：查看优先级”，如图 12-10 所示。

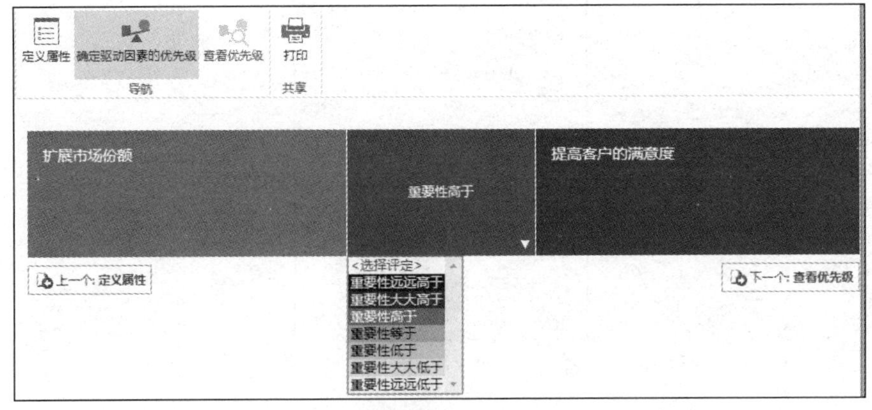


图 12-10　确定驱动因素的优先级

步骤 05 在“查看优先级”界面，可以看到每个驱动因素的优先级别占比，单击“关闭”按钮，如图 12-11 所示。

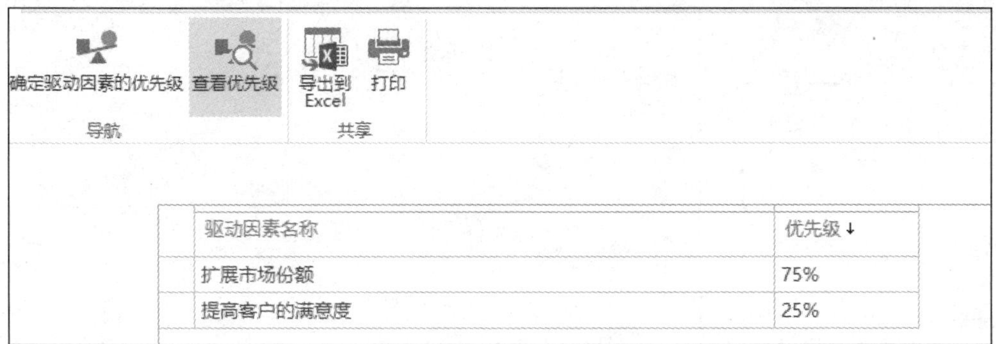


图 12-11 查看优先级

步骤 06 在优先顺序界面，可以看到“客户满意度优先级”已经成功建立，如图 12-12 所示。

图 12-12 “客户满意度优先级”已经成功建立

## 12.3 项目组合分析

定义业务驱动因素并确定其优先级后，可以建立项目组合分析。

Project Web App 可以帮助项目经理/负责人分析企业内的项目，以确定如何管理能提供最佳的预算和资源的投资回报，这个过程称为项目组合分析。

| 说 明 |
| --- |
| 需要管理员或者项目组合经理组的成员才能执行新建项目组合分析的操作。 |

新建项目组合分析的具体操作步骤如下：

步骤 01 在 Project Web App 管理界面，单击左侧导航区域的“项目组合分析”，如图 12-13 所示。

步骤 02 在项目组合分析库界面，单击“新建”，如图 12-14 所示。

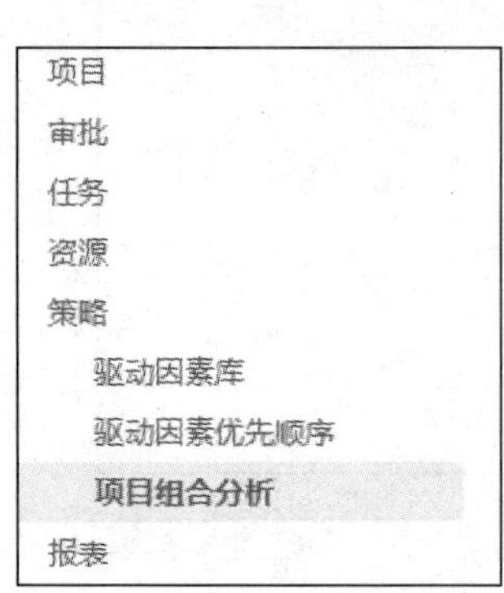


图 12-13 项目组合分析

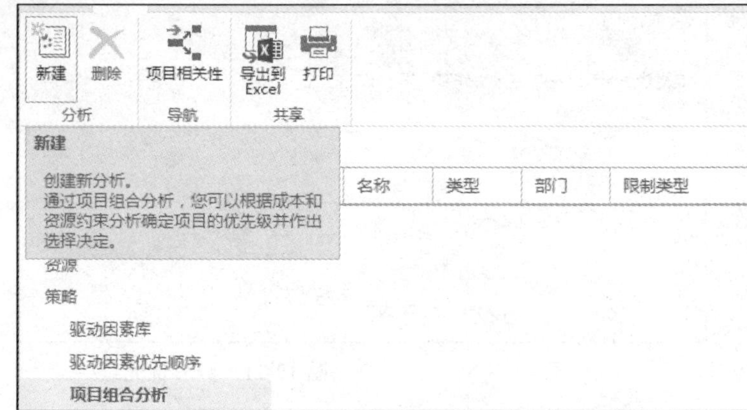


图 12-14 新建项目组合分析

步骤 03 在分析界面，输入相关信息并确定项目的优先级别，单击“保存”按钮，如图 12-15 所示。

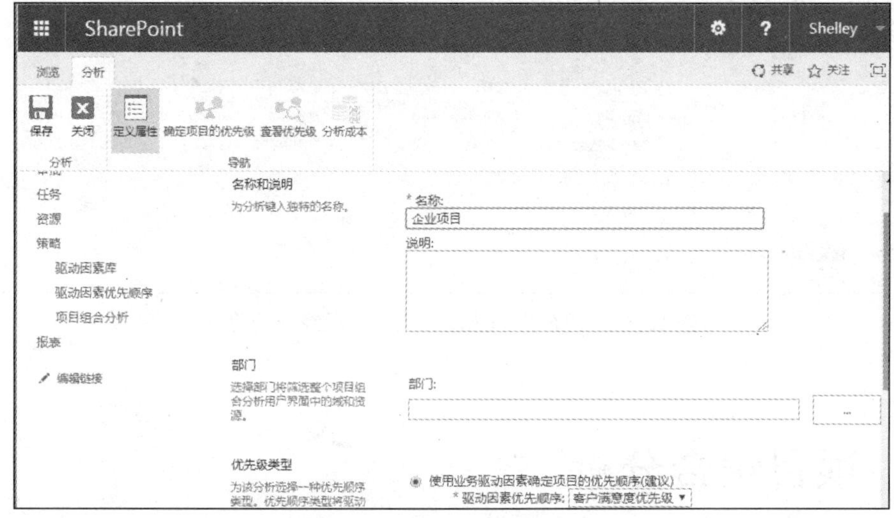


图 12-15 输入项目组合分析信息

# 第 13 章

# 时间表管理

基准日历的使用几乎就像项目日历、任务日历和资源日历的模板一样，用于定义组织中所有项目的标准工作和非工作时间，可以指定每天的工作时间、每周的工作日以及任何例外，如公司假期。Project 中已设置三种默认的基准日历：标准、24 小时和夜班。

使用 Project Professional 2016 管理项目时，新建项目时，一般采用的是默认的基准日历来安排工作：星期一至星期五，上午 8 点至下午 5 点的典型工作周，项目负责人/经理可以视情况来调整满足组织工作需求的基准日历。

通过本章的介绍，你可以了解和掌握：

- 调整项目的工作时间
- 更改为其他基准日历
- 设置特定任务的日程安排
- 添加资源的假期时间

## 13.1 调整项目的工作时间

如果项目的常规工作日程安排未满足项目需要，项目负责人/经理可以更改项目的工作日和时间，以便对工作进行适当的安排。

以新产品研发为例，具体操作步骤如下：

步骤 01 项目负责人/经理打开新产品研发.mpp 文件，单击“项目”→“属性”→“更改工作时间”，如图 13-1 所示。

图 13-1　更改工作时间

步骤 02　对于从“日历”列表中选择的标记为“项目日历”的日历，单击“工作周”选项卡，然后单击“详细信息”按钮，如图 13-2 所示。

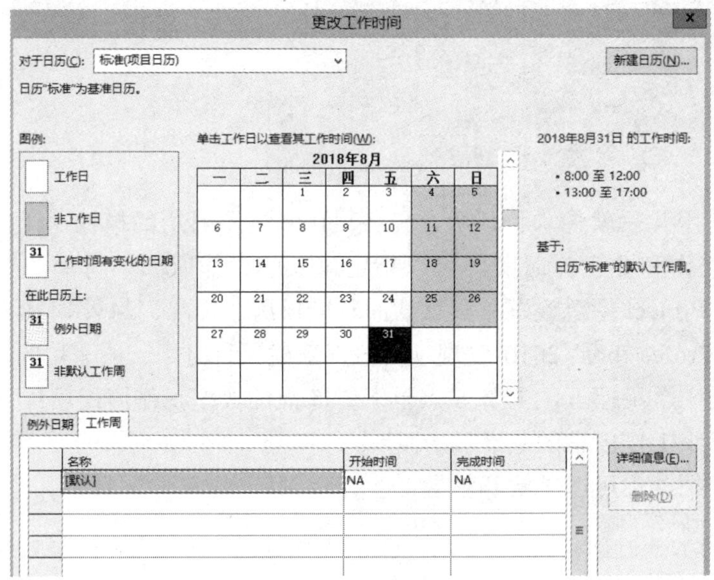


图 13-2　详细信息

步骤 03　在详细信息界面，选择要更改其工作时间的日期，选中“对所列日期设置以下特定工作时间”，使用“开始时间”和“结束时间”列设置所选工作日的工作时间。单击“确定”按钮，如图 13-3 所示。

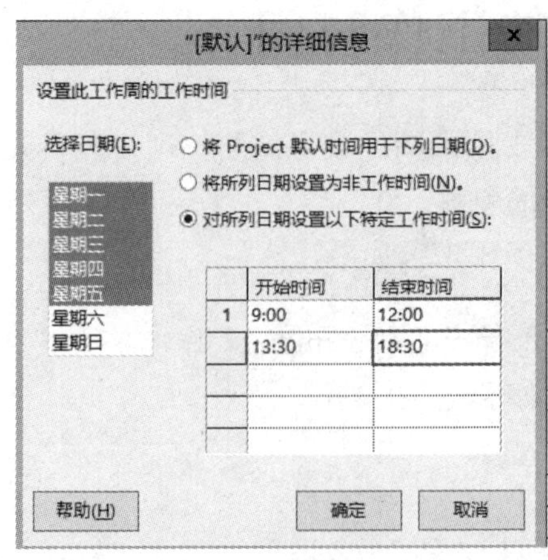


图 13-3　更改工作时间

步骤 04 返回“更改工作时间”界面，单击“确定”按钮，如图 13-4 所示。

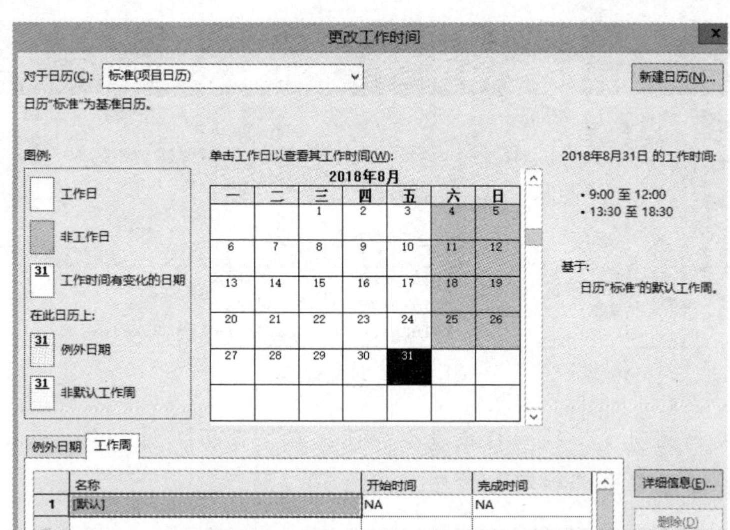


图 13-4 工作时间已更改

**说明**：工作周的工作时间在项目期间发生变化？单击“详细信息”之前，在“工作周”选项卡中为每个时间范围命名，并添加“开始”和“结束”日期，如图 13-5 所示。

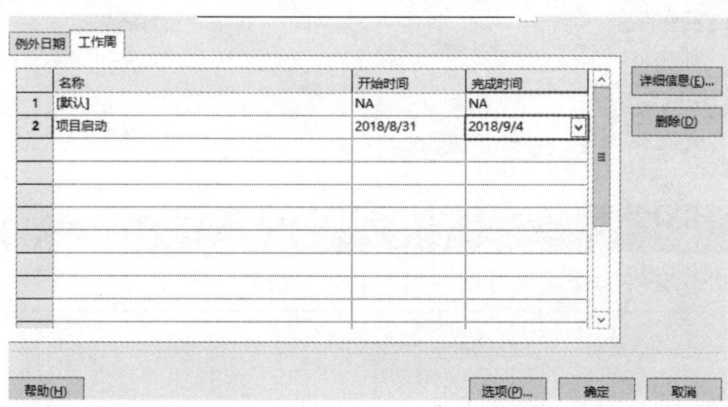


图 13-5 工作周

# 13.2 更改为其他基准日历

默认情况下，Project 可以包含几个不同的基准日历，并且组织中的管理员可能会添加其他基准日历，用于满足其他常见的日程安排。

以新产品研发为例，具体操作步骤如下：

步骤 01 项目负责人/经理打开新产品研发.mpp 文件，单击“项目”→“属性”→“项目信息”，如图 13-6 所示。

图 13-6　项目信息

步骤 02　在“‘新产品研发’的项目信息”界面，在“日历”列表中，选择要用于安排工作的日历，然后单击“确定”按钮，如图 13-7 所示。

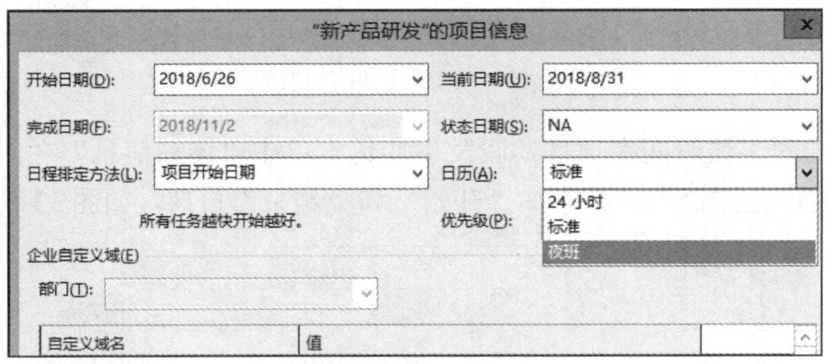

图 13-7　选择用于安排工作的日历

| 说　明 |
| --- |
| 除此项目日历外，任务和资源还可以使用自己的日历。 |

# 13.3　设置特定任务的日程安排

在实际项目中，有时任务可能需要其自己的日历，比如，新产品研发需部署在测试系统时，需要等到 18:00 之后才能更新，项目负责人/经理可以使用任务日历来确保该工作不会在正常营业时间内妨碍项目工作。

以新产品研发为例，具体操作步骤如下：

步骤 01　项目负责人/经理打开新产品研发.mpp 文件，在甘特图视图中，选择某一个任务：产品测试阶段，右击，选择“信息”，如图 13-8 所示。

图 13-8　任务信息

步骤 02 在“任务信息”界面，单击“高级”选项卡“日历”中的“夜班”，单击“确定”按钮，如图 13-9 所示。

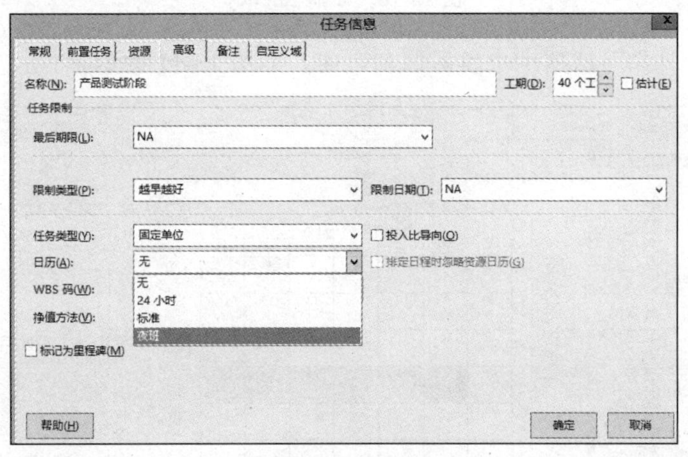


图 13-9　夜班

**说　明**

如果现有日历不能满足项目需要，可以创建新的基准日历，命名相应的任务。

## 13.4　添加资源的假期时间

如果项目资源在项目日程排定中由于某种原因休假一段时间，项目负责人/经理可以添加资源的假期日期，以了解项目的进度情况。

以新产品研发为例，具体操作步骤如下：

步骤 01 项目负责人/经理打开新产品研发.mpp 文件，单击“项目”→“属性”→“更改工作时间”，打开“更改工作时间”界面，展开“对于日历”，选择资源 Shelley，如图 13-10 所示。

图 13-10 资源 Shelley

步骤 02 在“例外日期”选项卡中填写假期时间，如图 13-11 所示。

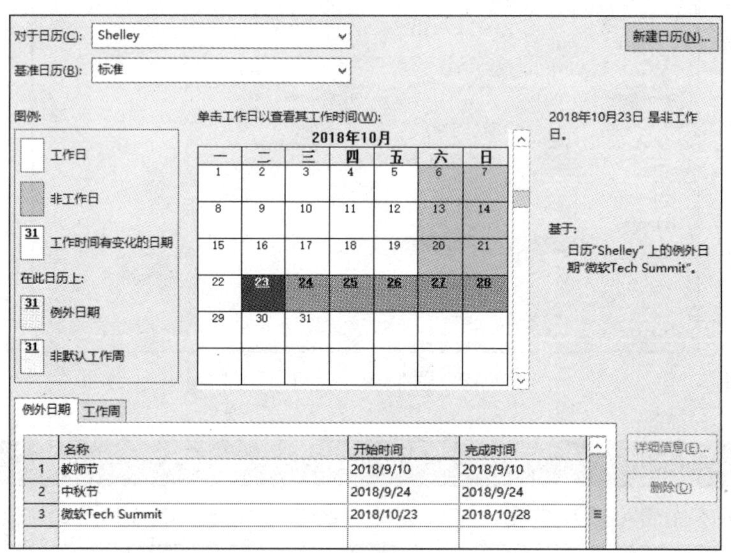

图 13-11 例外日期

**说 明**

此资源分配到任何任务时，休假的情况下，延长天数才能完成任务。

# 第 14 章

# 项目变更控制

实际项目中，项目变更控制过程贯穿于项目的始终，由于项目很少会准确地按照项目管理计划进行，因而变更控制必不可少，项目管理计划、项目范围说明书以及其他可交付成果必须通过不断地认真管理变更才能得以维持。整体变更控制过程包括下列变更管理活动，这些活动的详细程度由项目的完成情况决定：

- 确定是否需要变更。
- 对妨碍整体变更控制的因素施加影响，保证只实施经过批准的变更。
- 审查和批准请求的变更。
- 控制申请变更的流程，在发生变更时管理批准的变更。
- 仅允许被批准的变更纳入项目产品或服务之中，维护基准的完整，并维护项目产品或服务有关的配置与规划文件。
- 审查与批准所有的纠正与预防措施建议。
- 根据批准的变更控制与更新范围、成本、预算进度和质量要求，协调整个项目的变更。
- 确认缺陷补救。

整体变更控制流程如图 14-1 所示。

图 14-1　整体变更控制流程

# 第六篇　Project 管理结束阶段

# 第 15 章

# 项目文档管理

在文档标准方面，主要有《计算机软件文档编制规范》（GB/T 8567-2006）和《计算机软件需求规格说明规范》（GB/T 9385-2008）。

## 15.1 文档标准介绍

GB/T 8567-2006 根据 GB/T 8566-2001 的规定，主要对软件的开发过程和管理过程应编制的主要文档及其编制的内容、格式规定了基本要求。该标准原则上适用于所有类型的软件产品的开发过程和管理过程。

- 标准内容：规定了文档过程，包括软件标准的类型、原材料的准备、文档计划、文档开发、评审、与其他公司的文档开发子合同。GB/T8567-2006 规定了软件生存周期与各种文档的编制要求，包括可行性与计划研究、需求分析、设计、实现、测试、运行与维护 6 个阶段的要求以及在文档编制中应考虑的各种因素。
- 25 种文档编制的格式：可行性研究报告、软件开发计划、软件测试计划、软件安装计划、软件移交计划、运行概念说明、系统和子系统需求规格说明、接口需求规格说明、系统和子系统设计说明、接口设计说明、软件需求规格说明、数据需求说明、软件设计说明、数据库设计说明、软件测试说明、软件测试报告、软件配置管理计划、软件质量保证计划、开发进度月报、项目开发总结报告、软件产品规格说明、软件版本说明、软件用户手册、计算机操作手册、计算机编程手册，可以根据实际情况进行适当的裁剪。
- 面向对象的软件应编制文档：总体说明文档、用例图文档、类图文档、顺序图文档、协作图文档、状态图文档、活动图文档、构件图文档、部署图文档。
- 文档控制：在软件的开发过程中，随着程序的逐步形成和逐步修改，各种文件也在不断地产生、不断地修改或补充，因此必须加以周密的控制，以保持文件与程序产品的一致性，保持各文件之间的一致性和文件的安全性。

软件生命周期各个阶段与软件文档编制工作的关系如表 15-1 所示。

表 15-1　软件生命周期各个阶段与软件文档编制工作的关系

| 文档 \ 阶段 | 可行性与计划研究 | 需求分析 | 设计 | 实现 | 测试 | 运行与维护 |
|---|---|---|---|---|---|---|
| 可行性分析（研究）报告 | √ | | | | | |
| 软件（或项目）开发计划 | √ | | | | | |
| 软件需求规格说明 | | √ | | | | |
| 接口需求规格说明 | | √ | | | | |
| 系统/子系统设计（结构设计）说明 | | | √ | | | |
| 软件（结构）设计说明 | | | √ | | | |
| 接口设计说明 | | | √ | | | |
| 数据库（顶层）设计说明 | | √ | | | | |
| （软件）用户手册 | | √ | | √ | | |
| 操作手册 | | | | √ | | |
| 测试计划 | | | √ | √ | | |
| 测试报告 | | | | | √ | |
| 软件配置管理计划 | √ | | | | | |
| 软件质量保证计划 | √ | | | | | |
| 开发进度月报 | √ | √ | √ | √ | √ | |
| 项目开发总结报告 | | | | | √ | |
| 软件产品规格说明 | | | | √ | | |
| 软件版本说明 | | | | √ | | |

各类人员与软件文档的使用关系如表 15-2 所示。

表 15-2　各类人员与软件文档的使用关系

| 文档 \ 阶段 | 管理人员 | 开发人员 | 维护人员 | 用户 |
|---|---|---|---|---|
| 可行性分析（研究）报告 | √ | √ | | |
| 软件（或项目）开发计划 | √ | √ | | |
| 软件需求规格说明 | | √ | √ | |

（续表）

| 文档 \ 阶段 | 管理人员 | 开发人员 | 维护人员 | 用户 |
|---|---|---|---|---|
| 接口需求规格说明 | | √ | √ | |
| 系统/子系统设计（结构设计）说明 | | | | |
| 软件（结构）设计说明 | | √ | √ | |
| 接口设计说明 | | √ | | |
| 数据库（顶层）设计说明 | | √ | | |
| （软件）用户手册 | | | | √ |
| 操作手册 | | | | √ |
| 测试计划 | | √ | | |
| 测试报告 | | √ | √ | |
| 软件配置管理计划 | √ | | | |
| 软件质量保证计划 | √ | | | |
| 开发进度月报 | √ | | | |
| 项目开发总结报告 | √ | | | |
| 软件产品规格说明 | | | | √ |
| 软件版本说明 | | | | √ |

GB/T 9385-2008 详细描述了 SRS 应该包含的内容以及编写格式。该指南为软件需求实践提供了一个规范化的方法，不提倡将软件需求说明划分成等级，避免将它定义成更小的需求子集，SRS 包含以下 4 个方面。

- 前言：包含目的、范围、定义、简称和缩略语、引用文件和综述。
- 总体描述：包含产品描述、产品功能、用户特点、约束、假设和依赖关系、需求分配。
- 具体需求。
- 支持信息：附录和索引。

## 15.2 文档管理

通常在实际项目中，15.1 节所介绍的文档使用 SharePoint 中不同的应用程序（文档库与列表）来规划存储管理。

SharePoint 的应用程序与 IT 管理员必须部署的模板、功能和解决方案不同，网站所有者可以将 SharePoint 相关应用程序添加到网站中或者删除它们，无须 IT 管理员干预。

网站所有者可以将来自以下源端的 SharePoint 应用程序添加到其网站中：

- 网站默认提供的可用应用程序（标准列表和库等）。
- 应用程序目录。
- SharePoint 商店。

由于应用程序目录中的应用程序部署和配置相对复杂，本节将重点介绍以默认可用应用程序和 SharePoint 商店为源端，如何将应用程序添加到网站中。

## 15.2.1 SharePoint 默认应用程序列表

SharePoint 2016 默认的应用程序如表 15-3 所示，SharePoint 管理员可以根据需求新建应用程序用于文档的存储管理。

表 15-3 SharePoint 2016 默认的应用程序

| 应用程序名称 | 应用程序类型 | 详细信息 |
|---|---|---|
| 文档库 | 库 | 使用文档库存储、组织、同步和与人共享文档。用户可以使用共同协作、版本控制和签出功能来协同处理文档。通过将文档放在一个位置，每个人都可以在需要时获得最新版本。用户还可以将文档同步到本地计算机以便脱机访问 |
| 表单库 | 库 | 用于管理业务表单（如采购订单）的位置。表单库需要使用兼容的 XML 编辑器，例如 Microsoft Info Path |
| Wiki 网页库 | 库 | 一组相互连接的可轻松编辑的网页，可能包含文本、图像和 Web 部件 |
| 图片库 | 库 | 用于上载和共享图片的位置 |
| 链接 | 列表 | 网页或其他资源的列表 |
| 通知 | 列表 | 新项目、状态和其他简短信息的列表 |
| 联系人 | 列表 | 工作组的合作人员列表。联系人列表可与 Microsoft Outlook 或其他兼容的程序同步 |
| 日历 | 列表 | 即将举行的会议、最后期限或其他重要事件的日历。日历信息可与 Microsoft Outlook 或其他兼容的程序同步 |
| 讨论版 | 列表 | 提供新闻组样式讨论的位置。讨论板可以轻松管理讨论内容，并且可以对讨论内容进行回复 |
| 升级的链接 | 列表 | 使用此列表在平铺可视布局中显示一组链接操作 |
| 任务 | 列表 | 工作组或个人任务的位置 |
| 问题跟踪 | 列表 | 项目关联的问题列表。用户可以分配、按优先级别排列以及跟踪问题状态 |

（续表）

| 应用程序名称 | 应用程序类型 | 详细信息 |
|---|---|---|
| 自定义列表 | 列表 | 使用列表可以与团队共享所需要的信息。从头开始创建自己的列表、添加所需的任何列并分别添加项目，或者使用“快速编辑”批量编辑数据 |
| 数据表视图中的自定义列表 | 列表 | 空白列表以电子表格的形式显示，从而方便用户输入数据。用户可以添加自己的栏和视图。此列表类型需要支持兼容的列表数据表 ActiveX 控件，比如 Microsoft Office 中提供的控件 |
| 外部列表 | 列表 | 创建外部列表以查看外部内容类型中的数据 |
| 调查 | 列表 | 想让他人回答的问题列表。通过调查可以快速创建问题并查看回答的图形摘要 |
| 资产库 | 库 | 共享、浏览和管理媒体资产（如图像、音频和视频文件）的位置 |
| 数据库链接库 | 库 | 可轻松共享包含有关外部数据链接的文件的位置 |
| 报告库 | 库 | 可轻松创建和管理网页与文档，以跟踪度量单位、目标和商务智能信息的位置 |
| Access 应用程序 | 列表 | Access Web App 是一个易于使用的工具，可用于快速创建基于浏览器的数据库应用程序、丰富的模板和简单的界面，无须开发人员，用户即可快速创建自定义应用，并且更轻松地与团队共享受保护的数据和控制项。Access Web App 是在 Access 中构建的新型数据库，并作为 SharePoint 应用在 Web 浏览器中使用及与他人共享。若要构建应用，只需选择想要跟踪的数据类型（联系人、任务、项目等）即可。Access 会创建数据库结构以及添加和编辑数据的视图，内置导航和基本命令，用户可立即开始使用自己的应用。<br>当用户使用 Access Web App 时，用户的数据会自动存储在 SQL 数据库中，数据不仅更加安全，而且可提高可靠性、延展性和长期可管理性。现在可以通过公司的 SharePoint 网站在浏览器中轻松管理和监控 Access Web App。从 SharePoint 可授予多位用户访问和控制权限，并且可以查看应用的使用情况。<br>用户可以利用现有的应用模板和表格模板快速开始构建 Access Web App。只需几分钟，用户就会拥有全新的应用 |
| 导入电子表格 | 列表 | 创建复制现有电子表格栏和数据的列表。导入电子表格需要使用 Microsoft Excel 或其他兼容的程序 |

### 15.2.2 添加 SharePoint 的应用程序到网站

在将 SharePoint 应用程序添加到网站之前，需确保执行此过程的用户账户是 Site Administrators 组或者 Owners 组的成员。

添加默认应用程序到网站的步骤如下：

步骤 01 在站点内容界面，单击“添加应用程序”，如图 15-1 所示。

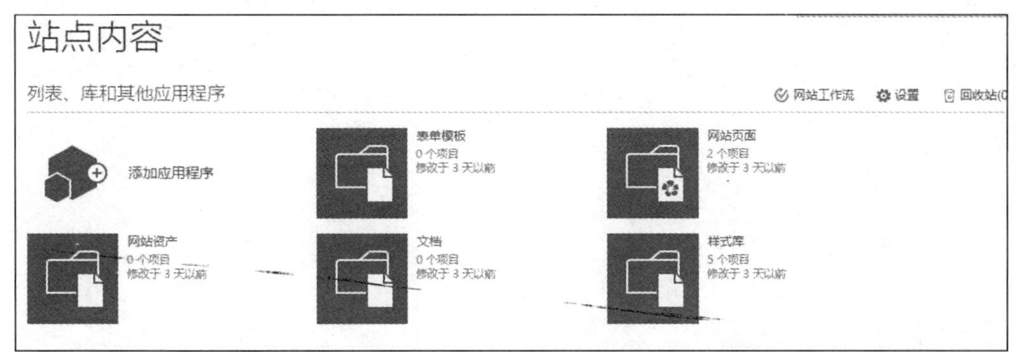


图 15-1 站点内容

步骤 02 根据用户需求选择合适的应用程序，本实例以创建“文档库”应用类型为例，在左侧的应用程序中，单击“您可以添加的应用程序”，然后选择“文档库”，如图 15-2 所示。

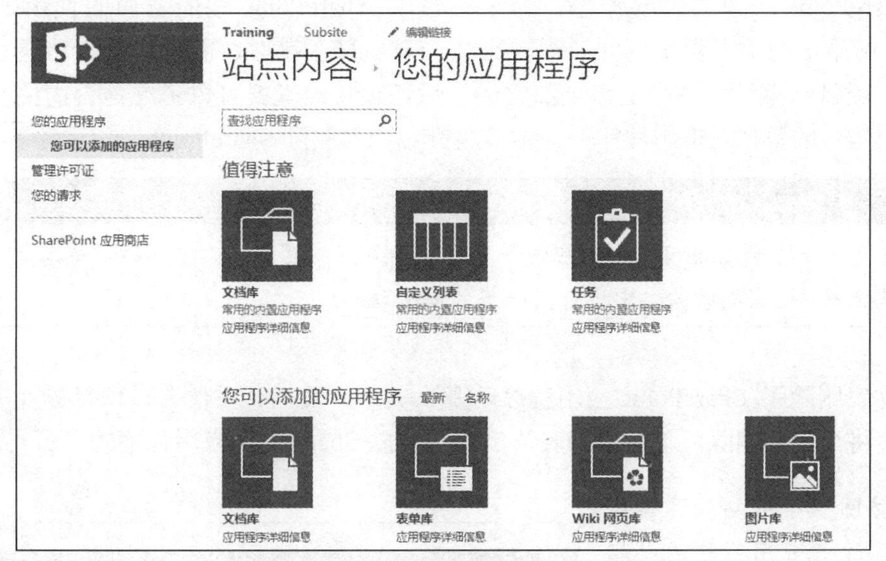


图 15-2 创建文档库

步骤 03 在新建界面，输入文档库名称，单击“创建”按钮，如图 15-3 所示。

站点内容 · 新建

名称和说明

名称:

培训文档

说明:

文档版本历史记录

每次编辑此文档库中的文件时是否创建版本?

是 否

文档模板

文档模板:

Microsoft Word 文档

创建 取消

图 15-3 创建应用程序

### 15.2.3 SharePoint 应用程序如何从网站中删除

从 SharePoint 管理的角度考虑，为了不影响 SharePoint 性能方面的使用，用户需对 SharePoint 网站上的数据做定期的清理，比如一个项目在竞标、需求分析、功能实现、客户环境部署、项目结束等一系列工作全部完成之后，项目经理就可以考虑是否需要及时归档并删除项目中产生的数据（应用程序）。本节将介绍如何删除 SharePoint 应用程序。

> **说 明**
>
> 默认情况下，删除 SharePoint 的应用程序是删除到网站的回收站中，所以如果想彻底删除应用程序，还需到回收站中进行进一步的删除动作。

如果彻底删除了 SharePoint 应用程序，那么其下的文档、文件夹、项目以及应用程序的设置等内容将全部被删除。下面以列表为例介绍删除 SharePoint 应用程序的步骤。

步骤 01 访问一个网站，选择要删除的应用程序，以删除“任务”列表为例，如图 15-4 所示。

步骤 02 在任务列表界面，在列表工具栏中，单击“列表设置”，如图 15-5 所示。

图 15-4 任务列表

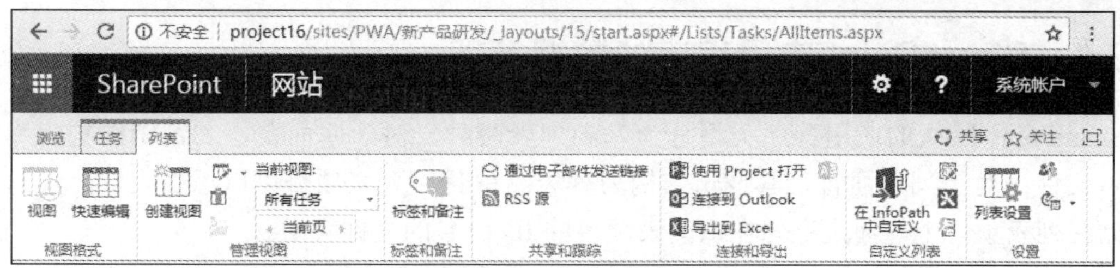

图 15-5 列表设置

步骤 03 在设置界面，单击“删除此列表”，如图 15-6 所示。

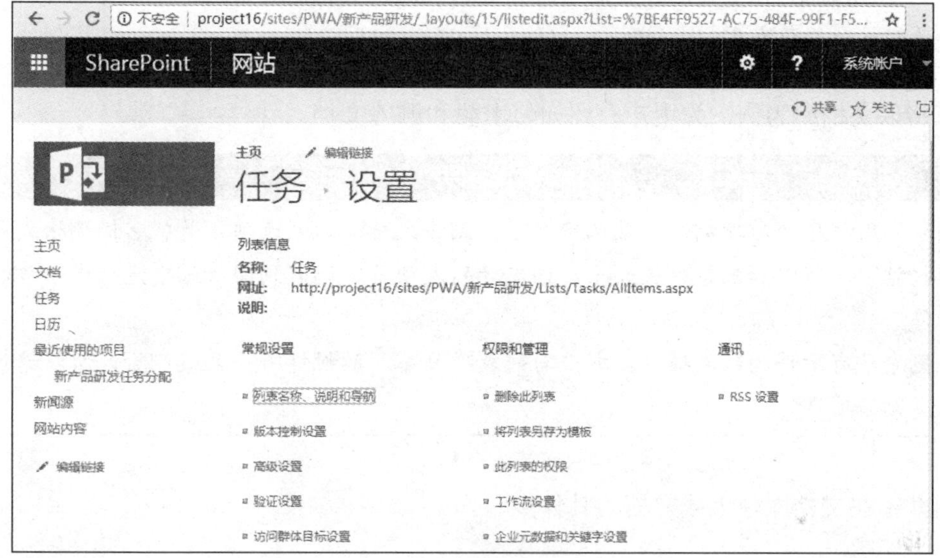

图 15-6 删除此列表

步骤 04 在网站的左侧导航栏单击“回收站”，在回收站界面，勾选已删除的列表，单击上方菜单中的“删除所选项目”即可删除，如图 15-7 所示。

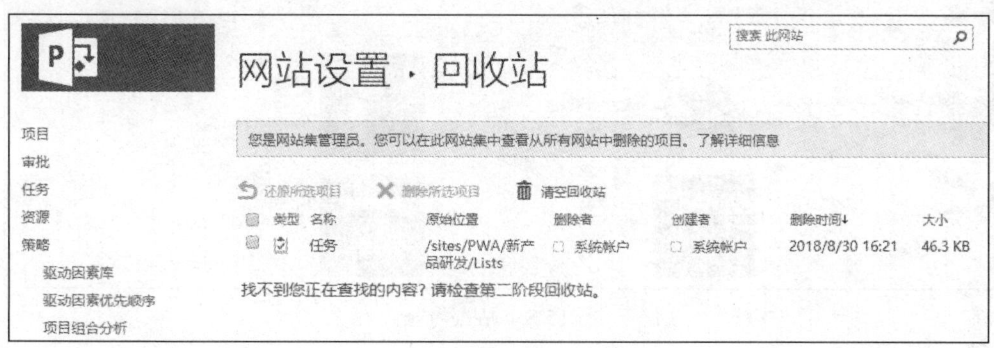

图 15-7 删除回收站中的列表

### 15.2.4 SharePoint 应用程序的数据管理

SharePoint 默认的应用程序类型分为库和列表两种，对于库而言，其逻辑结构为库→文件夹→文件；对于列表而言，其逻辑结构为列表→项目，列表项目可以添加附件，但附件并非存储在列表项目中，而是存储在以列表项目的 ID 命名的文件夹中。

**说 明**

库中存储的文档是根据全名作为冲突的判断条件，而列表中的项目是根据 ID 作为冲突的判断条件，用户需了解和掌握这个存储原则，以便在上载文档或者数据转移时，避免发生冲突导致错误发生。

本节将以文档库为例，为用户介绍如何上载和删除文档。

**说 明**

与删除应用程序的原理相同，默认情况下，删除文档或者列表项目是将它们删除到网站的回收站中，所以如果想彻底删除文档或者列表项目，还需到回收站中进行进一步的删除动作。

如果删除了有附件的列表项目，那么与列表项目关联的附件将一并被删除，所以请慎重操作“删除项目”。

下面介绍在文档库中上载文档的具体步骤。

步骤 01 在站点内容界面，单击名为“培训文档”的文档库，如图 15-8 所示。

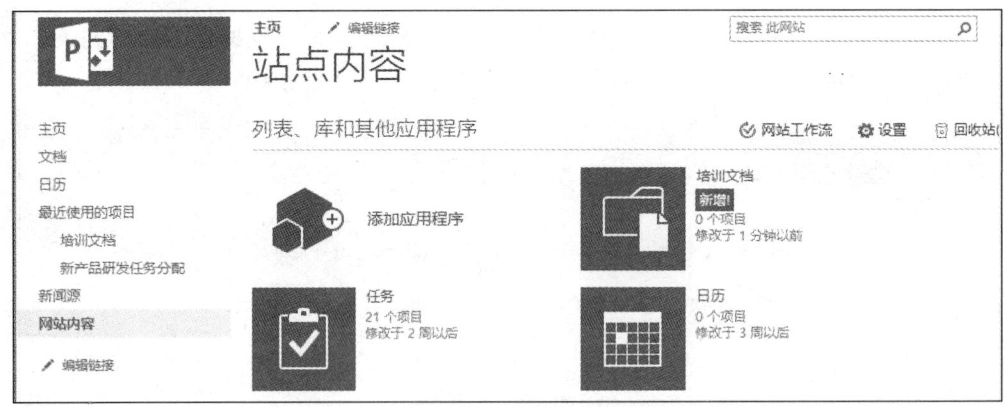


图 15-8 站点内容

步骤 02 在文件的工具栏中，单击“新建文件夹”，如图 15-9 所示。

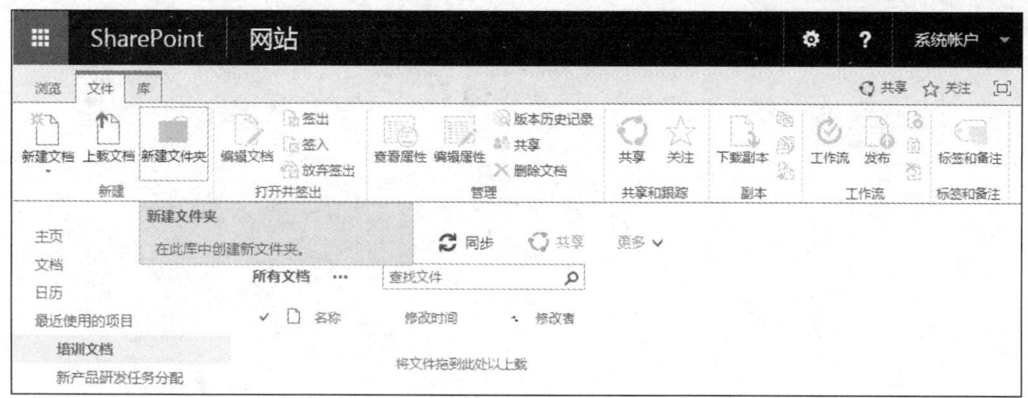

图 15-9　文件工具栏

步骤 03　在创建文件夹界面，输入文件夹名称，单击“创建”按钮完成创建，如图 15-10 所示。

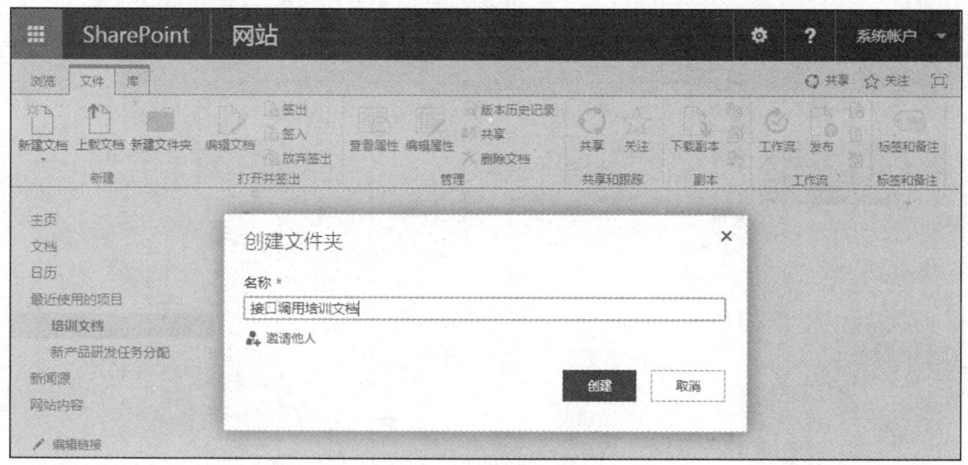

图 15-10　新建文件夹

步骤 04　单击新创建的文件夹，如图 15-11 所示。

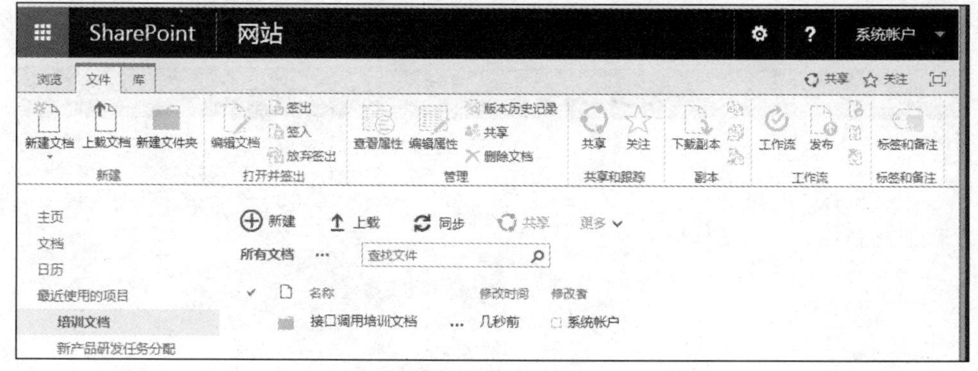

图 15-11　访问文件夹

步骤 05　在新文件夹界面，单击“上载”，选择要上载的文档，单击“确定”按钮，如图 15-12 所示。

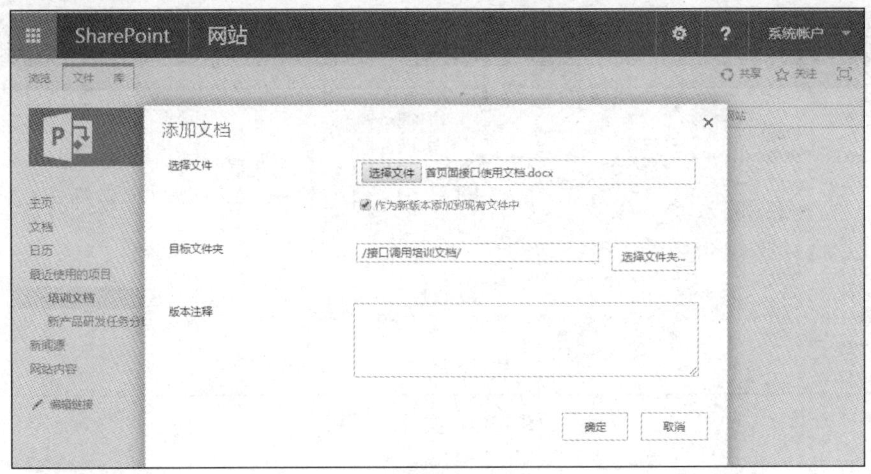

图 15-12　上载文档

步骤 06　文档成功上载，如图 15-13 所示。

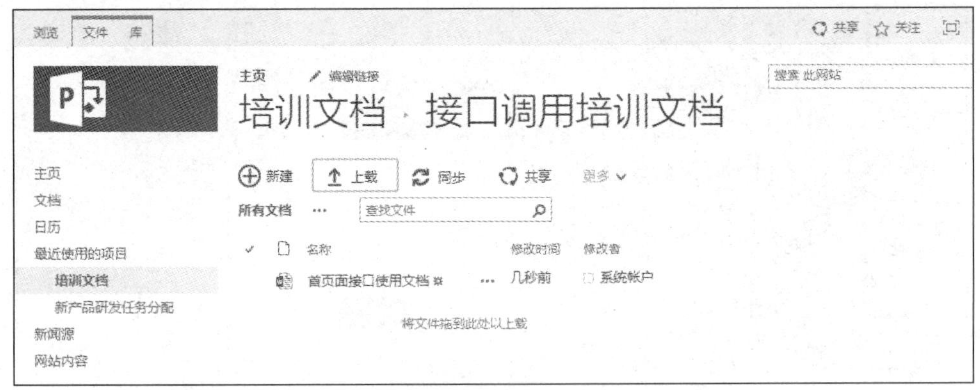

图 15-13　文档上载结果

删除文档的步骤如下：

步骤 01　勾选文档库中要删除的文档，在文档工具栏中选择“删除文档”，如图 15-14 所示。

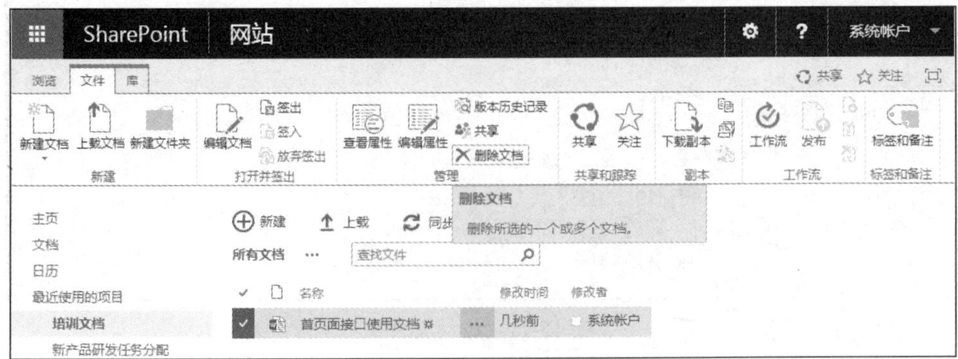

图 15-14　删除文档

**说 明**

另一种删除方式是右击要删除的文档，在打开的快捷菜单中单击“删除”，如图 15-15 所示。

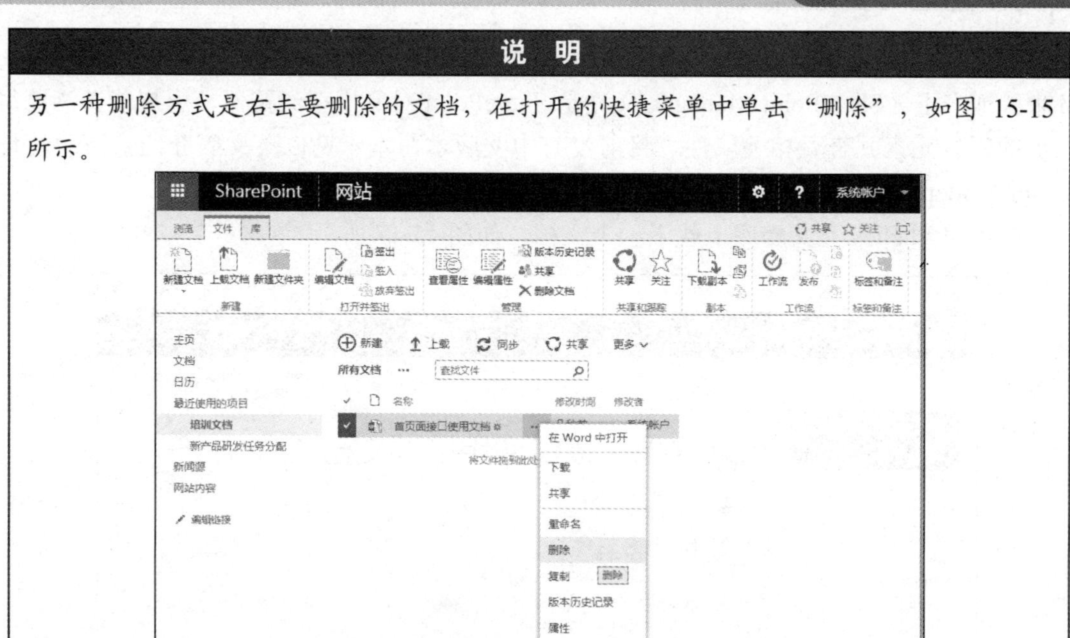

图 15-15 删除文档

步骤 02 文档虽然在文档库中被删除，但并没有彻底删除，而是存储在回收站中，如果用户想彻底删除文档，还需要在回收站中进行删除，如果用户开启了第二阶段回收站，那么在图 15-16 中选择文档进行删除后，还需要单击“第二阶段回收站”，到第二阶段回收站中删除文档，这样该文档才会被彻底删除。

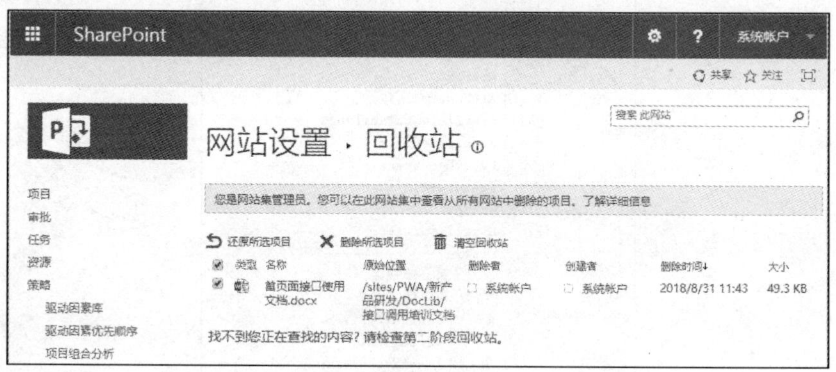

图 15-16 删除回收站中的文档

### 15.2.5 文件夹介绍

用户在文档库中上载文档，实际上该文档是存储在文件夹中的，默认情况下，文档会存储在用户看不到的根文件夹中，如果用户在文档库中新建文件夹，那么在上载文档时，用户可以选择在哪个文件夹下上载文档。为了帮助用户更好地管理网站集内容，本节将具体介绍根文件夹。

虽然用户在文档集中看不到根文件夹，但它是真实存在的，可以使用 SharePoint Manager Tool 来验证一下（SharePoint Manager Tool 是 SharePoint 对象模型浏览器，用户能够浏览每个站点上的所有元素并查看相关属性，目前没有中文版本，本示例以英文版介绍，下载地址：http://spm.codeplex.com/）。

比如用户 Shelley 在文档库上载了一个文档，如图 15-17 所示。

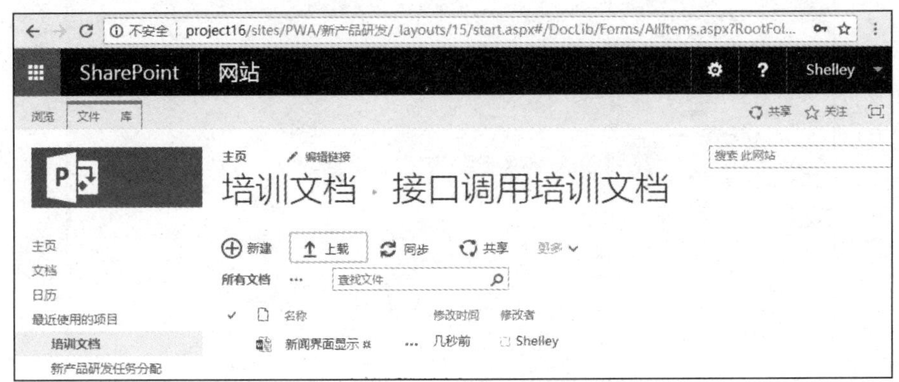


图 15-17　Shelley 上载文档

管理员可以在 SharePoint 服务器场以管理员身份运行 SharePoint Manager Tool，展开到该网站集，从图 15-18 中可以看到该文件是存储在文档库中的 RootFolder 下的，而不是直接存储在文档库中。

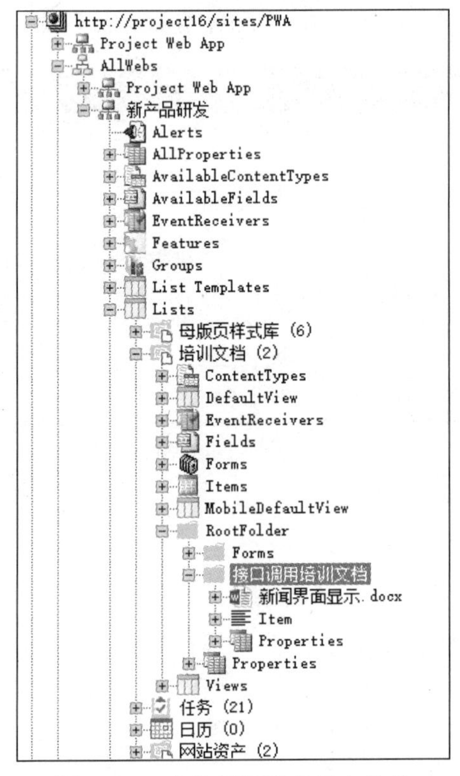


图 15-18　文件已存储在根文件夹

**说 明**

当用户在文档库中新建文件夹时，根文件夹与新建文件夹的关系是父子的包含关系，比如在文档库中新建文件夹，命名为“接口调用培训文档”。

列表或文档库中的 Forms 文件夹是用来存储列表和库所使用的应用页面的，如新建页面、编辑页面、视图页面等。

# 第七篇　运营和维护

# 第 16 章

# Project Server 2016备份和还原

对于用户和企业而言，数据是至关重要的，一旦灾难发生，能否第一时间内排错，帮助用户将数据管理平台恢复正常使用状态是每一位管理员需要认真思考的问题。我们建议对任何生产环境或者无法接受任何数据丢失的环境都进行数据备份，在 SharePoint 服务器场中，最佳方案是备份所有内容和配置数据库，以便可以在必要时执行恢复动作。

通过本章的学习和介绍，你可以了解和掌握：

- 使用内置工具备份 Project Server 2016 的方式（本章仅介绍第 2 种）
  （1）使用 SQL Server 工具备份相关 Project Server 2016 数据库
  （2）使用 SharePoint 管理中心网站备份相关 Project Server 2016 数据库
  （3）使用 Microsoft PowerShell 备份相关的 Project Server 2016 数据库
- 使用内置工具还原 Project Server 2016 的方式（本章仅介绍第 2 种）
  （1）使用 SQL Server 工具还原相关 Project Server 2016 数据库
  （2）使用 SharePoint 管理中心网站还原相关 Project Server 2016 数据库
  （3）使用 Microsoft PowerShell 还原相关的 Project Server 2016 数据库

本章将主要介绍通过 SharePoint 管理中心的方式备份和还原 Project Server 2016 数据库。

## 16.1 使用内置工具备份 Project Server 2016 的方式

本节将使用 SharePoint Server 2016 管理中心备份 Project Server 组件。需要注意，这种备份方式需要使用 SQL 备份方法，这可能会对 SQL 备份计划有一定中断影响，所以采用这种备份方案前，提前跟 SQL Server 管理员确认再实施。

使用管理中心备份 Project Server 组件的具体操作步骤如下：

步骤 01 SharePoint Server 2016 管理员访问管理中心界面，如图 16-1 所示。

图 16-1　SharePoint Server 2016 管理中心

步骤 02 单击左侧导航中的“备份和还原”，如图 16-2 所示。

步骤 03 在“备份和还原”界面，单击“场备份和还原”选项卡中的“执行备份”，如图 16-3 所示。

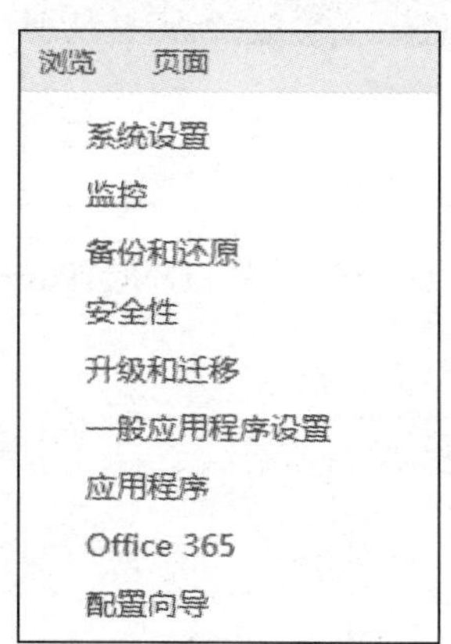


图 16-2　备份和还原

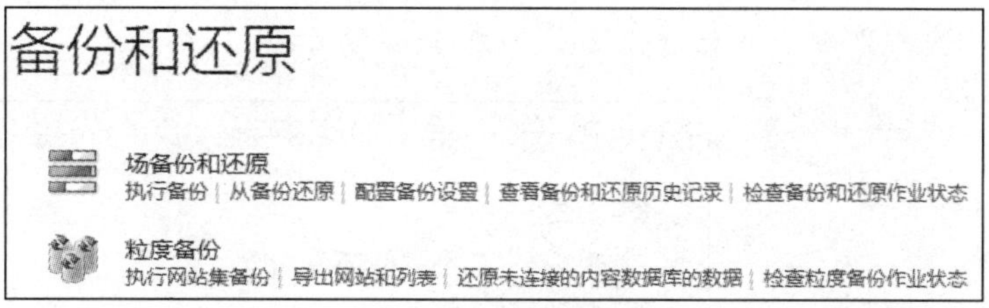

备份和还原
场备份和还原
执行备份 | 从备份还原 | 配置备份设置 | 查看备份和还原历史记录 | 检查备份和还原作业状态
粒度备份
执行网站集备份 | 导出网站和列表 | 还原未连接的内容数据库的数据 | 检查粒度备份作业状态

图 16-3　执行备份

步骤 04 在“执行备份”界面，在“共享服务”部分，展开“共享服务应用程序”，如图 16-4 所示。

步骤 05 在展开的“共享服务应用程序”界面，在备份的共享服务应用程序列表中勾选 Project Server Service Application 复选框，单击“下一步”按钮，如图 16-5 所示。

选择要备份的顶级组件。您也可以单击 Web 应用程序的名称以浏览其内容。

| 选择 | 组件 | 类型 | 说明 |
|---|---|---|---|
| | ⊟服务器场 | 服务器场 | 整个服务器场的内容和配置数据。 |
| | SharePoint_Config | 配置数据库 | 整个服务器场的配置数据。 |
| | ⊞解决方案 | 解决方案 | 收集自定义解决方案。 |
| | ⊞InfoPath Forms Services | 服务器设置和内容 | 服务器场的经管理员核准的内容和设置。 |
| | 许可证到功能映射 | 映射 | 将用户许可证映射到 SharePoint 组件。 |
| | ⊞SharePoint Server State Service | State Service | 由 SharePoint Server 的各种功能所使用的临时状态存储服务。 |
| | ⊞Microsoft SharePoint Foundation Web Application | Microsoft SharePoint Foundation Web Application | Web 应用程序集合 |
| | ⊞WSS_Administration | 管理中心 | Web 应用程序集合 |
| | ⊞SharePoint Server State Service 代理 | State Service 代理 | |
| | ⊞SPUserCodeV4 | Microsoft SharePoint Foundation Sandboxed Code Service | 沙盒代码服务的设置。 |
| | Microsoft SharePoint Server Diagnostics Service | Microsoft SharePoint Server Diagnostics Service | 诊断服务设置。 |
| | 全局搜索设置 | 在配置数据库中搜索对象 | 爬网程序全影响服务器场的规则 |
| | ⊞Workflow Services Proxy | Workflow Services Proxy | 此 Workflow Services Proxy 的配置数据 |
| | Microsoft Project Server Diagnostics Service | Microsoft Project Server Diagnostics Service | 诊断服务设置。 |
| | Microsoft.Ceres.Diagnostics.Administration.DiagnosticsService | Microsoft.Ceres.Diagnostics.Administration.DiagnosticsService | 诊断服务设置。 |
| | Microsoft SQL Server Reporting Services 诊断 | Microsoft SQL Server Reporting Services 诊断 | 诊断服务设置。 |
| | Microsoft SQL Server Reporting Services SharePoint 集成诊断 | Microsoft SQL Server Reporting Services SharePoint 集成诊断 | 诊断服务设置。 |
| | Microsoft SharePoint Foundation Diagnostics Service | Microsoft SharePoint Foundation Diagnostics Service | 诊断服务设置。 |
| | ⊟共享服务 | 共享服务 | 服务器场的共享服务。 |
| | ⊞共享服务应用程序 | 共享服务应用程序 | 服务器场的共享服务应用程序。 |
| | ⊞共享服务代理 | 共享服务代理 | 服务器场的共享服务应用程序。 |

图 16-4　共享服务应用程序

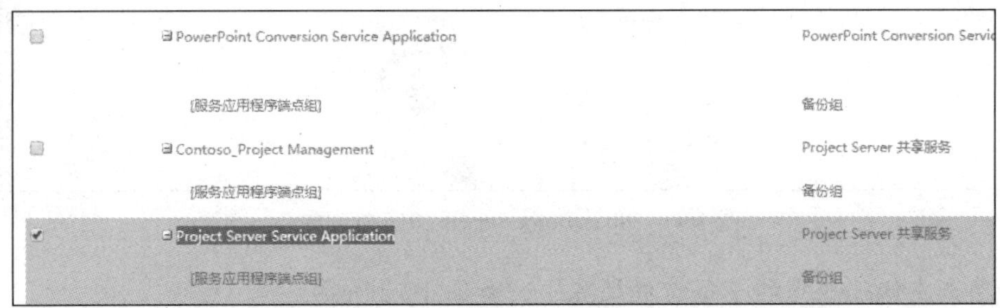


图 16-5　勾选 Project Server Service Application 复选框

**说　明**

如果有多个 Project Server 服务应用程序，必须分别备份。

实际项目中，存储项目相关数据的内容数据库也需要备份。

步骤 06　在“选择备份选项”界面，备份类型选择“完整”，输入备份位置的 UNC Path，单击“开始备份”，如图 16-6 所示。

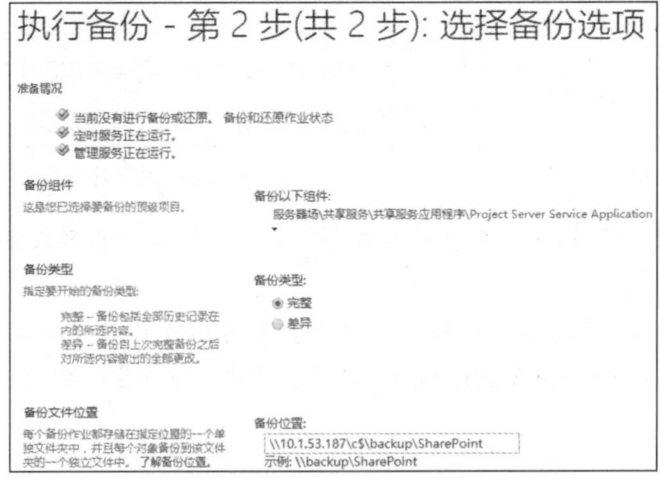


图 16-6　选择备份选项

**说 明**

在备份文件位置，UNC 文件夹是已存在的。
SQL Server 服务账户需要有读取权限。
SharePoint Timer 服务账户和 SQL Server 服务账户对共享文件夹有完全控制权限。

步骤 07 在备份和还原历史记录界面，可以看到该备份已经成功完成，如图 16-7 所示。

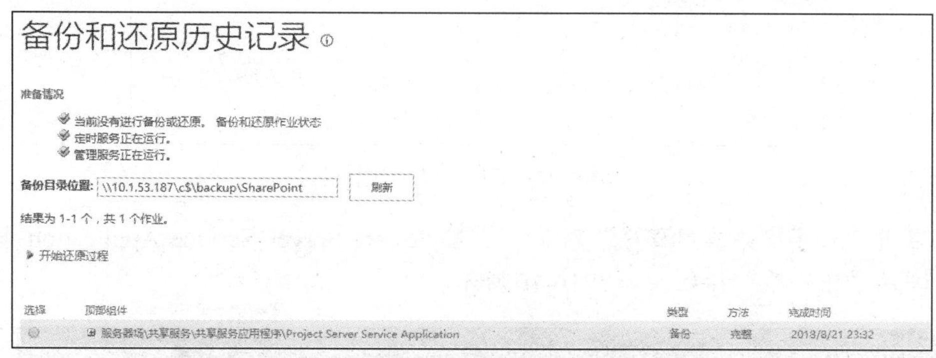


图 16-7 成功完成 Project Server Service Application 备份

**说 明**

如果遇到问题，在步骤 7 指定的路径中查看备份日志。

## 16.2 使用内置工具还原 Project Server 2016 的方式

使用 SharePoint 管理中心中还原 Project Server 服务应用程序的具体操作步骤如下：

步骤 01 SharePoint Server 2016 管理员在 SharePoint 2016 管理中心界面，在左侧的导航栏中单击“备份与还原” 进入其界面，单击“场备份和还原” 选项卡中的“从备份还原” 链接，如图 16-8 所示。

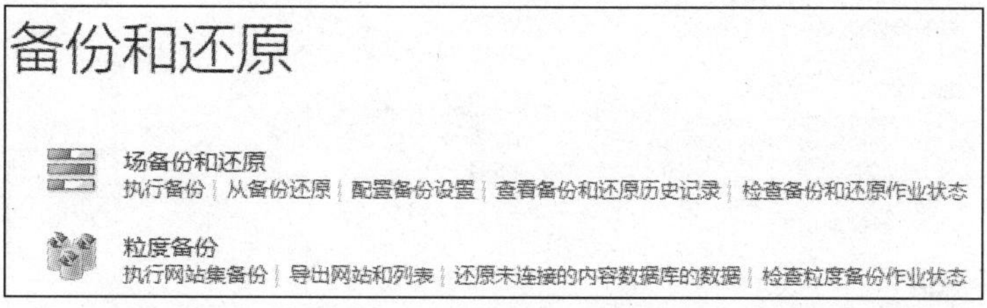


图 16-8 从备份还原

步骤 02 在“备份和还原历史记录”界面，必须输入目标服务器场备份的位置，并选中“服务器场\共享服务\共享服务应用程序\Project Server Service Application”组件，单击

"下一步"按钮，如图 16-9 所示。

图 16-9　选择要还原的组件

步骤 03 展开"共享服务应用程序"列表，勾选 Project Server Service Application 复选框，单击"下一步"按钮，如图 16-10 所示。

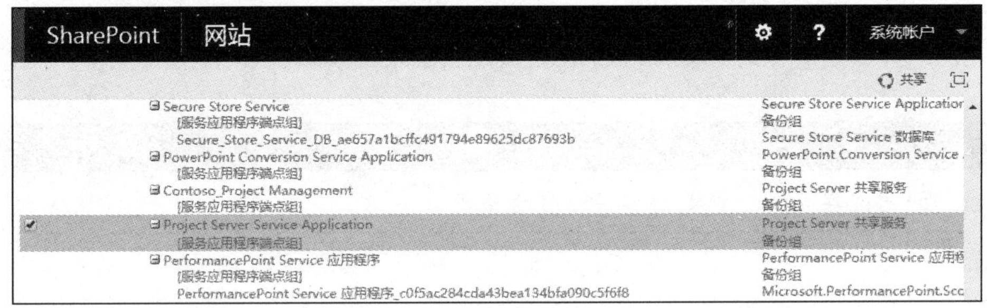


图 16-10　勾选 Project Server Service Application 复选框

步骤 04 在"选择还原选项"界面，如果要还原到相同的场，选择"相同配置"选项，输入 Project Server Service Application 的登录名和密码，单击"开始还原"，如图 16-11 所示。

图 16-11　输入还原组件信息

步骤 05 跳转到如图 16-12 所示的“备份和还原作业状态”界面，单击“查看历史记录”。

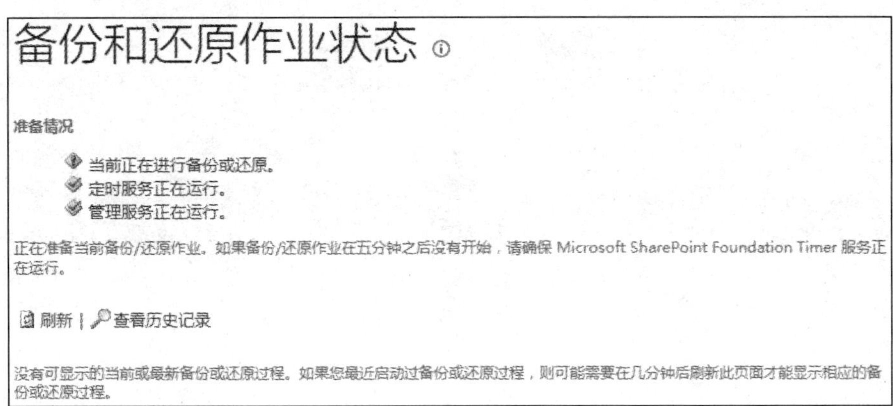


图 16-12　备份和还原作业状态

步骤 06 在“备份和还原历史记录”界面，可以看到 Project Server Service Application 还原成功，如图 16-13 所示。

图 16-13　Project Server Service Application 还原成功

# 第 17 章

# Project Server管理员的周期性任务

项目服务器管理员应当定期执行以下检查，对其环境的检查作为其工作的重要部分。

**每日：**

- 检查失败和阻止作业队列。
- 查看失败并阻止作业，以解决相关的错误。
- 检查夜间多维数据集生成失败。
- 取消失败并阻止作业。

**每周：**

- 查看 Web 前端（WFE）服务器、App 服务器、SQL Server 上的应用程序和事件日志。
- 使用 ULS 日志查找应用程序和系统事件日志。
- 检查 Active Directory 同步作业以确保它们成功。
- 维护有效的企业资源池，检查 60 天内没有登录的用户并查找原因。
- 定期检查管理员组的成员，确定是否需要将其删除。

**每月：**

- 向新用户提供时间表培训。
- 向新项目经理提供项目经理培训。

**每个季度：**

- 与项目经理一起检查，然后关闭已完成或快完成的项目上的任务。
- 存档并删除旧的已完成的项目计划的站点，建议第一次新建项目站点时就设置好存档规划。

| 说　明 |
| --- |
| 一般不建议直接从服务器端删除任何资源。 |

- 基于报表时间表数据的业务需求策略删除过去的时间表。

**每年：**

- 创建下一日历年的财政周期。
- 创建工时的下一个历年，如“2019”“周”，“从 1”开始则显示为“week.1.2019”。
- 考虑删除很久之前的时间表。